oud Native
DevOps with
Kubernetes

쿠버네티스를 활용한
클라우드 네이티브 데브옵스

O'REILLY® 한빛미디어 Hanbit Media, Inc.

오케스트레이션 시스템은 이제 거의 쿠버네티스로 통합되었다. 관련 정보는 온라인에서도 많이 찾을 수 있지만, 이 책을 읽으면 여러 정보를 정형화하여 정리하는 데 많은 도움이 될 것이다. 쿠버네티스를 사용 중이거나 사용을 계획한다면 이 책을 처음부터 정독하길 권한다. 이 책은 쿠버네티스를 쉽게 이해하고 적용할 수 있는 내용으로 구성되었다. 물론 필요한 부분만 찾아봐도 좋은 책이다. 데브옵스를 처음 시작하거나 이미 데브옵스 업무를 하고 있는 분에게 무조건 추천한다.

－권현진, BPU holdings 인프라 최고책임자

쿠버네티스는 어렵다. 쿠버네티스 자체뿐 아니라 운영 체제/분산 시스템, 네트워킹, 가상화 개념, 수많은 오픈소스 등까지 종합적으로 알아야 하기 때문이다. 이 책은 데브옵스 관점에서 쿠버네티스에 필요한 지식을 12첩 반상처럼 골고루 차려놓았다. 독자가 먹기 좋도록 쉽게 썼고, 그 의도를 충분히 살려 깔끔히 옮겼다. 역자의 노고 덕분에 맛있게 읽고 잘 배웠다. 많은 사람이 이 책을 읽어보길 강력히 추천한다.

－오성근, SK텔레콤 Core솔루션팀 매니저, 『매니징 쿠버네티스』 역자

쿠버네티스를 업무에서 사용하지 않더라도, 대세로 떠오르는 기술이니 알아두면 좋다고 생각한다. 이 책은 쿠버네티스가 등장하기 시작한 배경과 코드를 사용한 운용 방법, 전반적으로 필요한 지식을 자세한 설명을 통해 전한다. 많은 내용이 담겨 있으니 검색하면서 배우면 도움이 많이 될 것이다.

－임재곤, 소프트웨어 엔지니어

이 책은 사실 쿠버네티스에 관한 책이라기보다는 클라우드 네이티브와 데브옵스에 관한 책이다. 쿠버네티스는 클라우드 네이티브와 데브옵스로 가는 길에 이용할 도구일 뿐이다. 많은 사람과 조직이 클라우드 네이티브와 데브옵스를 시도했지만 실패했다. 특히나 쿠버네티스를 공부하려고 하면 돌아가는 애플리케이션 하나를 보기 위해 알아야 할 것이 너무 많다. 이 책은 멀고도 험한 클라우드 네이티브와 데브옵스로 가는 길에 좋은 동반자가 될 것이다.

-조현석

쿠버네티스가 좋다는 건 알고 있지만 사실 실무에 도입해 사용하기는 쉽지 않다. 쿠버네티스는 많은 기능을 제공하고 다양한 기술을 활용한다. 현업에서 쿠버네티스를 활용하면서 언제, 왜, 어떤 기능을 써야 하는지 궁금할 때가 많다.

이 책은 기능만 설명하는 단순한 책이 아니다. 저자의 경험을 토대로 각각의 기능이 생겨난 배경과 사용하면 좋은 이유를 친절하게 설명한다. 쿠버네티스를 운영하거나 운영할 계획이 있다면 꼭 읽어보길 바란다.

-최용호, 넥슨 코리아

이 책은 오늘날의 분산 시스템 운영에 관한 핵심 가이드다. 그 어떤 책보다 명확하고 풍부한 정보로 가득하며, 모든 세부 사항을 명쾌하게 다루며 유용한 행동 지침도 얻을 수 있다.

-윌 템스Will Thames, Skedulo 플랫폼 엔지니어

쿠버네티스 인프라의 모든 것을 망라한 가장 명확하고 실용적인 책이다. 단연 최고의 필독서다.

- 제레미 예이츠Jeremy Yates, 홈디포 SRE 팀 개발자

내가 쿠버네티스에 입문할 때 이 책이 있었더라면 얼마나 좋았을까! 이 책이야말로 쿠버네티스 환경에서 애플리케이션을 개발하고 운영하는 모든 이들을 위한 필독서다.

— 폴 밴 더 린든Paul van der Linden, VDL 솔루션 개발자

이 책 덕분에 정말로 신이 난다. 이 책은 쿠버네티스를 사용하는 사람 누구든 활용할 수 있는 정보의 보고다. 나는 이 책으로 한 단계 레벨업했다.

— 애덤 맥퍼틀런Adam McPartlan, NYnet 시니어 시스템 엔지니어

이 책을 정말 즐겁게 읽었다. 권위 있는 내용을 읽기 쉬운 문체로 담았다. 훌륭한 실전 조언이 가득 담겨 있다. 이 책은 모든 사람이 알고 싶어 하지만 직접 알아낼 순 없는 바로 그런 정보를 담았다.

— 나이절 브라운Nigel Brown, 클라우드 네이티브 관련 강사

지은이·옮긴이 소개

지은이 **존 어런들** John Arundel

30년 경력의 컨설턴트. 몇 권의 기술 서적을 집필했다. 세계를 돌아다니며 많은 기업에 클라우드 네이티브 인프라 및 쿠버네티스 관련 컨설팅을 하고 있다. 여가 시간에는 서핑을 무척 즐기며, 라이플과 권총 실력이 뛰어나다. 피아노도 치지만 확실히 잘 치진 못한다. 잉글랜드 콘월에 거주하며 동화 속에 나올 법한 오두막에 산다.

지은이 **저스틴 도밍거스** Justin Domingus

쿠버네티스와 클라우드 기술 및 데브옵스 환경에서 일하는 오퍼레이션 엔지니어. 야외 활동, 새로운 것 배우기, 커피, 게잡이, 컴퓨터를 좋아한다. 아름다운 고양이, 더 아름다운 아내이자 친구 에이드리엔과 워싱턴주 시애틀에 거주한다.

옮긴이 **최경현** mr.november11@gmail.com

SK텔레콤에서 2G/3G 통신 인프라 및 DNS, 스위치 등 다양한 시스템을 운영했으며 현재는 클라우드 영상 보안 서비스 인프라와 오픈 소스 스토리지(ceph, glusterfs) 운영을 담당한다. 인프라 이외의 개발, IoT 분야에도 관심이 많으며 새로운 기술을 활용한 토이 프로젝트를 즐겨한다.

옮긴이의 말

불과 몇 년 전만 해도 쿠버네티스와 컨테이너는 실무자로서 피부에 와닿지 않는 기술이었다. 하지만 현재는 IT 산업의 핵심 키워드가 되었다. 쿠버네티스와 컨테이너는 퍼블릭 클라우드의 인기와 함께 무섭게 성장하며 새로운 패러다임을 이끌고 있다.

과거에도 오픈 스택과 같은 VM 기반의 가상화 기술이 업계의 주목받았지만 상용 수준의 서비스 운영을 지원하기 위해서는 강력한 기능의 오케스트레이션 도구가 필요했다. 컨테이너 오케스트레이션 도구인 쿠버네티스는 이전 사례의 실패를 보완하여 개발, 운영, 비즈니스 관점에서 다양한 장점을 제공한다. 쿠버네티스와 클라우드 네이티브는 많은 이들의 노력 덕분에 안정적으로 상용 서비스를 제공할 수 있는 성숙 단계에 이르렀다.

이 책은 쿠버네티스를 처음 접하고 클라우드 네이티브로 실제 서비스를 구축 및 운영하고자 하는 독자에게 특히 유용할 것이다. 쿠버네티스에 대한 이론적인 지식뿐만 아니라 인프라의 역사, 클라우드 네이티브 관점의 방법론을 제시하며 현업에서 사용되는 유용한 모범 사례와 운영 도구를 소개한다.

이 책에서 제공하는 참조 URL 링크와 쿠버네티스 공식 문서를 반드시 정독하기를 권한다. 쿠버네티스는 앞으로 더 발전할 것이다. 쿠버네티스 업데이트에 지속적인 관심을 갖고 학습한다면 쿠버네티스뿐만 아니라 쿠버네티스를 기반으로 하는 클라우드 네이티브 관련 역량도 함께 쌓아나갈 수 있을 것이다.

마지막으로 이 책이 출간되기까지 많은 도움을 주신 한빛미디어 윤나리 님과, 성장할 수 있는 문화를 만들어준 SK텔레콤 플랫폼Infra 그룹에 감사를 표한다. 또한 옆에서 항상 큰 힘이 되어주는 가족과 하늘이에게 감사와 사랑의 인사를 전한다.

최경현
2019년 12월

머리말(이호르 드보레스키)

쿠버네티스를 활용한 클라우드 네이티브 데브옵스 세계에 온 것을 환영한다.

쿠버네티스는 진정한 산업 혁명이다. 클라우드 네이티브 컴퓨팅 재단cloud native computing foundation (CNCF)의 프로젝트 랜드스케이프(https://landscape.cncf.io)를 간략하게 살펴보면 오늘날 클라우드 네이티브 세계에 존재하는 프로젝트 1000여 개 이상을 확인할 수 있다(이 중 쿠버네티스에 중요한 프로젝트는 강조 표시가 되어 있다). 이 모든 프로젝트가 쿠버네티스를 위해 개발된 것은 아니고 쿠버네티스와 함께 사용할 수 있는 것은 아니지만, 대부분은 쿠버네티스를 대표 기술로 삼는 거대한 생태계의 일부다.

쿠버네티스는 애플리케이션을 개발하고 운영하는 방식을 바꿨다. 쿠버네티스는 현재 데브옵스 세계의 핵심이다. 쿠버네티스는 개발자에게 유연성을 제공하며 운영의 자유를 제공한다. 오늘날 쿠버네티스는 주요 클라우드 서비스 업체에서 사용할 수 있으며 온프레미스 베어 메탈 환경과 개발자의 로컬 머신에서도 사용할 수 있다. 리눅스가 운영 체제 세계에서 표준이 된 것처럼 쿠버네티스는 안정성, 유연성, 강력한 API, 오픈 코드, 오픈 개발자 커뮤니티를 제공하며 사실상 산업 표준이 되었다.

이 책은 쿠버네티스를 이미 운영하거나 이제 막 쿠버네티스를 시작하려는 사람들을 위한 훌륭한 안내서다. 이 책에서는 배포, 구성, 쿠버네티스 운영과 관련된 주요한 모든 것을 다루며 애플리케이션 개발과 실행을 위한 다양한 모범 사례를 소개한다. 또한 프로메테우스, 헬름, 지속적 배포와 같은 기술에 대한 훌륭한 개요를 제시한다. 이는 데브옵스 세계의 모든 이들이 꼭 알아야 할 사항이다.

쿠버네티스는 단순히 흥미로운 도구로 끝나지 않는다. 쿠버네티스는 서버리스(OpenFaaS, Knative)와 머신러닝(Kubeflow) 도구를 포함한 차세대 기술의 기반이자 산업 표준이다. 클라우드 네이티브 혁명으로 전체 IT 산업이 변하고 있다. 참으로 반가운 일이다.

이호르 드보레스키|Ihor Dvoretskyi

클라우드 네이티브 컴퓨팅 재단, 개발자 지지자

2018년 12월

9

이 책에 대하여

IT 운영 세계에서 데브옵스의 주요 원칙이 잘 받아들여지고 널리 채택되었지만, 데브옵스 환경은 끊임없이 변하고 있다. 전 세계 기업 및 다양한 산업군은 새로운 애플리케이션 플랫폼인 쿠버네티스를 빠르게 채택했다. 많은 애플리케이션과 비즈니스가 전통적인 서버에서 쿠버네티스 환경으로 이동했고, 이 새로운 세계에서 어떻게 데브옵스를 실천할 것인지가 화제의 중심으로 떠올랐다.

이 책은 쿠버네티스가 표준 플랫폼으로 자리 잡은 클라우드 네이티브 세계에서의 데브옵스를 실천하는 방법을 다룬다. 이 책은 쿠버네티스 생태계에서 사용할 가장 좋은 도구와 프레임워크를 소개한다. 또한 도구와 프레임워크를 사용하는 일관된 방법은 물론 현재 상용 환경에서 실제로 사용하는 검증된 솔루션도 소개한다.

책의 구조

이 책에서 여러분은 쿠버네티스가 무엇인지, 어떻게 시작했는지, 쿠버네티스가 소프트웨어 개발 및 운영의 미래에 끼칠 영향을 알게 될 것이다. 컨테이너를 작동, 빌드, 관리하는 방법과 클라우드 네이티브 서비스와 인프라를 설계하는 세부적인 방법도 익힐 수 있다.

쿠버네티스 클러스터를 직접 구축하고 운영하는 방식과 관리형 서비스를 사용하는 방식의 차이를 이해하며, kops, kubeadm, kubespray와 같은 인기 있는 쿠버네티스 설치 도구 기능의 장단점과 한계를 알아보고, 아마존, 구글, 마이크로소프트와 같은 주요 기업이 제공하는 관리형 쿠버네티스 서비스에 관한 정보를 얻을 수 있다.

쿠버네티스 애플리케이션의 빌드 및 배포 방법, 쿠버네티스 클러스터 구성 및 운영, 클라우드 인프라 자동화와 헬름과 같은 도구를 사용한 배포 방법을 실용적인 예제로 살펴본다. 또한 쿠버네티스가 지원하는 보안, 인증, 역할 기반 접근 제어(RBAC)를 포함한 권한 설정, 상용 환경에서 컨테이너와 쿠버네티스 보안을 위한 모범 사례도 다룬다.

쿠버네티스를 활용한 지속적 통합 및 배포를 구축하는 방법, 데이터 백업과 복원 방법, 적합성과 신뢰성을 위한 클러스터 테스트 방법, 모니터링, 추적, 로깅, 메트릭 집계 방법도 이 책이 다루는 주제이며 확장 가능하고 탄력적이며 비용 효율적인 쿠버네티스 인프라를 구축하는 방법도 살펴본다.

독자가 이 책에서 설명하는 내용을 잘 이해할 수 있도록 간단한 데모 애플리케이션 소스를 제공한다. 다음 깃허브 저장소에서 제공하는 코드를 활용하여 모든 예제를 따라할 수 있다.

- https://github.com/cloudnativedevops/demo

대상 독자

이 책은 서버, 애플리케이션, 서비스를 담당하는 IT 운영 담당자와 새로운 클라우드 네이티브 서비스를 개발하거나 기존 애플리케이션을 쿠버네티스나 클라우드로 이전하는 업무를 담당하는 이를 위해 썼다. 쿠버네티스나 컨테이너에 관한 모든 것을 폭넓게 설명하므로 사전 지식이 없어도 괜찮다.

또한 RBAC, 지속적 배포, 시크릿 관리, 관측가능성과 같은 고급 주제도 다루므로 쿠버네티스를 이미 경험한 독자도 큰 도움을 얻을 수 있을 것이다. 독자가 보유한 전문 지식과 상관없이 유용한 정보를 얻을 수 있는 책으로 활용하길 바란다.

주요 주제

필자는 이 책을 계획하고 집필하면서 업계 리더 및 전문가에서 초보자까지 클라우드 네이티브 및 쿠버네티스와 관련된 수백 명의 사람을 만나 인터뷰했다. 이들은 다음과 같은 질문에 대한 답을 주는 책을 원한다고 말했다.

- "내가 왜 이 기술에 시간을 투자해야 하는지 알고 싶습니다. 이러한 기술이 나와 팀을 위해 어떤 문제를 해결해줄 수 있나요?"

- "쿠버네티스는 훌륭해 보이지만 쉽고 빠르게 익힐 수 있는 기술은 아닙니다. 빠른 데모를 설정하는 것은 간단하지만 운영과 문제 해결은 어려워 보입니다. 실제로 쿠버네티스 클러스터를 어떻게 운영하는지, 어떤 문제가 발생할 수 있는지에 관한 믿을 수 있는 안내서가 필요합니다."

- "의견이 담긴 조언이 도움이 될 것 같습니다. 쿠버네티스 생태계에는 이제 막 시작 단계에 있는 팀에서 선택해야 할 옵션이 너무 많습니다. 같은 결과를 낼 수 있는 여러 옵션이 있을 때 어떤 것을 선택하는 게 가장 좋을까요? 어떤 방식으로 의사결정을 해야 할까요?"

그리고 아마도 가장 중요한 질문은 다음과 같을 것이다.

- "서비스 장애 없이 쿠버네티스를 사용할 수 있는 방법은 무엇일까요?"

필자는 이 책을 집필하는 동안 이러한 질문들에 답변하고자 최선을 다했다. 필자의 답이 궁금하다면 페이지를 넘겨서 확인해보길 바란다.

예제 소스 내려받기

이 책에서 사용한 예제 소스를 다시 한번 안내한다. 필자의 깃허브 저장소에서 내려받으면 된다.

- *https://github.com/cloudnativedevops/demo*

일러두기

다음은 번역 용어나 번역 규칙에 관한 몇 가지 참고사항이다.

- 이 책의 용어는 「쿠버네티스 한글화팀 용어집」을 따랐다(*http://bit.ly/k8s-korean*).

- 용어집에 없는 단어는 위키백과 표제어 표기를 따랐다.

- 그 외에 한글화하여 어색한 단어는 일반적인 실무 및 커뮤니티에서 사용하는 것처럼 음차 표기를 했다.

CONTENTS

CHAPTER **1** 소프트웨어 세상의 세 가지 혁명

CHAPTER 2 쿠버네티스 첫걸음

CONTENTS

CHAPTER **3** 쿠버네티스 구축하기

CHAPTER **4** 쿠버네티스 오브젝트 다루기

CONTENTS

CONTENTS

CONTENTS

CHAPTER 8 컨테이너 실행하기

CHAPTER **9 파드 관리하기**

CONTENTS

CHAPTER 10 구성과 시크릿

CONTENTS

CHAPTER 12 쿠버네티스 애플리케이션 배포

CHAPTER **13** 개발 워크플로

CONTENTS

CHAPTER **14 쿠버네티스에서 지속적 배포하기**

CHAPTER **15 관측가능성과 모니터링**

CONTENTS

CHAPTER **16 쿠버네티스 메트릭**

소프트웨어 세상의 세 가지 혁명

> 이 세상에 시작 시점이란 없다. 마치 원에 시작점이 없는 것처럼 세상은 돌고 돌기 때문이다.
>
> — 앨런 와츠(영국 철학자)

혁명은 계속된다. 다음 세 가지 혁명 말이다.

첫 번째는 클라우드 혁명이다. 클라우드란 대체 무엇이고 왜 중요한 걸까? 두 번째는 데브옵스 DevOps 탄생이다. 데브옵스의 범위는 어디까지이고 데브옵스 환경에서의 운영이 어떻게 달라졌을까? 세 번째 혁명은 컨테이너 등장이다. 컨테이너는 무엇을 변화시켰을까?

이 세 가지 변화의 물결은 **클라우드 네이티브**cloud native라 불리는 새로운 소프트웨어 세상을 만들고 있다. 그리고 그 세상을 위한 운영 시스템이 바로 쿠버네티스kubernetes다.

이번 장에서는 세 가지 혁명의 역사와 중요성을 간략히 설명하고, 혁명이 가져온 변화가 소프트웨어를 배포하고 운영하는 방식에 어떤 영향을 미치는지 살펴본다. **클라우드 네이티브**의 의미를 이해하고, 새로운 환경에서의 소프트웨어 개발, 운영, 배포, 엔지니어링, 네트워킹, 보안이 어떻게 달라지는지 살펴본다.

세 가지 혁명의 속성은 서로 연결된다. 컴퓨팅의 미래는 클라우드 기반에서 컨테이너화된 분산 시스템이자, 자동화로 동적 관리되는 쿠버네티스 플랫폼(또는 이와 유사한 것)에서 찾을 수 있다. 클라우드 네이티브 데브옵스로 애플리케이션을 개발하고 실행하는 예술과도 같은 기술은 이 책의 나머지 부분에서 다룬다.

만약 이런 혁명의 배경을 이미 잘 이해하고 있다면 쿠버네티스를 바로 시작하기 위해 '2장 쿠버네티스 첫걸음'으로 넘어가도 좋다.

1.1 클라우드 혁명

1960년대 초반 컴퓨터는 에어컨이 설치된 거대한 원격 데이터 센터를 가득 채울 정도로 컸다. 일반 사용자는 컴퓨터를 직접 보거나 제어할 수 없었다. 개발자들이 사용자를 대신해서 컴퓨터에 작업을 실행하고 결과를 기다렸다. 수백, 수천 명의 사용자가 동일한 컴퓨팅 인프라를 공유했고 각 사용자는 사용한 프로세서 시간이나 리소스의 양에 따라 요금을 지불했다.

기업이나 조직이 자체 컴퓨팅 하드웨어를 구입하고 유지 보수하는 것은 비용 효율적이지 않았기 때문에 제삼자가 소유하고 운영하는 원격 머신의 컴퓨팅 파워를 공유하는 비즈니스 모델이 등장했다.

그림 1-1 초기 메인프레임 컴퓨터: IBM 시스템/360 모델 91, 나사의 고더드 우주 비행 센터

만약 이 이야기가 지난 세기가 아닌 현재의 이야기처럼 들린다면 그건 우연의 일치가 아니다. **혁명**이란 '회전하는 움직임'[1]을 의미하며 컴퓨팅은 어느 정도 그 시작점으로 돌아왔다. 컴퓨터는 지난 몇 년간 훨씬 더 강력해졌다(오늘날 애플 워치는 [그림 1-1]의 메인 프레임 컴퓨터와 동일한 성능을 가진다). 하지만 컴퓨팅 자원의 사용량에 따라 비용을 지불하는 방식은 매우 오래된 옛날 방식이다. 오늘날 우리가 컴퓨팅 자원을 공유하는 방식은 **클라우드**라 불리며, 메인프레임의 사용 시간을 공유하는 것으로 시작된 혁명은 다시 원점으로 돌아왔다.

1.1.1 시간을 구매하기

클라우드의 핵심은 **컴퓨터**를 구매하는 대신 **컴퓨팅 리소스**를 구매하는 것이다. 이는 확장하기가 어렵고 고장이 잘 나며 빠르게 구식이 되는 물리적인 기계에 대규모로 투자하는 대신 다른 사람이 확장, 관리, 업그레이드를 해주는 컴퓨터의 시간을 사는 것을 의미한다. '철기 시대$^{Iron Age}$'라 불리던 베어 메탈 머신 시대에는 컴퓨팅 파워가 투자 비용$^{capital expense}$이었지만 이제는 운영 비용$^{operating expense}$으로 인식되며 모든 것이 달라졌다.

클라우드는 단순히 임대한 원격 컴퓨팅 파워뿐만 아니다. 클라우드는 분산 시스템에 관한 것이기도 하다. 사용자는 컴퓨팅 리소스(구글 컴퓨트 인스턴스나 AWS 람다^{Lambda} 함수와 같은)를 구매하여 소프트웨어를 실행할 수 있으며 본질적으로 다른 사람의 소프트웨어를 사용하는 **클라우드 서비스**를 임대할 수도 있다. 예를 들어 시스템을 감시하고 문제 발생 시 알림을 받기 위해 페이저듀티^{PagerDuty}를 사용한다면 흔히 서비스형 소프트웨어(SaaS)라 부르는 클라우드 서비스를 사용하는 것이다.

1.1.2 서비스형 인프라

서비스를 운영하기 위해 구매하는 클라우드 인프라는 서비스형 인프라$^{Infra as a service}$(IaaS)다. 클라우드 인프라를 구매하기 위해서는 투자 비용이 발생하지 않으며 구축과 업그레이드 또한 필요하지 않다. 클라우드는 전기나 물처럼 구매해 쓸 수 있는 상품일 뿐이다. 클라우드 컴퓨팅은 비즈니스와 IT 인프라 간의 관계에서 혁명을 일으켰다.

---

1 옮긴이_ '혁명'이라는 뜻의 영어 단어 revolution에서 volution은 회전 운동, 소용돌이를 뜻한다.

하드웨어 아웃소싱은 클라우드의 일부일 뿐이다. 또한 클라우드는 **소프트웨어**를 사용자가 직접 운영하지 않고 아웃소싱할 수 있게 해준다. 운영 체제, 데이터베이스, 클러스터링, 복제, 네트워킹, 모니터링, 고가용성, 큐와 스트림 처리, 코드와 CPU 사이에 걸친 수많은 소프트웨어 계층과 구성을 아웃소싱할 수 있다. 관리형 서비스는 이렇게 차별화되지 않는 고된 일을 거의 모두 처리할 수 있다(관리형 서비스의 장점은 '3장 쿠버네티스 구축하기'에서 좀 더 자세히 다룬다).

클라우드 혁명은 클라우드 사용자에게도 또 다른 혁명을 불러왔다. 바로 데브옵스 운동이다.

1.2 데브옵스 탄생

데브옵스 이전에 소프트웨어의 개발과 운영은 본질적으로 서로 다른 업무로 두 개의 다른 그룹이 맡아 수행했다. **개발자**는 소프트웨어를 작성하여, 상용 환경(실제 고객에게 서비스를 제공하는 환경)에서 소프트웨어를 실행하고 관리하는 **운영자**에게 전달했다. 과거 대형 컴퓨터가 건물 한 층을 가득 채우기도 했으니, 이런 분업은 자연스럽게 지난 세기 중반부터 시작됐다. 소프트웨어 개발은 매우 전문적인 일이었고 컴퓨터 운영도 역시 마찬가지였다. 둘 사이에는 중복되는 업무가 거의 없었다.

그림 1-2 분리된 팀이 상충되는 보상안을 지향한다면 문제가 발생할 수 있다(사진: 데이브 로스(Dave Roth)).

실제로 두 부서는 서로 다른 목표와 보상안을 갖고 있어 서로 부딪히는 경우가 많았다(그림 1-2). 개발 팀은 신속하게 새로운 기능을 제공하는 데 주력한 반면, 운영 팀은 장기적이고 안정적으로 신뢰할 수 서비스를 만드는 데 집중했다.

클라우드가 나타나자 상황은 달라졌다. 분산 시스템은 복잡하고 인터넷은 매우 방대하다. 장애 복구, 타임아웃 처리, 원활한 버전 업그레이드와 같은 시스템 운영 기술은 클라우드 시스템의 설계, 아키텍처, 구현과 분리하기가 쉽지 않다.

또한 '시스템'은 더는 개인이 개발한 소프트웨어가 아니라 사내 소프트웨어, 클라우드 서비스, 네트워크 리소스, 로드 밸런서, 모니터링, 콘텐츠 배포 네트워크, 방화벽, DNS 등으로 다양하게 구성되기 시작했다. 이 모든 것들은 서로 밀접하게 연결되어 있으며 상호 의존적이다. 소프트웨어를 작성하는 사람은 소프트웨어가 나머지 시스템과 어떤 관계가 있는지 이해해야 하며 시스템을 운영하는 사람은 소프트웨어의 작동 방식과 실패를 이해해야 한다.

데브옵스 운동의 기원은 이 두 그룹을 하나로 모으기 위한 시도에 있다. 즉 서로 협업하고, 이해를 공유하며, 시스템 신뢰성과 소프트웨어 정확성에 대한 책임을 공유하고, 소프트웨어 시스템과 이를 구축하는 팀의 확장성을 향상시키기 위한 시도다.

1.2.1 아무도 데브옵스를 이해하지 못한다

데브옵스를 두고 종종 논쟁이 일어나곤 한다. 데브옵스는 기존 소프트웨어 개발에 존재하던 '모범 사례'의 현대적인 이름일 뿐이라고 주장하는 사람이 있는가 하면, 개발과 운영 사이에서 더 큰 협업의 필요성을 거부하는 사람은 데브옵스 자체를 거부하기도 한다.

또한 데브옵스가 실제로 무엇인지와 관련하여 '데브옵스란 직무인가? 팀인가? 방법론인가? 기술 집합인가?'와 같은 광범위한 오해가 있다. 데브옵스를 주제로 영향력 있는 글을 쓰는 존 윌리스John Willis는 데브옵스의 네 가지 핵심을 문화culture, 자동화automation, 측정measurement, 공유 sharing(CAMS)로 정의했다. 브라이언 도슨Brian Dawson은 데브옵스 삼위일체를 사람과 문화, 과정과 실천, 도구와 기술로 정의했다.

어떤 사람들은 클라우드와 컨테이너에 더는 데브옵스가 필요하지 않다고 주장한다(이를 **노옵스**NoOPS라고 부른다). 이러한 관점을 가진 사람들은 모든 IT 운영이 클라우드 서비스 업체나 다른 서드 파티 서비스로 아웃소싱되므로 사업체 내에 정규 운영 직원이 필요하지 않다고 주장한다.

하지만 노옵스 오류는 실제 데브옵스 업무가 무엇을 포함하는지에 대한 잘못된 이해를 기반으로 한다.

> 데브옵스를 하면 코드가 상용 환경에 도달하기 전에 전통적인 IT 운영 작업의 상당수가 수행된다. 모든 릴리스는 모니터링, 로깅, A/B 테스트를 포함한다. CI/CD 파이프라인은 모든 커밋에 대해 유닛 테스트, 보안 스캐너, 정책 검사를 자동으로 수행한다. 배포는 자동으로 수행된다. 제어, 작업, 비기능적 요구 사항은 이제 릴리스 전에 구현되어 심각한 운영 중단의 여파를 대신한다.
>
> – 조던 바흐Jordan Bach[2]

데브옵스를 이해하는 데 가장 중요한 점은 데브옵스가 기술적인 문제가 아니라 주로 조직적이고 인간적인 문제와 관련이 있다는 것이다. 이는 제럴드 와인버그Gerald M. Weinberg가 말하는 **컨설팅의 두 번째 법칙**과 일치한다.

> 처음에 어떻게 보이든 문제는 항상 사람이다.
>
> – 제럴드 와인버그, 『컨설팅의 비밀』

1.2.2 비즈니스 이점

비즈니스 관점에서 데브옵스는 '클라우드 자동화와 실행으로 릴리스 주기를 단축하여 소프트웨어의 품질을 향상시키는 것에 더해 소프트웨어가 상용 환경에서 상시 운영된다'라는 장점으로 여겨졌다.[3]

데브옵스를 채택하려면 기업 문화의 변화가 필요하다. 경영진이나 기업의 전략을 구축하는 이들부터 시작해 모든 조직 구석 구석까지 데브옵스 문화를 점진적으로 전파해야 한다. 속도, 민첩성, 협업, 자동화, 소프트웨어 품질은 데브옵스의 핵심 목표이며 사고방식에 큰 변화가 필요하다.

---

2 https://www.appdynamics.com/blog/engineering/is-noops-the-end-of-devops-think-again
3 https://www.theregister.co.uk/2018/03/06/what_does_devops_do_to_decades_old_planning_processes_and_assumptions

하지만 데브옵스는 효과가 있다. 데브옵스 연구 결과에 따르면 데브옵스 원칙을 채택한 기업은 신속하게 소프트웨어를 개발하고 실패와 문제에 더 빠르게 대응할 수 있으며, 시장에 더 민첩하게 대응하여 제품의 품질을 크게 향상시킬 수 있다.

> 데브옵스는 일시적인 유행이 아니다. 데브옵스는 현재 성공한 조직이 우수한 소프트웨어를 제공하는 방식이며, 내일 그리고 향후 몇 년 동안 새로운 기준이 될 것이다.
>
> — 브라이언 도슨^{Brian Dawson}, 『컴퓨터 비즈니스 리뷰』[4]

1.2.3 코드형 인프라

과거 개발자는 소프트웨어를 다루었고, 운영자는 하드웨어와 하드웨어에서 실행되는 운영 체제를 다루었다.

이제 하드웨어는 클라우드에 있기 때문에 어떤 의미에서는 모든 것이 소프트웨어다. 데브옵스 운동은 소프트웨어 개발 기술을 운영에 도입한다. 즉, 복잡한 시스템을 신속하고 민첩하며 협력적으로 구축하는 도구이자 워크플로다. 그런데 이 데브옵스와 떼려야 뗄 수 없는 것이 하나 있다. 바로 **코드형 인프라**infrastructure as code라는 개념이다.

컴퓨터와 스위치를 물리적인 랙과 케이블에 연결하는 대신 클라우드 인프라는 소프트웨어 형식으로 인프라를 자동으로 공급할 수 있다. 운영 엔지니어는 하드웨어를 수동으로 배포하고 업그레이드하는 대신 클라우드를 자동화하는 소프트웨어를 작성하는 사람이 되었다.

반대의 경우도 마찬가지다. 개발자는 운영 팀에게서 분산 클라우드 시스템에 내재된 실패와 문제를 예측하는 방법, 장애를 최소화하는 방법, 성능이 우아하게 저하하며 안전 장치가 확보된 소프트웨어를 설계하는 방법을 배운다.

1.2.4 함께 배우기

개발 팀과 운영 팀 모두 협력하는 방법을 배운다. 두 팀은 시스템을 설계하고 구축하는 방법, 상용 환경의 시스템을 모니터링하고 피드백을 제공하는 방법, 모니터링 정보를 활용하여 시스

---

4 https://www.cbronline.com/enterprise-it/applications/devops-fad-stay

템을 개선하는 방법을 배운다. 더 중요한 것은 사용자의 경험을 개선하고 자금을 제공하는 비즈니스에 더 나은 가치를 전달하는 방법을 배우는 것이다.

클라우드의 거대 규모와 데브옵스 운동의 협업적이고 코드 중심적인 특성은 운영을 소프트웨어 문제로 바꿔놓았다. 또한 클라우드와 데브옵스는 소프트웨어를 운영 문제로 전환하여 다음과 같은 질문을 던진다.

- 서로 다른 서버 아키텍처와 운영 체제의 다양한 네트워크에서 소프트웨어를 배포하고 업그레이드하는 방법은 무엇인가?
- 표준화된 구성 요소를 활용하여 안정적이고 재현 가능한 방식으로 분산 환경에 배포하는 방법은 무엇인가?

1.3 컨테이너 등장

소프트웨어를 배포하려면 소프트웨어 자체뿐만 아니라 **의존성**이 필요하다. 여기서 의존성이란 라이브러리, 인터프리터, 서브 패키지, 컴파일러, 확장 등을 의미한다. **구성** 또한 필요하다. 즉 설정, 사이트별 세부 정보, 라이선스 키, 데이터베이스 패스워드와 같이 원시 소프트웨어를 사용 가능한 서비스로 바꾸는 모든 것이 필요하다.

1.3.1 기술의 발전 과정

이 문제를 해결하기 위해 초기에는 코드(퍼핏, 앤서블과 같은)로 소프트웨어를 설치, 실행, 구성, 업데이트하는 구성 관리 시스템을 사용했다.

일부 언어는 자바의 JAR 파일, 파이썬의 에그egg, 루비의 젬gem과 같은 자체 패키징 메커니즘을 제공한다. 하지만 이러한 방식은 언어에 종속되며 의존성 문제를 완전히 해결하지 않는다. 예를 들어 JAR 파일을 실행하려면 자바 런타임을 먼저 설치해야 한다.

또 다른 해결 방법은 **옴니버스 패키지**다. 이름에서 알 수 있듯이 애플리케이션이 필요한 모든 것을 단일 파일에 밀어넣는다. 옴니버스 패키지는 소프트웨어, 구성, 소프트웨어 컴포넌트, 컴포넌트의 구성, 컴포넌트의 의존성을 포함한다(예를 들어 자바 옴니버스 패키지는 자바 런타임

뿐만 아니라 애플리케이션의 JAR 파일을 포함한다).

일부 업체는 한걸음 더 나아가 애플리케이션을 실행하기 위해 필요한 전체 컴퓨터 시스템을 **가상 머신 이미지**로 제공한다. 하지만 이러한 방식은 규모가 너무 크고 다루기 힘들며 구축과 유지보수에 시간이 오래 걸린다. 또한 운영하기 어려우며 다운로드나 배포가 느리고 성능과 리소스 사용이 매우 비효율적이다.

운영 관점에서는 이러한 다양한 종류의 패키지를 관리해야 하며 패키지를 실행하기 위한 여러 대의 서버 또한 관리가 필요하다. 서버는 프로비저닝, 네트워크 설정, 배포, 구성, 최신 보안 패치, 모니터링, 관리 등이 필요하다.

소프트웨어를 실행하기 위한 플랫폼을 제공하기 위해서는 상당한 시간, 기술, 노력이 필요하다. 혹시 더 나은 방법은 없을까?

1.3.2 상자 안에서 생각하기

이러한 문제를 해결하고자 IT 업계는 해운 산업의 **컨테이너**에서 영감을 얻었다. 1950년대에 말콤 맥린(*https://hbs.me/2Q0QCzb*)이라는 트럭 운전사가 화물을 배에 싣는 새로운 방법을 제안했다. 그는 트럭 트레일러에서 짐을 내리고 다시 배에 싣는 대신 단순하게 트럭의 짐칸을 떼어내 배에 싣는 방법을 생각했다.

트럭 트레일러는 본질적으로 바퀴가 달린 큰 금속 상자다. 상자(즉, 컨테이너)를 운반하기 위해 붙어 있는 바퀴와 섀시를 떼어낼 수만 있다면, 상자를 들어 올리거나 내리는 작업이 매우 쉬워지고, 반대편 끝에 있는 배나 다른 트럭으로도 바로 옮겨 실을 수도 있다(그림 1-3).

맥린이 세운 컨테이너 운송 업체 시랜드는 컨테이너를 사용해 훨씬 저렴한 비용으로 상품을 운송해 크게 성공했으며 컨테이너는 빠르게 시장을 장악했다(*https://www.freightos.com/the-history-of-the-shipping-container*). 오늘날에는 매년 컨테이너 수억 개가 수조 달러 상당의 상품을 운반하는 데 사용된다.

그림 1-3 표준화된 컨테이너는 대량 상품을 운송하는 비용을 획기적으로 절감한다(사진: Pixabay, CC BY 2.0).

1.3.3 컨테이너에 소프트웨어 넣기

소프트웨어 컨테이너는 해운 산업의 컨테이너와 정확히 같은 개념이다. 일반적이고 널리 보급된 표준 패키징과 배포 형식은 운반 용량을 크게 늘리고, 비용은 절감하며, 규모의 경제를 이루며, 다루기 쉽다. 컨테이너 형식에는 애플리케이션 실행에 필요한 모든 것이 포함되어 있으며 **컨테이너 런타임**이 실행할 수 있는 **이미지 파일**에 저장한다.

그렇다면 가상 머신 이미지와 컨테이너의 차이점은 무엇일까? 가상 머신 이미지도 애플리케이션 실행에 필요한 모든 것을 포함한다. 하지만 그 외에도 불필요한 많은 것을 포함한다. 일반적인 가상 머신 이미지는 약 1GiB다.[5] 반면 잘 설계된 컨테이너 이미지는 수백 배 더 작다.

가상 머신에는 관련 없는 프로그램, 라이브러리, 애플리케이션이 사용하지 않는 많은 것이 포

---

5 기비바이트(GiB)는 1,024메비바이트(MiB)로 국제전기기술위원회(IEC) 데이터 단위다. 이 책에서는 모호함을 피하기 위해 IEC 단위 (GiB, MiB, KiB)를 사용한다.

함되어 있어서 공간 대부분이 낭비된다. 네트워크를 통한 VM 이미지 전송은 최적화된 컨테이너보다 훨씬 느리다.

또한 가상 머신은 **가상 환경**에서 작동한다. 가상 머신이 실행하는 CPU는 물리 CPU를 실제와 같이 **에뮬레이션**하여 구현한다. 이 때문에 가상화 레이어는 성능에 극적이고 부정적인 영향을 미친다. 한 테스트 결과에 따르면 가상화된 워크로드는 동일한 환경의 컨테이너보다 약 30% 느리다.[6]

반면 컨테이너는 일반 바이너리 실행 파일과 마찬가지로 가상화 오버헤드 없이 실제 CPU에서 직접 실행된다. 컨테이너는 필요한 파일만 보유하므로 VM 이미지보다 훨씬 작다. 또한 컨테이너 간에 공유하고 재사용할 수 있는 주소 지정 방식의 파일 시스템 **레이어**를 사용한다.

예를 들어 동일한 데비안 리눅스 베이스 이미지에서 파생된 두 개의 컨테이너가 있는 경우 베이스 이미지를 한 번만 다운로드하면 각 컨테이너에서 간단하게 참조할 수 있다. 컨테이너 런타임은 필요한 모든 레이어를 조립하고 로컬로 캐시되지 않은 경우에만 레이어를 다운로드하기 때문에 디스크 공간과 네트워크 대역폭을 매우 효율적으로 사용할 수 있다.

1.3.4 플러그 앤 플레이 애플리케이션

컨테이너는 배포 및 패키징 단위일 뿐만 아니라 **재사용**(동일한 컨테이너 이미지는 다양한 서비스의 컴포넌트로 사용될 수 있다) 단위, **스케일링** 단위, **리소스 할당**(컨테이너는 자신의 특정 요구에 맞는 충분한 자원이 있는 곳이면 어디서나 실행될 수 있다) 단위다.

개발자는 여러 리눅스 배포판, 여러 라이브러리와 언어 버전 등을 실행하기 위해 여러 버전의 소프트웨어를 관리하지 않아도 된다. 컨테이너가 의존하는 것은 운영체제 커널(예를 들어 리눅스)뿐이다.

컨테이너 이미지로 애플리케이션을 제공하면 표준 컨테이너 형식을 지원하고 호환 가능한 커널이 있는 모든 플랫폼에서 실행할 수 있다. 쿠버네티스 개발자 브렌던 번스[Brendan Burns]와 데이비드 오펜하이머[David Oppenheimer]는 「컨테이너 기반 분산 시스템 디자인 패턴」[7]에서 다음과 같이

---

6 https://www.stratoscale.com/blog/containers/running-containers-on-bare-metal
7 https://www.usenix.org/node/196347

설명한다.

컨테이너는 밀폐된 상태로 봉인되어 의존성을 전달하며 배포 신호(성공/실패)를 제공하여 데이터 센터나 클라우드의 소프트웨어 배포 기술을 크게 개선했다. 하지만 컨테이너는 더 나은 배포 수단 이상이 될 가능성이 있다. 우리는 컨테이너가 객체지향 소프트웨어 시스템의 객체와 유사해져서 분산 시스템 디자인 패턴을 개발할 수 있을 것으로 기대한다.

1.4 컨테이너 오케스트레이션

운영 팀 또한 컨테이너로 워크로드를 크게 단순화할 수 있다. 다양한 종류의 시스템, 아키텍처, 운영 체제를 관리하는 대신에 **컨테이너 오케스트레이터**만 실행하면 된다. 컨테이너 오케스트레이터는 다양한 머신을 하나의 **클러스터**로 결합하도록 설계된 소프트웨어의 한 종류다. 클러스터는 일종의 통합 컴퓨팅 기판으로 사용자에게는 컨테이너를 실행할 수 있는 매우 강력한 컴퓨터와 같다. **컨테이너 오케스트레이터**라는 용어는 일반적으로 스케줄링, 오케스트레이션, 클러스터 관리를 담당하는 단일 서비스를 말한다.

오케스트레이션과 **스케줄링**은 종종 동일한 의미로 사용되지만, 엄밀하게 말하면 다르다. **오케스트레이션**은 서비스의 공통적인 목표를 위해(오케스트라의 연주자처럼) 서로 다른 역할을 조정하고 나열하는 것을 의미한다. **스케줄링**은 사용 가능한 리소스를 관리하고 가장 효율적으로 실행할 수 있는 워크로드를 할당하는 것을 의미한다(미리 지정된 시간에 실행하는 **예약된 작업** 관점의 스케줄링과 혼동하지 말자). **클러스터 관리**는 여러 개의 물리 또는 가상 서버를 신뢰할 수 있고 fault-tolerant(장애 허용)를 유지하는 원활한 그룹으로 통합한다.

컨테이너화(소프트웨어를 배포하고 실행하는 표준 방법으로 컨테이너를 사용하는 것)에는 명백한 이점이 있다. 사실상 표준 컨테이너 형식은 모든 종류의 규모의 경제를 가능하게 했다. 하지만 컨테이너화를 광범위하게 채택함으로써 컨테이너 오케스트레이터가 부족하다는 새로운 문제가 발생했다. 컨테이너 스케줄링과 오케스트레이션을 위한 여러 다른 도구가 시장에서 경쟁했고, 기업들은 어떤 기술에 베팅하느냐에 따라 값비싼 대가를 치를 수도 있으므로 선택을 꺼리며 주저했다. 쿠버네티스가 모든 것을 평정하기 바로 직전이었다.

1.5 쿠버네티스

구글은 꽤 오래 전부터 상용 워크로드를 위한 대규모 컨테이너를 운영하고 있었다. 구글의 거의 모든 서비스는 컨테이너에서 실행된다(지메일, 구글 검색, 구글 맵, 구글 앱 엔진 등). 당시에는 적절한 컨테이너 오케스트레이터가 없었기 때문에 구글은 이를 직접 개발해야 했다.

1.5.1 보그에서 쿠버네티스까지

수백만 대의 서버에서 전 세계 규모의 수많은 서비스를 실행하기 위해 구글은 보그Borg[8]라는 내부 컨테이너 오케스트레이터를 개발했다.

보그는 본질적으로 서버 풀에서 실행할 컨테이너를 할당하고 스케줄링하는 중앙 관리 시스템이다. 보그는 매우 강력하지만 구글 내부 및 독점 기술과 밀접하게 연결되어 있으며 확장하기 어렵고 외부에 공개할 수 없다.

2014년 구글은 쿠버네티스 오픈 소스 프로젝트를 시작했다(쿠버네티스는 키잡이, 조종사를 의미하는 그리스어 $\kappa\upsilon\beta\varepsilon\rho\nu\acute{\eta}\tau\eta\varsigma$에서 유래했다). 쿠버네티스는 보그와 오메가[9]에서 얻은 교훈을 바탕으로 개발한 누구나 사용할 수 있는 컨테이너 오케스트레이터다.

쿠버네티스는 무섭게 성장했다. 쿠버네티스 이전에도 다른 오케스트레이터가 존재했지만 대부분 기업과 연계된 상용 제품이어서 광범위하게 채택되기는 어려웠다. 쿠버네티스라는 진정한 무료 오픈 소스 컨테이너 오케스트레이터가 등장하자 컨테이너 및 쿠버네티스 환경을 도입하는 사례가 놀라운 속도로 증가했다.

2017년 말, 오케스트레이터의 전쟁이 끝났고 쿠버네티스가 승리했다. 여전히 기존에 있던 다른 시스템을 사용하는 곳이 있긴 하지만, 지금부터 컨테이너 인프라를 도입하고자 하는 기업은 단 하나의 오케스트레이터, 쿠버네티스만 고려하면 된다.

---

8 *https://pdos.csail.mit.edu/6.824/papers/borg.pdf*
9 *https://ai.google/research/pubs/pub41684.pdf*

1.5.2 쿠버네티스가 특별한 이유는 무엇일까?

『쿠버네티스 시작하기』(에이콘출판사, 2018)의 공동 저자이며 쿠버네티스 커뮤니티의 전설이자 구글의 개발자 지지자인 켈시 하이타워Kelsey Hightower는 다음과 같이 말한다.

> 쿠버네티스는 자동화, 장애 조치, 중앙 집중식 로깅, 모니터링 같이 최고의 시스템 관리자가 수행하는 작업을 한다. 또한 우리가 데브옵스 커뮤니티에서 배운 것을 반영하여 기본 작동으로 정의한다.
>
> – 켈시 하이타워

서버 업그레이드, 보안 패치 설치, 네트워크 구성, 백업과 같은 전통적인 시스템 관리 작업 대부분은 클라우드 네이티브 세계에서는 그다지 중요하지 않다. 쿠버네티스는 이러한 작업을 자동화하여 팀이 핵심 작업에 집중할 수 있게 한다.

로드 밸런싱과 오토스케일링과 같은 기능 중 일부는 쿠버네티스 코어에 내장되어 있다. 다른 것들은 쿠버네티스 API를 사용하는 애드온, 확장, 서드 파티 도구에서 제공한다. 쿠버네티스 생태계는 점점 더 크게 성장하고 있다.

쿠버네티스는 배포 작업이 간편하다

운영자들은 앞서 설명한 이유로 쿠버네티스를 아주 좋아한다. 물론 개발자에게도 쿠버네티스가 제공하는 몇 가지 중요한 장점이 있다. 쿠버네티스는 배포에 소요되는 시간과 노력을 크게 줄인다. 쿠버네티스는 기본적으로 롤링 업데이트로 무중단 배포를 지원한다(새로운 버전의 컨테이너를 실행하고 준비 상태가 될 때까지 기다린 후 이전 버전의 컨테이너를 종료한다).

쿠버네티스는 또한 **카나리아 배포**와 같이 지속적인 배포를 구현하는 기능도 제공한다. 카나리아 배포는 문제를 조기에 파악하기 위해 한 번에 한 서버씩 업데이트를 점차적으로 롤아웃한다('13.2.6절 카나리아 배포' 참조). 또 다른 일반적인 방식은 **블루/그린 배포**로 새로운 버전의 시스템을 병렬로 실행하고 완전히 실행된 이후에 시스템의 트래픽을 전환한다('13.2.4절 블루/그린 배포' 참조).

쿠버네티스는 오토스케일링을 지원하므로 수요 급증으로 발생하는 서비스 중단을 더는 걱정하지 않아도 된다. 예를 들어 컨테이너의 CPU 사용률이 일정 수준에 도달하면 쿠버네티스는 사용률이 임곗값 이하로 떨어질 때까지 컨테이너의 새로운 레플리카를 계속 추가할 수 있다. 수요가 감소하면 쿠버네티스는 레플리카를 다시 축소하여 다른 워크로드를 실행할 클러스터 용량을 확보한다.

쿠버네티스는 다중화와 절체 기능이 내장되어 애플리케이션의 안정성과 탄력성을 제공한다. 일부 관리형 서비스는 수요에 맞게 쿠버네티스 클러스터 자체를 확장 및 축소할 수 있어 특정 시점에 필요한 것보다 더 큰 클러스터 비용을 지불하지 않아도 된다(6.1.3절에서 '오토스케일링' 참조).

쿠버네티스는 또한 인프라 비용을 줄이고 주어진 리소스를 더 잘 활용하기 때문에 비즈니스 측면에서도 유리하다. 전통적인 서버, 심지어 클라우드 서버도 대부분 유휴 상태로 존재한다. 수요 급증을 처리하는 데 필요한 초과 용량은 본질적으로 정상적인 상황에서는 비용 낭비다.

쿠버네티스는 낭비되는 용량을 가져와 워크로드를 실행하는 데 사용하므로 시스템 활용도를 훨씬 더 높일 수 있으며 스케일링, 로드 밸런싱, 절체 기능 또한 무료로 제공한다.

오토스케일링과 같은 이러한 기능 중 일부는 쿠버네티스 이전에도 존재했지만 항상 특정 클라우드 업체나 서비스에 종속되어 있었다. 쿠버네티스는 클라우드 서비스 업체와 관계없이 사용하는 리소스를 정의하면 모든 쿠버네티스 클러스터에서 리소스를 실행할 수 있다.

그렇다고 쿠버네티스가 최소한으로 공통된 환경만을 제공하여 업체가 제공할 서비스를 제한한다는 뜻은 아니다. 쿠버네티스는 서비스 업체가 제공하는 기능에 리소스를 적절하게 매핑해준다. 예를 들어 구글 클라우드에 로드 밸런스된 쿠버네티스 서비스는 구글 클라우드의 로드 밸런서를 생성하고, 아마존에서는 AWS 로드 밸런서를 생성한다. 쿠비네티스는 각 클라우드 업체의 세부 사항을 추상화하여 애플리케이션의 작동을 정의하는 데 집중할 수 있게 해준다.

컨테이너가 소프트웨어를 정의하는 이식 가능한 방법인 것처럼 쿠버네티스 리소스는 소프트웨어 실행 방식에 대한 이식 가능성을 정의한다.

1.5.3 쿠버네티스가 사라질까?

쿠버네티스에 대한 현재의 열광에도 불구하고 앞으로 몇 년 동안은 이상할 만큼 쿠버네티스에 대해 많이 이야기하지 않을지도 모른다. 한때 새롭고 혁신적이었던 많은 것들이 이제는 컴퓨팅 환경의 일부로 자리 잡아 실제로 생각조차 하지 않게 된 것들이 있다. 마치 마이크로프로세서, 마우스, 인터넷처럼 말이다.

쿠버네티스도 마찬가지로 익숙한 시스템의 일부가 될 가능성이 높다. 또한 쿠버네티스는 애플리케이션을 배포하기 위해 알아야 할 것을 배우고 나면 일단 어느 정도는 학습을 마무리를 지을 수 있어서, 한편으로는 지루하기도 하다.

쿠버네티스의 미래는 주로 관리형 서비스 영역에 머물게 될 것이다. 한때 흥미로운 신기술이었던 가상화는 이제 단순한 유틸리티가 되었다. 대부분의 사람들은 vSphere나 Hyper-V와 같은 가상화 플랫폼을 직접 운영하기보다는 클라우드 서비스 업체에서 가상 머신을 임대한다. 마찬가지로 쿠버네티스 또한 더는 인식하지 못하는 시스템 표준의 일부가 될 것이다.

1.5.4 쿠버네티스는 만능이 아니다

미래 인프라는 모두 쿠버네티스를 기반으로 할까? 아마도 아닐 것이다. 첫째, 일부 애플리케이션은 쿠버네티스에 적합하지 않다(예를 들어 데이터베이스가 그렇다).

> 컨테이너의 소프트웨어 오케스트레이션은 상호 교환 없이 호환 가능한 새로운 인스턴스를 스핀 업하는 것이 포함된다. 하지만 데이터베이스 레플리카는 서로 호환되지 않는다. 데이터베이스는 고유한 상태를 갖고 있으며 데이터베이스 레플리카를 배포하려면 다른 노드와의 조정이 필요하고 동시에 스키마 변경과 같은 작업이 모든 곳에서 수행되어야 한다.
>
> — 숀 로젤Sean Loisell[10]

엔터프라이즈급 안정성으로 쿠버네티스에서 데이터베이스와 같은 스테이트풀 워크로드를 실행하는 것은 가능하지만 기업에서 이해하기 어려운 많은 시간과 엔지니어링 투자가 필요하다('3.6.1절 적게 실행하는 소프트웨어' 참조). 이러한 애플리케이션은 일반적으로 관리형 서비스를 사용하는 것이 비용 면에서 더 효율적이다.

둘째, 실제로는 쿠버네티스가 필요하지 않으며 서버리스serverless 플랫폼(혹은 서비스형 함수function as a service(FaaS)에서 실행할 수 있는 것도 있다.

클라우드 함수와 펀테이너

예를 들어 AWS 람다는 FaaS 플랫폼으로 Go, 파이썬, 자바, Node.js, C# 및 기타 언어로 작

---

10 https://www.cockroachlabs.com/blog/kubernetes-state-of-stateful-apps

성한 코드를 컴파일하거나 배포하지 않고 실행할 수 있다. 컴파일이나 배포와 같은 모든 과정은 아마존이 처리한다.

FaaS 모델은 100밀리초 단위로 실행 시간당 비용이 청구되기 때문에 필요할 때만 실행하는 작업에 적합하다(클라우드 서버는 사용하지 않는 시간에도 비용을 지불해야 한다).

이러한 **클라우드 함수**는 일부 방식에서 컨테이너보다 편리하다(일부 FaaS 플랫폼에서도 컨테이너를 실행할 수 있다). 하지만 짧고 독립적인 작업(AWS 람다는 15분 실행 시간이나 약 50MiB의 배포 파일과 같이 함수를 제한한다)과 마이크로소프트 인지 서비스[Cognitive Service]나 구글 클라우드 비전 API와 같은 기존 클라우드 서비스에 통합되는 작업이 가장 적합하다.

필자는 이러한 모델을 **서버리스**라고 부르지 않는다. 근본적으로는 다른 누군가의 서버에서 작동할 뿐이다. 요점은 클라우드 서비스 업체가 모든 것을 처리하므로 해당 서버를 프로비저닝하고 관리할 필요가 없다는 것이다.

모든 워크로드가 FaaS 플랫폼에서 실행하기에 적합한 것은 아니지만 향후에는 클라우드 네이티브 애플리케이션의 핵심 기술이 될 가능성이 높다.

또한 클라우드 함수는 람다나 애저 함수와 같은 공개 FaaS 플랫폼으로 제한되지 않는다. 쿠버네티스 클러스터를 운영하고 있다면 클러스터에서 OpenFaaS(*https://www.openfaas.com*)나 다른 오픈 소스 프로젝트를 실행하면 FaaS 애플리케이션을 구축할 수 있다. 이러한 함수와 컨테이너의 혼용을 때로는 **펀테이너**[funtainers]라는 매력적인 이름으로 부른다.

Knative는 컨테이너와 클라우드 함수를 모두 포함하는 더 정교한 쿠버네티스 기반 소프트웨어 제공 플랫폼으로 현재 개발되고 있다('13.1.4절 Knative' 참조). Knative는 매우 유망한 프로젝트로 미래에는 컨테이너와 함수의 경계가 흐려지거나 완전히 사라질 수도 있는 것을 의미한다.

1.6 클라우드 네이티브

클라우드 네이티브는 오픈 소스 소프트웨어 기반의 클라우드, 컨테이너, 오케스트레이션을 활용한 애플리케이션과 서비스에 대한 용어로 널리 사용되고 있다.

실제로 클라우드 네이티브 컴퓨팅 재단(CNCF)은 2015년에 '마이크로서비스 아키텍처의 일부로 컨테이너를 조정하는 고품질 프로젝트를 중심으로 커뮤니티를 육성하기 위해' 설립되었다.

리눅스 재단의 일부인 CNCF는 주요 퍼블릭 클라우드 서비스 업체를 포함하여 개발자, 최종 사용자, 기업을 하나로 모으기 위해 존재한다. CNCF에서 가장 잘 알려진 프로젝트는 쿠버네티스지만 클라우드 네이티브 생태계의 다른 주요 구성 요소인 프로메테우스Prometheus, 엔보이Envoy, 헬름Helm, 플루언트디Fluentd, gRPC 등을 육성하고 홍보한다.

그렇다면 **클라우드 네이티브**란 정확히 무엇을 의미할까? 다른 것과 마찬가지로 사람에 따라 다른 의미를 가질 수 있지만 여기에는 몇 가지 공통점이 있다.

클라우드 네이티브 애플리케이션은 클라우드에서 실행된다. 이는 논란의 여지가 없다. 하지만 기존 애플리케이션을 클라우드 컴퓨팅 인스턴스에서 실행한다고 해서 클라우드 네이티브가 되는 것은 아니다. 단지 컨테이너에서 실행하거나 애저 코스모스 DB나 구글 펍섭Pub/Sub과 같은 서비스를 사용하는 것 또한 클라우드 네이티브는 아니다. 하지만 이러한 것들은 클라우드 네이티브 애플리케이션의 중요한 측면이 될 수도 있다.

따라서 대부분의 사람들이 동의할 수 있는 클라우드 네이티브 시스템의 몇 가지 특징은 다음과 같다.

자동화

운영자 대신 자동으로 애플리케이션을 배포하고 관리하려면 일반적인 표준, 형식, 인터페이스를 따라야 한다. 쿠버네티스는 이러한 표준 인터페이스를 애플리케이션 개발자가 신경 쓸 필요가 없는 방식으로 제공한다.

유비쿼터스와 유연성

디스크와 같은 물리적 자원이나 실행되는 컴퓨팅 노드에 대한 특정 지식과 분리되어 있기 때문에 컨테이너화된 마이크로서비스는 한 노드에서 다른 노드로 또는 한 클러스터에서 다른 클러스터로 쉽게 이동할 수 있다.

탄력성과 확장성

전통적인 애플리케이션은 단일 장애점이 있어 메인 프로세스 충돌, 하드웨어 장애, 네트워크 자원 혼잡이 발생할 경우 애플리케이션은 작동을 중지한다. 클라우드 네이티브 애플리케이션은 본질적으로 분산되어 있기 때문에 다중화나 우아한 성능 저하로 고가용성을 보장할 수 있다.

역동성

쿠버네티스와 같은 컨테이너 오케스트레이터는 사용 가능한 리소스를 최대한 활용하도록 컨테이너를 스케줄링할 수 있다. 많은 레플리카를 실행하여 고가용성을 보장하고 롤링 업데이트를 실행하여 서비스 무중단으로 원활하게 업데이트를 수행할 수 있다.

관측가능성

클라우드 네이티브 애플리케이션은 본질적으로 분석 및 디버깅이 더 어렵다. 따라서 분산 시스템의 핵심 요구사항은 **관측가능성**이다. 관측가능성은 모니터링, 로깅, 추적, 메트릭 등으로 엔지니어가 시스템의 작동 상태와 장애 상태를 이해하는 데 도움을 준다.

분산

클라우드 네이티브는 분산된 클라우드의 특성을 활용하는 애플리케이션을 구축하고 실행하는 방식이다. 이는 애플리케이션이 실행되는 위치가 아니라 작동 방식에 대한 것이다. 코드를 단일 엔티티(**모놀리스**monolith라고 한다)로 배포하는 대신 클라우드 네이티브 애플리케이션은 여러 개가 협력하는 분산 **마이크로서비스**를 구성한다. 마이크로서비스는 단순히 한 가지 일을 하는 독립적인 서비스다. 마이크로서비스를 합치면 애플리케이션이 된다.

클라우드 네이티브는 단순한 마이크로서비스가 아니다

마이크로서비스는 만병통치약이 아니다. 모놀리스는 모든 것이 한 곳에 있어 더 이해하기 쉽고 다른 부분의 상호작용을 추적할 수 있다. 하지만 코드 자체와 코드를 유지하는 개발 팀 측면에서 볼 때 모놀리스의 크기를 늘리는 것은 어렵다. 코드 규모가 커짐에 따라 다양한 부분의 상호작용이 기하급수적으로 증가하고 시스템 전체가 단일 두뇌의 능력을 넘어서 모든 것을 이해할 수 있게 된다.

잘 설계된 클라우드 네이티브 애플리케이션은 마이크로서비스로 구성되어 있지만 마이크로서비스에 대한 정의와 경계, 서로 다른 서비스가 상호작용하는 방식을 결정하는 것은 쉬운 문제가 아니다. 좋은 클라우드 네이티브 서비스는 아키텍처를 다른 부분으로 분리하는 것에 대한 현명한 선택으로 구성된다. 하지만 잘 설계된 클라우드 애플리케이션조차도 여전히 **분산** 시스템이기 때문에 본질적으로 관찰하고 판단하기 어려우며 예상 못한 방식으로 실패하기 쉽다.

클라우드 네이티브 시스템은 **분산되는** 경향이 있지만 모놀리스 애플리케이션도 클라우드에서 컨테이너로 실행됨으로써 비즈니스적인 가치를 얻을 수 있다. 이는 모놀리스 애플리케이션을 점차적으로 최신 마이크로서비스로 전환하기 위한 단계이거나 완전하게 클라우드 네이티브가 되도록 새로 설계하는 동안의 임시방편일 수 있다.

1.7 운영의 미래

운영, 인프라 엔지니어링, 시스템 관리는 고도로 숙련된 업무다. 이러한 업무가 클라우드 네이티브 미래에는 사라질까? 필자는 그렇게 생각하지 않는다.

대신 이러한 기술은 더욱 중요해질 것이다. 분산 시스템에 대한 설계와 분석은 어려우며 네트워크와 컨테이너 오케스트레이터는 복잡하다. 클라우드 네이티브 애플리케이션을 개발하는 모든 팀은 운영 기술과 지식이 필요하다. 자동화는 지루하고 반복적인 수동 작업을 처리하고 운영자는 컴퓨터가 해결할 수 없는 더 복잡하고 흥미롭고 재미있는 문제를 처리한다.

그렇다고 현재의 모든 운영 업무가 남아 있지는 않을 것이다. 시스템 관리는 간단한 셸 스크립트를 작성하는 것을 제외하면 코딩 스킬 없이 유지될 수 있었지만 클라우드 세계에서는 그렇지 않을 것이다.

소프트웨어 정의 세계에서는 소프트웨어를 작성하고 이해하고 관리하는 능력이 중요하다. 새로운 기술을 배울 수 없거나 배우지 않는다면 항상 그랬듯이 뒤처질 수밖에 없다.

1.7.1 분산 데브옵스

운영 전문 지식은 다른 팀에 서비스를 제공하는 단일 운영 팀에 집중하기보다는 여러 팀에 분산될 것이다.

각 개발 팀에는 시스템이나 서비스의 상태를 확인하는 최소 한 명의 운영 전문가가 필요하다. 운영 전문가는 개발자이면서 네트워킹, 쿠버네티스, 성능, 복구에 대한 전문 지식을 보유해야 하며 다른 개발자가 코드를 클라우드에 전달할 수 있게 만드는 도구와 시스템에 대한 도메인 전문가여야 한다.

데브옵스 혁명 덕분에 대부분의 조직에는 운영을 할 수 없는 개발자, 개발을 하지 않는 운영자는 이제 없을 것이다. 두 분야 사이의 구분은 더 이상 사용되지 않으며 빠르게 사라지고 있다. 소프트웨어 개발과 운영은 같은 업무의 두 가지 측면일 뿐이다.

1.7.2 중앙 집중식으로 유지되는 것들

데브옵스에는 한계가 있을까? 또는 전통적인 중앙 IT 팀과 운영 팀은 완전히 사라지고 내부 컨설턴트, 코칭, 교육, 운영 문제 해결 그룹으로 흩어질까?

필자는 적어도 완전히 그렇게 되지는 않을 것이라고 생각한다. 일부는 여전히 중앙 집중식으로 남아 장점을 유지할 것이다. 애플리케이션마다 혹은 서비스팀마다 각각 상용 문제를 감지하고 커뮤니케이션하는 고유한 방식(자체 티켓팅 시스템이나 개발 도구와 같은)을 세우는 것은 효율적이지 않다. 모든 사람이 자신의 바퀴를 재발명하는 것은 시간 낭비다.

1.7.3 개발자 생산성 엔지니어링

요점은 셀프 서비스에는 한계가 있다는 것이다. 데브옵스의 목표는 불필요한 중복 작업을 줄여 개발 팀의 개발 속도를 높이는 것이다.

전통적인 운영 업무의 상당 부분은 주로 코드 배포를 담당하는 팀과 코드와 관련된 장애에 대응하는 팀으로 이관될 것이다. 하지만 이를 위해서는 다른 모든 팀이 운영하는 데브옵스 생태계를 구축하고 지원하는 강력한 중앙 팀이 있어야 한다.

이러한 팀은 **운영 팀** 대신 **개발자 생산성 엔지니어링**developer productivity engineering(DPE) 팀이라 불린다. DPE 팀은 개발자가 더 나은 환경에서 개발 업무를 할 수 있도록 도와주는 모든 것(인프라 운영, 도구 구축, 문제 해결과 같은)을 제공한다.

개발자 생산성 엔지니어링 팀은 전문가 집단으로 필요에 따라 엔지니어는 전문 지식을 전달하기 위해 조직 외부로 이동할 수 있다.

리프트Lyft의 엔지니어 맷 클라인Matt Klein은 순수한 데브옵스 모델이 성장하는 스타트업과 소규모 기업에 적합하지만 조직이 성장함에 따라 인프라 및 안정성 전문가가 중앙 팀으로 쏠리는 자연스러운 경향이 있다고 했다. 하지만 그는 중앙 팀을 무한정 확장할 수는 없다고 말한다.

> 엔지니어링 조직이 75명에 도달할 때쯤이면 마이크로서비스를 개발하는 제품 팀이 필요한 공통 기반 시설을 구축하기 시작하는 중앙 인프라 팀이 존재할 것이 확실하다. 하지만 언젠가는 중앙 인프라 팀이 비즈니스에 중요한 인프라를 구축하고 운영할 수 없으며, 제품 팀의 운영 업무를 지원하는 것이 부담 되는 시점이 다가온다.
>
> – 맷 클라인[11]

인프라 전문가로 구성된 단일 팀이 점점 더 많은 수의 개발자를 서비스할 수 없는 것처럼 모든 개발자가 인프라 전문가가 될 수는 없다. 대규모 조직에서는 중앙 인프라 팀을 여전히 유지하면서도 각 개발 팀이나 제품 팀에 **사이트 신뢰성 엔지니어**site reliability engineers (SRE)를 포함시키는 사례가 있다. SRE는 컨설턴트로 각 팀에 전문 지식을 제공하고 제품 개발과 인프라 운영 사이에 다리를 놓는다.

1.7.4 당신이 미래다

이 책을 읽는 독자는 새로운 클라우드 네이티브 미래의 일부가 될 것이다. 나머지 장에서는 본격적으로 클라우드 인프라, 컨테이너, 쿠버네티스를 운영하는 개발자나 운영 엔지니어로서 필요한 모든 지식과 기술을 다룰 것이다.

앞으로 다룰 내용 중 일부는 친숙하고 일부는 새로울 것이다. 하지만 책을 다 읽고난 후에는 클라우드 네이티브 기술을 습득하고 숙달할 수 있는 자신의 능력에 자신감을 느끼게 되기를 바란다. 그렇다, 배워야 할 것이 많지만 감당하지 못할 정도는 아니다. 지금부터 시작하자.

---

11 https://medium.com/@mattklein123/the-human-scalability-of-devops-e36c37d3db6a

1.8 마치며

이번 장에서는 클라우드 네이티브 데브옵스를 간략하게 소개했다. 클라우드, 컨테이너, 쿠버네티스가 해결할 수 있는 문제와 이러한 기술이 IT 비즈니스에 어떤 변화를 불러왔는지에 대한 최신 정보를 잘 이해했기를 바란다.

다음 장에서부터 쿠버네티스를 직접 다루기 전에 기억해야 할 주요 사항은 다음과 같다.

- 클라우드 컴퓨팅은 하드웨어 관리에 따른 비용과 오버헤드를 없애고, 탄력적이고 유연하며 확장 가능한 분산 시스템을 구축할 수 있게 도와준다.

- 데브옵스는 현대의 소프트웨어 개발이 단순히 완성한 코드를 전달하는 데서 멈추지 않는다는 인식에서 출발한다. 데브옵스는 코드를 작성하는 사람과 코드를 사용하는 사람 사이에서 지속적으로 피드백을 주고받는 것이다.

- 데브옵스는 또한 인프라 및 운영 세계에서 코드 중심 접근 방식과 우수한 소프트웨어 엔지니어링 방법을 제공한다.

- 컨테이너는 작고 표준화된 독립적인 단위로 소프트웨어를 배포하고 실행할 수 있다. 따라서 컨테이너화된 마이크로서비스를 서로 연결하면 크고 다양한 분산 시스템을 쉽고 저렴하게 구축할 수 있다.

- 오케스트레이터는 컨테이너 배포, 스케줄링, 스케일링, 네트워킹을 담당하며, 우수한 시스템 관리자가 할 수 있는 모든 작업을 자동화와 프로그래밍화가 가능한 방식으로 처리한다.

- 쿠버네티스는 사실상 표준 컨테이너 오케스트레이터로 언제든 상용 환경에서 바로 사용할 준비가 되어 있다.

- 클라우드 네이티브는 클라우드 기반의 컨테이너화된 분산 시스템이다. 클라우드 네이티브는 자동화된 코드형 인프라로 동적으로 관리되는 마이크로서비스로 구성된다.

- 운영과 인프라 기술은 클라우드 네이티브 혁명에 의해 쓸모없어지기는커녕 그 어느 때보다 더 중요해질 것이다.

- 중앙 팀은 다른 모든 팀에서 데브옵스를 가능하게 하는 플랫폼과 도구를 구축하고 관리해야 한다.

- 앞으로는 소프트웨어 엔지니어와 운영 엔지니어 사이의 경계가 사라질 것이다. 이제는 모든 것은 소프트웨어며 우리는 모두 엔지니어다.

CHAPTER 2

쿠버네티스 첫걸음

진정으로 가치 있는 일을 하려면 냉혹함과 위험에 겁먹어 떨면서 물러나선 안 된다. 열정을 갖고
뛰어들고 최대한 빨리 헤쳐나가야 한다.

 – 오그만디노^{Og Mandino} (미국 작가)

이론을 충분히 다뤘으니 본격적으로 쿠버네티스와 컨테이너를 시작해보자. 이번 장에서는 컨테이너화된
간단한 애플리케이션을 빌드하고 로컬 머신에 구축한 쿠버네티스 클러스터에 배포한다. 클러스터를 직접
배포해보면서 도커, 깃, Go, 컨테이너 레지스트리^{container registry}, kubectl 도구와 같이 클라우드 네이티브
기술에서 매우 중요한 개념을 다룬다.

> **CAUTION_** 이 장은 실습으로 진행된다. 프로그램을 설치하고, 명령어를 입력하며, 컨테이너를 실행하는
> 예제를 따라 해보자. 때로는 백 마디 말보다 한 번의 행동이 더 유용한 법이다.

2.1 첫 번째 컨테이너 실행하기

1장에서 보았듯이 컨테이너는 클라우드 네이티브 개발에서 중요한 개념이다. 컨테이너를 빌드
하고 실행하는 데 필요한 핵심 도구는 도커다. 이번 절에서는 도커 데스크톱^{Docker Desktop}을 활용
하여 간단한 데모 애플리케이션을 빌드하고 로컬에서 실행한 뒤 이미지를 컨테이너 레지스트

리에 푸시[push]해본다.

만약 이미 컨테이너를 잘 이해하고 있다면 '2.5절 헬로, 쿠버네티스'로 넘어가도 된다. 쿠버네티스를 시작하기 전에 컨테이너가 무엇이고 어떻게 작동하는지 알고 싶다면 순서대로 계속해서 읽어보자.

2.1.1 도커 데스크톱 설치하기

도커 데스크톱은 맥OS와 윈도우 환경에서 동작하는 완벽한 쿠버네티스 개발 환경이다. 도커 데스크톱은 애플리케이션을 테스트할 수 있는 단일 노드의 쿠버네티스 클러스터를 제공한다.

이제 도커 데스크톱을 설치하고 컨테이너화된 간단한 애플리케이션을 실행해보자. 이미 도커를 설치했다면 이번 절을 건너뛰고 '2.1.3 컨테이너 이미지 실행하기'에서 시작하면 된다.

독자의 컴퓨터 환경에 알맞은 도커 데스크톱 커뮤니티 에디션[Docker CE][1]을 다운로드하고 설명에 따라 설치한 뒤 실행하자.

> **NOTE_** 현재 도커 데스크톱은 리눅스를 지원하지 않는다. 대신 **리눅스** 사용자는 도커 엔진(Docker Engine)과 Minikube를 설치하면 된다.

도커 설치를 완료했다면 터미널을 열고 명령어 **docker version**를 실행한다.

```
docker version
Client:
 Version:      18.03.1-ce
 ...
```

정확한 실행 결과는 사용자가 사용하는 플랫폼마다 다를 수 있다. 도커가 정상적으로 설치되었고 실행 중이라면 위와 같이 표시된다. 리눅스 환경에서는 **sudo docker version** 명령을 실행해야 할 수도 있다.

---

1 *https://hub.docker.com/search/?type=edition&offering=community*

2.1.2 도커란 무엇인가?

도커[2]는 쿠버네티스와 관련된 여러 기능을 제공한다. 컨테이너 이미지 포맷, 컨테이너의 수명 주기를 관리하는 컨테이너 런타임 라이브러리, 컨테이너의 패키징 및 실행에 사용하는 명령줄 도구, 컨테이너 관리용 API가 있다. 도커가 중요하긴 하지만 도커는 쿠버네티스가 사용하는 많은 컴포넌트 중 하나이므로 여기서는 더 자세히 다루지 않는다.

2.1.3 컨테이너 이미지 실행하기

컨테이너 이미지란 정확히 무엇일까? 간단히 압축 파일과 같다고 생각하면 된다. 컨테이너 이미지는 바이너리 파일이다. 고유 ID를 가지며 컨테이너를 실행하는 데 필요한 모든 것을 담고 있다.

컨테이너를 도커로 직접 실행하든지 쿠버네티스 클러스터에서 실행하든지 컨테이너 이미지에 ID나 URL을 지정해야 한다. 시스템은 ID나 URL로 컨테이너 이미지를 찾고, 다운로드하고 패키징을 해제하고 실행한다.

컨테이너 이미지에 관한 이해를 돕고자 데모 애플리케이션을 작성했다. 깃허브 저장소 (*https://github.com/cloudnativedevops/demo*)에서 데모 파일을 다운로드한 뒤 다음의 명령어를 실행하자.

```
docker container run -p 9999:8888 --name hello cloudnatived/demo:hello
```

명령어를 실행 중인 상태로 유지하고 브라우저에서 **http://localhost:9999/**에 접속해보자. 다음과 같은 친숙한 메시지가 보일 것이다.

```
Hello, 世界
```

이 URL로 접속할 때마다 데모 애플리케이션은 독자를 반갑게 맞이할 것이다.

지금까지 무리없이 잘 따라왔다면 터미널에서 '컨트롤+C'를 눌러 컨테이너를 중지하자.

---

2 *https://docs.docker.com*

2.2 데모 애플리케이션

데모 애플리케이션은 어떻게 동작했을까? 컨테이너로 실행했던 데모 애플리케이션 소스 코드를 다운로드해서 살펴보자.

여기서는 깃^{Git}이 필요하다.[3] 다음 명령어를 입력해 깃이 설치되어 있는지 확인해보자.

```
git version
git version 2.17.0
```

만약 깃이 설치되어 있지 않다면 깃 사이트(*https://git-scm.com/download*)에서 운영체제별 가이드를 따라 설치하자.

깃을 설치한 뒤 다음 명령어를 입력한다.

```
git clone https://github.com/cloudnativedevops/demo.git
Cloning into demo...
...
```

2.2.1 소스 코드 살펴보기

이 깃 저장소에는 앞으로 사용할 데모 애플리케이션이 모두 포함되어 있다. 단계별 진행 상황을 쉽게 확인할 수 있게 애플리케이션 버전을 서로 다른 디렉터리에 저장했다. 첫 번째 디렉터리 이름은 **hello**다. 다음 명령어를 입력해서 소스 코드를 확인하자.

```
cd demo/hello
ls
Dockerfile   README.md
go.mod       main.go
```

main.go 파일을 선호하는 편집기로 열어보자(필자는 비주얼 스튜디오 코드[4]를 추천한다. 비주얼 스튜디오 코드는 Go, 도커, 쿠버네티스 개발을 훌륭하게 지원한다). 파일을 열면 다음

---

3 깃에 익숙하지 않다면 『만들면서 배우는 Git+GitHub 입문』 (한빛미디어, 2015)을 읽어보기 바란다.

4 *https://code.visualstudio.com*

소스 코드를 확인할 수 있다.

```go
package main

import (
        "fmt"
        "log"
        "net/http"
)

func handler(w http.ResponseWriter, r *http.Request) {
        fmt.Fprintln(w, "Hello, 世界")
}

func main() {
        http.HandleFunc("/", handler)
        log.Fatal(http.ListenAndServe(":8888", nil))
}
```

2.2.2 Go 소개

이 책의 데모 애플리케이션은 Go 언어로 작성되었다.

Go는 2009년 구글에서 공개한 모던 프로그래밍 언어이다. Go는 단순성, 안정성, 가독성을 중요시한다. 네트워크 서비스처럼 동시성이 중요한 대규모 애플리케이션을 처리하는 용도로 만들어졌다. 게다가 Go 언어는 프로그래밍도 재미있다.[5]

도커, 테라폼Terraform 을 비롯한 유명 오픈 소스 프로젝트가 Go로 작성되었다. 쿠버네티스 또한 마찬가지로 Go로 작성되었다. Go는 클라우드 네이티브 애플리케이션 개발에 적합한 프로그래밍 언어다.

---

5 경력 있는 프로그래머지만 Go 언어는 처음이라면, 앨런 도노번과 브라이언 커니핸이 쓴 책 『The Go Programming Language』(에이콘출판사, 2016)을 추천한다. 『디스커버리 Go 언어』(한빛미디어, 2016)도 유용하다.

2.2.3 데모 애플리케이션 동작 소개

앞서 보았듯이 데모 애플리케이션은 HTTP 서버를 구현했음에도(Go는 강력한 표준 라이브러리를 제공한다) 매우 간단하다. 데모 애플리케이션의 핵심은 handler() 함수다.

```
func handler(w http.ResponseWriter, r *http.Request) {
        fmt.Fprintln(w, "Hello, 世界")
}
```

이름에서 알 수 있듯이 handler 함수는 HTTP 요청을 처리한다. HTTP 요청은 함수의 인수로 전달된다(함수는 요청을 받아 아직 아무것도 하지 않는다).

HTTP 서버는 클라이언트에게 무언가를 응답할 수 있는 방법이 필요하다. http.ResponseWriter 객체는 클라이언트 유저에게 메시지를 전달하여 브라우저에 출력할 수 있게 해준다. 이번 예제에서는 Hello, 世界 메시지를 전달한다.

일반적으로 프로그래밍 언어의 첫 번째 예제는 "Hello, world"를 출력한다. 그러나 Go는 기본적으로 유니코드(텍스트 표시의 국제 표준)를 지원하기 때문에 Go 프로그램 예제는 종종 Hello, 世界를 출력한다. 한자가 낯설더라도 문제는 없다. 계속해서 진행하자!

프로그램의 나머지 부분은 handler 함수가 HTTP 요청을 처리하도록 등록하고, 실제로 HTTP 서버가 8888번 포트에서 서비스 되도록 실행한다.

여기까지가 전체 애플리케이션이다! 아직 많은 일을 하지는 않지만 계속 기능을 추가해나갈 예정이다.

2.3 컨테이너 빌드하기

컨테이너 이미지는 컨테이너 실행에 필요한 모든 것이 담긴 단일 파일이다. 그런데 컨테이너 이미지는 처음에 어떻게 빌드되었을까? 컨테이너 이미지 빌드는 docker image build 명령어를 사용한다. 이 명령어는 **도커파일**Dockerfile이란 특별한 텍스트 파일을 입력으로 받는다. 도커파일은 컨테이너 이미지가 포함할 것을 구체적으로 지정한다.

컨테이너의 장점은 기존 이미지를 기반으로 새로운 이미지를 빌드할 수 있다는 것이다. 예를 들어 우분투 운영체제가 포함된 컨테이너 이미지를 가져와서 원하는 파일을 추가하면 새로운 이미지가 생성된다.

일반적으로 도커파일은 **베이스 이미지**라고 부르는 시작 이미지를 가져와 변환하여 새로운 이미지로 저장하는 명령을 담고 있다.

2.3.1 도커파일 이해하기

데모 애플리케이션의 도커파일을 살펴보자(애플리케이션 저장소 내 **hello** 디렉터리에 있다).

```
FROM golang:1.11-alpine AS build

WORKDIR /src/
COPY main.go go.* /src/
RUN CGO_ENABLED=0 go build -o /bin/demo

FROM scratch
COPY --from=build /bin/demo /bin/demo
ENTRYPOINT ["/bin/demo"]
```

이 코드가 어떻게 동작하는지 정확한 세부 사항이 지금 중요하지는 않지만, 여기서는 **멀티 스테이지 빌드**multi-stage builds[6]라는 빌드 프로세스를 사용한다. 첫 번째 단계는 golang 공식 컨테이너 이미지에서 시작한다. 이 컨테이너 이미지는 Go 언어 환경이 설치된 운영체제(여기서는 알파인 리눅스)다. 컨테이너 이미지는 go build 명령어를 실행하여 앞서 살펴본 **main.go** 파일을 컴파일한다.

go build 명령어의 결과로 **demo**라는 이름의 실행 가능한 바이너리 파일이 생성된다. 두 번째 단계는 완전히 비어 있는 컨테이너 이미지(비어 있다는 의미에서 **스크래치**scratch 이미지라고도 한다)를 가져와 안에 **demo** 바이너리 파일을 복사한다.

---

6 옮긴이_ 멀티 스테이지는 도커 17.05 이상 버전에서 지원하는 신규 기능으로 컨테이너 이미지 크기를 줄이는 데 유용하다.

2.3.2 최소 컨테이너 이미지

빌드 단계가 필요한 이유는 무엇일까? Go 언어 환경에서 알파인 리눅스는 프로그램을 **빌드**하는 용도로만 사용된다. 프로그램을 실행하기 위해 필요한 것은 **데모** 바이너리 파일이므로 도커파일은 새로운 스크래치 컨테이너를 만들고 그 안에 바이너리 파일을 집어넣는다. 최종 이미지 파일은 약 6MiB로 매우 작다. 상용 환경에 배포하기 충분한 이미지 크기다.

빌드 단계가 없다면 최종 컨테이너 이미지는 약 350MiB가 될 것이다. 그중 98%는 불필요하며 결코 사용되지 않을 공간이다. 컨테이너 이미지 크기가 작을수록 업로드와 다운로드 속도가 빨라지며 실행 속도도 빠르다.

또한 최소 컨테이너는 보안 문제를 일으킬 수 있는 **공격 지점**attack surface을 줄여준다. 컨테이너에 프로그램이 적을수록 잠재적인 보안 취약점이 줄어든다.

Go는 컴파일된 언어이므로 독립적인 실행 파일을 생성할 수 있어서 최소 컨테이너(**스크래치**)를 작성하는 데 이상적이다. 반면 공식 루비Ruby 컨테이너 이미지 크기는 1.5GiB로 Go 컨테이너 이미지보다 250배 크다. 심지어 루비로 작성한 프로그램을 추가하지도 않은 크기다!

2.3.3 도커 이미지 빌드 실행하기

도커파일은 Go 소스 코드를 실행 파일로 변환하는 `docker image build` 도구의 명령을 포함하고 있다. 계속해서 `hello` 폴더에서 다음 명령어를 실행하자.

```
docker image build -t myhello .
Sending build context to Docker daemon  4.096kB
Step 1/7 : FROM golang:1.11-alpine AS build
...
Successfully built eeb7d1c2e2b7
Successfully tagged myhello:latest
```

축하한다! 드디어 첫 컨테이너 빌드에 성공했다. 출력 화면을 보면 도커파일 내의 각 작업이 순차적으로 실행되어 새로운 컨테이너가 생성되는 것을 확인할 수 있다. 최종 결과물인 컨테이너 이미지는 이제 사용 가능한 상태가 된다.

2.3.4 이미지 이름 지정하기

이미지를 생성하면 기본적으로 16진수 ID 값이 생성된다. ID 값을 참조할 수 있으며 이미지를 실행하거나 비슷한 용도로 활용할 수 있다. 16진수 ID 값은 기억하기 어렵고 타이핑하기도 쉽지 않다. 따라서 도커 이미지 생성할 때 인수 -t를 사용하면 사람이 읽고 쓰기 편한 이름을 지정할 수 있다. 앞서 예제에서는 이미지 이름을 myhello로 지정했다. 이제 지정한 이름을 사용하여 이미지를 실행할 차례다.

다음 명령어가 정상 작동하는지 확인해보자.

```
docker container run -p 9999:8888 myhello
```

이제 데모 애플리케이션의 사본이 실행 중이다. 인터넷 브라우저에서 이전과 동일한 URL (http://localhost:9999/)로 접속하여 결과를 확인할 수 있다.

Hello, 世界 출력을 확인했다면 '컨트롤+C'를 눌러 docker container run 명령을 중단한다.

연습 문제

조금 재미있어지기 시작했다면 데모 애플리케이션 내 main.go 파일을 수정해보자. "Hello, 世界"를 당신이 좋아하는 언어로 바꿔보자(혹은 원하는 문구 무엇이든 괜찮다). 컨테이너를 리빌딩하고 실행해 정상 동작하는지 확인하자.

축하한다. 당신은 이제 Go 프로그래머가 되었다! 더 배우고 싶다면 여기서 멈추지 말고 『Go 프로그래밍 투어』(https://tour.golang.org/welcome/1)에 들어가보자.[6]

2.3.5 포트 포워딩하기

컨테이너에서 실행되는 프로그램은 동일한 컴퓨터에서 실행되는 다른 프로그램과 격리된다. 즉 컨테이너는 네트워크 포트와 같은 리소스에 직접 접근할 수 없다.

---

7 다시 한번 언급하지만 『디스커버리 Go 언어』(한빛미디어, 2016)도 유용하다.

데모 애플리케이션은 8888번 포트로 연결을 수신하지만 이 포트는 **컨테이너** 내부의 8888번 사설 포트이며 호스트 컴퓨터 포트가 아니다. 컨테이너의 8888번 포트로 연결하려면 호스트 컴퓨터의 포트를 컨테이너의 해당 포트로 **전달**forward해야 한다. 8888번을 포함하여 어떤 포트든 지정할 수 있다. 여기서는 호스트 컴퓨터 포트와 컨테이너 포트를 구별하고자 9999번 포트를 사용한다.

도커에 호스트 포트를 전달하려면 '2.1.3절 컨테이너 이미지 실행하기'에서 했던 것처럼 인수 -p를 사용하자.

```
docker container run -p HOST_PORT:CONTAINER_PORT ...
```

컨테이너가 실행되면 호스트 컴퓨터의 HOST_PORT 포트에 대한 모든 요청은 컨테이너의 CONTAINER_PORT 포트로 자동 전달된다. 이것이 브라우저로 애플리케이션에 연결하는 방법이다.

2.4 컨테이너 레지스트리

'2.1.3절 컨테이너 이미지 실행하기'에서는 도커에 컨테이너 이름을 지정하면 자동으로 이미지를 다운로드하고 실행할 수 있었다.

그런데 컨테이너 이미지를 어디에서 다운로드한 걸까? 로컬 이미지를 빌드하고 실행만 해도 도커를 완벽하게 사용할 수 있지만, **컨테이너 레지스트리**container registry에서 이미지를 푸시하고 풀pull할 수 있다면 훨씬 더 유용하다. 레지스트리를 사용하면 고유한 이름(예: cloudnatived/demo:hello)을 지정하여 이미지를 저장하고 가져올 수 있다.

docker container run 명령의 기본 레지스트리는 도커 허브Docker Hub이지만 다른 레지스트리를 사용하거나 직접 레지스트리를 구축할 수도 있다.

일단은 도커 허브를 계속 사용하자. 도커 허브에서는 공개된 컨테이너 이미지를 자유롭게 다운로드하고 사용할 수 있지만 이미지를 업로드하려면 **도커 ID**라는 계정이 필요하다. 도커 허브 웹페이지(*https://hub.docker.com*)를 참고해 도커 ID를 생성해두자.

2.4.1 레지스트리 인증하기

도커 ID를 만들었다면 아이디와 패스워드를 사용해 도커 데몬을 도커 허브에 연결해보자.

```
docker login

Login with your Docker ID to push and pull images from Docker Hub. If you don't
have a Docker ID, head over to https://hub.docker.com to create one.
Username: YOUR_DOCKER_ID
Password: YOUR_DOCKER_PASSWORD

Login Succeeded
```

2.4.2 이미지 이름 지정 및 푸시

로컬 이미지를 레지스트리에 푸시하려면 YOUR_DOCKER_ID/myhello 형식으로 이름을 지정해야 한다. 이름을 지정하고자 이미지를 다시 빌드하지 않아도 된다. 그 대신 다음 명령어를 실행하자.

```
docker image tag myhello YOUR_DOCKER_ID/myhello
```

이렇게 하면 이미지를 레지스트리에 푸시할 때 도커가 이미지를 저장할 계정을 알 수 있다.

다음 명령어를 사용하여 이미지를 도커 허브로 푸시하자.

```
docker image push YOUR_DOCKER_ID/myhello
The push refers to repository [docker.io/YOUR_DOCKER_ID/myhello] b2c591f16c33:
Pushed
latest: digest:
        sha256:7ac57776e2df70d62d7285124fbff039c9152d1bdfb36c75b5933057cefe4fc7
size: 528
```

2.4.3 이미지 실행하기

축하한다! 이제 다음 명령어를 사용하면 (인터넷 접속이 가능한) 어디에서나 컨테이너 이미지를 실행할 수 있다.

```
docker container run -p 9999:8888 YOUR_DOCKER_ID/myhello
```

2.5 헬로, 쿠버네티스

자, 첫 번째 컨테이너 이미지를 빌드하고 푸시했고 docker container run 명령어로 컨테이너를 실행할 수 있지만 아직 재미있는 것이 더 많다. 쿠버네티스를 활용해 조금 더 모험적인 것을 시도해보자.

쿠버네티스 클러스터를 설치하는 방법은 여러 가지다. 그중 몇 가지는 3장에서 자세하게 살펴본다. 이미 쿠버네티스 클러스터가 설치되어 있다면 이 부분은 넘어가도 된다.

설치되어 있지 않아도 문제는 없다. 도커 데스크톱에는 쿠버네티스 지원이 포함되어 있다(리눅스 사용자는 '2.6 Minikube'를 참조하자). 도커 데스크톱에서 환경 설정을 열어 쿠버네티스를 활성화해보자. 쿠버네티스 탭을 선택하고 활성화를 체크하면 된다(그림 2-1).

그림 2-1 도커 데스크톱에서 쿠버네티스 활성화하기

쿠버네티스를 설치하고 시작하는 데 몇 분 정도 걸린다. 작업이 완료되면 데모 애플리케이션을 실행할 수 있다.

2.5.1 데모 애플리케이션 실행하기

앞서 빌드했던 데모 이미지를 다시 실행해보자. 터미널을 열고 다음 인수를 사용하여 kubectl 명령어를 실행한다.

```
kubectl run demo --image=YOUR_DOCKER_ID/myhello --port=9999 --labels app=demo
deployment.apps "demo" created
```

지금은 이 명령어의 세부 사항을 고민하지 말자. 이 명령어는 앞서 데모 이미지를 실행하려 수행했던 docker container run과 같은 역할을 하는 쿠버네티스 명령어다. 아직 이미지를 직접 빌드하지 않았다면 이 책에서 제공하는 --image=cloudnatived/demo:hello를 사용해도 된다.

'2.3.5절 포트 포워딩하기'에서 웹 브라우저와의 접속을 위해 로컬 시스템의 9999번 포트를 컨테이너의 8888번 포트로 전달했던 것을 기억하자. 여기서도 kubectl port-forward를 사용하여 같은 작업을 수행해야 한다.

```
kubectl port-forward deploy/demo 9999:8888
Forwarding from 127.0.0.1:9999 -> 8888
Forwarding from [::1]:9999 -> 8888
```

이 명령을 실행 상태로 유지하고 새 터미널을 열어 계속 진행해보자.

웹 브라우저로 http://localhost:9999/에 접속하여 Hello, 世界 메시지를 확인한다.

컨테이너가 실행되고 애플리케이션이 사용 가능한 상태가 되기까지 몇 초가 걸릴 수 있다. 30초 정도 지나도 준비 상태가 되지 않는다면 다음 명령어를 실행해보자.

```
kubectl get pods --selector app=demo
NAME                   READY   STATUS    RESTARTS   AGE
demo-54df94b7b7-qgtc6  1/1     Running   0          9m
```

컨테이너가 실행 중일 때 브라우저로 접속한다면 터미널에서 다음 메시지를 확인할 수 있다.

```
Handling connection for 9999
```

2.5.2 컨테이너가 실행되지 않을 경우

만약 STATUS가 Running으로 표시되지 않는다면 문제가 있을 수 있다. 예를 들어 상태가 ErrImagePull 혹은 ImagePullBackoff라면, 쿠버네티스가 지정한 이미지를 찾아서 다운로드할 수 없음을 의미한다. 이미지 이름을 잘못 입력했을 가능성도 있으니 kubectl run 명령어를 다시 한번 확인해보자.

ContainerCreating가 표시된다면 양호한 상태다. 쿠버네티스가 이미지를 다운로드하고 나서 이미지를 실행할 것이다. 잠시 기다렸다가 다시 확인해보자.

2.6 Minikube

도커 데스크톱 내 쿠버네티스 지원을 사용할 수 없거나, 사용하길 원하지 않는 경우 대안으로 사랑받는 Minikube가 있다. Minikube는 도커 데스크톱과 유사하게 컴퓨터에서 실행되는 단일 노드 쿠버네티스 클러스터를 제공한다(실제로는 가상 머신에서 실행되지만 크게 중요하지 않다). Minikube를 설치하려면 「Minikube 설치」 문서[8]를 참고하자.

2.7 마치며

이번 장에서 실습 예제를 진행하며 쿠버네티스에 조금 더 흥미를 느꼈기를 바란다. 만약 도커와 쿠버네티스에 이미 익숙한 독자라면 다시 한번 짚고 넘어가는 계기가 되었을 것이다. 이 장을 읽으며 기본적인 방법을 익힘으로써 컨테이너 빌드 및 실행에 익숙해졌을 것이다. 쿠버네티

---

8 https://kubernetes.io/ko/docs/tasks/tools/install-minikube

스를 실행하고 테스트할 환경 구축을 마쳤으니 다음 장부터는 본격적으로 쿠버네티스를 활용해보자.

이 장에서 놓치지 말아야 할 내용을 정리해보자.

- 모든 소스 코드 예제는 이 책과 함께 제공되는 깃허브 저장소(*https://github.com/cloudnativedevops/demo*)에서 확인할 수 있다.

- 도커 도구를 사용하면 컨테이너를 로컬에서 빌드하거나 도커 허브와 같은 컨테이너 레지스트리에 푸시하고 풀할 수 있다. 또한 컨테이너 이미지를 로컬 컴퓨터에서 실행할 수 있다.

- 컨테이너 이미지는 도커파일 내에 정의된다. 도커파일은 컨테이너를 빌드하는 명령어가 들어 있는 텍스트 파일이다.

- 도커 데스크톱을 사용하면 컴퓨터에서 단일 노드의 소형 쿠버네티스 클러스터를 구축할 수 있다. 이 클러스터는 어떤 컨테이너 애플리케이션이든 실행할 수 있다. Minikube 사용은 선택 사항이다.

- kubectl은 쿠버네티스 클러스터와 통신하는 기본 도구다. kubectl은 명령어 형태(컨테이너 이미지를 실행하고 암시적으로 필요한 쿠버네티스 리소스를 생성하는 것과 같은)로 사용하거나 YAML 형태의 쿠버네티스 설정을 적용하는 선언적 형태로 사용할 수 있다.

CHAPTER 3

쿠버네티스 구축하기

당혹감에서 배움이 시작된다.

― 칼릴 지브란Kahlil Gibran (미국 예술가)

쿠버네티스는 클라우드 네이티브 세계의 운영 체제로 컨테이너화된 워크로드를 안정적이고 확장 가능하게 실행할 수 있는 플랫폼을 제공한다. 그렇다면 쿠버네티스를 어떻게 사용해야 할까? 클라우드 인스턴스나 베어 메탈 서버에 직접 쿠버네티스 구축하고 운영해야 할까? 관리형 쿠버네티스 서비스를 사용하면 될까? 워크플로 도구, 대시보드, 웹 인터페이스를 활용하여 확장 가능한 관리형 플랫폼을 사용하면 될까? 한 장에서 전부 설명하기에는 많은 양의 내용이지만 한번 살펴보자.

이 책에서는 클러스터 구축, 튜닝, 문제 해결과 같은 쿠버네티스의 기술적인 세부 사항에 대해서는 특별히 다루지 않는다. 관련 내용을 자세히 알고 싶다면 쿠버네티스 공동 창시자 브렌던 번스가 쓴 『매니징 쿠버네티스』(한빛미디어, 2019)을 추천한다.

대신 여기서는 클러스터의 기본 아키텍처를 이해하고 쿠버네티스를 어떻게 사용할지 결정을 내리는 데 필요한 정보를 다룰 예정이다. 관리형 서비스의 장단점을 개략적으로 설명하고 인기 있는 업체들의 서비스를 살펴본다. 쿠버네티스 클러스터를 직접 구축하기를 원하는 독자를 위해 클러스터를 설정하고 관리하는 데 도움이 되는 설치 도구도 소개한다.

3.1 클러스터 아키텍처

쿠버네티스는 여러 대의 서버가 하나의 **클러스터**로 연결되어 있다. 그렇다면 클러스터란 무엇이고 어떻게 작동할까? 이 책에서 클러스터에 대한 기술적인 세부 사항은 다루지 않는다. 하지만 쿠버네티스 클러스터를 직접 구축하거나 구입할 때 어떤 옵션이 있는지 이해하려면 기본 컴포넌트를 이해하고 서로 어떻게 연동되는지 알아야 한다.

3.1.1 컨트롤 플레인

컨트롤 플레인은 클러스터의 두뇌 역할을 하며 컨테이너 스케줄링, 서비스 관리, API 요청 처리 등의 작업을 수행한다(그림 3-1).

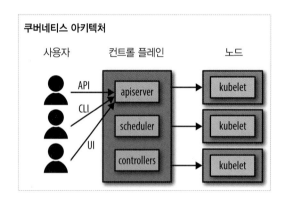

그림 3-1 쿠버네티스 클러스터 작동 방법

컨트롤 플레인은 다음과 같은 컴포넌트로 구성된다.

kube-apiserver
컨트롤 플레인의 프런트엔드 서버로 API 요청을 처리한다.

etcd
어떤 노드가 존재하고 클러스터에 어떤 리소스가 존재하는지와 같은 쿠버네티스와 관련된 모든 정보를 저장하는 데이터베이스다.

kube-scheduler
새로 생성된 파드^{Pod}를 실행할 노드를 결정한다.

kube-controller-manager
디플로이먼트와 같은 리소스 컨트롤러를 관리한다.

cloud-controller-manager
클라우드 기반 클러스터는 클라우드 업체와 연동하여 로드 밸런서나 디스크 볼륨과 같은 자원을 관리한다.

컨트롤 플레인 컴포넌트는 클러스터 내 **마스터 노드**에서 실행된다.

3.1.2 노드 컴포넌트
워커 노드는 클러스터 내에서 사용자의 **워크로드**를 실행한다(그림 3-2). 쿠버네티스 클러스터의 각 워커 노드는 다음과 같은 컴포넌트를 실행한다.

kubelet
노드에 예약된 워크로드를 실행하기 위해 컨테이너 런타임을 관리하고 상태를 모니터링한다.

kube-proxy
서로 다른 노드에 있는 파드 간 통신이나 파드와 인터넷 사이의 네트워크 트래픽을 라우팅한다.

컨테이너 런타임
컨테이너를 시작하고 중지하며 컨테이너 간 통신을 처리한다. 일반적으로 도커가 사용되지만 쿠버네티스는 rkt나 CRI-O와 같은 다른 컨테이너 런타임도 지원한다.

서로 다른 소프트웨어 컴포넌트를 실행하는 것 외에는 마스터 노드와 워커 노드 사이에 본질적인 차이는 없다. 도커 데스크톱이나 미니쿠브와 같이 클러스터 크기가 매우 작은 경우를 제외하고는 마스터 노드는 일반적으로 사용자 워크로드를 실행하지 않는다.

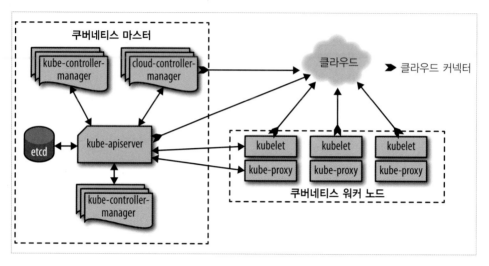

그림 3-2 쿠버네티스 컴포넌트 간 연동 구조

3.1.3 고가용성

올바르게 구성된 쿠버네티스 컨트롤 플레인은 마스터 노드로 여러 개로 구성되어 **고가용성**을 보장한다. 개별 마스터 노드에 장애가 발생하거나 컨트롤 플레인 컴포넌트가 중지되어도 클러스터는 정상적으로 작동한다. 또한 마스터 노드는 정상 작동하지만 네트워크 장애 때문에 일부 컴포넌트가 서로 통신하지 못하는 **네트워크 파티션** 상황에서도 컨트롤 플레인의 고가용성으로 이를 처리할 수 있다.

etcd 데이터베이스는 여러 노드에 걸쳐 복제된다. etcd 복제본의 절반 이상이 사용 가능한 상태라면 개별 etcd 노드 장애에도 고가용성을 보장한다.

이 모든 것이 올바르게 구성되었다면 개별 마스터 노드의 재부팅이나 일시적인 고장에도 컨트롤 플레인은 문제없이 작동한다.

컨트롤 플레인 장애

컨트롤 플레인 장애는 사용자의 애플리케이션을 다운 시키지는 않지만 이상하고 잘못된 작동을 유발할 수 있다.

예를 들어 클러스터의 모든 마스터 노드를 중지할 경우 워커 노드의 파드는 한동안 계속 실행된다. 그러나 새로운 컨테이너를 배포하거나 쿠버네티스 리소스를 변경할 수는 없으며 디플로이먼트와 같은 컨트롤러는 중지될 것이다.

그러므로 컨트롤 플레인의 고가용성은 클러스터가 올바르게 작동하기 위해 매우 중요하다. 하나의 노드에서 장애가 발생하더라도 클러스터가 정족수(**쿼럼**quorum)를 유지할 수 있도록 충분한 수의 마스터 노드가 필요하다. 상용 클러스터의 경우 마스터 노드가 최소 3개 필요하다 (6.1.1절에서 '가장 작은 클러스터' 참조).

워커 노드 장애

반면 워커 노드의 장애는 별로 중요한 문제가 아니다. 컨트롤 플레인이 작동하고 있다면 쿠버네티스가 워커 노드의 장애를 감지하고 해당 노드의 파드를 다른 노드로 재조정할 것이기 때문이다.

만약에 대규모 노드 장애가 한 번에 발생하면 클러스터에는 워크로드를 실행할 수 있는 충분한 자원이 없어진다. 다행히 이런 일은 자주 일어나지 않으며, 일어나더라도 당신이 노드를 복구하는 동안 쿠버네티스가 가능한 많은 파드를 실행할 것이다.

워커 노드의 개수가 적을수록 각 노드가 클러스터 내에서 차지하는 용량의 비율이 커진다는 것을 명심하자. 단일 노드의 장애는 클라우드 환경에서 언제든지 발생할 수 있지만, 노드 두 개에서 동시에 장애가 발생하는 경우는 거의 없다고 봐야 한다.

드물지만 클라우드 **가용성 영역**availability zone 전체에 장애가 발생할 수도 있다. AWS나 구글 클라우드와 같은 클라우드 서비스 업체는 각 지역에 단일 데이터 센터에 해당하는 여러 개의 가용성 영역을 제공한다. 모든 워커 노드를 동일한 존에 두는 것보다 2개 또는 3개 존으로 분산시키는 것이 더 좋다.

신뢰하더라도 검증하자

고가용성은 마스터 노드 하나 혹은 워커 노드 몇 개에 장애가 발생하더라도 클러스터에는 아무 문제가 없도록 보장하지만, 실제로 그러한지 테스트해보는 것이 좋다. 시스템 점검 작업이나 트래픽이 적은 시간대에 워커 노드를 재부팅하고 어떻게 되는지 확인해보자(애플리케이션을 사용하는 고객들에게는 아무것도 나타나지 않기를 바란다).

더 까다로운 테스트를 위해 마스터 노드를 재부팅해보자(구글 쿠버네티스 엔진 같은 관리형 서비스는 이 작업을 허용하지 않는다. 그 이유는 나중에 설명한다). 상용 등급의 클러스터라면 이 테스트에서 아무 문제없어야 한다.

3.2 자체 호스팅 쿠버네티스 비용

쿠버네티스에서 상용 워크로드 실행을 고려하는 사람들이 직면하는 가장 어려운 결정은 '**구축**할 것인가 **구입**할 것인가'다. 클러스터를 직접 운영해야 할까? 아니면 다른 사람이 운영하는 클러스터를 돈을 지불하고 사용해야 할까? 몇 가지 선택지를 살펴보자.

가장 기본적인 선택지는 자체 호스팅 쿠버네티스다. **자체 호스팅**은 개인이나 회사 내 팀이 소유하거나 운영하는 시스템에 쿠버네티스를 직접 설치하고 구성하는 것을 의미한다.

레디스^{Redis}, PostgreSQL, Nginx와 같은 소프트웨어를 설치하는 것과 같다. 자체 호스팅 쿠버네티스는 유연성과 권한을 최대로 보장한다. 실행할 쿠버네티스의 버전, 옵션 및 기능 설정, 클러스터 업그레이드 여부와 시기 등을 직접 결정할 수 있다. 하지만 다음 절에서 설명하는 것처럼 자체 호스팅에는 몇 가지 단점이 있다.

3.2.1 자체 호스팅은 생각보다 어렵다

자체 호스팅은 인력, 기술, 엔지니어링 시간, 유지 보수, 문제 해결에 많은 자원을 요구한다. 단순히 쿠버네티스를 설치하고 실행하는 것은 꽤 간단하다. 그러나 상용 서비스를 위한 수준의 클러스터를 준비하기까지는 많은 노력이 필요하다. 최소한 다음과 같은 사항을 고려해야 한다.

- 컨트롤 플레인이 고가용성을 보장하는가? 마스터 노드가 다운되거나 응답이 없는 경우에도 클러스터가 정상 작동하는가? 앱을 배포하거나 업데이트 할 수 있는가? 실행 중인 애플리케이션은 컨트롤 플레인 없이 fault-tolerant(장애 허용)를 유지하는가?('3.1.3절

고가용성' 참조)

- 워커 노드는 고가용성을 보장하는가? 여러 개의 워커 노드나 클라우드 가용성 영역에 문제가 발생할 경우 워크로드 실행이 중단되는가? 클러스터는 정상 작동하는가? 새로운 노드를 자동으로 프로비저닝하여 스스로 복구할 수 있는가? 아니면 수동 조치 작업이 필요한가?

- 클러스터는 **안전하게** 설정되었는가? 내부 컴포넌트들은 TLS 암호화와 신뢰할 수 있는 인증서를 사용하여 통신하는가? 사용자와 애플리케이션은 클러스터 작업을 위한 최소한의 권한을 가지고 있는가? 컨테이너의 보안 기본값이 올바르게 설정되었는가? 노드가 컨트롤 플레인 컴포넌트에 불필요한 접근을 하는가? 내부 etcd 데이터베이스에 대한 접근은 적절하게 제어되고 인증되는가?

- 클러스터 내 모든 서비스는 안전한가? 만약 인터넷에서 접근할 수 있는 경우 제대로 인증되고 권한이 부여되는가? 클러스터 API에 대한 접근은 제한되어 있는가?

- 클러스터는 적합한가? 클라우드 네이티브 컴퓨팅 재단에서 정의한 쿠버네티스 클러스터 표준을 따르는가?('6.2절 적합성 검사' 참조)

- 클러스터 노드가 셸 스크립트로 설치된 후 방치되지 않고 **형상 관리**되고 있는가? 각 노드의 운영체제와 커널은 업데이트 및 보안 패치 등의 작업이 필요하다.

- 영구 스토리지를 포함하여 클러스터의 데이터가 제대로 백업되고 있는가? 복구 프로세스는 있는가? 복구 테스트를 얼마나 자주하는가?

- 클러스터를 운영한다면 장기적으로 어떻게 관리할 것인가? 새로운 노드는 어떻게 프로비저닝하는가? 기존 노드의 구성 변경 사항을 롤아웃roll out 하는가? 쿠버네티스 업데이트를 롤아웃하는가? 수요에 따라 노드 규모를 확장할 것인가? 정해둔 정책을 고수할 것인가?

분산 시스템 엔지니어 겸 작가인 신디 스리드하란Cindy Sridharan은 처음부터 쿠버네티스를 상용 구성으로 설치하고 실행할 수 있는 엔지니어의 급여가 약 백만 달러 정도에 이를 것으로 추정했다(현실적으로는 아직 도달하지 못했을 수도 있다). 쿠버네티스 자체 호스팅을 고려하는 담당자라면 이 수치를 염두에 두어야 할 것이다.

3.2.2 자체 호스팅은 지속적인 관리가 필요하다

위와 같은 사항은 초기에 클러스터를 설정할 때뿐만 아니라 모든 클러스터에 대해 항상 신경 써야 한다는 것을 명심하자. 쿠버네티스 인프라를 변경하거나 업그레이드할 때마다 고가용성 과 보안 등에 미치는 영향을 검토해야 한다. 또한 클러스터 노드와 쿠버네티스 컴포넌트가 잘 작동하는지 감시할 수 있는 모니터링 시스템과 장애 발생 시 담당자가 조치할 수 있도록 알려 주는 안림alert 시스템이 필요하다.

쿠버네티스는 여전히 빠르게 발전하며 새로운 기능과 업데이트가 계속해서 출시되고 있다. 운 영자는 클러스터를 최신 버전으로 관리해야 하며, 변경 사항이 기존 설정에 어떤 영향을 미치 는지 이해해야 한다. 쿠버네티스의 최신 기능을 최대한 활용하려면 클러스터를 다시 프로비저 닝해야 할 수도 있다.

몇몇 책이나 문서에 의지해 클러스터를 구성하고 관리하는 것만으로는 충분하지 않다. 정기적 으로 클러스터 구성을 확인하고 점검해야 하는데, 예를 들어 마스터 노드를 종료해도 모든 것 이 정상적으로 작동하는지 확인해야 한다.

넷플릭스의 카오스 몽키Chaos Monkey와 같은 자동 복구 테스트 도구를 사용하면 노드나 파드 또 는 네트워크 연결을 무작위로 반복하여 제거할 수 있다. 클라우드 업체를 신뢰할 수 있는 정도 에 따라 카오스 몽키가 필요하지 않을 수도 있다. 실제 운영 중인 노드에서 정기적으로 발생하 는 고장은 클러스터와 서비스의 복구 여부를 테스트할 수 있기 때문이다. ('6.4절 카오스 테스 팅' 참조).

3.2.3 도구가 모든 것을 해결하지는 않는다

쿠버네티스의 설정 및 구축을 위한 도구는 정말 많다. 그중 상당수는 최소한의 노력으로 쿠버 네티스를 운영할 수 있는 편의성을 제공한다고 강조한다. 안타깝게도 이러한 도구 대부분은 간 단한 문제만 해결하고 어려운 것은 처리하지 못한다.

반면에 강력하고 유연한 기능을 제공하는 엔터프라이즈급 상용 도구는 너무 비싸거나 아예 공 개되지 않는다. 범용 클러스터 관리 도구를 판매하는 것보다 관리형 서비스에 포함해 제공하는 것이 업체에게 더 이익이 되기 때문이다.

3.2.4 쿠버네티스는 어렵다

설치 및 관리가 간단하다고 알려져 있지만, 사실 **쿠버네티스는 꽤 어렵다**. 물론 쿠버네티스는 아주 간결하게 잘 설계되어 있다. 하지만 쿠버네티스가 하는 일을 생각해보라. 쿠버네티스는 매우 복잡한 상황을 처리하기 때문에 결국에는 어려운 소프트웨어가 될 수밖에 없다.

조금 더 신중하게 생각해보자. 직접 구축한 클러스터를 올바르게 관리하는 방법을 배우고 그것을 매일, 매달 수행하는 데에는 상당한 시간과 에너지가 소요된다. 쿠버네티스를 막 시작하려는 여러분들을 낙담시키려는 게 아니다. 단지 쿠버네티스를 직접 구축할 때 발생할 수 있는 일들을 명확하게 이해하길 바란다. 자체 호스팅과 관리형 서비스의 비용과 장단점을 잘 비교하면 결정하기 쉬울 것이다.

3.2.5 관리 오버헤드

쿠버네티스 클러스터 전담 팀을 운영할 수 있는 큰 조직이라면 앞서 설명한 것은 큰 문제 되지 않을 것이다. 하지만 중소기업이나 소수의 엔지니어만 있는 스타트업이라면 자체 쿠버네티스 클러스터를 운영하는 것은 엄청난 부담이 될 수 있다.

> **CAUTION_** 한정된 예산과 IT 운영 인력 중에서 자체 쿠버네티스를 관리하기 위해 얼마만큼의 자원을 사용할 것인가? 그 자원은 사업의 다른 부문을 지원하는 데 사용할 수 있지 않을까? 내부 담당자와 관리형 서비스 중 무엇이 더 비용 효율적인 쿠버네티스 운영 방식일까?

3.2.6 관리형 서비스 시작하기

쿠버네티스를 구축하지 말라고 강조해서 아마 당황했을 것이다. 필자는 직접 운영하는 것을 권장하지 않는다. 앞서 설명한 것처럼 관리형 서비스를 사용하면 쿠버네티스를 자체 호스팅하는 것보다 훨씬 더 경제적이다. 관리형 쿠버네티스에서 제공하지 않는 이상하고 실험적인 기능을 원하는 것이 아니라면 자체 호스팅을 선택할 이유가 없다.

쿠버네티스 도입을 아직 검토 중이라면 관리형 서비스를 사용하여 시험해볼 수 있다. 하루에 몇 달러만 내면 완벽하게 작동하며 보안과 고가용성을 보장하는 상용급 클러스터를 몇 분안에 얻을 수 있다(대부분의 클라우드 제공 업체는 몇 주 또는 몇 달 동안 비용 없이 쿠버네티스 클러스터를 운영할 수 있는 무료 사용 기간을 제공한다). 무료 기간이 끝난 후 자체 쿠버네티스 클러스터를 운영하기로 결정하더라도 관리형 서비스를 사용해본 경험이 도움이 될 것이다.

이미 자체 쿠버네티스를 직접 구축하여 운영해봤다면 관리형 서비스가 얼마나 편리한지 잘 알 수 있을 것이다. 내가 살기 위한 집을 직접 지을 필요는 없다. 다른 사람이 구축한 클러스터가 더 저렴하고 빠르고 더 좋다면, 내가 직접 구축해야 할 이유가 있을까?

다음 절에서는 가장 인기 있는 관리형 쿠버네티스 서비스를 간단하게 소개하고 필자가 추천하는 이유를 설명한다. 여전히 확신이 서지 않는다면 이 장의 후반에서 설명하는 자체 클러스터를 구축하기 위한 쿠버네티스 설치 프로그램을 살펴보는 것도 좋다('3.5절 쿠버네티스 설치 프로그램' 참조).

이 시점에서 이 책의 필자 중 그 누구도 클라우드 제공 업체나 상업용 쿠버네티스 공급 업체와 아무런 연관이 없음을 말하고 싶다. 아무도 우리에게 제품이나 서비스를 추천하라고 돈을 주지 않았다. 여기서 제시하는 의견은 필자들의 개인적인 경험을 바탕으로 한 것이며, 이 책을 쓰는 동안 인터뷰한 수백 명의 쿠버네티스 사용자들의 견해다.

쿠버네티스 세계는 빠르게 변화하며 관리형 서비스 시장은 경쟁이 과열되었다. 이 책에서 설명하는 서비스와 기능도 빠르게 바뀔 것으로 예상된다. 다음 절에서 소개할 관리형 서비스 목록은 완벽하지는 않지만 가장 좋거나, 많이 사용되거나, 중요하다고 생각하는 서비스로 구성했다.

3.3 관리형 쿠버네티스 서비스

관리형 쿠버네티스 서비스를 사용하면 컨트롤 플레인과 같은 쿠버네티스 클러스터를 설치하고 운영하는 데 필요한 관리 비용을 거의 모두 절감할 수 있다. 사실상 관리형 서비스는 클러스터를 실행하기 위해 구글과 같은 기업에 비용을 지불하는 것을 의미한다.

3.3.1 구글 쿠버네티스 엔진

쿠버네티스를 개발한 구글은 관리형 쿠버네티스 서비스인 구글 쿠버네티스 엔진Google Kubernetes Engine (GKE)[1]을 구글 클라우드 플랫폼(GCP)에 통합하여 제공한다. 워커 노드의 개수를 지정한 뒤 GCP 웹 콘솔의 버튼을 클릭하거나 프로비저닝을 위한 배포 관리자 도구를 사용하면 몇 분 이내에 사용 가능한 상태의 클러스터가 제공된다.

구글은 장애가 발생한 노드를 감시 및 교체하고 자동으로 보안 패치를 적용하며 컨트롤 플레인과 etcd에 대한 고가용성을 관리한다. 또한 시스템 점검 시간 동안 노드를 최신 쿠버네티스 버전으로 자동 업그레이드하도록 설정할 수 있다.

고가용성

GKE는 인프라와 관련된 구축 및 유지 보수 작업이 전혀 필요 없는 고가용성이 보장된 상용 등급의 쿠버네티스 클러스터를 제공한다. 모든 것은 배포 관리자Deployment Manager[2], 테라폼Terraform 이나 기타 도구를 사용하여 구글 클라우드 API로 제어할 수 있으며 GCP 웹 콘솔도 사용할 수 있다. 당연히 구글 클라우드의 다른 모든 서비스와도 완벽하게 통합되어 있다.

고가용성 확장이 필요하다면 다중 장애존(개별 데이터 센터와 거의 동일한)에 걸쳐 워커 노드를 분산하는 **멀티존** 클러스터를 생성할 수 있다. 단일 장애존의 운영이 중단 되더라도 워크로드의 실행에는 영향을 주지 않는다.

지역regional 클러스터는 마스터 노드 여러 개를 워커 노드뿐만 아니라 장애존에 분산시킴으로써 고가용성을 더욱 발전시켰다.

---

1 *https://cloud.google.com/kubernetes-engine*
2 배포 관리자는 클라우드 자원을 관리하기 위한 구글의 명령줄 도구이다. 쿠버네티스 배포와 혼동하지 말자.

3.3.2 클러스터 오토스케일링

GKE는 또한 매력적인 클러스터 오토스케일링 기능을 제공한다(6.1.3절에서 '오토스케일링' 참조). 오토스케일링이 활성화된 상태에서 대기 중인 워크로드가 존재할 경우 시스템은 자동으로 새로운 노드를 추가하여 요청을 처리한다.

반대로 여유 용량이 있는 경우에는 파드를 더 적은 수의 노드로 통합하고 사용하지 않는 노드를 제거한다. GKE는 워커 노드 수를 기반으로 과금을 하기 때문에 이 기능은 비용 절감에 도움이 된다.

GKE는 최고의 제품이다

구글은 쿠버네티스 분야에서 그 누구보다 오래 활동했다. 필자는 GKE가 가장 좋은 관리형 쿠버네티스 서비스를 제공한다고 생각한다. 이미 구글 클라우드 인프라를 사용하고 있다면 GKE로 쿠버네티스를 사용하는 것이 당연하다. 다른 클라우드를 사용한다고 하더라도 GKE를 사용할 수 있다. 그러나 기존에 사용 중인 클라우드 업체에서 제공하는 관리형 서비스를 먼저 검토할 것을 권한다.

아직 클라우드 업체를 선정하지 못했다면 GKE는 구글 클라우드를 선택하는 데 큰 역할을 할 것이다.

3.3.3 아마존 일래스틱 쿠버네티스 서비스

아마존도 오랫동안 관리형 컨테이너 클러스터 서비스를 제공해왔다. 그러나 최근까지는 아마존의 독점 기술인 일래스틱 컨테이너 서비스Amazon Elastic Container Service (ECS)[3]가 유일한 선택지였다.

ECS도 충분히 사용 가능하지만 쿠버네티스만큼 강력하거나 유연한 기능을 제공하지는 않는다. 분명한 것은 아마존이 쿠버네티스의 미래를 내다보았기 때문에 아마존 일래스틱 쿠버네티스 서비스Amazon Elastic Kubernetes Service (EKS)[4]의 출시를 결정한 것이다.

---

3 *https://aws.amazon.com/ko/ecs*
4 *https://aws.amazon.com/ko/eks*

EKS는 구글 쿠버네티스 엔진처럼 많은 기능을 제공하지 않으므로[5] 운영자가 직접 설정해야 할 것이 많다. 또한 경쟁사와는 다르게 EKS는 다른 클러스터 인프라뿐만 아니라 마스터 노드에 대해서도 비용을 청구한다. 이러한 이유로 동일한 크기의 클러스터일 경우 EKS가 구글이나 마이크로소프트의 관리형 쿠버네티스 서비스보다 더 비싸다.

이미 AWS에 인프라가 있거나 ECS 서비스의 컨테이너형 워크로드를 쿠버네티스로 이전하고자 한다면 EKS는 합리적인 선택이 될 것이다. 그러나 관리형 쿠버네티스 시장에서 아마존이 구글과 마이크로소프트의 서비스를 따라잡기에는 아직 부족한 점이 많다.

3.3.4 애저 쿠버네티스 서비스

마이크로소프트는 아마존이나 구글보다 클라우드 사업에 조금 늦게 진출했지만 매우 빠르게 따라잡고 있다. 애저 쿠버네티스 서비스Azure Kubernetes Service (AKS)[6]는 구글의 GKE와 같은 경쟁사의 기능을 대부분을 제공한다. 웹 인터페이스나 애저 **az** 명령줄 도구를 사용하여 클러스터를 생성할 수 있다.

GKE 및 EKS와 마찬가지로 마스터 노드는 내부적으로 관리되기 때문에 직접 접근할 수 없으며 워커 노드 수를 기준으로 비용이 청구된다.

3.3.5 오픈시프트

오픈시프트OpenShift[7]는 서비스형 플랫폼platform as a service (PaaS) 제품으로 관리형 쿠버네티스 서비스 이상의 역할을 한다. 이것은 지속적 통합continuous integration (CI)과 빌드 도구, 테스트 도구, 애플리케이션 배포, 모니터링, 오케스트레이션을 포함하며 전체 소프트웨어 개발 수명 주기를 관리하는 것을 목표로 한다.

오픈시프트는 베어 메탈 서버, 가상 머신, 사설 클라우드, 퍼블릭 클라우드에 구축할 수 있어 모든 환경에서 단일 쿠버네티스 클러스터를 만들 수 있다. 따라서 규모가 매우 크거나 다양한

---

5 *https://blog.hasura.io/gke-vs-aks-vs-eks-411f080640dc*

6 *https://azure.microsoft.com/ko-kr/services/kubernetes-service*

7 *https://www.redhat.com/ko/technologies/cloud-computing/openshift*

인프라를 보유한 기업이라면 오픈시프트가 좋은 선택이 될 수 있다.

3.3.6 IBM 클라우드 쿠버네티스 서비스

역사가 깊은 IBM 또한 관리형 쿠버네티스 서비스 분야에서 빼놓을 수 없다. IBM 클라우드 쿠버네티스 서비스[8]는 IBM 클라우드에 바닐라vanilla 쿠버네티스 클러스터를 구축할 수 있으며 매우 간단하고 직관적이다.

IBM 클라우드 클러스터는 기본 명령줄 도구나 기본 쿠버네티스 명령줄 인터페이스, 기본 GUI로 접근하고 관리할 수 있다. 다른 주요 클라우드 제공 업체와 차별화되는 특별한 기능은 없지만 이미 IBM 클라우드를 사용하고 있다면 고려해볼 만하다.

3.3.7 VM웨어 PKS

멀티 퍼블릭 클라우드에서 운영 중인 클러스터의 보안과 확장성을 원하는 대기업이라면 헵티오를 들어봤을 것이다. 헵티오는 쿠버네티스 세계에서 확고한 브랜드를 갖고 있었다. 쿠버네티스의 공동창업자인 크레이그 맥루키Craig McLuckie와 조 베다Joe Beda가 설립한 회사이며 Velero('11.3.6절 Velero' 참조), Sonobuoy('6.2.2절 Sonobuoy를 사용한 적합성 테스트' 참조)와 같은 중요한 오픈 소스 도구를 개발했다. 헵티오는 지난 2018년 VM웨어에 인수됐으며, 헵티오가 제공하던 쿠버네티스 구독Heptio Kubernetes Subscription (HKS)[9]은 VM웨어의 PKSEssential PKS 패키지에 통합되어 제공되고 있다.

3.4 턴키형 쿠버네티스 솔루션

관리형 쿠버네티스는 대부분의 비즈니스 요구 사항에 적합하지만 어떤 환경에서는 사용이 불가능할 수도 있다. **턴키**형 솔루션은 웹 브라우저에서 버튼만 클릭하면 바로 사용 가능한 상용 쿠버네티스 클러스터를 제공하는 것이 목표이며 계속해서 성장하고 있다.

---

8 https://www.ibm.com/kr-ko/cloud/container-service
9 https://heptio.com/products/kubernetes-subscription

턴키 쿠버네티스 솔루션은 대기업(공급 업체와 상업적 관계를 맺을 수 있으므로)과 엔지니어링 및 운영 리소스가 부족한 중소기업 모두에게 매력적이다. 턴키형 솔루션 몇 가지를 다음과 같이 소개한다.

3.4.1 스택포인트

스택포인트Stackpoint[10]는 클릭 세 번으로 클러스터 배포가 가능한 '퍼블릭 클라우드에 쿠버네티스 클러스터를 배포하는 가장 간단한 방법'이라고 광고한다. 월 사용료는 50달러부터 다양하며 무제한 노드 클러스터, 마스터 노드와 **etcd**의 고가용성, 멀티 클라우드에 걸친 클러스터 **페더레이션** 지원을 제공한다(6.1.1절에서 '클러스터 페더레이션' 참조).

자체 호스팅과 완전하게 관리되는 서비스 사이의 절충안인 스택포인트는 웹 기반에서 쿠버네티스를 프로비저닝하고 관리할 수 있으며 자신의 퍼블릭 클라우드 인프라에서 워커 노드를 실행하고자 하는 기업에게 매력적인 솔루션이다.

3.4.2 컨테이너십 쿠버네티스 엔진

컨테이너십 쿠버네티스 엔진Containership Kubernetes Engine(CKE)[11]은 퍼블릭 클라우드에서 쿠버네티스를 프로비저닝하기 위한 또 다른 웹 기반 인터페이스다. 이것을 사용하면 적절한 기본값으로 클러스터를 구축하고 실행할 수 있으며 클러스터에 요구되는 거의 모든 사항을 사용자가 지정할 수 있다.

3.5 쿠버네티스 설치 프로그램

관리형이나 턴키형 클러스터를 사용할 수 없다면 자체 호스팅으로 쿠버네티스를 직접 구축하고 실행하는 것을 고려해야 한다.

---

[10] https://stackpoint.io
[11] https://blog.containership.io/introducing-containership-kubernetes-engine

학습과 데모 목적을 제외하고 쿠버네티스를 처음부터 완전히 배포하고 운영할 가능성은 매우 낮다. 대다수의 사람은 하나 이상의 쿠버네티스 도구나 서비스를 사용하여 클러스터를 설치하고 관리한다.

3.5.1 kops

kops[12]는 쿠버네티스 클러스터의 자동 프로비저닝을 위한 명령줄 도구다. kops는 쿠버네티스 프로젝트의 일부이며 AWS 전용 도구로 오랫동안 사용되어 왔지만 현재는 구글 클라우드를 베타로 지원하고 있으며, 다른 클라우드 업체에 대한 지원도 계획되어 있다.

kops는 상용 쿠버네티스 배포에 적합한 고가용성 클러스터 구축을 지원한다. 쿠버네티스 자원와 같이 선언적 구성을 사용하며 클러스터를 설치하고 클라우드 자원을 프로비저닝할 뿐만 아니라 스케일링, 노드 재조정, 업그레이드 등 유용한 관리 작업을 수행한다.

쿠버네티스 세계의 모든 것과 마찬가지로 kops도 빠르게 발전하고 있지만 비교적 성숙하고 정교한 도구로 널리 사용되고 있다. AWS에서 자체 호스팅 쿠버네티스를 운영할 계획이라면 kops는 좋은 선택이다.

3.5.2 Kubespray

kubespray[13](이전 이름은 Kargo다)는 쿠버네티스 산하 프로젝트로 상용 클러스터를 쉽게 배포하는 도구다. 고가용성과 다중 플랫폼 지원 등 다양한 기능을 제공한다.

kubespray는 온프레미스 베어 메탈 서버에 쿠버네티스를 설치하는 데 중점을 둔다. 그러나 사설 클라우드(자체 서버에서 운영되는 가상 머신)를 포함한 모든 클라우드 환경에도 적합하다.

---

12 *https://kubernetes.io/ko/docs/setup/production-environment/tools/kops*
13 *https://github.com/kubernetes-sigs/kubespray*

3.5.3 TK8

TK8[14]은 테라폼(클라우드 서버 생성용)과 kubespray(쿠버네티스 설치용)를 모두 활용하는 명령줄 도구로 쿠버네티스 클러스터 프로비저닝을 위해 사용한다. Go로 작성되었으며 AWS, 오픈스택, 베어 메탈 서버에 설치를 지원하며 애저와 구글 클라우드도 지원 예정이다.

TK8은 쿠버네티스 구축뿐만 아니라 추가 기능 설치를 제공한다. 부하 테스트를 위한 제이미터 클러스터[Jmeter Cluster], 모니터링을 위한 프로메테우스[Prometheus], 추적을 위한 예거[Jaeger], 링커드[Linkerd], 집킨[Zipkin], 유입과 로그 밸런싱을 위한 앰배서더 API 게이트웨이 위드 엔보이[Ambassador API Gateway with Envoy], 서비스 메시를 위한 이스티오[Istio], CI/CD를 위한 젠킨스 X[Jenkins X], 쿠버네티스 패키징을 위한 헬름[Helm]과 케지[Kedge]를 제공한다.

3.5.4 켈시 하이타워의 튜토리얼

켈시 하이타워의 「Kubernetes The Hard Way」[15] 튜토리얼은 쿠버네티스 클러스터 수동 설치 설명 자료이며 구축 과정에서 연관된 부분의 복잡한 상태를 잘 보여주는 것으로 좋은 평가를 받고 있다. 관리형 서비스라도 쿠버네티스를 사용하고자 한다면 내부적으로 쿠버네티스가 어떻게 작동하는지 이해하기 위해서 따라 해볼 가치가 있는 좋은 예제이다.

3.5.5 kubeadm

kubeadm[16]은 쿠버네티스에서 제공하는 도구로 쿠버네티스 클러스터를 최적으로 설치하고 관리할 수 있도록 도와준다. kubeadm은 클러스터에 인프라를 프로비저닝하지는 않으므로 베어 메탈 서버나 클라우드 인스턴스에 쿠버네티스를 설치하는 데 적합하다.

이 장에서 소개하는 다른 많은 도구들은 클러스터 관리를 위해 내부적으로 kubeadm을 사용한다. 원한다면 kubeadm을 직접 사용해도 된다.

---

14 *https://github.com/kubernauts/tk8*

15 *https://github.com/kelseyhightower/kubernetes-the-hard-way*

16 *https://kubernetes.io/docs/setup/independent/create-cluster-kubeadm*

3.5.6 Tarmak

Tarmak[17]은 쿠버네티스 클러스터의 수명 주기를 관리하는 도구로 클러스터 노드의 수정과 업그레이드 작업을 안정적이고 쉽게 할 수 있도록 도와준다. 대부분의 도구들은 단순하게 노드를 교체하여 이를 처리하지만 오랜 시간이 걸릴 수 있으며 종종 재구성 작업 중에 노드 간 많은 데이터를 이동해야 한다. 대신에 Tarmak은 노드 그대로 수정하거나 업그레이드할 수 있다.

Tarmak은 내부적으로 테라폼을 사용하여 클러스터 노드를 프로비저닝하고 퍼핏Puppet을 사용하여 노드의 설정을 관리한다. 이를 통해 노드의 구성의 변경 사항을 빠르고 안전하게 롤아웃할 수 있다.

3.5.7 랜처 쿠버네티스 엔진

랜처 쿠버네티스 엔진Rancher Kubernetes Engine(RKE)[18]은 간단하고 빠른 쿠버네티스 설치 프로그램이다. 노드 프로비저닝을 제공하지 않으므로 RKE를 사용하여 클러스터를 구축하기 전에 직접 도커를 설치해야 한다. RKE는 쿠버네티스 컨트롤 플레인의 고가용성을 지원한다.

3.5.8 퍼핏 쿠버네티스 모듈

퍼핏은 강력하고 성숙한 구성 관리 도구로 매우 광범위하게 사용되고 있으며 대규모의 오픈 소스 모듈 생태계를 갖고 있다. 퍼핏의 공식 쿠버네티스 모듈[19]은 컨트롤 플레인과 etcd의 고가용성 지원을 포함한 쿠버네티스의 설치 및 설정을 제공한다.

3.5.9 kubeformation

kubeformation[20]은 온라인 쿠버네티스 구성 도구로 웹 인터페이스를 사용하여 클러스터에 대한 옵션을 선택할 수 있다. 또한 클라우드 업체의 자동화 API(예를 들어 구글 클라우드의 배

---

17 *https://blog.jetstack.io/blog/introducing-tarmak*
18 *https://github.com/rancher/rke*
19 *https://forge.puppet.com/puppetlabs/kubernetes*
20 *https://github.com/hasura/kubeformation*

포 관리자나 애저의 애저 자원 관리자)에 대한 구성 템플릿을 생성한다. 다른 클라우드 제공업체는 지원 예정이다.

kubeformation은 다른 도구만큼 사용하기 쉽지는 않지만 배포 관리자와 같은 기존의 자동화 도구와 연속성을 가지고 있어서 매우 유연하다. 예를 들어 배포 관리자를 사용하여 구글 클라우드 인프라를 이미 관리하고 있다면 kubeformation은 기존 워크플로에 완벽하게 어울릴 것이다.

3.6 구입 또는 구축: 우리의 추천

쿠버네티스 클러스터의 제공 범위는 넓고 다양하며 지금도 발전 중이므로 사용할 수 있는 선택지 중 일부만 간략하게 살펴보았다. 그러나 필자는 상식적인 원칙을 토대로 몇 가지 사항을 추천하고자 한다. 그중 하나는 **적게 실행하는 소프트웨어**run less software 철학[21]이다.

3.6.1 적게 실행하는 소프트웨어

적게 실행하는 소프트웨어 철학에는 시간을 관리하며 경쟁자를 물리치는 데 도움이 되는 세 가지 핵심이 있다.

1. 표준 기술을 선택하라.
2. 차별화되지 않는 고된 일은 아웃소싱하라.
3. 지속적인 경쟁 우위를 창출하라.

― 리치 아치볼드Rich Archbold

혁신적인 신기술을 사용하는 것은 재미있고 흥미롭지만 비즈니스 관점에서 항상 정답은 아니다. 모두가 사용하는 **지루한** 소프트웨어를 사용하는 것이 일반적으로 안전한 선택이다. 이런 소프트웨어는 지속해서 지원받을 수 있으며 작동도 잘 될 것이다. 또한 불가피한 버그를 처리하고 위험을 감수하지 않아도 된다.

----

21 *https://blog.intercom.com/run-less-software*

컨테이너화된 워크로드와 클라우드 네이티브 애플리케이션을 실행할 경우 쿠버네티스는 지루하지만 최선의 방법이 될 것이다. 따라서 가장 성숙하고 안정화되어 있으며 널리 사용되는 쿠버네티스 서비스와 도구를 선택해야 한다.

'차별화되지 않는 고된 일undifferentiated heavy lifting'은 아마존에서 나온 용어로 소프트웨어 설치나 관리, 인프라 유지 보수와 같은 힘든 작업을 의미한다. 이러한 작업들은 어느 회사나 동일하며 특별한 것이 없다. 이 일은 돈을 버는 대신 돈이 든다.

적게 실행하는 소프트웨어 철학은 차별화되지 않는 고된 일들을 아웃소싱한다면 장기적으로 비용을 절감할 수 있고 핵심 비즈니스에 더 집중할 수 있는 리소스를 확보할 수 있다고 주장한다.

3.6.2 가능하면 관리형 쿠버네티스를 사용하라

적게 실행하는 소프트웨어 철학을 바탕으로 쿠버네티스 클러스터 운영은 관리형 서비스로 아웃소싱하기를 권한다. 쿠버네티스 클러스터를 설치, 구성, 유지, 보안, 업그레이드하는 것은 차별화되지 않는 고된 일이다. 모든 비즈니스에서 이를 직접 운영하는 것은 적절하지 않다.

> **클라우드 네이티브**는 클라우드 제공 업체가 아니다. 쿠버네티스나 컨테이너가 아니며 기술도 아니다. 이것은 차별화되지 않는 것들을 실행하지 않음으로써 비즈니스를 가속하는 것이다.
>
> — 저스틴 개리슨Justin Garrison

관리형 쿠버네티스 분야에서 구글 쿠버네티스 엔진은 확실한 승자다. 다른 클라우드 업체들이 1~2년 안에 따라잡을 수도 있지만 구글은 여전히 앞서 있고 한동안 그렇게 유지될 것이다.

멀티 클라우드 도입을 검토 중이며 24시간 기술 지원을 원하는 기업이라면 헵티오 쿠버네티스 구독을 추천한다.

컨트롤 플레인의 고가용성을 원하지만 자체 보유한 워커 노드의 유연성이 필요한 경우 스택포인트를 고려하자.

3.6.3 업체 종속은 없을까?

구글 클라우드와 같은 특정 업체의 관리형 쿠버네티스를 서비스를 사용한다면 업체에 종속되고 미래에 선택할 수 있는 옵션이 줄어들까? 꼭 그렇지는 않다. 쿠버네티스는 표준 플랫폼이다. 구글 쿠버네티스 엔진에서 실행한 애플리케이션과 서비스는 다른 쿠버네티스 제공 업체의 시스템에서도 작동할 것이다. 쿠버네티스를 사용하는 것만으로도 벤더 종속을 벗어날 수 있다.

관리형 쿠버네티스는 자체 쿠버네티스 클러스터를 운영하는 것보다 업체 종속의 위험성이 더 클까? 필자는 반대라고 생각한다. 자체 호스팅 쿠버네티스는 유지 보수가 필요한 많은 장비와 구성을 포함하여 이 모든 것이 특정 클라우드 제공 업체의 API와 밀접하게 연관되어 있다. 예를 들어 쿠버네티스를 실행하기 위해 AWS의 가상 머신을 프로비저닝하려면 구글 클라우드의 동일한 작업과는 완전히 다른 코드가 필요하다. 이 장에서 언급한 것과 같은 일부 쿠버네티스 설정 도구들은 다중 클라우드 업체를 지원하지만 대부분은 그렇지 않다.

쿠버네티스의 특징 중 하나는 클라우드 플랫폼의 기술적인 세부 사항을 추상화하는 것이며 애저나 구글 클라우드에 관계없이 동일하게 실행되는 표준화되고 친숙한 인터페이스를 개발자들에게 제공하는 것이다. 이는 클라우드 기반이 아닌 쿠버네티스 자체를 대상으로 애플리케이션과 자동화를 고려하여 설계한다면 업체 종속에서 자유로울 수 있다.

3.6.4 표준 쿠버네티스 설치 도구를 사용하라

관리형 쿠버네티스에서 제공하지 않는 특별한 기능이 필요하다면 쿠버네티스를 직접 구축해야 한다.

이러한 경우 가장 성숙하고 강력하며 널리 사용되는 도구를 사용하자. 요구 사항에 따라 kops 나 kubespray를 사용하기를 권장한다.

단일 클라우드 서비스 업체를 장기간 사용할 예정이며 그것이 AWS라면 kops를 사용하자. 반면 베어 메탈 서버를 포함하여 다중 클라우드나 플랫폼에 걸친 클러스터가 필요하고 선택의 폭을 넓게 가져가려면 kubespray를 사용하자.

3.6.5 선택이 제한적일 때

기술적인 이유보다는 사업적인 이유로 관리형 쿠버네티스 서비스를 사용할 수 없을 수도 있다. 관리형 쿠버네티스 서비스를 제공하지 않는 호스팅 회사나 클라우드 업체와 비즈니스 관계를 맺고 있는 경우라면 선택권이 제한될 수밖에 없다.

대신에 스택포인트나 컨테이너십과 같은 턴키 솔루션을 사용하면 된다. 이러한 솔루션들은 쿠버네티스 마스터 노드를 관리형 서비스로 제공하며 자체 보유한 인프라에 구축한 워커 노드를 연동할 수 있다. 쿠버네티스의 관리 오버헤드 대부분은 마스터 노드를 설정하고 관리하는 것이므로 좋은 선택이 될 수 있다.

3.6.6 베어 메탈과 온프레미스

일반적으로 클라우드 네이티브는 애저나 AWS와 같은 퍼블릭 클라우드 업체에 인프라를 아웃소싱한다는 의미지만 반드시 **클라우드**일 필요는 없다.

많은 기업들이 데이터 센터나 사내에 구축된 베어 메탈 서버에 일부 또는 전체 인프라를 운영하고 있다. 이전에 설명한 쿠버네티스와 컨테이너에 대한 모든 내용은 클라우드뿐만 아니라 사내 인프라에도 적용 가능하다.

직접 소유한 하드웨어 머신에서 쿠버네티스를 실행할 수 있다. 만약 예산이 부족하다면 라즈베리 파이(그림 3-3)에서도 실행 가능하다. 일부 기업은 사내 인프라에서 운영되는 **사설 클라우드**의 가상 머신에 실행하기도 한다.

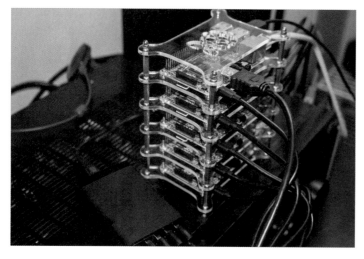

그림 3-3 한정된 예산으로 구축한 쿠버네티스: 라즈베리 파이 클러스터(사진: David Merrick)

3.7 클러스터가 없는 컨테이너 서비스

컨테이너 워크로드 실행의 오버헤드를 최소화하고 싶다면 완전히 다른 유형의 관리형 쿠버네 티스 서비스가 있다. **클러스터리스**라 불리는 서비스며, 애저 컨테이너 인스턴스나 아마존 파게 이트Amazon Fargate가 있다. 내부적으로는 클러스터가 동작하지만 **kubectl**과 같은 도구로 클러스 터에 접근할 수 없다. 대신에 실행할 컨테이너 이미지와 애플리케이션의 CPU, 메모리 요구 사 항과 같은 몇 가지 매개변수를 지정하면 서비스가 나머지 작업을 수행한다.

3.7.1 아마존 파게이트

아마존에 따르면 "파게이트는 아마존 일래스틱 컴퓨트 클라우드Amazon Elastic Compute Cloud (EC2)와 같지만 VM대신에 컨테이너를 얻을 수 있다"고 한다. ECS와 달리 클러스터 노드를 직접 프로 비저닝하고 컨트롤 플레인에 연결하지 않아도 된다. 컨테이너 이미지를 실행하기 위한 명령어 만 정의하고 실행하면 된다. 비용은 작업이 사용하는 CPU와 메모리 자원의 양을 기준으로 초 당 과금된다.

파게이트(*https://amzn.to/2SgQS9N*)는 단순하고 독립적이며 장기간 실행되는 계산 작업 이나 사용자 정의나 다른 서비스와의 통합이 필요하지 않은 배치 작업(데이터 크런칭 같은)에 적합하다. 또한 수명이 짧은 컨테이너를 빌드하거나 워커 노드 관리의 오버헤드가 클 경우 이 상적이다.

이미 EC2 워커 노드와 ECS를 사용하고 있는 경우 파게이트로 전환하면 해당 노드를 프로비저 닝하고 관리할 필요가 없어진다. 파게이트는 현재 일부 지역에서만 ECS 작업을 실행하기 위해 제공되고 있으며 2019년까지 EKS를 지원할 예정이다.

3.7.2 애저 컨테이너 인스턴스

마이크로소프트의 애저 컨테이너 인스턴스Azure Container Instance (ACI)[22]는 파게이트와 비슷하지만 애저 쿠버네티스 서비스(AKS)와의 통합도 제공한다. 예를 들어 트래픽이 급증할 경우 AKS

---

22 *https://azure.microsoft.com/ko-kr/services/container-instances*

클러스터가 ACI 내에 임시 파드를 프로비저닝하여 추가할 수 있게 설정할 수 있다.

마찬가지로 AKS에 작업이 없을 경우 노드를 유휴 상태로 유지할 필요 없이 배치 작업을 임시로 ACI에서 실행할 수 있다. 마이크로소프트는 ACI를 **서버리스 컨테이너**라고 부르지만 용어가 혼란스럽고(**서버리스**는 일반적으로 클라우드 기능이나 서비스로서의 기능을 말한다) 부정확하다(접근할 수 없을 뿐 서버는 존재한다).

ACI는 또한 마이크로소프트의 관리형 이벤트 라우팅 서비스인 애저 이벤트 그리드와 통합되어 있다. ACI 컨테이너는 이벤트 그리드를 사용하여 클라우드 서비스, 클라우드 기능, AKS에서 실행되는 쿠버네티스 애플리케이션과 통신할 수 있다.

애저 함수를 사용하면 ACI 컨테이너를 생성, 실행하고 데이터를 전송할 수 있다. 이 기능의 장점은 파이썬이나 자바스크립트와 같이 공식적으로 지원되는(**축복된**) 언어를 사용하는 것뿐만 아니라 클라우드 함수를 사용하여 어떤 워크로드든 실행할 수 있다는 것이다.

워크로드를 컨테이너화할 수 있다면 관련된 모든 도구와 함께 클라우드 함수로 이것을 실행할 수 있다. 예를 들어 마이크로소프트 플로^{Microsoft Flow}는 프로그래머가 아니더라도 컨테이너, 기능, 이벤트를 연결하여 워크플로를 시각화할 수 있게 도와준다.

3.8 마치며

쿠버네티스는 어디에나 있다! 이번 장에서는 쿠버네티스의 광범위한 제품, 서비스, 도구들에 대해서 알아보았다. 짧지만 의미 있는 내용이었기를 바란다.

특정 제품과 기능은 가능한 최신 내용을 담았지만 쿠버네티스는 빠르게 발전하므로 많은 변화가 있을 것으로 예상한다.

그러나 기본적인 핵심은 다음과 같다. 서비스 제공 업체가 더 좋고 저렴하다면 쿠버네티스 클러스터를 직접 운영할 필요가 없다.

이런 생각이 당황스러울 수 있겠지만 쿠버네티스를 도입을 컨설팅해온 경험으로 볼 때 많은 사람들이 이를 모른다. 실제로 많은 회사가 GKE와 같은 관리형 서비스를 검토를 하지 않고 kops와 같은 도구를 사용하여 자체 호스팅 클러스터를 직접 구축하는 사례가 많다. 이는 신중하게 고민해봐야 한다.

이 장에서 놓치지 말아야 할 내용을 정리해보자.

- 쿠버네티스 클러스터는 **컨트롤 플레인**이 실행되는 **마스터 노드**와 워크로드가 실행되는 **워커 노드**로 구성된다.

- 상용 클러스터는 반드시 **고가용성**을 보장해야 한다. 마스터 노드 장애로 클러스터가 영향을 받거나 데이터 손실이 발생하면 안 된다.

- 간단한 데모 클러스터에서 상용 워크로드에 적합한 클러스터로 완성되기까지는 많은 것이 필요하다. 고가용성, 보안, 노드 관리는 시작에 불과하다.

- 자체 클러스터를 관리하려면 시간, 노력, 전문 지식에 대한 상당한 투자가 필요하다. 그렇다 해도 여전히 틀릴 수 있다.

- 구글 쿠버네티스 엔진과 같은 관리형 서비스는 자체 호스팅보다 훨씬 더 저렴한 비용으로 고된 일을 대신 해준다.

- 턴키형 서비스는 자체 호스팅과 관리형 쿠버네티스 서비스 사이의 좋은 절충안이다. 스택포인트와 같은 턴키 제공 업체는 자체 보유한 장비에서 워커 노드를 운영하는 동안 마스터 노드를 관리해준다.

- 자체 클러스터를 운영해야만 한다면 kops는 좋은 선택지가 될 것이다. kops는 널리 사용되는 성숙한 도구로 AWS나 구글 클라우드에서 상용급 클러스터의 관리 및 프로비저닝을 제공한다.

- 가능하다면 관리형 쿠버네티스 서비스를 사용하자. 비용, 오버헤드, 품질 측면에서 대부분의 비즈니스에 가장 적합한 선택지다.

- 만약 관리형 서비스를 사용하지 못한다면 턴키형 서비스 사용을 절충안으로 고려해보자.

- 타당한 비즈니스적 이유가 없다면 클러스터를 자체 호스팅하지 않는 것이 좋다. 자체 호스팅하는 경우 발생하는 초기 설정과 지속적인 유지 보수에 소요되는 오버헤드를 과소평가하지 말자.

쿠버네티스 오브젝트 다루기

사람들이 왜 새로운 아이디어를 겁내는지 모르겠다. 나는 오래된 것들이 더 무섭다.

— 존 케이지John Cage (미국 작곡가)

'2.5절 헬로, 쿠버네티스'에서 애플리케이션을 빌드하고 쿠버네티스에 배포했던 것을 떠올려보자. 이번 장에서는 쿠버네티스의 기본 오브젝트인 파드(Pod), 디플로이먼트(Deployment), 서비스(Service)를 살펴본다. 또한 쿠버네티스 애플리케이션을 관리하는 핵심 도구인 헬름의 사용 방법도 다룬다.

'2.5.1절 데모 애플리케이션 실행하기'에서 예제를 따라 하며 쿠버네티스 클러스터에서 실행되는 컨테이너 이미지를 생성했다. 그런데 쿠버네티스 클러스터 내부는 실제로 어떻게 작동할까? 명령어 kubectl run은 **디플로이먼트**라는 쿠버네티스 리소스를 생성했는데, 디플로이먼트가 대체 무엇일까? 디플로이먼트는 실제로 컨테이너 이미지를 어떻게 실행할까? 이 장에서 자세히 알아보자.

4.1 디플로이먼트

도커로 데모 애플리케이션을 실행했던 것을 떠올려보자. docker container run 명령어가 컨테이너를 실행하고 docker stop 명령어로 컨테이너를 종료할 때까지 애플리케이션은 유지된다.

프로그램 문제, 시스템 오류, 디스크 공간 부족 아니면 (실제로 일어날 일은 없겠지만) 우주선이 CPU와 충돌해서 컨테이너가 종료되었다고 가정해보자. 만약 종료된 컨테이너가 상용 애플리케이션을 구동 중이라면 누군가 터미널에 접속하여 docker container run 명령어로 컨테이너를 다시 실행하기 전까지 사용자는 불편을 겪을 수밖에 없다.

이런 방식은 상당히 불만족스럽다. 우리가 원하는 것은 관리 프로그램이다. 관리 프로그램은 컨테이너가 실행 중인지 계속해서 확인하고 정지될 경우 즉시 다시 실행해야 한다. 전통적인 서버에서는 systemd, runit, supervisord 같은 도구를 사용한다. 도커도 이와 유사한 기능을 갖고 있으며 쿠버네티스 또한 **디플로이먼트**라는 관리자 기능을 제공한다.

4.1.1 관리와 스케줄링

쿠버네티스는 각 프로그램을 관리하기 위해 디플로이먼트 오브젝트를 생성한다. 디플로이먼트 오브젝트에는 해당 프로그램에 대한 정보(컨테이너 이미지 이름, 실행할 레플리카replicas 수 등 컨테이너를 실행하기 위해 알아야 하는 모든 정보)가 기록된다.

쿠버네티스 오브젝티브인 **컨트롤러**는 디플로이먼트 리소스를 관리한다. 컨트롤러는 리소스가 존재하고 작동하는지 확인한다. 만약 디플로이먼트 리소스가 특별한 이유 없이 레플리카 수를 채우지 못한 채 실행 중이라면, 컨트롤러는 새로운 레플리카를 생성한다. 만약 지정된 수를 초과하는 너무 많은 레플리카가 있는 경우, 컨트롤러는 초과하는 레플리카를 종료한다. 어떤 경우든 컨트롤러는 실제 상태가 의도한 상태와 일치하는지 확인한다.

실제로 디플로이먼트는 레플리카를 직접 관리하지 않는다. 대신 레플리카셋(ReplicaSet)이라는 오브젝트를 자동으로 생성해서 처리하게 한다. 레플리카셋은 '4.3절 레플리카셋'에서 자세히 다룬다. 우선은 디플로이먼트를 더 자세하게 알아보자.

4.1.2 컨테이너 재시작하기

언뜻 보면 디플로이먼트의 작동 방식은 약간 이상해 보일 수 있다. 컨테이너가 작업을 마치고 종료되면, 디플로이먼트는 이 컨테이너를 재시작한다. 컨테이너에 크래시가 발생하거나, 시그널 이벤트나 kubectl로 컨테이너를 종료하는 경우에도 디플로이먼트는 재시작을 한다(이해를 돕기 위해 간략하게 설명했으나 실제로는 조금 더 복잡하다).

쿠버네티스 애플리케이션은 대부분 오래 실행되고 신뢰할 수 있도록 설계되어 있기 때문에, 디플로이먼트의 이러한 작동이 이상한 것은 아니다. 컨테이너는 여러 가지 이유로 종료될 수 있고 대부분의 운영자는 재시작으로 문제를 해결하기 때문이다. 쿠버네티스는 재시작을 기본 작동으로 수행한다.

컨테이너마다 재시작 정책을 다르게 설정할 수 있다. 예를 들어 재시작을 아예 하지 않게 하거나, 정상적인 종료 방식이 아니라 비정상적으로 종료된 경우에만 재시작하게 할 수 있다('8.5절 재시작 정책' 참조). 그러나 '항상 재시작'이 일반적으로 요구되는 사항이라 기본값으로 설정되어 있다.

디플로이먼트의 역할은 관련된 컨테이너를 감시하고 지정된 수의 컨테이너가 항상 실행 중인지 확인하는 것이다. 만약 실행 중인 컨테이너 수가 적으면 추가로 실행하고, 많으면 일부를 종료한다. 전통적인 관리형 프로그램들보다 더 강력하고 유연한 방식이다.

4.1.3 디플로이먼트 조회하기

다음 명령어를 실행하면 현재 네임스페이스에서 활성화된 모든 디플로이먼트를 확인할 수 있다('5.3절 네임스페이스 사용하기' 참조).

```
kubectl get deployments
NAME     DESIRED   CURRENT   UP-TO-DATE   AVAILABLE   AGE
demo     1         1         1            1           21h
```

특정 디플로이먼트의 자세한 정보를 확인하고 싶다면 다음 명령어를 입력하자.

```
kubectl describe deployments/demo
Name:                demo
Namespace:           default
CreationTimestamp:   Tue, 08 May 2018 12:20:50 +0100
...
```

많은 정보가 출력되지만 대부분은 현재 중요하지 않다. 파드 템플릿 부분을 좀 더 자세히 살펴보자.

```
Pod Template:
  Labels:  app=demo
  Containers:
   demo:
    Image:         cloudnatived/demo:hello
    Port:          8888/TCP
    Host Port:     0/TCP
    Environment:   <none>
    Mounts:        <none>
  Volumes:         <none>
```

디플로이먼트에는 쿠버네티스가 컨테이너를 실행하는 데 필요한 정보가 들어 있는 것을 확인했다. 그렇다면 파드와 파드 템플릿은 무엇인지부터 살펴보자.

4.2 파드

파드는 하나 이상의 컨테이너 그룹으로 구성된 쿠버네티스 오브젝트다(**파드**는 본래 고래의 무리를 의미하는데, 항해와 관련된 쿠버네티스의 비유와 잘 어울린다).

디플로이먼트에서 개별 컨테이너를 직접 관리하지 않는 이유는 무엇일까? 컨테이너의 집합은 때때로 함께 스케줄링되고, 동일 노드에서 실행되며, 로컬로 통신하거나 저장 공간을 공유해야 하기 때문이다.

예를 들어 블로그 애플리케이션은 깃 저장소, 콘텐츠를 동기화하는 컨테이너, 블로그 콘텐츠를 사용자에게 제공하는 Nginx 웹서버 컨테이너로 구성될 것이다. 두 컨테이너는 데이터를 공유해야 하기 때문에 파드 하나에 함께 스케줄링되어야 한다. 그러나 이런 경우에 실제로 많은 파드는 컨테이너를 하나만 가지고 있다(관련 설명은 '8.1.3절 파드의 구성 요소' 참조).

따라서 파드 **스펙**에는 컨테이너 목록이 있으며 이번 예제에서는 하나의 demo 컨테이너만 존재한다.

```
demo:
 Image:  cloudnatived/demo:hello
 Port:8888/TCP
 Host Port: <0/TCP
 Environment:  <none>
 Mounts:       <none>
```

독자가 실습하면 이미지 스펙은 **YOUR_DOCKER_ID**/myhello가 될 것이다. 포트 번호를 포함한
모든 정보는 디플로이먼트가 파드를 시작하고 유지하는 데 사용된다.

중요한 것은 kubectl run 명령이 실제로 파드를 직접 생성하지 않는다는 점이다. 대신 디플
로이먼트가 만들어지고 디플로이먼트가 파드를 실행한다. 디플로이먼트는 다음과 같이 원하는
상태를 선언한다. "파드는 myhello 컨테이너와 함께 실행되어야 한다."

4.3 레플리카셋

앞서 디플로이먼트가 파드를 시작한다고 설명했는데 여기에는 실제로 더 많은 의미가 내포되
어 있다. 디플로이먼트는 파드를 직접 관리하지 않는다. 파드 관리는 레플리카셋 오브젝트가
수행한다.

레플리카셋은 동일한 파드 집합이나 **레플리카**들을 관리한다. 스펙보다 너무 적거나 많은 파드
가 존재하면, 레플리카셋 컨트롤러는 상태를 바로잡기 위해 일부 파드를 실행하거나 중지한다.

즉 디플로이먼트는 레플리카셋을 관리하며 레플리카들이 애플리케이션의 새로운 버전을 롤아
웃하여 업데이트할 때의 작동을 제어한다('13.2절 배포 전략' 참조). 디플로이먼트를 업데이트
하면 새 파드를 관리하기 위한 새로운 레플리카셋이 생성된다. 업데이트가 완료되면 이전 레플
리카셋과 파드는 종료된다.

[그림 4-1]의 각 레플리카셋(V1, V2, V3)은 서로 다른 애플리케이션 버전과 파드를 나타낸다.

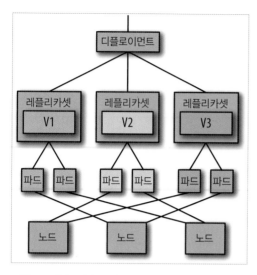

그림 4-1 디플로이먼트, 레플리카셋, 파드

디플로이먼트가 있으므로 보통은 레플리카셋을 직접 다룰 일이 없지만 작동 원리를 알아두는 것은 중요하다.

4.4 의도한 상태 유지하기

쿠버네티스 컨트롤러는 각 리소스에서 지정한 '의도한 상태'를 클러스터의 실제 상태와 지속적으로 비교하고 동기화하기 위해 필요한 작업을 수행한다. 의도한 상태와 실제 상태를 일치시키기 위한 조정 작업이 영원히 반복되므로 이 과정을 **조정 루프**reconciliation loop라고 부른다.

예를 들어 첫 번째 demo 디플로이먼트를 생성했을 때는 실행 중인 demo 파드가 없다. 쿠버네티스는 즉시 필요한 파드를 실행할 것이다. 파드가 중단되면 쿠버네티스는 디플로이먼트가 존재하는 한 계속해서 다시 시작할 것이다.

일단 파드를 수동으로 중지하고 바로 확인해보자. 파드가 실행 중인지부터 확인한다.

```
kubectl get pods --selector app=demo
NAME                      READY    STATUS     RESTARTS    AGE
demo-54df94b7b7-qgtc6     1/1      Running    1           22h
```

다음 명령어를 입력해 파드를 중지한다.

```
kubectl delete pods --selector app=demo
pod "demo-54df94b7b7-qgtc6" deleted
```

파드 목록을 다시 확인한다.

```
kubectl get pods --selector app=demo
NAME                      READY   STATUS        RESTARTS   AGE
demo-54df94b7b7-hrspp     1/1     Running       0          5s
demo-54df94b7b7-qgtc6     0/1     Terminating   1          22h
```

위 파드 목록에서 원래의 파드가 **Terminating** 상태로 종료된 것과 5초 전에 새로운 파드로 교체된 것을 확인할 수 있다. 조정 루프가 작동한 결과다.

디플로이먼트에서 demo 파드는 **항상** 실행 중이어야 한다고 선언했으므로, 파드를 직접 제거하더라도 쿠버네티스는 이를 운영자의 실수로 판단하고 새로운 파드를 실행한다.

테스트를 마쳤다면 다음 명령으로 디플로이먼트를 종료하고 정리하자.

```
kubectl delete all --selector app=demo
pod "demo-54df94b7b7-hrspp" deleted
service "demo" deleted
deployment.apps "demo" deleted
```


4.5 쿠버네티스 스케줄러

앞서 **디플로이먼트가 파드를 생성하고 쿠버네티스는 요청된 파드를 실행한다**고 설명했다.

쿠버네티스 **스케줄러**는 이 과정을 책임지는 컴포넌트다. 디플로이먼트가 관련된 레플리카셋을 통해 새로운 레플리카가 필요하다고 결정하면, 쿠버네티스 데이터베이스에 파드 리소스를 직접 생성한다. 동시에 이 파드는 스케줄러 수신함과 같은 대기열에 추가된다.

스케줄러의 역할은 대기열에서 스케줄링되지 않은 파드를 찾아 배치하고 실행할 노드를 찾는 것이다. 이때 적절한 노드를 선택하기 위해 파드 리소스 요청을 포함한 몇 가지 사항을 기준으로 삼는다(상세한 기준 및 과정은 '5장 리소스 관리하기'에서 자세히 다룬다).

파드가 노드에 스케줄링되면 노드에서 실행 중인 kubelet이 실제로 컨테이너를 실행한다 ('3.1.2절 노드 컴포넌트' 참조).

'4.4절 의도한 상태 유지하기'에서 파드를 삭제했을 때 상태 변화를 감지하고 새로운 파드로 교체한 것은 kubelet이다. kubelet은 demo 파드가 현재 노드에서 실행 중이어야 한다는 것을 **안다**. 현재 노드에서 demo 파드를 찾지 못한다면 새로운 demo 파드를 실행한다(만약 노드 전체가 종료되면 어떻게 될까? 해당 노드의 파드는 스케줄링되지 않은 상태가 되고 스케줄러 대기열로 돌아가 다른 노드에 재할당된다).

쿠버네티스 스케줄링에 대해 더 자세히 알고 싶다면 스트라이프Stripe 의 엔지니어 줄리아 에번스Julia Evans가 작성한 「쿠버네티스 스케줄러의 작동 원리」[1]를 참고하자.

4.6 YAML 형식의 리소스 매니페스트

이제 독자도 쿠버네티스에서 애플리케이션을 실행할 수 있게 됐다. 하지만 아직 끝이 아니다. kubectl run 명령어를 사용해 디플로이먼트를 생성하는 것은 유용하지만 제한적이다. 이미지 이름이나 버전과 같은 디플로이먼트 스펙을 변경한다고 가정해보자. kubectl delete 명령어를 사용해 기존 디플로이먼트를 삭제하고 값이 수정된 새로운 디플로이먼트를 생성할 것이다. 그런데 혹시 더 좋은 방법이 있을까?

쿠버네티스는 근본적으로 **선언형** 시스템이기 때문에 실제 상태와 의도한 상태를 계속해서 조정해 맞춰나간다. 의도한 상태에서 디플로이먼트 스펙만 수정하면 쿠버네티스가 나머지 일을 모두 처리한다. 이 과정은 어떻게 진행될까?

---

[1] `https://jvns.ca/blog/2017/07/27/how-does-the-kubernetes-scheduler-work`

4.6.1 리소스는 데이터다

디플로이먼트, 파드와 같은 쿠버네티스 리소스는 모두 내부 데이터베이스에 기록된다. 조정 루프는 데이터베이스 내 기록의 변경 사항을 감시하고 적절하게 동작한다. 실제로 kubectl run 명령은 디플로이먼트에 해당하는 새로운 레코드를 데이터베이스에 등록하고 쿠버네티스가 나머지를 처리한다.

쿠버네티스를 제어하기 위해서 kubectl run 명령어를 사용하지 않아도 된다. 리소스 **매니페스트**(리소스에 대한 의도한 상태의 스펙)를 직접 생성하고 수정하면 된다. 명령어를 실행하여 변경 사항을 적용하는 대신에 매니페스트 파일을 소스 제어에 보관하고 수정한 후 쿠버네티스가 이를 반영하도록 요청하면 된다.

4.6.2 디플로이먼트 매니페스트

쿠버네티스 매니페스트 파일로 JSON 형식을 사용할 수 있지만 일반적으로 YAML 형식을 사용한다. 디플로이먼트에 대한 YAML 매니페스트는 어떻게 생겼을까?

데모 애플리케이션의 예제(**hello-k8s/k8s/deployment.yaml**)를 살펴보자.

```yaml
apiVersion: extensions/v1beta1
kind: Deployment
metadata:
  name: demo
  labels:
    app: demo
spec:
  replicas: 1
  selector:
    matchLabels:
      app: demo
  template:
    metadata:
      labels:
        app: demo
    spec:
      containers:
        - name: demo
          image: cloudnatived/demo:hello
```

```
      ports:
      - containerPort: 8888
```

언뜻 보기에는 복잡해 보이지만 대부분 자주 쓰이는 상용구 코드^{boilerplate}다. 주의 깊게 살펴봐야 할 부분은 컨테이너 이미지 이름과 포트다. 이전에 kubectl run을 사용했을 때는 내부적으로 YAML 매니페스트와 비슷한 것을 만들어 쿠버네티스에 전달했다.

4.6.3 kubectl apply 사용하기

선언형 인프라 코드 시스템으로서의 쿠버네티스 기능을 충분히 잘 활용하려면 kubectl apply 명령어를 사용하여 YAML 매니페스트를 클러스터에 직접 전달해야 한다.

예제 디플로이먼트 매니페스트인 **hello-k8s/k8s/deployment.yaml**[2]을 실행해보자.

데모 애플리케이션이 저장된 경로에서 다음 명령어를 실행해보자.

```
cd hello-k8s
kubectl apply -f k8s/deployment.yaml
deployment.apps "demo" created
```

몇 초 후에 확인해보면 데모 파드가 실행 중일 것이다.

```
kubectl get pods --selector app=demo
NAME                   READY   STATUS   RESTARTS   AGE
demo-6d99bf474d-z9zv6  1/1     Running  0          2m
```

여기서 끝이 아니다. demo 파드를 웹 브라우저에서 접속 가능하게 하려면 배포한 파드에 연결할 수 있게 해주는 쿠버네티스 서비스 리소스를 생성해야 한다.

우선 서비스 리소스가 무엇이며 왜 필요한지 알아보자.

---

2 케이트로 발음되는 k8s는 쿠버네티스 약어로 일반적으로 첫 번째와 마지막 문자를 남기고 사이에 있는 문자 수를 숫자로 요약하는 (k–8–s) 패턴을 따른다. i18n(internationalization), a11y(accessibility), o11y(observability)를 참고하자.

4.6.4 서비스 리소스

데모 애플리케이션 예제처럼 네트워크 연결이 필요한 파드가 있다고 가정해보자. 어떻게 해야 할까? 한 가지 방법으로 파드의 IP 주소를 찾고 애플리케이션의 포트 번호를 연결하면 된다. 하지만 IP 주소는 파드가 재시작할 때마다 변경될 수 있기 때문에 계속해서 상태를 확인해야 한다.

문제는 각각 다른 주소를 가진 파드의 레플리카가 여러 개 존재할 수 있다는 것이다. 파드와 통신해야 하는 모든 애플리케이션은 주소 목록을 유지해야 하므로 이 방법은 좋지 않다.

다행히 더 좋은 방법이 있다. 서비스 리소스는 파드에 자동으로 라우팅되는 영구적인 IP 주소와 DNS 주소를 제공한다. 이와 관련해 '9.5.7절 오퍼레이터와 커스텀 리소스 정의(CRDs)'에서 고급 라우팅과 TLS 인증서를 사용할 수 있는 인그레스 리소스를 설명한다.

여기서는 쿠버네티스 서비스가 어떻게 작동하는지 더 자세히 살펴보자.

서비스는 웹 프록시나 로드 밸런서와 같이 요청을 **백엔드** 파드의 세트로 전달한다(그림 4-2). 또한 웹 포트뿐만 아니라 스펙의 **포트** 부분에 명시된 모든 포트로 트래픽을 전달할 수 있다.

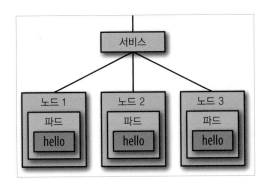

그림 4-2 서비스는 파드 그룹에 대해 영구적인 엔드포인트를 제공한다.

데모 애플리케이션의 서비스 YAML 매니페스트를 살펴보자.

```
apiVersion: v1
kind: Service
metadata:
  name: demo
```

```
    labels:
      app: demo
  spec:
    ports:
    - port: 9999
      protocol: TCP
      targetPort: 8888
    selector:
      app: demo
    type: ClusterIP
```

앞서 살펴본 디플로이먼트 리소스와 비슷해 보인다. 그러나 kind 항목이 Deployment가 아닌 Service이며 spec은 단순하게 port, selector, type만 포함하고 있다.

조금 더 자세히 살펴보면 서비스가 9999 포트를 파드의 8888 포트로 포워딩함을 알 수 있다.

```
  ...
  ports:
  - port: 9999
    protocol: TCP
    targetPort: 8888
```

selector는 서비스에 라우팅할 파드를 알려준다. 요청은 지정된 레이블 집합과 일치하는 모든 파드로 전달되며 예제에서는 app: demo다('9.1절 레이블' 참조). 이번 예제에서는 일치하는 파드가 하나뿐이지만, 파드가 여러 개 있는 경우에 서비스는 무작위로 선택한 파드로 각 요청을 전달한다.[3]

이러한 측면에서 쿠버네티스 서비스는 전통적인 로드 밸런서와 유사하다. 실제로 서비스와 인그레스 모두 자동으로 클라우드 로드 밸런서를 만들 수 있다('9.6절 인그레스 리소스' 참조).

현재까지 기억해야 할 주요 사항은 디플로이먼트는 애플리케이션의 파드의 세트를 관리하고 서비스는 요청을 파드에 전달하는 단일 엔트리 포인트를 제공한다는 것이다.

계속해서 매니페스트를 적용하고 서비스를 생성해보자.

---

3 이는 기본 로드 밸런스 알고리즘이다. 쿠버네티스 버전 1.10 이상부터는 리스트 커넥션(least connection)과 같은 알고리즘을 지원한다. 자세한 내용은 *https://kubernetes.io/blog/2018/07/09/ipvs-based-in-cluster-load-balancing-deep-dive*을 참조하자.

```
kubectl apply -f k8s/service.yaml
service "demo" created

kubectl port-forward service/demo 9999:8888
Forwarding from 127.0.0.1:9999 -> 8888
Forwarding from [::1]:9999 -> 8888
```

이전과 마찬가지로 kubectl port-forward는 demo 서비스를 로컬 컴퓨터의 포트로 연결하여 웹 브라우저로 http://localhost:9999에 접속할 수 있게 한다.

모든 예제를 문제없이 잘 따라했다면 다음 절로 넘어가기 전에 다음 명령어를 실행하여 정리하자.

```
kubectl delete -f k8s/
```

TIP 앞서 했던 것처럼 레이블 셀렉터를 지정하고 kubectl delete 명령어를 사용하여 셀렉터와 일치하는 모든 리소스를 삭제할 수 있다('9.1절 레이블' 참조). 또는 여기서처럼 kubectl delete -f를 매니페스트 디렉터리와 함께 사용할 수 있다. 매니페스트 파일에 지정된 모든 리소스는 삭제될 것이다.

연습 문제

k8s/deployment.yaml 파일을 수정하여 레플리카의 수를 3으로 변경해보자. kubectl apply 를 사용하여 매니페스트를 다시 적용하고 kubectl get pods를 사용하여 demo 파드가 한 개가 아닌 세 개인지 확인해보자.

4.6.5 kubectl로 클러스터 조회하기

kubectl 도구는 쿠버네티스의 맥가이버 칼과 같다. 설정을 적용하고 리소스를 생성, 수정, 제거할 수 있으며 클러스터에 존재하는 리소스 상태에 대한 정보를 조회할 수 있다.

파드와 디플로이먼트를 조회했던 것처럼 kubectl get을 사용하여 클러스터에 존재하는 노드를 확인할 수 있다.

```
kubectl get nodes
NAME                STATUS    ROLES    AGE    VERSION
docker-for-desktop  Ready     master   1d     v1.10.0
```

모든 타입의 리소스를 확인하고 싶다면 kubectl get all 명령어를 사용하면 된다(사실 일반적인 타입의 리소스만 보여주며 문자 그대로 모든 리소스를 보여주지는 않는다. 일단은 넘어가자).

개별 파드(또는 다른 리소스)에 대한 포괄적인 정보를 알고 싶다면 **kubectl describe** 명령어를 사용하면 된다.

```
kubectl describe pod/demo-dev-6c96484c48-69vss
Name:           demo-dev-6c96484c48-69vss
Namespace:      default
Node:           docker-for-desktop/10.0.2.15
Start Time:     Wed, 06 Jun 2018 10:48:50 +0100
...
Containers:
  demo:
    Container ID:   docker://646aaf7c4baf6d...
    Image:          cloudnatived/demo:hello
...
Conditions:
  Type            Status
  Initialized     True
  Ready           True
  PodScheduled    True
...
Events:
  Type      Reason      Age    From               Message
  ----      ------      ----   ----               -------
  Normal    Scheduled   1d     default-scheduler  Successfully assigned demo-dev...
  Normal    Pulling     1d     kubelet            pulling image "cloudnatived/demo...
...
```

예제 출력 결과에서 kubectl이 이미지 식별자, 상태와 같은 컨테이너의 정보와 컨테이너에서 발생한 이벤트 목록을 제공함을 알 수 있다(kubectl의 강력한 기능은 7장에서 더 자세하게 설명한다).

4.6.6 다음 단계로 리소스 활용하기

이제 쿠버네티스 클러스터에 애플리케이션을 배포하려면 선언형 YAML 매니페스트를 사용해야 한다는 것을 알았다. 그러나 이러한 파일에는 여러 번 같은 항목이 반복된다. 예를 들어 이름 demo, 레이블 셀렉터 app: demo, 포트 8888이 여러 번 반복됐다. 이런 값을 한 번만 지정하고 쿠버네티스 매니페스트를 통해 참조할 수 있지 않을까?

예를 들어 `container.name`과 `container.port`와 같은 값을 변수로 정의하고 필요할 때마다 YAML 파일에서 사용할 수 있다면 좋을 것이다. 애플리케이션 이름이나 포트 번호를 변경해야 하는 경우에 한 곳에서만 수정하면 전체 매니페스트에 자동으로 업데이트될 것이다. 다행히 이를 위한 도구가 있다. 바로 헬름이다.

4.7 헬름: 쿠버네티스 패키지 매니저

헬름은 인기 있는 쿠버네티스 패키지 매니저다. 헬름은 앞서 고민했던 귀찮은 일들을 처리해준다. `helm` 명령줄 도구를 사용하면 (직접 만들거나 다른 사람이 생성한) 애플리케이션을 설치하고 설정할 수 있다. 헬름 **차트**라 불리는 패키지를 생성하면 애플리케이션을 실행하는 데 필요한 리소스, 의존성, 구성 가능한 변수를 지정할 수 있다.

헬름은 클라우드 네이티브 컴퓨팅 파운데이션(CNCF) 프로젝트의 일부로 만들어졌으며, 안정성과 개방성을 자랑한다('1.6절 클라우드 네이티브' 참조).

> **NOTE_** 헬름 차트는 APT나 Yum과 같은 바이너리 소프트웨어 패키지와는 달리 실제로 컨테이너 이미지 자체를 포함하지 않는다는 것을 명심하자. 대신 쿠버네티스 디플로이먼트와 마찬가지로 이미지를 찾을 수 있는 위치에 대한 메타 데이터만 포함한다.
> 차트를 설치하면 쿠버네티스가 지정한 위치에 바이너리 컨테이너 이미지를 다운로드 한다. 사실 헬름 차트는 쿠버네티스 YAML 매니페스트를 둘러싼 래퍼(wrapper)일 뿐이다.

4.7.1 헬름 설치하기

운영체제별 설치 가이드(*https://helm.sh/docs/using_helm/#installing-helm*)에 따라 헬름을 설치하자.

설치한 후에는 클러스터에 접근할 수 있도록 권한을 부여하는 쿠버네티스 리소스를 만들어야 한다. 예제 저장소의 **hello-helm** 디렉터리 안에 **helm-auth.yaml** 파일이 있다. 다음 명령어를 사용하여 이것을 적용하자.

```
cd ../hello-helm
kubectl apply -f helm-auth.yaml
serviceaccount "tiller" created
clusterrolebinding.rbac.authorization.k8s.io "tiller" created
```

필요한 권한을 얻었으니 다음 명령어를 사용하여 클러스터에 접근할 수 있도록 헬름을 초기화한다.

```
helm init --service-account tiller
$HELM_HOME has been configured at /Users/john/.helm.
```

헬름이 초기화를 완료하는 데 5분 정도 걸릴 수 있다. 헬름이 작동하는지 확인하기 위해 다음 명령어를 실행한다.

```
helm version
Client: &version.Version{SemVer:"v2.9.1",
GitCommit:"20adb27c7c5868466912eebdf6664e7390ebe710", GitTreeState:"clean"}
Server: &version.Version{SemVer:"v2.9.1",
GitCommit:"20adb27c7c5868466912eebdf6664e7390ebe710", GitTreeState:"clean"}
```

정상적으로 잘 실행되었다면 헬름을 사용할 준비가 완료된 상태이다. Error: cannot connect to Tiller 메시지가 나왔다면 잠시 기다렸다가 다시 시도해보자.

4.7.2 헬름 차트 설치하기

데모 애플리케이션의 헬름 차트는 어떻게 생겼을까? 이전 예제(hello-k8s)에서 쿠버네티스 매니페스트 파일이 있던 **hello-helm** 디렉터리를 보면 **k8s** 서브 디렉터리가 있다. 헬름 차트는 이 디렉터리 내 **demo** 디렉터리에 있다.

```
ls k8s/demo
Chart.yaml          prod-values.yaml staging-values.yaml     templates
values.yaml
```

각 파일에 대한 설명은 '12.1.1절 헬름 차트의 구성 요소'에서 다룰 예정이다. 여기서는 헬름을 사용하여 데모 애플리케이션을 설치해보자. 먼저 이전 디플로이먼트의 리소스를 정리한다.

```
kubectl delete all --selector app=demo
```

그리고 다음 명령어를 실행한다.

```
helm install --name demo ./k8s/demo
NAME:   demo
LAST DEPLOYED: Wed Jun  6 10:48:50 2018
NAMESPACE: default
STATUS: DEPLOYED

RESOURCES:
==> v1/Service
NAME            TYPE        CLUSTER-IP      EXTERNAL-IP  PORT(S)   AGE
demo-service    ClusterIP   10.98.231.112   <none>       80/TCP    0s

==> v1/Deployment
NAME      DESIRED   CURRENT   UP-TO-DATE   AVAILABLE   AGE
demo      1         1         1            0           0s

==> v1/Pod(related)
NAME                    READY   STATUS             RESTARTS   AGE
demo-6c96484c48-69vss   0/1     ContainerCreating   0          0s
```

이전 예제와 같이 헬름이 (파드를 시작한) 디플로이먼트 리소스와 서비스를 생성했음을 확인할 수 있다. helm install는 **헬름 릴리스**라는 쿠버네티스 오브젝트를 생성하여 이를 수행한다.

4.7.3 차트, 리포지터리, 릴리스

다음은 알아두어야 할 중요한 헬름 용어 세 가지다.

- **차트**는 쿠버네티스에서 애플리케이션을 실행하는 데 필요한 모든 리소스 정의를 포함한 헬름 패키지다.

- **리포지터리**^{repository}는 차트가 모여 있는 공유할 수 있는 공간이다.

- **릴리스**는 쿠버네티스 클러스터에서 실행되는 차트의 특정 인스턴스다.

서로 다른 사이트를 서비스하는 Nginx 웹서버 차트와 같이 하나의 차트를 동일한 클러스터에 여러 번 설치하고 실행할 수 있다. 차트의 각 인스턴스는 서로 다른 릴리스다.

릴리스는 고유한 이름을 가지며 `helm install`에 `-name` 플래그로 지정된다(만약 이름을 지정하지 않는다면 헬름은 임의로 이름을 지을 것이다. 아마 마음에 들지는 않을 것이다).

4.7.4 헬름 릴리스 목록 확인하기

실행 중인 릴리스를 확인하려면 `helm list`를 실행한다.

```
helm list
NAME    REVISION UPDATED                 STATUS    CHART      NAMESPACE
demo    1        Wed Jun  6 10:48:50 2018 DEPLOYED demo-1.0.1 default
```

특정 릴리스의 정확한 상태를 확인하려면 `helm status`와 릴리스의 이름을 입력하고 실행하자. 처음 릴리스를 배포했을 때와 동일하게 릴리스와 관련된 쿠버네티스 리소스인 디플로이먼트, 파드, 서비스 정보를 확인할 수 있다.

이 책의 뒷부분에서는 애플리케이션의 헬름 차트를 작성하는 방법을 살펴볼 예정이다('12.1.1절 헬름 차트의 구성 요소' 참조). 이 장에서는 헬름을 통해 공개 차트로 애플리케이션을 쉽게 설치할 수 있다는 것만 알아두자.

4.8 마치며

이 책에서는 쿠버네티스 내부에 대해 다루지는 않는다. 대신 쿠버네티스가 **할 수 있는 것**을 보여주고 상용 환경에서 실제 워크로드를 어떻게 운영할지 안내하는 데 주안점을 둔다. 그러나 파드나 디플로이먼트와 같은 주요 구성 요소를 이해하는 것은 매우 중요하므로 이번 장에서 간략하게 소개했다.

쿠버네티스처럼 매력적인 기술일수록 익히기 까다롭지만, 필자는 이런 기술을 익히는 데 관심이 많다. 쿠버네티스가 제공하는 리소스는 종류가 매우 많고 (현재 단계에서는) 대부분 필요하지 않기 때문에 이 장에서 모든 리소스의 내용을 다루지는 않았다.

이 장에서 놓치지 말아야 할 내용을 정리해보자.

- 파드는 쿠버네티스의 기본 작업 단위로 스케줄링이 될 단일 컨테이너나 컨테이너의 그룹을 지정한다.
- 디플로이먼트는 파드를 선언적으로 관리하는 고수준 쿠버네티스 리소스다. 배포, 스케줄링, 업데이트 작업을 수행하며 필요하다면 파드를 재시작한다.
- 서비스는 쿠버네티스의 로드 밸런서나 프록시에 해당하며 IP 주소나 DNS 이름을 통해 트래픽을 일치하는 파드로 라우팅한다.
- 쿠버네티스 스케줄러는 노드에서 아직 실행되지 않는 파드를 감시하고 적합한 노드를 찾은 다음 해당 노드의 kubelet이 파드를 실행하도록 지시한다.
- 디플로이먼트와 같은 리소스는 쿠버네티스의 내부 데이터베이스에 레코드로 표시된다. 외부적으로 이러한 리소스는 YAML 형식의 텍스트 파일(**매니페스트**라고 함)로 표현된다.

매니페스트는 리소스의 의도한 상태를 선언한다.

- kubectl은 쿠버네티스와 상호작용하기 위한 주요 도구로 매니페스트를 적용하고 리소스를 조회, 변경, 삭제하는 등의 많은 작업을 수행할 수 있다.

- 헬름은 쿠버네티스 패키지 매니저로 쿠버네티스 애플리케이션을 쉽게 구성하고 배포할 수 있게 해준다. 직접 원시 YAML 파일을 관리할 필요 없이 하나의 값 세트(애플리케이션 이름이나 수신 포트와 같은)나 템플릿의 세트를 사용하여 쿠버네티스 YAML 파일을 생성할 수 있게 해준다.

CHAPTER 5

리소스 관리하기

적당히 안위하지 않는 이에게 충분함이란 없다.

– 에피쿠로스^{Epicurus}(고대 그리스 철학자)

이번 장에서는 클러스터를 최대한으로 활용하는 방법을 알아본다. 리소스 관리와 최적화 방법, 컨테이너 생명 주기 관리 방법, 네임스페이스를 활용한 클러스터 분리를 설명한다. 또한 비용을 절감하면서 클러스터를 최대한 활용하는 방법과 모범 사례를 소개한다.

리소스 요청^{requests}, 상한^{limits}, 기본 설정 방법과 Vertical Pod Autoscaler를 사용한 리소스 최적화 방법을 알아보고 활성 프로브, 준비성 프로브와 PodDisruptionBudgets을 활용한 컨테이너 관리 방법, 클라우드 스토리지 최적화 방법, 선점형이나 예약 인스턴스를 활용한 비용 관리를 알아보자.

5.1 리소스 이해하기

적절한 크기의 노드 수와 용량 가진 쿠버네티스 클러스터가 있다고 가정해보자. 어떻게 하면 클러스터의 비용 효율성을 높일 수 있을까? 즉 워크로드에 사용 가능한 클러스터 리소스를 최대한 활용하는 동시에 트래픽 폭증, 노드 장애, 잘못된 배포 상황에 대처할 수 있는 충분한 여유 공간을 확보할 수 있는 방법은 무엇일까?

쿠버네티스 스케줄러 관점에서 생각해서 정답을 찾아보자. 스케줄러의 역할은 주어진 파드를 어디에서 실행할지 결정하는 것이다. "파드를 실행할 수 있는 충분한 리소스를 가진 노드가 존재하는가?"

이 질문은 파드를 실행하는 데 얼마나 많은 리소스가 필요한지 스케줄러가 알지 못한다면 대답할 수 없다. 메모리 1GiB가 필요한 파드는 사용 가능한 메모리가 100MiB인 노드에는 예약될 수 없다.

마찬가지로 특정 파드가 너무 많은 리소스를 점유하여 같은 노드에 있는 다른 파드에 영향을 준다면 스케줄러는 적절한 조치를 취할 수 있어야 한다. 하지만 얼마나 많이 점유해야 '너무 많은' 것일까? 파드를 효율적으로 스케줄링하기 위해 스케줄러는 각 파드에서 최대/최소로 사용 가능한 리소스 요구 사항을 알아야 한다.

요구 사항에는 쿠버네티스 리소스 요청과 상한이 지정된다. 쿠버네티스는 CPU와 메모리, 이 두 종류의 리소스를 관리할 수 있다. 물론 네트워크 대역폭, 디스크 I/O 연산(IOPS), 디스크 사용량 같이 다른 중요한 리소스도 있지만, 클러스터 내 경합이 발생할 수 있으므로 파드 요구 사항에는 아직 포함하지 않는다.

5.1.1 리소스 단위

파드의 CPU 사용량은 CPU 단위로 표시된다. 쿠버네티스 CPU는 AWS의 vCPU, 구글 클라우드의 코어, 애저의 vCore, (하이퍼스레딩을 지원하는) 베어 메탈 프로세서의 **하이퍼스레드**와 동일하다. 즉 쿠버네티스 용어로 **1CPU**는 일반적인 CPU 단위와 같다.

대부분의 파드는 CPU 전체가 필요하지 않기 때문에 요청과 상한은 **millicpus**(또는 **millicores**)로 표시된다. 메모리는 바이트나 **mebibytes**(MiB)로 측정된다.

5.1.2 리소스 요청

쿠버네티스 **리소스 요청**에서는 파드를 실행하기 위한 최소 리소스 양을 지정한다. 예를 들어 CPU **100m**(100 millicpus)와 메모리 **250Mi**(250 MiB)로 리소스를 요청하면, 파드는 이보다 적은 리소스를 가진 노드에는 스케줄링되지 않는다. 만약 사용할 수 있는 용량이 충분한 노드가 없으면, 파드는 여유 용량이 확보될 때까지 대기 상태로 기다린다.

예를 들어 클러스터 내 모든 노드가 CPU 코어 2개와 메모리 4GiB일 경우 2.5CPU를 요청하는 컨테이너는 스케줄링되지 않으며 5GiB 메모리를 요청하는 컨테이너 또한 스케줄링되지 않는다.

데모 애플리케이션에 적용된 리소스 요청을 살펴보자.

```
spec:
  containers:
  - name: demo
    image: cloudnatived/demo:hello
    ports:
    - containerPort: 8888
    resources:
      requests:
        memory: "10Mi"
        cpu: "100m"
```

5.1.3 리소스 상한

리소스 상한은 파드가 사용할 수 있는 최대 리소스 양을 지정한다. 파드가 상한을 초과하여 CPU를 사용하려고 하면, 해당 파드는 **제한되고**throttled 성능 저하가 발생한다.

메모리 상한을 초과해서 사용되는 파드는 종료되며 다시 스케줄링된다. 실제로는 동일한 노드에서 파드가 단순히 다시 실행되는 것이다.

네트워크 서버와 같은 애플리케이션은 수요가 증가함에 따라 더 많은 리소스를 사용할 수 있다. 리소스 상한을 지정해두면 이러한 파드가 클러스터 용량을 과다하게 점유하는 것을 막을 수 있다.

데모 애플리케이션에서 리소스 상한을 지정하는 예는 다음과 같다.

```
spec:
  containers:
  - name: demo
    image: cloudnatived/demo:hello
```

```
    ports:
    - containerPort: 8888
    resources:
      limits:
        memory: "20Mi"
        cpu: "250m"
```

특정 애플리케이션에 지정할 상한값을 판단하기 위해서는 주의 깊은 관찰과 고민이 필요하다 ('5.4.2절 파드 최적화하기' 참조).

쿠버네티스는 리소스 **오버커밋**overcommitted을 허용한다. 오버커밋은 노드 내 컨테이너의 모든 리소스 상한의 합계가 해당 노드의 전체 리소스 양을 초과할 수 있음을 의미한다. 사실상 일종의 도박이다. 스케줄러는 대부분의 경우에 컨테이너가 리소스 상한을 넘지 않을 것이라고 가정한다.

만약 도박에서 실패해 전체 리소스의 사용량이 노드의 최대 용량에 근접하면 쿠버네티스는 더 적극적으로 컨테이너를 종료할 것이다. 리소스가 부족한 상태에서는 상한 리소스를 초과하지 않은 컨테이너도 종료될 수 있다.[1]

쿠버네티스가 파드를 종료해야 한다면 리소스 요청을 가장 많이 초과한 파드부터 종료한다. 쿠버네티스가 kubelet과 같은 시스템 컴포넌트를 실행할 수 없는 매우 드문 경우를 제외하면 요청 내에서 리소스를 사용하는 파드는 종료되지 않는다.

TIP **모범 사례**

컨테이너에 대한 리소스 요청과 상한을 항상 지정하자. 쿠버네티스가 파드를 적절하게 스케줄링하고 관리하는 데 도움이 된다.

5.1.4 컨테이너를 작게 유지하라

'2.3.2절 최소 컨테이너 이미지'에서 설명했듯이 다음 이유로 컨테이너 이미지를 가능한 작게 유지하는 것이 좋다.

---

1 QoS(quality of service) 클래스를 사용하면 리소스 부족 시 종료할 컨테이너에 대한 우선순위를 지정할 수 있다. 자세한 내용은 다음 문서를 참고하자. *https://kubernetes.io/docs/tasks/configure-pod-container/quality-service-pod*

- 작은 컨테이너는 더 빨리 빌드된다.

- 이미지는 저장 공간을 덜 차지한다.

- 이미지 풀링이 더 빠르다.

- 보안 취약점이 줄어든다.

Go 언어는 정적 링크된 하나의 바이너리로 애플리케이션을 컴파일하기 때문에, Go를 사용한다면 이미 잘 따라가고 있는 것이다. 컨테이너에 파일 한 개만 있다면 거의 최소한의 크기다!

5.2 컨테이너 생명 주기 관리하기

쿠버네티스가 파드의 CPU와 메모리 요구 사항을 알고 있을 때 파드를 가장 잘 관리할 수 있음을 알아보았다. 그러나 쿠버네티스는 컨테이너가 언제 적절하게 작동하고 요청을 처리할 준비가 되는지도 알아야 한다.

컨테이너화된 애플리케이션이 스턱 상태stuck state에 빠지는 것은 일반적이다. 스턱은 프로세스가 실행 중이지만 요청을 처리하지 못하는 상태를 말한다. 쿠버네티스는 이러한 상황을 감지하고 재시작하여 문제를 해결할 수 있어야 한다.

5.2.1 활성 프로브

쿠버네티스는 컨테이너가 살아 있는지(작동하는지) 확인하는 헬스 체크를 컨테이너 스펙에 **활성 프로브**liveness probe로 지정할 수 있다.

HTTP 서버 컨테이너의 경우 활성 프로브 스펙은 일반적으로 아래와 같다.

```
livenessProbe:
  httpGet:
    path: /healthz
    port: 8888
  initialDelaySeconds: 3
  periodSeconds: 3
```

httpGet 프로브는 지정한 URI와 포트에 HTTP 요청을 한다. 이 경우 /healthz의 8888 포트로 요청한다.

애플리케이션에 헬스 체크를 위한 엔드포인트가 없는 경우 슬래시(/)나 애플리케이션에서 유효한 URL을 사용하면 된다. 하지만 일반적으로 헬스 체크를 위해 /healthz 엔드포인트를 만든다. (z를 붙이는 이유는 기존 경로와 충돌이 발생하는 것을 피하기 위해서다. 예를 들면 건강 정보를 담은 health 페이지가 있을 수 있기 때문이다.)

애플리케이션이 2xx 이나 3xx 상태 코드로 HTTP 응답을 하면 쿠버네티스는 활성 상태로 판단한다. 만약에 다른 값으로 응답하거나 응답하지 않으면 컨테이너가 죽은 것으로 판단하여 다시 실행한다.

5.2.2 프로브 딜레이와 주기

쿠버네티스가 언제 활성 프로브를 검사하도록 해야 할까? 어떤 애플리케이션도 시작과 동시에 실행될 수는 없다. 만약 쿠버네티스가 컨테이너를 시작한 직후에 활성 프로브를 검사한다면 아마 실패할 것이고, 이 때문에 컨테이너는 재시작될 것이다. 그리고 이 루프는 영원히 반복될 것이다!

initialDelaySeconds 필드를 사용하면 첫 번째 활성 프로브를 실행하기 전에 얼마나 기다려야 하는지 쿠버네티스가 알 수 있기 때문에 죽음의 무한 루프를 피할 수 있다.

마찬가지로 쿠버네티스가 1초에 수천 번씩 healthz 엔드포인트로 요청을 보내 애플리케이션을 괴롭히는 것도 좋은 생각은 아니다. periodSeconds 필드를 사용하면 활성 프로브를 검사하는 주기를 지정할 수 있다. 예제의 경우 검사 주기는 3초이다.

5.2.3 다른 종류의 프로브

httpGet뿐만 아니라 다른 종류의 프로브도 사용 가능하다. HTTP로 서비스하지 않는 네트워크 서버는 tcpSocket을 사용하면 된다.

```
livenessProbe:
  tcpSocket:
    port: 8888
```

지정한 포트로 TCP 연결이 성공하면 해당 컨테이너는 살아 있는 것이다.

또한 exec 프로브를 사용하여 컨테이너에 임의의 명령어를 실행할 수도 있다.

```
readinessProbe:
  exec:
    command:
    - cat
    - /tmp/healthy
```

exec 프로브는 컨테이너에 지정된 명령어를 실행한다. 명령어가 성공하면(즉, 제로 상태 코드로 종료하면) 프로브는 성공한다. exec 프로브는 일반적으로 준비성 프로브readiness probe로 더 유용하게 사용된다. 다음 절에서 자세히 알아보자.

5.2.4 gRPC 프로브

많은 애플리케이션과 서비스가 HTTP로 통신하고 있지만 마이크로서비스에서는 gRPC (*https://grpc.io*)가 인기를 끌고 있다. gRPC는 효율적이고 간편한 바이너리 네트워크 프로토콜로 구글에서 개발했고 현재는 클라우드 네이티브 컴퓨팅 재단이 지원한다.

httpGet 프로브는 gRPC 서버를 대상으로 작동하지 않기 때문에 tcpSocket 프로브를 사용해야 한다. gRPC는 서버로 직접 연결이 불가능하며 소켓을 통해 연결해야 한다.

gRPC에는 대부분의 gRPC 서비스가 지원하는 표준 헬스 체크 프로토콜이 있다. 쿠버네티스 활성 프로브로 헬스 체크를 활용하려면 grpc-health-probe 도구[2]를 사용하면 된다. 이 도구를 컨테이너에 추가하면 exec 프로브를 사용하여 상태를 확인할 수 있다.

---

2 *https://kubernetes.io/blog/2018/10/01/health-checking-grpc-servers-on-kubernetes*

5.2.5 준비성 프로브

준비성 프로브readiness probe는 활성 프로브와 관련이 있지만 조금 다르다. 가끔 어떤 애플리케이션은 초기화 과정이 길거나 하위 프로세스가 완료될 때까지 오래 기다려야 하는 경우가 있다. 이때 애플리케이션은 쿠버네티스에 일시적으로 요청을 처리할 수 없다는 신호를 보내야 하는데, 준비성 프로브가 이 기능을 제공한다.

애플리케이션이 준비를 완료할 때까지 HTTP를 수신하지 않는 경우에 준비성 프로브는 활성 프로브와 동일한 스펙으로 지정해야 한다.

```
readinessProbe:
  httpGet:
    path: /healthz
    port: 8888
  initialDelaySeconds: 3
  periodSeconds: 3
```

준비성 프로브 검사에 실패한 컨테이너는 해당 파드가 속한 서비스에서 제거된다. 이것은 로드 밸런서 풀에서 고장난 노드를 제거하는 것과 같다. 준비성 프로브가 다시 성공할 때까지 트래픽은 파드로 전달되지 않는다.

일반적으로 파드가 시작되면 쿠버네티스는 컨테이너가 실행 상태로 되자마자 트래픽을 전달한다. 그러나 컨테이너가 준비성 프로브를 갖고 있다면 쿠버네티스는 준비성 프로브가 성공 메시지를 전달할 때까지 기다릴 것이고 준비되지 않은 컨테이너 때문에 발생하는 사용자 에러를 예방한다. 이는 제로 다운타임 업그레이드를 위해 매우 중요하다('13.2절 배포 전략'에서 자세히 다룬다).

준비되지 않은 컨테이너의 상태는 Running으로 표시되지만 READY 항목에는 하나 이상의 준비되지 않은 파드의 컨테이너가 나타날 것이다.

```
kubectl get pods
NAME             READY    STATUS     RESTARTS    AGE
readiness-test   0/1      Running    0           56s
```

5.2.6 파일 기반 준비성 프로브

애플리케이션이 컨테이너 파일 시스템에 **/tmp/healthy**와 같은 파일을 생성하고 exec 준비성 프로브로 파일이 존재하는지 확인할 수 있다.

이러한 종류의 준비성 프로브는 유용하게 사용할 수 있다. 프로그램을 디버그하기 위해 컨테이너를 일시적으로 서비스 중단 상태로 만드는 경우 컨테이너에 연결하고 **/tmp/healthy** 파일만 삭제하면 된다. 다음 준비성 프로브는 실패할 것이고 쿠버네티스는 서비스에서 컨테이너를 제거할 것이다(그러나 더 좋은 방법은 컨테이너의 레이블을 수정하여 서비스에서 제외하는 것이다. '4.6.4절 서비스 리소스'를 참조하자).

이제 여유 있게 컨테이너를 분석하고 문제를 해결할 수 있다. 작업을 마치면 컨테이너를 종료하고 수정한 버전으로 배포하거나 원래 위치에 프로브 파일을 생성하면 컨테이너가 다시 트래픽을 수신할 수 있다.

> **TIP** 모범 사례
>
> 준비성 프로브와 활성 프로브를 사용하여 애플리케이션이 요청을 받을 준비가 되었는지 혹은 문제가 있어 재시작을 해야 하는지 쿠버네티스가 알 수 있게 하자.

5.2.7 minReadySeconds

기본적으로 컨테이너나 파드는 준비성 프로브가 성공하는 순간에 준비가 완료된 것으로 판단한다. 경우에 따라 여러분은 잠시 대기하면서 컨테이너가 안정적인 상태인지 확인하고 싶을 수 있다. 배포를 하는 동안 쿠버네티스는 새 파드가 준비될 때까지 기다렸다가 다음 단계를 시작한다('13.2.1절 롤링 업데이트' 참조). 결함이 있는 컨테이너에서 문제가 바로 발생하면 롤아웃이 중단되지만, 문제가 발생하는데 몇 초가 걸리는 경우에는 이를 발견하기 전에 모든 레플리카가 롤아웃될 수 있다.

이를 막으려면 컨테이너의 minReadySeconds 필드를 사용하면 된다. 컨테이너나 파드는 minReadySeconds(최소 준비 시간, 기본값은 0)가 될 때까지 준비 상태로 판단되지 않는다.

5.2.8 PodDisruptionBudgets

때때로 쿠버네티스는 파드가 활성 상태이며 준비 상태이더라도 파드를 중지해야 한다(이를 퇴출eviction이라 부른다). 예를 들어 업그레이드 전에 실행 중인 노드를 비우거나drain 파드를 다른 노드로 옮겨야 할 때가 있다.

레플리카를 충분히 실행할 수 있다면, 퇴출 과정 때문에 애플리케이션에 다운타임이 발생하지는 않는다. 특정 애플리케이션에 PodDisruptionBudget 리소스를 사용하면, 주어진 시간에 제거할 수 있는 파드의 양을 제한할 수 있다.

예를 들어 여러분은 애플리케이션 파드의 10% 이상은 한 번에 중단될 수 없다고 지정할 수 있다. 또는 레플리카가 최소 3개 이상 항상 실행된다면 쿠버네티스가 마음대로 파드를 퇴출할 수 있게 할 수도 있다.

minAvailable

다음은 PodDisruptionBudget를 사용한 예제이다. minAvailable 필드를 사용하여 최소한 실행해야 하는 파드의 개수를 지정했다.

```yaml
apiVersion: policy/v1beta1
kind: PodDisruptionBudget
metadata:
  name: demo-pdb
spec:
  minAvailable: 3
  selector:
    matchLabels:
      app: demo
```

예제에서 minAvailable: 3은 app: demo 레이블과 일치하는 파드가 적어도 3개는 실행 중이어야 한다는 것을 지정한다. 쿠버네티스는 최소 3개의 파드가 실행 중이라면 원하는대로 데모 파드를 퇴출할 수 있다.

maxUnavailable

반대로 maxUnavailable 필드를 사용하면 쿠버네티스가 퇴출할 수 있는 파드의 총 개수나 비율을 제한할 수 있다.

```
apiVersion: policy/v1beta1
kind: PodDisruptionBudget
metadata:
  name: demo-pdb
spec:
  maxUnavailable: 10%
  selector:
    matchLabels:
      app: demo
```

여기서 10% 이상의 데모 파드를 한 번에 퇴출시킬 수 없는데, 이는 오직 쿠버네티스가 시작한 **자발적 퇴출**voluntary evictions의 경우에만 적용된다. 예를 들어 노드에 하드웨어 장애가 발생하거나 제거되면 Disruption Budget을 위반하더라도 해당 노드의 파드는 비자발적으로 퇴출된다.

쿠버네티스는 파드를 노드에 균등하게 분산하려는 경향이 있으므로 필요한 클러스터의 노드 수를 결정할 때는 이를 고려해야 한다. 노드를 3개 운영 중이라면 노드 하나에서 장애가 발생했을 때, 모든 파드의 3분의 1이 손실될 수 있다. 이 경우 서비스 가능한 수준을 유지할 수 있는 충분한 파드가 남겨지지 않을 수 있다('3.1.3절 고가용성' 참조).

> **TIP** **모범 사례**
>
> PodDisruptionBudgets를 설정하여 비즈니스에 중요한 애플리케이션의 파드가 퇴출되더라도 서비스에 영향이 없도록 충분한 레플리카를 유지할 수 있게 만들자.

5.3 네임스페이스 사용하기

클러스터 전체에서 리소스 사용을 관리하는 또 다른 유용한 방법은 **네임스페이스**를 사용하는 것이다. 쿠버네티스 네임스페이스는 클러스터를 원하는 목적에 따라 세부 공간으로 나눈다.

예를 들어 상용 애플리케이션을 위한 prod 네임스페이스와 테스트를 위한 test 네임스페이스로 나눌 수 있다.

네임스페이스라는 용어에서 알 수 있듯이 네임스페이스 안의 이름은 다른 네임스페이스와 격리된다. 즉 prod 네임스페이스 안의 demo라는 서비스와 test 네임스페이스의 demo 서비스가 함께 존재하더라도 충돌이 발생하지 않는다.

클러스터에 존재하는 네임스페이스를 확인하기 위해서는 다음 명령어를 실행하자.

```
kubectl get namespaces
NAME          STATUS    AGE
default       Active    1y
kube-public   Active    1y
kube-system   Active    1y
```

네임스페이스는 컴퓨터 하드디스크에 있는 폴더와 비슷하다. 모든 파일을 폴더 하나에 전부 보관할 수 있지만, 이렇게 하면 특정 파일을 찾는 데 시간이 많이 걸리고 파일 간 연관 관계를 파악하기 어려워 불편할 것이다. 네임스페이스는 관련된 리소스를 그룹화하여 작업하기 쉽게 만든다. 하지만 폴더와 다르게 네임스페이스는 중첩될 수 없다.

5.3.1 네임스페이스 다루기

지금까지는 쿠버네티스로 작업할 때 항상 **기본 네임스페이스**를 사용했다. kubectl run과 같은 kubectl 명령어를 실행할 때 네임스페이스를 지정하지 않으면 명령이 기본 네임스페이스에서 실행된다. kube-system 네임스페이스는 쿠버네티스 내부 시스템 컴포넌트가 실행되는 공간으로 애플리케이션과 격리된다.

네임스페이스를 --namespace (또는 짧게 -n) 플래그로 지정하면 명령은 해당 네임스페이스를 사용한다. 예를 들어 prod 네임스페이스의 파드 목록을 확인하려면 다음 명령어를 실행한다.

```
kubectl get pods --namespace prod
```

5.3.2 어떤 네임스페이스를 사용해야 할까?

클러스터를 네임스페이스로 나누는 방법은 사용자에게 달려 있다. 직관적인 한 가지 방법은 애플리케이션당 또는 팀당 하나의 네임스페이스를 갖는 것이다. 예를 들어 demo 애플리케이션을 실행하기 위해 demo 네임스페이스를 생성하는 것이다. 다음과 같이 쿠버네티스 네임스페이스 리소스를 사용하여 네임스페이스를 생성할 수 있다.

```
apiVersion: v1
 kind: Namespace
 metadata:
   name: demo
```

리소스 매니페스트를 적용하기 위해 kubectl apply -f 명령어('4.6절 YAML 형식의 리소스 매니페스트' 참조)를 실행하자. 이번 절에 관련된 모든 YAML 매니페스트 예제는 demo 애플리케이션 저장소의 **hello-namespace** 디렉터리에 있다.

```
cd demo/hello-namespace
ls k8s
deployment.yaml    limitrange.yaml    namespace.yaml    resourcequota.yaml
service.yaml
```

더 나아가 demo-prod, demo-staging, demo-test 등 애플리케이션이 실행되는 각 환경의 네임스페이스를 만들 수 있다. 네임스페이스는 임시 **가상 클러스터**로 활용하고 사용을 완료한 후 삭제할 수 있다. 하지만 조심하자. 네임스페이스를 삭제하면 네임스페이스 내 모든 리소스가 삭제된다. 엉뚱한 네임스페이스를 삭제하는 명령어를 실행하면 안 된다(개별 네임스페이스에 사용자 권한을 부여하거나 거부하는 방법은 '11.1.2절 역할 기반 접근 제어(RBAC) 소개'를 참조하자).

현재 버전의 쿠버네티스에서는 네임스페이스와 같은 리소스가 삭제되지 않도록 **보호**할 수 있는 방법이 없다(다만, 쿠버네티스 깃허브 이슈 페이지[3]에서 이러한 기능이 논의되고 있다). 따라서 정말로 임시용으로 사용한 것이 아니라면 네임스페이스를 삭제하지 않는 편이 좋다. 삭제한다면 상용 리소스를 포함하고 있지 않은지 반드시 확인하자.

> **TIP 모범 사례**
>
> 애플리케이션이나 인프라의 논리적인 구성 요소에 따라 분리된 네임스페이스를 생성하자. 기본 네임스페이스를 사용하지 말자. 자주 저지르는 실수다.

특정 네임스페이스의 모든 네트워크 트래픽을 차단해야 하는 경우에는 「쿠버네티스 네트워크 정책」[4]을 사용하면 된다.

5.3.3 서비스 주소

네임스페이스는 서로 격리되어 있지만 다른 네임스페이스의 서비스와 여전히 통신할 수 있다. '4.6.4절 서비스 리소스'에서 쿠버네티스 서비스는 외부와 통신 가능한 DNS 주소를 갖는다고 설명했다. 호스트 명 demo에 접속하면 demo라는 이름의 서비스로 접속할 것이다. 다른 네임스페이스에서는 어떨까?

서비스 DNS 이름은 항상 다음 양식을 따른다.

```
SERVICE.NAMESPACE.svc.cluster.local
```

.svc.cluster.local은 선택 사항이며 네임스페이스도 선택 사항이다. prod 네임스페이스에 있는 demo 서비스와 통신하고 싶다면 다음과 같이 사용하면 된다.

```
demo.prod
```

demo라는 이름의 서비스가 여러 개 있더라도 DNS 이름에 네임스페이스를 추가하면 원하는 서비스를 정확하게 지정할 수 있다.

---

3 https://github.com/kubernetes/kubernetes/issues/10179
4 https://kubernetes.io/docs/concepts/services-networking/network-policies

5.3.4 리소스 쿼터

'5.1.2절 리소스 요청'에서 설명한 개별 컨테이너에 CPU와 메모리 사용을 제한하는 것과 마찬가지로 네임스페이스에도 리소스 사용을 제한할 수 있다(혹은 제한해야 한다). 제한 방법은 네임스페이스에 ResourceQuota를 생성하면 된다. ResourceQuota를 생성한 간단한 예제를 살펴보자.

```
apiVersion: v1
kind: ResourceQuota
metadata:
  name: demo-resourcequota
spec:
  hard:
    pods: "100"
```

이 매니페스트를 특정 네임스페이스(예제에서는 demo)에 적용하면 네임스페이스에서 한 번에 실행 가능한 파드의 개수가 100개로 제한된다(ResourceQuota의 metadata.name는 자유롭게 지정이 가능하다. 영향을 받는 네임스페이스는 매니페스트를 적용하는 네임스페이스 대상에 따라 달라진다).

```
cd demo/hello-namespace
kubectl create namespace demo
namespace "demo" created
kubectl apply --namespace demo -f k8s/resourcequota.yaml
resourcequota "demo-resourcequota" created
```

이제 쿠버네티스는 demo 네임스페이스의 쿼터를 초과하는 모든 API 작업을 차단한다. 이번 예제에서 네임스페이스의 ResourceQuota 제한은 파드 100개이다. 만약 파드 100개가 이미 실행 중인 상태에서 새로운 파드를 실행하고자 한다면 다음과 같은 에러 메시지가 출력될 것이다.

```
Error from server (Forbidden): pods "demo" is forbidden: exceeded quota:
demo-resourcequota, requested: pods=1, used: pods=100, limited: pods=100
```

ResourceQuotas를 사용하면 특정 네임스페이스 내 애플리케이션이 너무 많은 리소스를 사용하여 클러스터의 다른 애플리케이션이 자원을 할당받지 못하는 문제를 해결할 수 있다.

네임스페이스 내 파드의 전체 CPU와 메모리 사용량을 제한할 수도 있지만 권장하지는 않는다. 만약 이 값을 너무 낮게 설정하면, 워크로드가 한계에 가까워질수록 예상치 못한 문제가 발생할 수 있다. 반대로 너무 높게 설정하면 제한을 설정한 의미가 없어지게 된다.

그러나 파드 제한은 잘못된 구성이나 입력 오류 때문에 파드가 무한 생성되는 것을 막을 수 있다. 정기적인 작업에서 파드 정리를 잊어버리기 쉬운데, 언젠가 파드 수천 개가 클러스터에 가득 차 있는 것을 발견할 수 있을지도 모른다.

> **TIP 모범 사례**
>
> 각 네임스페이스에서 ResourceQuotas를 사용하여 네임스페이스에서 실행할 수 있는 파드의 수를 제한하자.

특정 네임스페이스에서 ResourceQuotas가 활성화된 상태인지 확인하고 싶다면 kubectl get resourcequotas 명령어를 실행하면 된다.

```
kubectl get resourcequotas -n demo
NAME                    AGE
demo-resourcequota      15d
```

5.3.5 기본 리소스 요청과 상한

컨테이너의 리소스 요구 사항을 매번 미리 파악하는 것은 쉬운 일이 아니다. LimitRange 리소스를 사용하면 네임스페이스 내 모든 컨테이너의 기본 요청과 상한을 설정할 수 있다.

```
apiVersion: v1
kind: LimitRange
metadata:
 name: demo-limitrange
spec:
 limits:
  - default:
      cpu: "500m"
      memory: "256Mi"
    defaultRequest:
      cpu: "200m"
```

```
        memory: "128Mi"
      type: Container
```

> **TIP** ResourceQuotas와 마찬가지로 LimitRange의 metadata.name은 쿠버네티스 네임스페이스에 해당하지 않으며 자유롭게 지정 가능하다. LimitRange와 ResourceQuotas는 네임스페이스에 매니페스트를 적용할 때 해당 네임스페이스에만 영향을 준다.

리소스 요청과 상한을 지정하지 않은 네임스페이스의 모든 컨테이너는 LimitRange에서 기본값을 상속받는다. 예를 들어 지정된 cpu 요청이 없는 컨테이너는 LimitRange에서 200m 값을 상속받는다. 마찬가지로 지정된 memory 상한이 없는 컨테이너는 LimitRange에서 256Mi 값을 상속받는다.

이론적으로는 LimitRange에 기본값을 설정하고 개별 컨테이너의 요청과 상한을 지정하는 데 신경 쓰지 않아도 된다. 하지만 이를 권장하지 않는다. LimitRange의 적용 여부를 알 필요 없이 컨테이너의 스펙을 보고 요청과 상한을 알 수 있어야 한다. LimitRange는 컨테이너의 요청과 상한을 지정을 놓쳤을 때를 대비한 안전장치로만 사용하자.

> **TIP 모범 사례**
>
> 각 네임스페이스에 LimitRange를 사용하여 컨테이너의 기본 리소스 요청과 상한을 지정하자. 하지만 여기에 너무 의존하면 안 된다. LimitRange는 안전장치로 생각해야 한다. 여러분은 컨테이너의 스펙에 요청과 상한을 항상 명시적으로 지정해야 한다.

5.4 클러스터 비용 최적화하기

'6.1절 클러스터 사이징과 스케일링'에서는 클러스터의 초기 크기를 선택하고 시간이 지나 워크로드가 증가함에 따라 클러스터의 크기를 조정하는 데 필요한 것을 설명할 예정이다. 하지만 클러스터의 크기가 적절하고 용량이 충분하다면 어떻게 해야 가장 비용 효율적인 방법으로 클러스터를 운영할 수 있을까?

5.4.1 디플로이먼트 최적화하기

정말로 레플리카가 그렇게 많이 필요할까? 확실히 필요할 것처럼 보일 수 있지만 클러스터 내 모든 파드는 리소스를 소모하여 다른 파드가 리소스를 사용할 수 없게 한다.

모든 경우에서 많은 수의 레플리카를 실행하는 것은 매력적으로 느껴질 수 있다. 개별 파드에 장애가 발생하거나 롤링 업그레이드를 하는 동안에도 서비스 품질이 저하되지 않기 때문이다. 게다가 레플리카가 많을수록 애플리케이션은 더 많은 트래픽을 처리할 수 있다.

하지만 레플리카는 현명하게 사용해야 한다. 클러스터는 한정된 수의 파드만 실행할 수 있다. 파드는 최대한의 가용성과 성능이 정말로 필요한 애플리케이션을 위해 할당되어야 한다.

업그레이드를 하는 동안 디플로이먼트가 몇 초 정도 중단되는 것이 문제 되지 않는다면 많은 수의 레플리카는 필요하지 않다. 놀랍게도 다수의 애플리케이션과 서비스는 한 개 또는 두 개의 레플리카로도 완벽하게 처리할 수 있다.

각 디플로이먼트에 대한 레플리카 설정을 확인하고 다음을 질문을 검토해보자.

- 서비스 성능과 가용성에 대한 비즈니스 요구사항은 무엇인가?

- 더 적은 레플리카로 이러한 요구사항을 만족시킬 수 있는가?

만약 애플리케이션이 요청을 처리하기 버거운 상황이거나 디플로이먼트를 업그레이드할 때마다 사용자에게 많은 에러를 발생시킨다면 더 많은 레플리카가 필요하다. 그러나 대부분의 경우 서비스 저하가 발생하기 전에 디플로이먼트의 크기를 상당히 줄일 수 있다.

> **TIP 모범 사례**
>
> 성능과 가용성 요구 사항을 만족하는 디플로이먼트에 파드를 최소 개수로 사용하자. 서비스 수준의 목표를 만족하는 지점까지 점진적으로 레플리카 개수를 줄여나가자.

5.4.2 파드 최적화하기

앞서 '5.1.2절 리소스 요청'에서 설명했듯이 컨테이너에 적절한 리소스 요청과 상한을 지정하는 것이 중요하다. 리소스 요청이 너무 적다면 파드는 워크로드를 정상적으로 처리하지 못할 것이므로 바로 알 수 있다. 반대로 요청이 너무 크다면, 한 달이 지나고 클라우드 비용 청구서를 받아볼 때서야 사실을 알게 될 것이다.

다양한 워크로드에 대한 리소스 요청과 상한을 정기적으로 검토하고 실제 사용한 것과 비교해야 한다.

대부분의 관리형 쿠버네티스 서비스는 시간에 따른 컨테이너의 CPU와 메모리의 사용량을 보여주는 일종의 대시보드를 제공한다. 관련 내용은 '11.4절 클러스터 상태 모니터링'에서 자세히 다룬다.

프로메테우스와 그라파나Grafana를 이용하여 대시보드와 통계를 직접 만들 수도 있다. 이와 관련해서는 15장에서 살펴본다.

최적의 리소스 요청과 상한을 설정하는 것은 일종의 예술로 정답은 워크로드의 유형에 따라 다를 것이다. 어떤 컨테이너는 대부분의 시간을 유휴 상태로 있다가 가끔 요청을 처리하기 위해 리소스 사용량이 급증할 수 있다. 다른 유형의 컨테이너는 끊임없이 바쁜 상태에 있으며 상한에 도달할 때까지 점점 더 많은 메모리를 사용할 수 있다.

일반적으로 컨테이너 리소스 상한은 실제 작업에서 사용하는 것보다 약간 높게 설정해야 한다. 예를 들어 컨테이너가 며칠 동안 500MiB 이상의 메모리를 사용하지는 않더라도 메모리 상한은 600MiB로 설정하면 된다.

> **NOTE_** 모든 컨테이너에 리소스 상한을 설정해야 할까? 일부는 상용 환경의 컨테이너에는 상한을 **없애거나** 컨테이너가 초과하지 않을 정도로 상한을 매우 높게 설정해야 한다고 주장한다. 재시작하는 데 비용이 많이 드는 매우 큰 컨테이너라면 이러한 주장이 어느 정도 맞는다. 하지만 필자는 그래도 리소스 상한을 설정하기를 권한다. 리소스 상한을 설정하지 않으면 컨테이너에서 메모리 누수가 발생하거나 너무 많은 CPU를 사용하여 다른 컨테이너가 사용할 노드의 자원을 다 써버릴 수 있다.
> 컨테이너가 팩맨이 되어 노드의 자원을 고갈시키는 상황을 피하기 위해 컨테이너의 상한을 일반 사용량의 100%보다 약간 높게 설정하기를 권한다. 이렇게 하면 정상적으로 작동하는 한 컨테이너를 종료하지 않으며, 문제가 발생하더라도 노드 자원에 미치는 영향을 최소화할 수 있다.

리소스 요청은 상한보다는 덜 중요하지만 너무 높거나(파드가 스케줄링되지 않으므로) 너무 낮으면(요청을 초과하는 파드가 더 높은 우선순위로 퇴출되므로) 안 된다.

5.4.3 Vertical Pod Autoscaler

Vertical Pod Autoscaler[5]는 쿠버네티스 애드온으로 리소스 요청에 대한 이상적인 값을 정하는 것을 도와준다. Vertical Pod Autoscaler는 디플로이먼트를 관찰하고 실제로 사용하는 양에 따라 자동으로 파드의 리소스 요청을 조정한다. 실제로는 실행 중인 파드를 수정하지 않고 제안만 하는 드라이런 모드[dry-run mode]가 더 유용하다.

5.4.4 노드 최적화하기

쿠버네티스는 다양한 크기의 노드로 운영할 수 있으며 일부 노드는 다른 노드보다 더 많은 일을 한다. 비용을 고려하여 클러스터 용량을 최적화하기 위해서는 실제 서비스 환경에서 워크로드가 노드에서 어떻게 실행되는지 관찰해야 한다. 이는 비용 효율적인 인스턴스 유형을 결정하는 데 도움이 된다.

모든 노드에는 운영 체제가 있어서 디스크, 메모리, CPU 자원을 소모한다는 것을 명심하자. 쿠버네티스 시스템 컴포넌트와 컨테이너 런타임도 마찬가지다. 노드 크기가 작을수록 오버헤드가 차지하는 전체 리소스 비율이 더 높아진다.

큰 크기의 노드는 워크로드에 사용할 수 있는 리소스 비율이 더 높으므로 비용 면에서 효율적이다. 대신 단점은 개별 노드에 장애가 발생할 경우 클러스터의 가용 용량에 미치는 영향이 더 큰 것이다.

작은 크기의 노드에는 높은 비율의 버려지는 리소스[stranded resources]가 존재한다. 이는 사용 가능한 메모리 공간과 CPU 시간이 너무 작아서 파드에 할당되지 않는 자원이다.

일반적으로 권장하는 방법[6]은 노드가 보통의 파드를 적어도 5개를 실행할 수 있을 만큼 크게 하며 버려지는 리소스의 비율을 약 10% 이하로 유지시키는 것이다. 노드가 파드를 10개 이상 실행할 경우에는 버려지는 리소스을 5% 미만으로 유지해야 한다.

쿠버네티스의 기본 파드 상한값은 노드당 110개이다. `kubelet`에서 `--max-pods` 설정으로 파드 상한을 조정할 수 있지만 일부 관리형 서비스는 지원하지 않는다. 특별한 사유가 없다면 쿠

---

5 *https://github.com/kubernetes/autoscaler/tree/master/vertical-pod-autoscaler*
6 *https://medium.com/@dyachuk/why-do-kubernetes-clusters-in-aws-cost-more-than-they-should-fa510c1964c6*

버네티스 기본값을 유지하는 것이 좋다.

노드당 파드 상한은 클라우드 서비스 업체에서 가장 큰 인스턴스를 사용할 경우에는 이점이 없다. 대신 사용률을 높이기 위해 더 작은 크기의 노드를 다수[7]로 운영하는 것을 고려해보자. 예를 들어 vCPU가 8개 있는 노드 6개 대신에 vCPU가 4개 있는 노드 12개를 실행하는 것이다.

TIP 클라우드 업체에서 제공하는 대시보드나 kubectl top nodes 명령어로 각 노드의 리소스 사용률을 확인하자. CPU 사용률이 높을수록 잘 활용되고 있는 것이다. 만약 클러스터에서 큰 노드의 사용률이 높으면 작은 노드를 제거하고 큰 노드로 교체하는 것이 좋다.

반면 큰 노드의 사용률 낮다면 클러스터는 용량이 남는 상태over capacity이다. 따라서 일부 노드를 제거하거나 노드의 크기를 줄여서 비용을 절감할 수 있다.

TIP **모범 사례**

큰 노드는 일반적으로 더 비용 효율적인 경향이 있다. 시스템 오버헤드로 발생하는 자원 소모가 적기 때문이다. 노드당 10개에서 100개 사이의 파드 수를 목표로 클러스터에 대한 실제 사용률을 분석하고 노드 크기를 조정하자.

5.4.5 스토리지 최적화하기

디스크 스토리지는 간과하기 쉬운 클라우드 비용 중 하나다. 클라우드 업체는 인스턴스 종류에 따라 다양한 크기의 디스크 공간을 제공한다. 대규모 스토리지 가격 또한 다양하다.

쿠버네티스 리소스 요청과 상한을 사용하여 CPU와 메모리 사용률을 높일 수 있지만, 스토리지는 이런 조정이 불가능하다. 많은 클러스터 노드가 실제로 필요한 것보다 많은 양의 디스크 공간을 할당받고 있다.

많은 노드가 필요 이상의 스토리지 공간을 할당받는 것뿐만 아니라 스토리지의 종류도 문제가 될 수 있다. 대부분의 클라우드 업체는 할당된 초당 I/O 처리량(IOPS)이나 대역폭에 따라 다양한 종류의 스토리지를 제공한다.

예를 들어, 퍼시스턴트 디스크 볼륨persistent disk volumes을 사용하는 데이터베이스는 매우 높은 등급의 IOPS, 즉 빠르고 높은 처리량을 가진 스토리지가 필요하다. 하지만 이런 스토리지는 매

---

7 _https://medium.com/@brendanrius/scaling-kubernetes-for-25m-users-a7937e3536a0_

우 비싸다. 많은 스토리지 I/O가 필요하지 않은 워크로드에 낮은 IOPS의 스토리지를 제공하여 클라우드 비용을 절감할 수 있다. 반면에 여러분의 애플리케이션이 스토리지 I/O를 기다리는 데 많은 시간이 걸려 성능이 좋지 않은 경우에는 이를 처리할 수 있는 더 높은 IOPS의 스토리지가 필요할 것이다.

클라우드나 쿠버네티스 서비스 업체의 콘솔을 사용하면 실제 노드에서 얼마나 많은 IOPS가 사용 중인지 알 수 있다. 이러한 값들을 활용하면 어디서 비용을 절감할 수 있는지 방법을 찾는 데 도움이 된다.

고대역폭이나 많은 양의 스토리지가 필요한 컨테이너에 리소스 요청을 설정할 수 있다면 이상적일 것이다. 하지만 현재는 쿠버네티스가 이를 지원하지 않는다. IOPS 요청에 대한 지원은 향후 추가될 수 있을 것이다.

> **TIP 모범 사례**
>
> 필요한 것보다 더 많은 스토리지를 보유한 인스턴스 유형을 사용하지 말자. 실제 사용하는 처리량과 공간을 기준으로 가능한 작고 낮은 IOPS 디스크 볼륨을 할당하자.

5.4.6 사용하지 않는 리소스 정리하기

쿠버네티스 클러스터 사이즈가 점점 커지면, 잘 보이지 않는 곳에 숨어 있어 사용되지 않거나 관리되지 않고 버려진 리소스를 발견할 수 있다. 이런 리소스를 정리하지 않으면 시간이 지날수록 쌓여서 전체 비용의 상당 부분을 차지하게 될 것이다. 또한 더는 사용하지 않는 인스턴스를 종료하는 것은 잊어버리기 쉬우니, 어떤 클러스터에도 속하지 않은 클라우드 인스턴스를 찾아 정리하자.

로드 밸런서, 공인 IP, 디스크 볼륨과 같은 다른 종류의 클라우드 리소스 또한 사용하지 않아도 비용이 발생한다. 낭비되는 비용을 없애기 위해서는 각 유형별 리소스 사용량을 정기적으로 검토하고 사용하지 않는 인스턴스를 찾아 제거해야 한다.

쿠버네티스 클러스터의 디플로이먼트와 파드도 마찬가지로 실제 서비스에 참조되지 않으면 트래픽을 처리하지 않는다.

실행되지 않는 컨테이너 이미지도 노드의 디스크 공간을 차지한다. 다행히 쿠버네티스는 노드의 디스크 공간이 부족할 때 사용하지 않는 이미지를 자동으로 정리한다.[8]

소유자 메타데이터 사용하기

사용하지 않는 리소스를 최소화하는 한 가지 유용한 방법은 각 리소스에는 소유자 정보를 태그해야 한다는 정책을 조직 내부에 수립하는 것이다. 소유자 정보 태그는 쿠버네티스의 어노테이션을 활용하면 된다('9.1.5절 레이블과 어노테이션' 참조).

예를 들어 각 디플로이먼트에 다음과 같이 주석을 달 수 있다.

```
apiVersion: extensions/v1beta1
kind: Deployment
metadata:
  name: my-brilliant-app
  annotations:
    example.com/owner: "Customer Apps Team"
...
```

소유자 메타데이터는 해당 리소스와 관련된 개인이나 팀을 지정해야 한다. 이는 유용한 방법으로 방치되거나 사용하지 않는 자원을 식별하는 데 특히 도움이 된다(예를 들어 example.com과 같이 회사의 도메인 이름을 사용자 어노테이션으로 앞부분에 붙이는 것이 좋다. 동일한 이름을 가진 다른 어노테이션과 충돌을 막아 준다).

소유자 어노테이션이 없는 리소스를 클러스터에서 정기적으로 조회하고 종료할 후보 목록에 추가할 수 있다. 엄격한 정책을 사용한다면 소유자가 없는 리소스를 즉시 종료할 것이다. 그러나 너무 엄격하게 관리하지는 않길 바란다. 특히 초반에는 유연한 정책을 가지고 원활한 협업 관계를 쌓아나가는 게 클러스터 용량을 관리하는 것보다 더 중요할 수 있다.

> **TIP 모범 사례**
>
> 모든 리소스에 소유자 어노테이션을 설정하자. 해당 리소스에 문제가 발생하거나, 방치되거나 종료될 것으로 보이는 경우에 연락할 담당자 정보를 기록해두자.

활용도가 낮은 리소스 파악하기

어떤 리소스는 매우 낮은 수준의 트래픽을 수신하거나 전혀 수신하지 않을 수 있다. 레이블이

---

8 kubelet 가비지 컬렉션(*https://kubernetes.io/docs/concepts/cluster-administration/kubelet-garbage-collection*) 설정을 조정하면 이러한 작동을 직접 설정할 수 있다.

변경되어 서비스 프런트엔드와 연결이 끊어졌거나 테스트 중이거나 그저 일시적인 현상일 수 있다.

모든 파드는 수신한 요청의 수를 메트릭으로 기록한다('16장 쿠버네티스 메트릭' 참조). 이러한 메트릭을 활용하여 트래픽이 낮거나 아예 없는 파드를 찾고 잠재적으로 종료할 수 있는 리소스 목록을 만들 수 있다.

또는 웹 콘솔에서 각 파드의 CPU와 메모리 사용률을 확인하면 클러스터에서 사용률이 적은 파드 확인할 수 있다. 아무것도 하지 않는 파드는 리소스를 잘 사용하지 않을 것이다.

만약 파드가 소유자 메타데이터를 가지고 있다면 실제로 필요한 파드인지 담당자에게 확인하자(예를 들어 해당 파드들은 아직 개발 중인 애플리케이션일 수 있다).

요청이 없지만 특별한 이유로 유지가 필요한 파드라면 사용자 쿠버네티스 어노테이션(예를 들면 example.com/lowtraffic)을 지정하여 식별할 수 있다.

> **TIP** **모범 사례**
>
> 정기적으로 클러스터를 점검하여 사용량이 적거나 방치된 리소스를 찾아 제거하자. 소유자 어노테이션이 도움이 될 것이다.

완료된 잡 정리하기

쿠버네티스 잡('9.5.3절 잡' 참조)은 한 번만 실행되고 완료된 이후에는 다시 시작하지 않는 파드이다. 그러나 잡 오브젝트는 여전히 쿠버네티스 데이터베이스에 존재하며, 완료된 잡이 상당히 많아지면 API 성능에 영향을 줄 수 있다. 완료된 잡을 정리하는 좋은 도구로 kube-job-cleaner[9]가 있다.

5.4.7 여유 용량 파악하기

단일 워커 노드의 장애를 처리하기 위해 클러스터에는 항상 충분한 여유 용량이 있어야 한다. 현재 여유 용량을 확인하려면 운영 중인 노드에서 가장 큰 노드를 비우면 된다(6.1.3절에서 '다운스케일링' 참조). 해당 노드에 있는 모든 파드가 제거되면, 애플리케이션이 구성한 레플리

---

9 *https://github.com/hjacobs/kube-job-cleaner*

카 개수를 확인해 나머지 노드에서 잘 작동하는지 확인한다. 잘 작동하지 않는다면 클러스터에 용량을 추가해야 한다.

노드에 장애가 발생했을 때 워크로드가 다시 스케줄링될 여유 공간이 없다면, 운이 좋은 경우 애플리케이션에 지연이 발생하며 운이 나쁜 최악의 경우에는 애플리케이션의 서비스가 불가해 질 것이다.

5.4.8 예약 인스턴스 사용하기

일부 클라우드 업체는 서버의 생명 주기에 따라 다른 타입의 인스턴스를 제공한다. **예약** 인스턴스는 가격과 유연성 사이에서 적절한 타협점을 제시한다.

예를 들어 AWS 예약 인스턴스는 **온디맨드**on-demand 인스턴스(기본 형태)의 약 절반 가격이다. 1년, 3년 등 다양한 기간으로 인스턴스를 예약할 수 있다. AWS 예약 인스턴스는 중간에 크기를 변경할 수 없다. 만약 3개월 후에 더 큰 인스턴스가 필요한 것을 알게 되면 구매했던 예약 인스턴스는 무용지물이 될 것이다.

구글 클라우드는 **약정 사용 할인**committed use discounts이라는 이름으로 예약 인스턴스에 해당하는 서비스를 제공한다. 구매자는 특정 양의 vCPU와 메모리의 사용 계약을 맺을 수 있다. 약정 사용 할인은 구매자가 초기에 예약한 것보다 더 많은 리소스를 사용할 수 있게 해주기 때문에 AWS 예약 인스턴스보다 유연하다. 약정 범위를 넘어서는 사용량은 일반 온디맨드 가격으로 추가 지불하면 된다.

예약 인스턴스와 약정 사용 할인은 미래의 요구 사항을 예측할 수 있을 때는 좋은 선택이 될 수 있다. 그러나 이 두 서비스는 사용하지 않더라도 환불할 수 없으며 예약 기간 내내 비용을 지불해야 한다. 따라서 요구 사항이 크게 변하지 않을 것으로 예상하는 기간 동안만 예약 인스턴스를 구매하는 편이 낫다. 1~2년 정도 전에 미리 계획을 세울 수 있는 경우라면 큰 비용을 절감할 수 있을 것이다.

TIP **모범 사례**
> 예약 인스턴스는 1~2년 후의 인스턴스 수요가 변경되지 않을 경우에만 서비스를 구매하자. 변경하거나 환불할 수 없는 경우가 있으므로 신중하게 생각하는 게 좋다.

5.4.9 선점형(스폿) 인스턴스 사용하기

AWS의 **스폿** 인스턴스나 구글의 **선점형** VM은 가용성을 보장하지 않으며 종종 수명이 제한된다. 따라서 가격과 가용성 사이에서 적절한 타협점을 제공한다.

스폿 인스턴스는 저렴하지만 불시에 일시 중지되거나 재개될 수 있으며 모두 종료될 수도 있다. 다행히 쿠버네티스는 개별 클러스터 노드의 장애에도 고가용성 서비스를 보장하도록 설계되어 있다.

다양한 가격과 선점 형태

따라서 스폿 인스턴스는 클러스터를 위한 비용 효율적인 선택이 될 수 있다. AWS 스폿 인스턴스의 시간당 요금은 수요에 따라 다양하다. 특정 지역이나 가용성 범위에서 원하는 인스턴스 유형의 수요가 높다면 가격은 상승한다.

반면에 구글 클라우드의 선점형 VM의 비용은 고정 비율로 청구되며, 비율은 선점 형태에 따라 다양하다. 구글은 일주일 기준 노드 선점률이 평균 5~15%라고 한다.[10] 선점형 VM은 인스턴스 유형에 따라 온디맨드보다 최대 80%까지 저렴하다.

선점형 노드는 비용을 절반으로 줄일 수 있다

쿠버네티스 클러스터에서 선점형 노드를 사용하면 매우 효율적으로 비용을 줄일 수 있다. 워크로드가 선점에서 살아남을 수 있도록 몇 개의 노드를 더 운영해야 할 수도 있지만 필자나 필자의 지인들의 경험에 비추어볼 때 노드당 비용을 전체 50% 절감할 수 있다.

애플리케이션이 카오스 테스트를 할 준비가 되어 있다면 선점형 노드를 사용하는 것은 클러스터에 카오스 엔지니어링chaos engineering을 구축하기 위한 좋은 방법이다('6.4절 카오스 테스팅' 참조).

하지만 클러스터에는 최소한의 워크로드를 처리할 수 있는 비선점형 노드가 항상 충분하게 있어야 한다는 것을 명심하자. 선점형 노드는 불시에 중단되는 것을 감당할 수 있는 범위 내에서 사용해야 한다. 선점형 노드가 많다면 클러스터 오토스케일링 기능을 사용하여 가능한 빠르게 선점형 노드를 교체할 수 있게 하는 것이 좋다(6.1.3절에서 '오토스케일링' 참조).

---

10 *https://cloud.google.com/compute/docs/instances/preemptible*

이론상으로는 **모든** 선점형 노드가 동시에 사라질 수 있다. 따라서 비용 절감을 하더라도 선점형 노드는 클러스터의 3분의 2 이하로 제한하는 것이 좋다.

TIP **모범 사례**
> 일부 노드에 대해서 선점형 또는 스팟 인스턴스를 사용하여 비용을 절감하되 감당할 수 있는 범위 내에서 사용해야 한다. 비선점형 노드를 항상 함께 사용해야 한다.

노드 어피니티로 스케줄링 관리하기

쿠버네티스 노드 어피니티affinity를 사용하면 장애를 허용하지 않는 파드가 선점형 노드에 스케줄되지 않도록 할 수 있다('9.2절 노드 어피니티' 참조).[11]

예를 들어 구글 쿠버네티스 엔진의 선점형 노드는 cloud.google.com/gke-preemptible 레이블을 가지고 있어 쿠버네티스가 다음과 같은 파드나 디플로이먼트 스펙을 가진 파드를 선점형 노드에 스케줄되지 않도록 한다.

```
affinity:
  nodeAffinity:
    requiredDuringSchedulingIgnoredDuringExecution:
      nodeSelectorTerms:
      - matchExpressions:
        - key: cloud.google.com/gke-preemptible
          operator: DoesNotExist
```

requiredDuringScheduling... 어피니티는 필수 항목이다. 이러한 어피니티를 가진 파드는 셀렉터의 표현식과 일치하는 노드에 **절대** 스케줄되지 않는다(이를 **강제 어피니티**hard affinity라고 한다).

대안으로 장애를 허용하는 덜 중요한 파드는 쿠버네티스가 선점형 노드에 우선적으로 스케줄링하도록 지정할 수 있다. 이 경우에는 반대 의미로 **반강제 어피니티**soft affinity를 사용하면 된다.

```
affinity:
  nodeAffinity:
```

---

[11] *https://medium.com/google-cloud/using-preemptible-vms-to-cut-kubernetes-engine-bills-in-half-de2481b8e814*

```
preferredDuringSchedulingIgnoredDuringExecution:
- preference:
    matchExpressions:
    - key: cloud.google.com/gke-preemptible
      operator: Exists
  weight: 100
```

이 코드는 '가능하다면 이 파드를 선점형 노드에서 실행해주세요. 불가능해도 문제는 없습니다'
라고 말하는 것과 같다.

TIP 모범 사례

선점형 노드를 사용 중이라면 쿠버네티스 노드 어피니티를 사용하여 중요한 워크로드가 선점되지 않도록
하자.

5.4.10 워크로드를 균형 있게 유지하기

쿠버네티스 스케줄러는 워크로드를 가능한 한 많은 노드에 고르게 분산하고 고가용성을 위해
각각 다른 노드에 레플리카 파드를 배치한다고 설명했다.

일반적으로 스케줄러는 잘 작동하지만 주의해야 할 몇 가지 예외 상황이 있다.

예를 들어 두 개의 서비스를 가진 두 개의 노드가 있고 서비스 A와 B는 각각 두 개의 복제본을
가지고 있다고 가정하자. 균형 잡힌 클러스터라면 각 노드에 서비스 A와 B의 레플리카가 하나
씩 있을 것이다(그림 5-1).

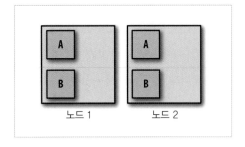

노드 1   노드 2

그림 5-1 서비스 A와 B가 사용 가능한 노드 사이에서 균형을 이루고 있다.

지금까지는 괜찮지만 노드 2가 고장 났다고 가정해보자. 스케줄러는 A와 B가 추가 레플리카가 필요하다는 것을 인지할 것이고 수용 가능한 노드는 단 한 대뿐이다. 이제 노드 1에는 서비스 A와 B의 레플리카 두 개가 실행 중이다.

고장난 노드 2를 교체하기 위해 새로운 노드를 스핀업spin up 한다고 가정하자. 새로운 노드가 사용 가능한 상태지만 수용 중인 파드는 없을 것이다. 스케줄러는 실행 중인 파드를 다른 노드로 이동시키지 않기 때문이다.

이제 모든 파드가 노드 1에 있고 노드 2에는 아무것도 없는 불균형 상태의 클러스터[12]가 되었다(그림 5-2).

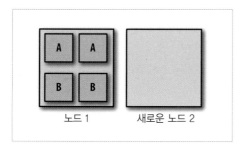

그림 5-2 노드 2에 장애가 발생한 후 모든 레플리카가 노드 1로 옮겨졌다.

하지만 더 나빠질 수 있다. 서비스 A에 롤링 업데이트를 배포한다고 가정하자(새로운 버전의 서비스를 A*라고 부르자). 스케줄러는 서비스 A*의 새로운 레플리카를 두 개를 실행하고 실행 완료를 기다렸다가 이전 레플리카를 종료한다. 새로운 레플리카는 어디서 실행될까? 노드 1은 이미 네 개의 파드를 실행 중이므로 유휴 상태인 새로운 노드 2에서 실행된다. 이제 새로운 서비스 A*의 레플리카 두 개는 노드 2에서 실행되고 이전 레플리카는 노드 1에서 제거된다(그림 5-3).

---

12 *https://itnext.io/keep-you-kubernetes-cluster-balanced-the-secret-to-high-availability-17edf60d9cb7*

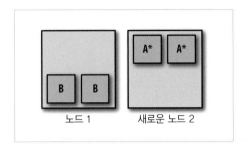

그림 5-3 A* 서비스를 롤아웃한 후에도 클러스터는 여전히 불균형 상태다.

서비스 B의 레플리카가 동일한 노드(노드 1)에 있고 서비스 A*의 레플리카는 동일한 노드(노드 2)에 있기 때문에 상황이 더 나빠졌다. 두 개의 노드가 있지만 고가용성을 보장하지 못하는 상태로 노드 1이나 노드 2에서 장애가 발생하면 서비스가 중단될 것이다.

문제의 핵심은 어떤 이유로든 스케줄러는 재시작하지 않는 한 파드를 다른 노드로 이동시키지 않는다는 것이다. 또한 워크로드를 노드에 고르게 분산시키는 스케줄러의 목적은 개별 서비스의 고가용성을 유지하는 것과 때로는 상충된다.

이를 해결하는 한 가지 방법은 디스케줄러^{descheduler}[13] 도구를 사용하는 것이다. 디스케줄러는 쿠버네티스 잡으로 자주 실행할 수 있으며 이동이 필요한 파드를 찾고 종료하여 클러스터의 균형을 재조정하는 데 최선을 다할 것이다.

디스케줄러는 사용자가 설정할 수 있는 다양한 전략과 정책을 제공한다. 예를 들어 한 정책은 사용률이 낮은 노드를 찾고 다른 노드에서 실행 중인 파드를 강제로 종료하여 유휴 노드로 다시 스케줄되게 한다.

또 다른 정책은 두 개 이상의 레플리카가 동일한 노드에서 실행 중인 중복 파드를 찾아 퇴출한다. 이렇게 하면 예제와 같은 워크로드가 균형을 이루지만 두 서비스 모두 실제로는 고가용성을 보장하지 못하는 문제를 해결할 수 있다.

---

13 *https://github.com/kubernetes-incubator/descheduler*

5.5 마치며

쿠버네티스는 수동으로 개입할 필요 없이 신뢰할 수 있는 효율적인 방법으로 워크로드를 실행하는 데 매우 유용하다. 컨테이너가 필요한 자원의 양을 정확하게 스케줄러에게 제공한다면, 여러분이 기존에 하던 일을 쿠버네티스에 대부분 맡길 수 있을 것이다.

그럼 지금까지 운영 문제를 해결하는 데 소비한 시간을 애플리케이션 개발과 같이 더 유용한 곳에 사용할 수 있다. 고맙다 쿠버네티스! 쿠버네티스가 자원을 관리하는 방법을 이해하는 것은 클러스터를 제대로 구축하고 실행하기 위한 핵심이다.

이 장에서 놓치지 말아야 할 내용을 정리해보자.

- 쿠버네티스는 요청과 상한에 따라 컨테이너에 CPU와 메모리 리소스를 할당한다.
- 컨테이너 요청은 실행에 필요한 최소한의 리소스 양이다. 상한은 사용 가능한 최대 리소스 양을 지정한다.
- 최소 컨테이너 이미지는 빌드, 푸시, 배포, 실행이 더 빠르다. 컨테이너가 작을수록 잠재적인 보안 취약성이 줄어든다.
- 활성 프로브는 쿠버네티스에 컨테이너가 정상적으로 작동하고 있는지를 알려준다. 만약 컨테이너의 활성 프로브가 실패하면 컨테이너를 종료하고 다시 실행한다.
- 준비성 프로브는 쿠버네티스에 컨테이너가 준비되어 요청을 처리할 수 있는 상태인지를 알려준다. 만약 준비성 프로브가 실패하면 컨테이너는 서비스에서 제거하여 사용자 트래픽 연결을 해제한다.
- PodDisruptionBudgets은 퇴출하는 동안 한 번에 중지할 수 있는 파드의 개수를 제한하여 애플리케이션의 고가용성을 보장한다.
- 네임스페이스는 클러스터를 논리적으로 분리한다. 각 애플리케이션이나 관련 애플리케이션 그룹을 네임스페이스로 생성할 수 있다.
- 다른 네임스페이스의 서비스를 참조하려면 SERVICE.NAMESPACE와 같은 DNS 주소를 사용하면 된다.
- ResourceQuotas를 사용하여 지정한 네임스페이스의 전체 리소스를 제한할 수 있다.

- LimitRanges는 네임스페이스 내 컨테이너의 기본 리소스 요청과 상한을 지정한다.

- 애플리케이션의 리소스 상한을 설정하여 정해진 범위 내에서 리소스를 사용하되, 일반적인 사용 환경에서는 상한을 초과하지 않게 하자.

- 필요한 용량 이상으로 클라우드 스토리지를 할당하지 말자. 애플리케이션 성능이 중요하지 않다면 고대역폭의 스토리지를 프로비저닝하지 않는 것이 좋다.

- 모든 컨테이너에 소유자 어노테이션을 지정하고 소유자가 없는 리소스를 정기적으로 클러스터에서 검출하자.

- 사용하지 않는 자원을 찾아서 정리하자(그전에 어노테이션을 확인하여 담당자에게 확인해야 한다).

- 장기적인 사용 계획을 세울 수 있다면 예약 인스턴스로 비용을 절감할 수 있다.

- 선점형 인스턴스를 사용하면 당장 비용을 효율적으로 줄일 수 있다. 하지만 선점형 인스턴스는 예고 없이 사라질 수 있으므로 이에 대비해야 한다. 노드 어피니티를 사용하여 장애에 민감한 파드가 선점형 노드에 할당되지 않도록 설정하자.

CHAPTER 6

클러스터 운영하기

테트리스가 내게 가르쳐준 것이 있다면, 에러는 쌓이고 성과는 사라진다는 것이다.

— 앤드루 클레이 샤퍼Andrew Clay Shafer (개발자)

현재 운영 중인 쿠버네티스 클러스터가 적절하게 설계되어 있고 정상적으로 실행 중인지는 어떻게 알 수 있을까? 클라우드 비용은 최소화하면서 트래픽 수요에 대처하여 클러스터를 확장하는 방법은 무엇일까? 이번 장에서는 상용 워크로드가 올라간 쿠버네티스 클러스터를 운영하면서 겪게 되는 문제를 살펴보고 도움이 되는 도구를 알아본다.

앞서 3장에서 보았듯이 쿠버네티스 클러스터에는 가용성, 인증, 업그레이드 등과 같이 고려해야 하는 중요한 사항이 많이 있다. 만약 3장에서 추천한 관리형 쿠버네티스 서비스를 사용 중이라면 이러한 문제 대부분은 크게 신경 쓰지 않아도 된다.

하지만 실제로 클러스터를 운영하는 방법은 직접 결정해야 한다. 이번 장에서는 클러스터의 크기를 정하고 확장하는 방법, 적합성을 확인하는 방법, 보안 문제를 찾는 방법, 카오스 몽키를 사용한 인프라의 복구 기능 테스트 방법을 다룬다.

6.1 클러스터 사이징과 스케일링

클러스터는 얼마나 커야 할까? 자체 호스팅 쿠버네티스 클러스터와 대부분의 관리형 서비스 클러스터에서 발생하는 지속적인 비용은 노드의 크기와 개수에 직접적으로 비례한다. 만약 클러스터의 용량이 너무 작다면 워크로드가 제대로 실행되지 않고 트래픽이 많으면 장애가 발생한다. 반대로 용량이 너무 크면 비용이 낭비된다. 클러스터의 크기를 적절하게 정하고 확장하는 것은 매우 중요하므로 좀 더 자세히 살펴보자.

6.1.1 클러스터 용량 계획 세우기

필요한 클러스터 용량을 산정하는 초기 측정 방법은 동일한 애플리케이션을 실행하는 데 필요한 기존 서버의 수를 계산하는 것이다. 예를 들어 동일한 워크로드를 실행할 때 기존 아키텍처로 클라우드 인스턴스 10개가 필요하다면, 쿠버네티스 클러스터에서는 다중화redundancy를 위한 노드를 포함하여 10개 이하의 노드에서 실행할 수 있기를 바랄 것이다. 사실 그렇게 많은 노드가 필요하지 않다. 쿠버네티스는 노드 간에 균등하게 워크로드를 배분하기 때문에 기존의 서버보다 더 높은 사용률을 보인다. 그러나 클러스터의 용량을 최적화하려면 약간의 시간과 실제 운영 경험이 필요할 것이다.

가장 작은 클러스터

클러스터를 처음 구성할 때는 클러스터를 조작해보고 테스트해보며 애플리케이션을 실행할 방법을 찾아볼 것이다. 필요한 용량이 어느 정도인지 알아내기 전까지는 대형 클러스터에 돈을 낭비할 필요는 없다.

가장 작은 쿠버네티스 클러스터는 단일 노드 구성이다. 앞서 2장에서 살펴보았듯이 단일 노드로 쿠버네티스를 구성하고 개발을 위한 작은 워크로드를 실행할 수 있다. 그러나 단일 노드 클러스터는 하드웨어 장애나 쿠버네티스 API 서버, **kubelet**(각 노드에서 워크로드를 실행하는 에이전트 데몬)에 문제가 발생했을 경우에 복구가 불가능하다.

GKE('3.3.1절 구글 쿠버네티스 엔진' 참조)와 같은 관리형 쿠버네티스 서비스를 사용한다면 마스터 노드가 기본으로 제공되기 때문에 마스터 노드를 프로비저닝하는 것을 고민하지 않아도 된다. 반면 자체 호스팅 클러스터를 구축한다면 마스터 노드를 몇 개로 구성할지 정해야 한다.

안정적인 쿠버네티스 클러스터를 위한 최소한의 마스터 노드 개수는 세 개다. 단일 노드는 안정적이지 않고 두 개의 노드는 리더 선정에 문제가 발생할 수 있다. 따라서 세 개의 마스터 노드가 필요하다.

작은 클러스터로도 워크로드를 실행할 수 있지만 권장하지는 않는다. 워커 노드를 추가하여 워크로드가 쿠버네티스 컨트롤 플레인과 리소스 경쟁을 하지 않도록 하는 것이 좋다.

클러스터 컨트롤 플레인이 고가용성을 보장한다면 단일 워커 노드로도 운영 가능하다. 하지만 노드 장애를 고려한다면 최소 두 개의 워커 노드로, 쿠버네티스가 모든 파드의 레플리카를 최소 두 개씩 실행하게 하는 것을 권장한다. 쿠버네티스 스케줄러가 사용 가능한 노드 간에 워크로드를 항상 균등하게 할당하는 것은 아니기 때문에 노드는 많을수록 더 좋다(5.4.10절 '워크로드를 균형 있게 유지하기' 참조)

> **TIP** **모범 사례**
>
> 쿠버네티스 클러스터는 고가용성을 보장하기 위해 마스터 노드가 최소 세 개 필요하다. 대규모 클러스터를 운영한다면 더 필요할 수도 있다. 워커 노드는 노드 한 개의 장애가 발생할 경우 워크로드의 fault-tolerant를 유지하기 위해 최소 두 개가 필요하다. 워커 노드가 세 개라면 더 좋다.

가장 큰 클러스터

쿠버네티스 클러스터에는 크기 제한이 있을까? 간단한 대답은 '그렇다'이다. 하지만 걱정할 필요는 없다. 쿠버네티스는 버전 1.12부터 공식적으로 최대 5000개 노드의 클러스터를 지원하기 때문이다.

클러스터링에는 노드 간 통신이 필요하기 때문에, 가능한 통신 경로의 수와 내부 데이터베이스 누적 부하는 클러스터의 크기에 따라 기하급수적으로 증가한다. 쿠버네티스는 5000개 이상의 **노드로 구성할 수는 있지만** 정상적인 작동과 최소한의 상용 워크로드를 처리할 수 있는 충분한 응답 속도는 **보장하지 못한다.**

쿠버네티스 공식 문서[1]에서 권고하는 지원 가능한 클러스터 구성은 노드 5000개 이하, 전체 파드 15만 개 이하, 전체 컨테이너 30만개 이하, 노드당 파드 100개 이하이다. 클러스터가 클수록 마스터 노드의 부하가 커진다는 점을 명심해야 한다. 마스터 노드를 직접 관리한다면 수천 개 노드의 클러스터를 처리하기 위해 고성능의 마스터 노드 서버가 필요할 것이다.

> **TIP** **모범 사례**
>
> 최대 안정성을 위해 쿠버네티스 클러스터는 노드 5000개 이하, 파드 15만 개 이하로 유지하자(대부분의 사용자에게 문제가 되지 않는다). 만약 더 많은 리소스가 필요하다면 다중 클러스터를 운영하라.

---

1 `https://kubernetes.io/ko/docs/setup/best-practices/cluster-large`

클러스터 페더레이션

워크로드의 요청이 엄청나게 많거나 대규모 클러스터를 운영해야 한다면 이러한 제한은 실제로 문제가 될 수 있다. 이 경우 여러 개의 쿠버네티스 클러스터를 운영하고 필요하다면 **페더레이션**federation을 사용하여 워크로드를 여러 클러스터에 분산할 수 있다.

페더레이션은 두 개 이상의 클러스터를 동기화하여 동일한 워크로드를 실행할 수 있다. 이는 쿠버네티스 클러스터가 재해 복구를 위해 멀티 클라우드를 사용하거나 사용자 지연 시간latency을 줄이기 위해 여러 지역에 있어야 하는 경우 유용하다. 페더레이션으로 구성된 클러스터는 개별 클러스터에 장애가 발생하더라도 서비스에 영향이 없다.

클러스터 페더레이션에 대해 더 자세히 알고 싶다면 쿠버네티스 문서[2]를 참조하자.

사실 대부분의 쿠버네티스 운영자는 페더레이션을 고민하지 않아도 된다. 페더레이션을 사용하지 않더라도 수백, 수천 개의 노드로 구성된 여러 개의 클러스터로 대규모 워크로드를 처리할 수 있다.

> **TIP** 모범 사례
>
> 지역적인 이중화나 지연 시간을 이유로 여러 클러스터에 걸친 워크로드의 레플리카가 필요하다면 페더레이션을 사용하자. 하지만 대부분의 운영자는 아마 필요하지 않을 것이다.

멀티 클러스터가 필요한가?

이전 절에서 설명했듯이 대규모 서비스를 운영하는 것이 아니라면 한두 개 이상의 클러스터는 필요하지 않을 것이다(하나는 상용 용도, 나머지 하나는 테스트나 스테이징 용도일 것이다).

네임스페이스를 사용하면 클러스터를 논리적 영역으로 분리하여 편리하고 간단하게 리소스를 관리할 수 있다('5.3절 네임스페이스 사용하기' 참조). 몇 가지 예외 상황을 제외하고 일반적으로는 멀티 클러스터를 운영하면 관리 오버헤드가 발생한다.

보안과 규제 준수와 같은 특별한 상황에는 클러스터의 서비스를 다른 클러스터와 완전하게 격리해야 한다(예를 들어 보안이 필요한 의료 정보나 법적인 이유로 다른 지역으로 데이터를 전송하지 못하는 경우). 이러한 경우에는 별도의 클러스터를 구축해야 한다. 대부분의 쿠버네티스 관리자는 이것이 문제가 되지 않을 것이다.

---

2 https://kubernetes.io/ko/docs/concepts/cluster-administration/federation

6.1.2 노드와 인스턴스

주어진 노드의 용량이 클수록 더 많은 작업을 처리할 수 있다. 여기서 용량은 CPU 코어 수(가상 또는 다른 종류의), 사용 가능한 메모리, 디스크 공간을 의미한다. 그러나 대용량 노드 10개를 운영하는 것이 소용량 노드 100개를 운영하는 것보다 더 좋을까?

적절한 노드 크기 선정하기

쿠버네티스 클러스터의 노드 크기에 대한 정확한 답은 없다. 이것은 클라우드 서비스, 하드웨어 업체나 워크로드의 특성에 따라 다르다.

다양한 인스턴스 크기의 용량당 비용은 노드의 크기를 결정하는 데 영향을 준다. 예를 들어 일부 클라우드 서비스 업체는 대형 인스턴스에 약간의 할인을 적용할 수 있다. 이 경우 워크로드 연산이 많은compute-intensive 작업이라면 소형 인스턴스를 여러 개 실행하는 것보다 대형 인스턴스를 적은 개수로 운영하는 것이 더 저렴하다.

클러스터에서 필요한 노드 개수는 노드 크기에 따라 달라진다. 파드 레플리케이션이나 고가용성과 같은 쿠버네티스가 제공하는 기능을 잘 활용하려면 여러 대의 노드로 작업을 분산해야 한다. 하지만 노드의 여유 용량이 너무 많다면 비용 낭비가 발생한다.

만약 고가용성을 위해 최소 10개의 노드가 필요하지만 각 노드에서 파드가 2개만 실행된다면 노드 인스턴스의 크기는 매우 작아도 된다. 반면에 두 개의 노드만 필요하다면 상대적으로 용량당 가격이 저렴한 대형 인스턴스를 사용하여 비용을 절감할 수 있다.

클라우드 인스턴스 유형

kubelet과 같은 쿠버네티스 컴포넌트도 리소스를 사용하기 때문에 원활하게 워크로드를 실행하기 위해서는 여유 용량이 필요하다. 따라서 클라우드 서비스 업체에서 제공하는 가장 작은 크기의 인스턴스는 쿠버네티스에 사용하기에 적합하지 않다.

소규모 클러스터(최대 5개 노드)의 마스터 노드는 적어도 가상 CPU(vCPU) 한 개와 메모리 3~4GiB가 필요하며 대규모 클러스터일 경우에는 각 마스터 노드에 더 많은 CPU와 메모리가 필요하다. 이는 구글 클라우드의 n1-standard-1, AWS의 m3.medium, 애저의 Standard DS1 v2 인스턴스와 동일하다.

대형 인스턴스를 프로비저닝하는 것이 더 비용 효율적인 경우도 있다고 앞서 설명했지만 단일 CPU에 메모리 4GiB인 인스턴스가 워커 노드에 합리적인 최소 크기다. 예를 들어 구글 쿠버네티스 엔진의 기본 노드 크기는 대략 이러한 스펙을 가진 n1-standard-1이다.

수십 개의 노드로 구성된 대규모 클러스터의 경우 두 대 또는 세 대의 다른 인스턴스 크기를 혼합하여 프로비저닝하는 것이 더 좋을 수 있다. 워크로드의 연산이 많아 메모리가 많이 필요한 파드는 쿠버네티스가 대형 노드에 스케줄링하고 소형 노드에는 연산이 적은 파드를 처리하게 할 수 있다('9.2절 노드 어피니티' 참조). 이것은 특정 파드를 실행할 때 원하는 노드를 쿠버네티스 스케줄러가 선택할 수 있게 해준다.

다양한 종류의 노드

모든 노드가 동일한 것은 아니다. 그래픽 처리 장치(GPU)와 같은 특수한 속성을 가진 노드가 필요할 수 있다. GPU는 고성능의 병렬 프로세서로 그래픽 관련 작업보다는 머신러닝이나 데이터 분석 작업 등에 많이 활용된다.

쿠버네티스의 **리소스 상한** 기능('5.1.3절 리소스 상한' 참조)을 사용하면 특정 파드가 적어도 하나의 GPU가 필요하다고 선언할 수 있다. 이렇게 하면 파드를 GPU가 활성화된 노드에서만 실행하며 어떤 노드에서든 파드의 우선순위를 설정할 수 있다.

대부분의 쿠버네티스 노드는 여러 종류의 리눅스를 사용하는데 리눅스는 거의 모든 애플리케이션에 적합하다. 컨테이너는 가상 머신이 아니기 때문에 컨테이너 내부의 프로세스는 노드 내부의 운영 체제 커널에서 직접 실행된다는 것을 명심하자. 예를 들어 윈도우 바이너리 파일은 리눅스 쿠버네티스 노드에서 실행할 수 없다. 윈도우 컨테이너를 실행하고 싶다면 윈도우 노드를 프로비저닝해야 한다.

베어 메탈 서버

쿠버네티스의 가장 유용한 특성 중 하나는 다양한 크기, 아키텍처, 기능을 가진 머신을 연결하고 워크로드를 실행할 수 있게 통합된 단일의 논리적인 머신이 제공된다는 것이다. 쿠버네티스는 일반적으로 클라우드 서버와 관련되어 있지만 다수의 기업이 데이터 센터에 많은 수의 물리적인 베어 메탈 서버를 보유하고 있다. 베어 메탈 서버는 쿠버네티스 클러스터로 활용할 수 있다.

클라우드 기술은 설비 투자 비용으로 구매한 서버(capex 인프라)에서 운영 비용으로 임대한 컴퓨팅 자원(opex 인프라)으로 전환되고 있다고 1장에서 설명했다. 그러나 이미 많은 수의 베어 메탈 서버를 보유하고 있는 기업은 기존의 서버를 폐기하는 대신에 쿠버네티스 클러스터로 활용하면 된다('3.6.6절 베어 메탈과 온프레미스' 참조).

6.1.3 클러스터 스케일링

클러스터의 적당한 시작 규모를 정하고 워커 노드의 인스턴스 크기를 적절하게 선정하여 조합했다면 모든 일이 끝난 것일까? 그렇지 않다. 시간이 지남에 따라 서비스 수요나 비즈니스 요청이 변한다면 클러스터를 확장하거나 축소해야 할 수 있다.

인스턴스 그룹

쿠버네티스 클러스터에 노드를 추가하는 것은 간단하다. 자체 호스팅으로 클러스터를 운영한다면 kops('3.5.1절 kops' 참조)와 같은 클러스터 관리도구를 사용하여 노드를 추가할 수 있다. kops는 주어진 인스턴스 유형(예를 들면 `m3.medium`)의 노드 집합인 **인스턴스 그룹**이라는 개념을 사용한다. 구글 쿠버네티스 엔진과 같은 관리형 서비스는 동일한 기능으로 **노드 풀**node pools을 제공한다. 그룹의 최소, 최대 크기를 변경하거나 특정 인스턴스의 유형을 변경하여 인스턴스 그룹이나 노드 풀의 크기를 조정할 수 있다.

다운스케일링

이론상으로는 쿠버네티스 클러스터를 축소하는 것에 문제가 없다. 쿠버네티스에게 제거할 노드를 **비우도록** 지시하면 쿠버네티스는 해당 노드에서 실행 중인 파드를 다른 곳으로 옮기고 노드를 서서히 종료한다.

대부분의 클러스터 관리 도구는 노드를 자동으로 비우지만 `kubectl drain` 명령어를 직접 사용할 수도 있다. 나머지 클러스터 노드에 충분한 여유 용량이 있어 종료한 파드를 다시 스케줄링할 수 있다면 노드를 비우는 작업은 성공적으로 완료되어 노드를 제거할 수 있다.

특정 서비스에 너무 많은 파드 레플리카를 줄이지 않으려면 PodDisruptionBudgets를 사용하여 실행되어야 하는 파드의 최소 개수를 지정할 수 있다. 또는 한 번에 제거할 수 있는 파드의 최대 개수를 지정할 수 있다('5.2.8절 PodDisruptionBudgets' 참조).

만약 이러한 제한을 초과하게 된다면 제한을 변경하거나 클러스터가 리소스를 더 확보할 때까지 노드를 비우는 작업은 중단된다.

비우기 작업은 파드를 정상적으로 종료하고 정리하며 필요한 상태를 저장한다. 대부분의 애플리케이션에서 노드를 그냥 종료하여 파드를 즉시 제거하는 것보다 비우기 작업을 수행하는 것이 더 바람직하다.

> TIP **모범 사례**
>
> 제거할 노드를 바로 종료하지 말자. 먼저 비우기 작업을 실행하여 해당 노드에서 실행 중인 워크로드를 다른 노드로 이전하고 클러스터에 남은 여유 용량이 충분한지 확인하자.

오토스케일링

대부분의 클라우드 서비스 업체는 **오토스케일링**을 지원한다. 오토스케일링은 일부 메트릭이나 스케줄에 따라 그룹 내 인스턴스의 개수를 자동으로 늘리거나 줄인다. 예를 들어 AWS의 오토스케일링 그룹(ASG)은 인스턴스의 최대, 최소를 개수를 유지하도록 관리한다. 즉 인스턴스에 장애가 발생하면 다른 인스턴스를 시작하고 너무 많은 인스턴스가 실행 중이라면 일부를 종료한다.

하루 중 시간에 따라 서비스 수요가 달라진다면 지정된 시각에 그룹을 증설하고 축소하도록 설정할 수 있다. 또는 리소스 사용량에 따라 동적으로 증설하고 감설하도록 설정할 수 있다. 만약 CPU 사용률이 15분 동안 90%를 초과하는 경우 CPU 사용률이 임곗값 이하로 떨어질 때까지 인스턴스를 자동으로 추가할 수 있다. 반대로 사용량이 다시 줄어들면 비용 낭비를 줄이기 위해 인스턴스를 자동으로 제거한다.

kops와 같은 쿠버네티스 클러스터 관리 도구나 애저 쿠버네티스 서비스와 같은 관리형 클러스터는 오토스케일링을 지원한다.

그러나 적절하게 오토스케일링을 사용하려면 시간과 노력이 필요하다. 아마 대부분의 사용자는 이 기능이 전혀 필요하지 않을 것이다. 대부분의 쿠버네티스 클러스터는 작은 규모에서 시작하고 자원 사용량이 증가함에 따라 노드를 추가하며 서서히 규모가 커진다.

수요의 변동이 매우 큰 대규모 애플리케이션의 경우 클러스터 오토스케일링은 매우 유용한 기능이다.

> **TIP** **모범 사례**
>
> 클러스터 오토스케일링 기능이 있다고 해서 무조건 활성화하여 사용하지는 말자. 워크로드나 수요의 변동이 매우 크지 않다면 아마 필요하지 않을 것이다. 적어도 한동안은 수동으로 클러스터의 규모를 조정하면서 애플리케이션의 확장 요구 사항이 어떻게 변하는지 파악하는 것을 권장한다.

6.2 적합성 검사

적합한 쿠버네티스란 무엇일까? 쿠버네티스는 다양한 방법으로 클러스터를 설정하는 유연함을 갖는데 이 때문에 잠재적인 문제가 발생할 수 있다. 쿠버네티스가 보편적인 플랫폼이 되려면 워크로드를 어떤 클러스터에서 실행하든지 원래 의도한 대로 실행되어야 한다. 즉 동일한 API 호출과 쿠버네티스 오브젝트를 사용할 수 있어야 하며 같은 작업으로 동일하게 작동해야 한다.

다행히도 쿠버네티스는 클러스터가 특정 버전에 대한 핵심 요구 사항들을 만족하며 **적합한지** 검증할 수 있는 테스트 항목을 갖고 있다. 이런 적합성 검사 기능은 쿠버네티스 관리자에게 매우 유용하다. 클러스터가 적합성 검사를 통과하지 못한다면 설정에 문제가 있는 것이니 수정해야 한다. 검사를 잘 통과한다면 쿠버네티스 용도로 설계된 애플리케이션이 클러스터 어디에서나 실행 가능하다는 것을 의미한다.

6.2.1 CNCF 인증

클라우드 네이티브 컴퓨팅 재단(CNCF)은 쿠버네티스 프로젝트와 상표('1.6절 클라우드 네이티브' 참조)를 공식적으로 소유하고 있으며 쿠버네티스와 관련된 제품, 엔지니어, 업체에 다양한 종류의 인증을 제공한다.

공인 쿠버네티스

관리형이나 부분 관리형 쿠버네티스 서비스를 사용한다면 해당 서비스가 쿠버네티스 인증 마크와 로고를 표시하고 있는지 확인하자(그림 6-1). 이는 서비스 업체가 클라우드 네이티브 컴퓨팅 재단(CNCF)에서 지정한 공인 쿠버네티스 표준the Certified Kubernetes standard[3]을 따른다는 것을 의미한다.

그림 6-1 쿠버네티스 인증 마크는 CNCF가 공인하는 상품이나 서비스에 붙는다.

상품 이름에 **쿠버네티스**를 붙이려면 반드시 CNCF의 인증을 받아야만 한다. 이는 각 서비스 업체가 표준을 따르고 있으며 인증받은 업체 간 쿠버네티스 서비스 호환이 가능하다는 것을 의미

---

3 *https://github.com/cncf/k8s-conformance*

한다. Sonobuoy 적합성 테스트 도구('6.2.2절 Sonobuoy를 사용한 적합성 테스트' 참조)를 사용하면 서비스 업체에서도 상품을 자체 인증할 수 있다.

공인 쿠버네티스 상품은 쿠버네티스 최신 버전을 따라야 하며 적어도 매년 업데이트해야 한다. 공인 쿠버네티스 인증 마크를 달고 있는 관리형 서비스뿐만 아니라 배포판과 설치 도구도 마찬가지다.

공인 쿠버네티스 관리자

공인 쿠버네티스 관리자certified kubernetes administrator(CKA)가 되려면 설치, 구성, 네트워킹, 유지보수, API 지식, 보안, 장애 조치 등 상용 환경에서 쿠버네티스 클러스터를 관리하는 핵심 역량을 보유하고 있음을 증명해야 한다. CKA 시험은 누구나 온라인으로 응시할 수 있으며 까다로운 실기 시험이 포함되어 있다.

CKA는 기술 역량과 지식을 제대로 검증할 수 있는 종합적인 시험으로 좋은 평가를 얻고 있다. CKA 인증을 받은 엔지니어라면 쿠버네티스에 자신감을 가져도 좋다. 쿠버네티스로 사업체를 운영 중이라면 CKA 인증받은 직원을 클러스터 관리 담당자로 배치하는 것을 고려해보자.

쿠버네티스 공인 서비스 업체

서비스 업체는 쿠버네티스 공인 서비스 업체kubernetes certified service provider(KCSP) 프로그램에 지원할 수 있다. 자격 조건은 업체가 CNCF 회원이어야 하며 기업 지원을 제공해야 한다(예를 들어 고객 사이트에 현장 엔지니어를 지원하는 등). 또한 쿠버네티스 커뮤니티에 적극적으로 기여해야 하며 CKA 공인 엔지니어를 세 명 이상 고용해야 한다.

> **TIP 모범 사례**
>
> 상품이 CNCF 표준을 준수하는지 확인하려면 공인 쿠버네티스 마크를 찾으면 된다. KCSP 공인 업체를 찾고 쿠버네티스 관리자를 고용하려면 CKA 자격증 보유자를 찾아보자.

6.2.2 Sonobuoy를 사용한 적합성 테스트

자체 호스팅 클러스터를 관리하거나 관리형 서비스를 사용 중이지만 쿠버네티스가 제대로 구성되어 있는지 최신 상태인지 직접 확인하고 싶다면 쿠버네티스 적합성 테스트를 진행하면 된다. 적합성 테스트 표준 도구는 헵티오의 Sonobuoy[4]다. 브라우저에서 Sonobuoy 스캐너 웹 인터페이스(*https://scanner.heptio.com*)로 접속하면 테스트 결과를 확인할 수 있다(그림6-2).

`kubectl apply` 명령어로 클러스터에서 Sonobuoy를 실행하면 적합성 검사를 진행하고 헵티오로 결과를 전송한다. 스캐너 웹 인터페이스에서는 적합성 검사 결과를 확인할 수 있다.

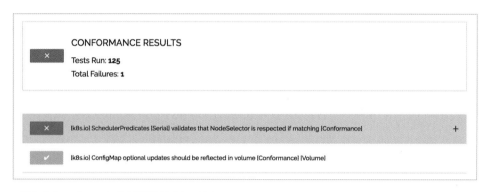

그림 6-2 Sonobuoy 스캐너의 적합성 테스트 결과

공인 쿠버네티스 서비스를 사용한다면 적합성 테스트에 실패할 가능성이 매우 낮지만 만약 실패할 경우에는 로그 메시지를 참고하여 문제를 해결할 수 있다.

TIP **모범 사례**

클러스터 구축 초기에는 Sonobuoy를 실행하여 표준을 따르는지 확인하고 모든 기능이 정상 작동하는지 확인하자. 이후에도 자주 실행하여 적합성 문제는 없는지 확인하자.

6.3 검증과 감사

클러스터 적합성 테스트는 기본이다. 모든 상용 클러스터는 반드시 표준을 따라야 하지만 적합성 테스트에서 검출되지 않는 쿠버네티스 구성과 워크로드와 관련된 일반적인 문제가 있을 수 있다. 예를 들어보자.

---

4 *https://github.com/heptio/sonobuoy*

- 지나치게 용량이 큰 컨테이너 이미지를 사용하면 클러스터 리소스를 낭비할 수 있다.

- 단일 파드 레플리카만 지정하는 디플로이먼트는 고가용성을 보장하지 못한다.

- 루트 권한으로 컨테이너를 실행하는 것은 잠재적인 보안 위험이 있다('8.3절 컨테이너 보안' 참조).

이번 절에서는 클러스터 문제를 찾는 도구와 기술을 살펴보고 어떤 부분이 문제의 원인이 될 수 있는지 설명한다.

6.3.1 K8Guard

타겟^{target}에서 개발한 K8Guard 도구[5]는 쿠버네티스 클러스터의 일반적인 문제를 확인하고 잘못된 부분을 수정하거나 해당 문제에 대한 알람을 보낼 수 있다. K8Guard은 클러스터에 대한 정책을 설정할 수 있다(예를 들어 컨테이너 이미지의 크기가 1GiB보다 크거나 인그레스 규칙이 어디서든 접속을 허용하는 경우 K8Guard가 경고 알림을 보내도록 할 수 있다.)

K8Guard는 16장에서 설명할 프로메테우스와 같은 모니터링 시스템에서 수집할 수 있는 메트릭을 제공하여 정책을 위반하는 디플로이먼트 개수, 쿠버네티스 API 응답 성능 등을 모니터링할 수 있다. 모니터링을 잘 하면 문제를 사전에 발견하고 해결하는 데 도움이 된다.

클러스터에 정책 위반이 발생할 때마다 경고하도록 K8Guard의 실행을 유지하길 권장한다.

6.3.2 Copper

Copper[6]는 배포 전에 쿠버네티스 매니페스트를 검사하는 도구로 일반적인 문제 사항을 플래그하거나 사용자 지정 정책을 적용한다. Cooper는 검증 규칙과 정책을 표현하기 위한 도메인 특화 언어$^{domain-specific\ language}$(DSL)을 제공한다.

예를 들어 다음은 Copper 언어에서 latest 태그를 사용하는 모든 컨테이너를 차단하는 규칙 표현이다('8.2.2절 latest 태그'에서 컨테이너를 차단해야 하는 이유를 다룬다).

---

5 `https://k8guard.github.io`

6 `https://copper.sh`

```
rule NoLatest ensure {
    fetch("$.spec.template.spec.containers..image")
        .as(:image)
        .pick(:tag)
        .contains("latest") == false
}
```

latest 태그가 포함된 컨테이너 이미지 스펙을 가진 쿠버네티스 매니페스트에서 copper 검사 명령을 실행하면 다음과 같은 실패 메시지가 출력된다.

```
copper check --rules no_latest.cop --files deployment.yml
Validating part 0
    NoLatest - FAIL
```

태그 검사나 소스 제어으로 Cooper 정책을 추가하여 사용하는 것을 권장한다(예를 들어 커밋하기 전에 쿠버네티스 매니페스트를 검사하거나 풀 요청에 대한 자동 확인하기).

쿠버네티스 API 스펙과 관련 있는 매니페스트 검사 도구는 kubeval이 있다('12.4.6절 kubeval' 참조).

6.3.3 kube-bench

kube-bench[7]는 쿠버네티스 클러스터가 인터넷 보안센터center for internet security(CIS)에서 지정한 기준을 따르는지 감사audit한다. 실제로는 클러스터가 보안 모범 사례를 따라 설정되어 있는지 확인한다. 아마 필요하지는 않겠지만 YAML 문서로 지정한 사용자 정의 테스트 항목을 추가하여 kube-bench가 실행되도록 설정할 수도 있다.

6.3.4 쿠버네티스 감사 로깅

클러스터에 파드 인식 불가와 같은 문제가 발생한 것을 인지했고, 문제가 어디서 발생했는지 알고 싶다고 생각해보자. 언제 누가 클러스터에 무엇을 했는지 어떻게 찾을 수 있을까? 쿠버네

---

7 *https://github.com/aquasecurity/kube-bench*

티스 감사 로그[8]로 확인할 수 있다.

감사 로깅이 활성화되어 있었다면 클러스터 API로의 모든 요청은 타임스탬프, 요청자(서비스 계정), 리소스와 같은 요청 세부 내용, 응답 내용이 기록된다.

감사 이벤트는 중앙 로깅 시스템으로 전달될 수 있으며 다른 로그 데이터와 같이 필터링하거나 알림을 발생시킬 수 있다('15장 관측가능성과 모니터링' 참조). 구글 쿠버네티스 엔진과 같은 관리형 서비스는 감사 로깅을 기본으로 포함하지만 일부 다른 서비스의 경우 로깅을 활성화하도록 클러스터를 직접 설정해야 한다.

6.4 카오스 테스팅

앞서 3.1.3절 내 '신뢰하더라도 검증하자'에서 설명했듯이 고가용성을 실제로 검증하는 유일한 방법은 하나 이상의 클러스터 노드를 제거하고 어떻게 되는지 확인하는 것이다. 이것은 쿠버네티스 파드나 애플리케이션도 동일하다. 예를 들어 임의의 파드를 선택하고 제거해보자. 그리고 쿠버네티스가 파드를 재시작하는지 확인하고 서비스에 영향을 주지 않는지 확인하자.

이 작업을 매번 수동으로 하는 것은 시간이 많이 걸리고 애플리케이션에 중요한 리소스를 무의식적으로 테스트에서 제외하게 될 것이다. 공정하게 테스트하기 위해서는 테스트 프로세스가 자동화되어야 한다.

상용 서비스에서 이러한 종류의 자동화된 무작위 테스트는 **카오스 몽키**Chaos Monkey 테스트로 알려져 있으며 넷플릭스에서 인프라 테스트를 하기 위해 개발한 도구도 동일한 이름이다.

> 원숭이가 데이터 센터에 침입했다고 가정해보자. 데이터 센터 내에는 온라인 서비스 중인 중요한 기능의 서버 팜이 있는데 원숭이는 무작위로 케이블을 뽑고 서버를 망가뜨린다.
>
> IT 관리자의 목표는 원숭이가 불시에 들어와 데이터 센터를 망가뜨려도 담당하는 시스템이 잘 작동하도록 시스템을 설계하는 것이다.
>
> — 안토니오 가르시아 마르티네스Antonio Garcia Martinez, 카오스 몽키

---

8 `https://kubernetes.io/docs/tasks/debug-application-cluster/audit`

무작위로 클라우드 서버를 종료시키는 카오스 몽키뿐만 아니라 넷플릭스 **시미안 아미**[9]^{Simian Army}
는 다양한 **카오스 엔지니어링** 도구를 제공한다. 레이턴시 몽키^{Latency Monkey}는 네트워크 문제를 시
뮬레이션하기 위해 통신 지연을 발생시킨다. 시큐리티 몽키^{Security Monkey}는 알려진 보안 취약점
을 찾고 카오스 고릴라^{Chaos Gorilla}는 AWS 가용성 영역 전체를 중단시킨다.

6.4.1 상용과 스테이징 환경은 다르다

카오스 몽키의 개념은 쿠버네티스 애플리케이션에도 적용할 수 있다. 상용 서비스에 영향 주는
것을 피하기 위해 카오스 엔지니어링 도구를 스테이징 클러스터에서 실행할 수 있지만 실제 서
비스 환경과 동일한 결과를 보장하지 않는다. 상용 환경에 대해서 알고 싶다면 상용 환경에서
테스트해야 한다.

> 많은 시스템들이 복제하기에는 너무 크고 복잡하며 비용이 많이 든다. 테스트를 위해 페이스북의
> 복제본(전 세계적으로 다중 분산된 데이터 센터를 포함하여)을 스핀업^{spin up}하는 것을 상상해보자.
>
> 상용과 동일한 패턴의 트래픽 모형을 만드는 것은 사용자 트래픽의 예측 불가능성 때문에 불가하
> 다. 어제의 트래픽을 완벽하게 재현할 수 있더라도 내일 트래픽은 예측할 수 없다. 상용과 스테이
> 징 환경은 다르다.
>
> — 체리티 메이저스^{Charity Majors}[10]

카오스 테스트를 더 유용하게 사용하기 위해서는 자동화하여 지속적으로 실행해야 한다. 한 번
의 테스트로 시스템이 항상 신뢰할 수 있는 상태라고 판단해서는 안 된다.

> 카오스 테스트 자동화의 요점은 지속적으로 반복 실행하여 시스템에 대한 믿음과 신뢰를 쌓는 것
> 이다. 새로운 취약점을 발견하는 것뿐만 아니라 초기에 보완한 취약점을 지속적으로 점검하는 것
> 이다.
>
> — 러스 마일즈^{Russ Miles}, ChaosIQ의 CEO이자 공동 창업자[11]

---

9 옮긴이_카오스 몽키를 포함해 넷플릭스가 개발한 다양한 무작위 테스트를 포괄하는 이름이다. '시미안 아미'는 원숭이 군대라는 뜻이며
레이턴시 몽키, 닥터 몽키, 시큐리티 몽키 등을 포함한다. *https://en.wikipedia.org/wiki/Chaos_engineering*

10 *https://opensource.com/article/17/8/testing-production*

11 *https://medium.com/chaosiq/exploring-multi-level-weaknesses-using-automated-chaos-experiments-
aa30f0605ce*

클러스터를 자동으로 카오스 엔지니어링하는 데 사용하는 몇 가지 도구는 다음과 같다.

6.4.2 chaoskube

chaoskube[12]는 클러스터의 파드를 무작위로 종료시킨다. 기본적으로는 드라이 런 모드로 작동하여 종료할 파드만 보여주고 실제로 종료하지 않는다.

파드의 레이블('9.1절 레이블' 참조), 어노테이션, 네임스페이스를 기반으로 chaoskube가 포함하거나 제외할 파드를 설정하거나 특정 기간이나 날짜를 피하여 작동하게 할 수 있다(예를 들어 크리스마스이브에는 아무것도 죽이지 않도록). 그러나 기본적으로는 네임스페이스, 파드, 쿠버네티스 시스템 파드를 가리지 않고 무작위로 종료한다. 심지어는 chaoskube도 종료 대상에 포함한다.

chaoskube 필터 설정이 완료되었다면 드라이 런 모드를 비활성화하여 실제로 작동하도록 만들 수 있다. chaoskube는 설치와 설정이 간단하여 카오스 엔지니어링 입문자에게 유용한 도구이다.

6.4.3 kube-monkey

kube-monkey[13]는 설정된 시각(기본으로 평일 오전 8시)에 작동하며 나머지 시간(기본으로 오전 10시에서 오후 4시)에 디플로이먼트 스케줄을 빌드한다. 다른 도구와 다르게 kube-monkey는 옵트인opt-in 기반으로 작동한다. 어노테이션을 사용하여 kube-monkey 활성화를 지정한 파드를 대상으로 한다.

즉 개발 중인 애플리케이션이나 서비스를 kube-monkey 테스팅에 추가하고 서비스에 따라 다른 수준의 빈도와 정도를 설정할 수 있다. 예를 들어 다음 파드의 어노테이션은 평균 무고장 시간mean time between failures (MTBF)을 이틀로 지정한다.

```
kube-monkey/mtbf: 2
```

---

12 *https://github.com/linki/chaoskube*
13 *https://github.com/asobti/kube-monkey*

kill-mode 어노테이션은 제거할 디플로이먼트의 파드 개수나 최대 퍼센트를 지정할 수 있다. 다음 어노테이션은 대상 디플로이먼트의 파드를 최대 50%까지 제거할 수 있다.

```
kube-monkey/kill-mode: "random-max-percent"
kube-monkey/kill-value: 50
```

6.4.4 PowerfulSeal

PowerfulSeal[14]은 오픈 소스의 쿠버네티스 엔지니어링 도구로 대화형interactive과 자율형autonomous 두 가지 모드로 작동한다. 대화형 모드를 사용하면 클러스터를 탐색하고 수동으로 테스트하여 결과를 확인할 수 있다. 노드, 네임스페이스, 디플로이먼트, 개별 파드를 제거할 수 있다.

자율형 모드는 사용자 정책을 기반으로 작동한다. 정책에는 테스트할 리소스 대상과 제외할 대상을 지정하고 언제 실행할지(예를 들어 월요일~금요일 근무 시간에만 작동하도록 구성할 수 있다) 설정할 수 있으며 얼마나 공격적으로 테스트할지(예를 들어 디플로이먼트 리소스에서 지정한 퍼센트만큼 종료할 수 있게) 지정할 수 있다. PowerfulSeal 정책 파일은 매우 유연하며 거의 모든 카오스 엔지니어링 시나리오를 설정할 수 있다.

TIP **모범 사례**

> 애플리케이션에 고가용성이 필요하다면 chaoskube와 같은 카오스 테스팅 도구를 정기적으로 실행하여 노드나 파드의 장애가 서비스에 문제를 일으키는지 점검하자. 처음 점검 시에는 클러스터와 애플리케이션 운영 담당자와 함께 고가용성을 확인하자.

6.5 마치며

초기 쿠버네티스 클러스터의 적절한 크기와 설정을 정하는 것은 어려운 일이다. 여기에는 다양한 선택 사항이 있고 실제로 상용 환경에서 운영하기 전까지는 무엇이 정말로 필요한지 알기 어렵다. 이 책에서 이러한 것들을 대신 결정해줄 수는 없지만 적어도 고려할 수 있는 선택 사항

---

14 https://github.com/bloomberg/powerfulseal

을 안내하여 도움이 되기를 바란다.

이 장에서 놓치지 말아야 할 내용을 정리해보자.

- 상용 쿠버네티스 클러스터를 프로비저닝하기 전에 필요한 노드 수와 크기를 고려하자.

- 마스터 노드는 최소한 세 개가 필요하며(관리형 서비스를 사용한다면 필요하지 않다) 워커 노드는 최소한 두 개(이상적으로는 세 개)가 필요하다. 초기에 적은 양의 워크로드를 실행할 때는 이러한 쿠버네티스 클러스터의 비용이 비싸 보일 수 있다. 그러나 쿠버네티스의 장점인 복구와 확장 기능을 잊지 말자.

- 쿠버네티스 클러스터는 수천 개의 노드와 수십만 개의 컨테이너로 확장할 수 있다.

- 그 이상으로 확장이 필요하다면 멀티 클러스터를 사용하자(경우에 따라 보안이나 규제 준수를 위해 필요할 수 있다). 여러 클러스터에 걸친 워크로드의 레플리카가 필요하다면 페더레이션을 사용하여 클러스터를 하나도 통합할 수 있다.

- 일반적인 쿠버네티스 노드 크기는 CPU 1개, 램 4GiB이다. 그러나 몇 가지 다른 크기의 노드를 섞어서 사용하는 것이 좋다.

- 쿠버네티스는 클라우드만을 위한 것이 아니다. 베어 메탈 서버에서도 운영 가능하다. 기존에 보유한 베어 메탈 서버가 있다면 사용하지 않을 이유가 없다.

- 클러스터는 큰 문제없이 수동으로 확장하고 축소할 수 있지만 너무 자주할 필요는 없다. 오토스케일링은 유용한 기능이지만 그다지 중요하지는 않다.

- CNCF **공인 쿠버네티스** 마크는 쿠버네티스 업체와 상품이 표준을 잘 따르고 있음을 의미한다. 만약 이용 중인 상품에서 인증 마크를 보지 못했다면 업체에 확인해보자.

- 카오스 테스팅은 파드를 무작위로 종료하고 애플리케이션이 잘 동작하는지 확인한다. 카오스 테스팅은 유용하다. 하지만 불안전한 클라우드 환경에서는 일부러 만들어내지 않아도 조만간 혼돈을 마주하게 될지도 모른다.

CHAPTER 7

유용한 쿠버네티스 도구

> 제 자동차 정비사가 그러더라고요. 브레이크를 못 고쳐서 경적 소리를 더 높였다고요.
>
> – 스티븐 라이트Steven Wright (미국 야구 선수)

많은 사람들이 필자에게 다음과 같이 질문한다. "쿠버네티스 도구는 어떤 것들이 있나요? 쿠버네티스 도구가 필요한가요? 필요하다면 어떤 것이 좋은가요? 어떤 기능을 제공하나요?"

이번 장에서는 쿠버네티스 운영에 도움을 주는 도구와 유틸리티 일부를 살펴본다. kubectl을 활용한 몇 가지 고급 기술과 jq, kubectx, kubens, kube-ps1, kube-shell, Click, kubed-sh, Stern, 비지박스BusyBox와 같은 유용한 유틸리티를 소개한다.

7.1 kubectl 마스터하기

kubectl은 쿠버네티스를 다루는 주요한 도구로 앞서 2장에서 다뤘기 때문에 기본적인 기능에는 이미 익숙할 것이다. 이번 장에서는 kubectl의 새로운 팁과 요령을 포함한 고급 기능을 좀 더 알아보자.

7.1.1 셸 별칭 사용하기

kubectl 명령어에 대한 셸 별칭shell alias을 등록하는 것은 쿠버네티스 사용자들이 생산성을 높이기 위해 사용하는 방법 중 하나다. 예를 들어 시스템의 **.bash_profile** 파일에 다음과 같이 별칭을 추가해보자.

```
alias k=kubectl
```

이제 모든 명령어에 kubectl을 전부 입력하는 것 대신 k만 입력하여 사용할 수 있다.

```
k get pods
```

자주 사용하는 kubectl 명령어가 있다면 다음 예제와 같이 해당 명령어를 별칭으로 등록할 수 있다.

```
alias kg=kubectl get
alias kgdep=kubectl get deployment
alias ksys=kubectl --namespace=kube-system
alias kd=kubectl describe
```

구글 엔지니어 아메트 알프 발칸Ahmet Alp Balkan은 이러한 논리적인 시스템의 별칭[1]을 정의하고 자동으로 등록할 수 있는 스크립트를 만들어 제공한다(현재 대략 800개의 별칭이 있다).

그러나 별칭을 모두 사용할 필요는 없다. 자주 사용하는 명령어만 k로 시작하는 쉽게 기억할 수 있는 별칭을 추가하기를 권장한다.

7.1.2 짧은 플래그 사용하기

대부분의 명령줄 도구와 같이 kubectl은 다양한 플래그와 전환의 단축형을 지원한다. 단축형을 사용하면 명령어 입력을 많이 줄일 수 있다.

예를 들어 --namespace 플래그는 단축형인 -n을 사용하면 된다('5.3절 네임스페이스' 사용하

---

1 *https://ahmet.im/blog/kubectl-aliases/index.html*

기 참조).

```
kubectl get pods -n kube-system
```

kubectl 명령어로 리소스에 대한 작업을 실행할 때 --selector 플래그('9.1절 레이블' 참조)
를 사용하여 리소스를 지정하는 경우가 많다. 다행히 이것은 -l(레이블)로 줄여 쓸 수 있다.

```
kubectl get pods -l environment=staging
```

7.1.3 리소스 단축형 사용하기

kubectl의 일반적인 용도는 파드, 디플로이먼트, 서비스, 네임스페이스와 같은 다양한 종류의
리소스를 조회하는 것이다. 예를 들어 kubectl get 뒤에 deployments를 붙여 디플로이먼트
리소스를 조회한다.

kubectl은 리소스 조회가 간편하도록 다음과 같은 종류의 리소스 단축형을 지원한다.

```
kubectl get po
kubectl get deploy
kubectl get svc
kubectl get ns
```

다른 유용한 단축형은 node의 no, configmaps의 cm, serviceaccounts의 sa, daemonsets
의 ds, persistentvolumes의 pv가 있다.

7.1.4 kubectl 명령어 자동 완성 사용하기

bash나 zsh 셸을 사용한다면 kubectl 명령어의 자동 완성을 사용할 수 있다. 다음 명령어를
실행하여 현재 사용 중인 셸에서 자동 완성을 활성화하는 방법을 확인하자.

```
kubectl completion -h
```

안내에 따라 자동 완성을 활성화했다면 Tab 키를 눌러 부분 입력된 kubectl 명령어를 완성할 수 있다. 다음과 같이 해보자.

```
kubectl cl<TAB>
```

명령어는 kubectl cluster-info로 자동 완성될 것이다.

kubectl을 입력하고 Tab 키를 두 번 누르면 사용 가능한 모든 명령어를 확인할 수 있다.

```
kubectl <TAB><TAB>
alpha            attach           cluster-info    cordon         describe   ...
```

현재 명령어에서 사용 가능한 플래그의 목록도 동일한 방법으로 확인할 수 있다.

```
kubectl get pods --<TAB><TAB>
--all-namespaces   --cluster=   --label-columns=   ...
```

kubectl은 또한 파드, 디플로이먼트, 네임스페이스 등의 이름도 자동 완성을 지원한다.

```
kubectl -n kube-system describe pod <TAB><TAB>
event-exporter-v0.1.9-85bb4fd64d-2zjng
kube-dns-autoscaler-79b4b844b9-2wglc
fluentd-gcp-scaler-7c5db745fc-h7ntr
...
```

7.1.5 도움말 보기

다른 훌륭한 명령줄 도구와 마찬가지로 kubectl은 잘 정리된 문서를 제공한다. kubectl -h 명령어를 실행하면 사용 가능한 전체 명령어 개요를 확인할 수 있다.

```
kubectl -h
```

kubectl COMMAND -h를 입력하면 각 명령어에 대한 자세한 문서와 사용 가능한 옵션, 예제를 확인할 수 있다.

```
kubectl get -h
```

7.1.6 쿠버네티스 리소스 도움말 보기

kubectl은 명령어 도움말뿐만 아니라 디플로이먼트나 파드와 같은 쿠버네티스 오브젝트에 대한 도움말도 제공한다. kubectl explain 명령어를 사용하여 지정한 리소스 유형에 대한 도움말을 확인할 수 있다.

```
kubectl explain pods
```

kubectl explain RESOURCE.FIELD를 실행하면 지정한 리소스 필드의 더 자세한 정보를 확인할 수 있다. 실제로 다음과 같이 필요한 정보를 세부적으로 파고들어 확인할 수도 있다.

```
kubectl explain deploy.spec.template.spec.containers.livenessProbe.exec
```

kubectl explain --recursive를 실행하면 필드 내의 필드를 재귀적으로 확인할 수 있으나 출력 결과가 매우 많으니 보기에 어지러울 수도 있다.

7.1.7 더 자세한 출력 결과 확인하기

kubectl get 명령어로 파드와 같은 다양한 종류의 리소스를 조회할 수 있다는 것을 이미 알고 있을 것이다.

```
kubectl get pods
NAME                    READY    STATUS     RESTARTS   AGE
demo-54f4458547-pqdxn   1/1      Running    6          5d
```

-o wide 플래그를 사용하면 파드가 실행 중인 노드와 같은 추가 정보를 확인할 수 있다.

```
kubectl get pods -o wide
NAME                   ... IP           NODE
demo-54f4458547-pqdxn  ... 10.76.1.88   gke-k8s-cluster-1-n1-standard...
```

공간상의 이유로 -o wide 플래그 이후 정보는 생략했다.

리소스 타입에 따라 -o wide로 다른 정보를 확인할 수 있다. 예를 들어 노드의 경우에는 다음과 같다.

```
kubectl get nodes -o wide
NAME              ... EXTERNAL-IP       OS-IMAGE       KERNEL-VERSION
gke-k8s-...8l6n   ... 35.233.136.194    Container...    4.14.22+
gke-k8s-...dwtv   ... 35.227.162.224    Container...    4.14.22+
gke-k8s-...67ch   ... 35.233.212.49     Container...    4.14.22+
```

7.1.8 jq를 사용하여 JSON 데이터 다루기

kubectl get 명령어의 기본 출력 형식은 평문plain text이지만 JSON 형식으로도 정보를 출력할 수 있다.

```
kubectl get pods -n kube-system -o json
{
    "apiVersion": "v1",
    "items": [
        {
            "apiVersion": "v1",
            "kind": "Pod",
            "metadata": {
                "creationTimestamp": "2018-05-21T18:24:54Z",
                ...
```

예상대로 많은 결과가 출력된다(필자의 클러스터에서는 약 5000줄이 출력되었다). 다행히 JSON은 널리 사용되는 출력 형식이기 때문에 jq와 같은 매우 유용한 도구를 사용하여 결과를 필터링할 수 있다.

기존에 jq(https://stedolan.github.io/jq/manual)를 설치하지 않았다면 시스템 환경

에 따라 일반적인 방법으로 설치하면 된다(맥OS에서는 brew install jq, 데미안/우분투에서는 apt install jq 등).[2]

jq 설치를 완료했다면 다음 명령어를 사용하여 kubectl 출력 결과를 쿼리하고 필터링할 수 있다.

```
kubectl get pods -n kube-system -o json | jq '.items[].metadata.name'
"event-exporter-v0.1.9-85bb4fd64d-2zjng"
"fluentd-gcp-scaler-7c5db745fc-h7ntr"
"fluentd-gcp-v3.0.0-5m627"
"fluentd-gcp-v3.0.0-h5fjg"
...
```

jq는 JSON 데이터를 쿼리하고 변환할 수 있는 매우 강력한 도구이다.

예를 들어 각 노드에서 실행 중인 파드 개수에 따라 가장 바쁜 노드를 찾는다면 다음과 같이 실행하면 된다.

```
kubectl get pods -o json --all-namespaces | jq '.items |
  group_by(.spec.nodeName) | map({"nodeName": .[0].spec.nodeName,
  "count": length}) | sort_by(.count) | reverse'
```

jq 온라인 플레이그라운드(*https://jqplay.org*)에 접속하면 JSON 데이터를 입력하고 원하는 결과를 얻기 위한 다양한 jq 쿼리를 테스트할 수 있다.

jq를 사용할 수 없는 환경이라면 kubectl에서 제공하는 JSONPath[3]를 사용하면 된다. JSONPath는 jq만큼 강력하진 않지만 간편하고 빠르게 사용하기 좋은 도구이다.

```
kubectl get pods -o=jsonpath={.items[0].metadata.name}
demo-66ddf956b9-pnknx
```

---

2 *https://stedolan.github.io/jq/download*
3 *https://kubernetes.io/docs/reference/kubectl/jsonpath*

7.1.9 오브젝트 감시하기

여러 개의 파드가 실행되기를 기다리고 있다면 파드의 상태를 확인하기 위해 매초마다 kubectl get pods...를 입력하는 것은 귀찮은 일이다.

kubectl은 다음과 같이 --watch 플래그(짧게는 -w)를 제공하여 불필요한 수고를 덜어준다.

```
kubectl get pods --watch
NAME                     READY   STATUS             RESTARTS   AGE
demo-95444875c-z9xv4     0/1     ContainerCreating  0          1s
... [time passes] ...
demo-95444875c-z9xv4     0/1     Completed          0          2s
demo-95444875c-z9xv4     1/1     Running            0          2s
```

각 파드의 상태가 변경될 때마다 업데이트된 상태를 터미널에서 확인할 수 있다('7.3.3절 kubespy로 쿠버네티스 리소스 감시하기'에서는 모든 종류의 리소스를 감시할 수 있는 더 좋은 방법을 소개한다).

7.1.10 오브젝트 정보 확인하기

쿠버네티스 오브젝트의 더 자세한 정보를 확인하고 싶다면 kubectl describe 명령어를 사용하면 된다.

```
kubectl describe pods demo-d94cffc44-gvgzm
```

Events 섹션은 컨테이너의 생명 주기 각 단계에서 발생한 에러를 기록하기 때문에 컨테이너가 정상적으로 동작하지 않을 경우에 문제 해결에 유용하게 활용할 수 있다.

7.2 리소스 다루기

지금까지는 kubectl을 사용하여 리소스 목록을 조회하거나 kubectl apply로 선언형 YAML 매니페스트를 적용했지만 kubectl의 **명령형 커맨드**imperative command로 리소스를 직접 생성하거나 수정할 수도 있다.

7.2.1 kubectl 명령형 커맨드

앞서 '2.5.1절 데모 애플리케이션 실행하기'의 예제와 같이 kubectl run 명령어는 지정한 컨테이너를 실행하는 디플로이먼트를 암시적으로 생성한다.

kubectl create 명령어는 대부분의 리소스를 명시적으로 생성할 수 있다.

```
kubectl create namespace my-new-namespace
namespace "my-new-namespace" created
```

마찬가지로 kubectl delete 명령어는 리소스를 삭제한다.

```
kubectl delete namespace my-new-namespace
namespace "my-new-namespace" deleted
```

kubectl edit 명령어는 리소스를 확인하고 수정할 수 있다.

```
kubectl edit deployments my-deployment
```

kubectl edit 명령어를 실행하면 시스템에 설정된 기본 편집기로 지정한 리소스가 표현된 YAML 매니페스트 파일이 열릴 것이다.

편집기를 사용하면 리소스의 자세한 설정을 확인할 수 있을 뿐만 아니라 설정을 변경할 수도 있다. 파일을 저장하고 편집기를 종료하면 kubectl은 해당 매니페스트 파일에 kubectl apply를 실행한 것처럼 리소스를 업데이트할 것이다.

YAML 문법 오류와 같은 에러가 발생한다면 kubectl은 에러 내용을 출력하고 문제를 수정하도록 파일을 다시 연다.

7.2.2 명령형 커맨드를 사용하지 않을 때

이 책에서는 **선언형** 인프라 코드 시스템의 중요성을 계속해서 강조해왔다. 따라서 여기서 kubectl 명령형 커맨드를 권장하지 않아도 놀랍지는 않을 것이다.

명령형 커맨드는 간단한 테스트를 진행하거나 아이디어를 검증하는 데 유용하지만 신뢰할 수 있는 **단일 소스 저장소**single source of truth가 없다는 문제점이 있다. 명령형 커맨드를 사용하면 언제 누가 실행했는지 확인이 불가능하며 그 결과가 어땠는지 알 수 있는 방법이 없다. 명령형 커맨드를 실행하면 클러스터의 상태는 소스 제어에 저장된 매니페스트 파일과 동기화되지 않는다.

이 상태에서 누군가 YAML 매니페스트를 적용한다면 명령형 커맨드로 변경한 설정에 덮어써지며 이전 설정이 제거된다. 이 때문에 예상할 수 없는 문제가 발생할 수 있으며 서비스에 안 좋은 영향을 미칠 수 있다.

> 앨리스가 당직일 때 관리 중인 서비스의 부하가 갑자기 증가했다. 앨리스는 kubectl scale 명령어를 사용하여 레플리카의 수를 5개에서 10개로 늘렸다. 며칠 후 밥이 새로운 컨테이너 이미지를 사용하기 위해 소스 제어에서 YAML 매니페스트를 수정한다. 문제는 현재 상용 환경에서 앨리스가 레플리카의 개수를 5개에서 10개로 늘린 것을 모른다는 것이다. 밥이 롤아웃을 진행하면서 레플리카의 개수가 절반으로 줄어 서비스 과부하와 중단이 발생했다.
>
> – 켈시 하이타워, 『쿠버네티스 시작하기』(에이콘출판사, 2018)

앨리스는 명령형 커맨드로 클러스터의 상태를 변경한 후에 소스 제어에 업데이트하는 것을 잊어버렸다. 이러한 상황은 언제든 발생할 수 있으며 특히 장애 상황의 압박 속에서 놓치기 쉬운 실수다('16.5.2절 당직은 지옥이 되어서는 안 된다' 참조). 실제 운영 환경이 모범 사례를 항상 따르는 것은 아니다.

마찬가지로 매니페스트 파일을 적용하기 전에 밥은 kubectl diff('7.2.5절 리소스 비교하기' 참조)를 사용하여 변경할 사항을 점검했어야 했다. 하지만 이러한 문제에 대한 관심이 적다면 간과하기 쉽다. 그리고 아마 밥은 이런 문제에 대해 주의를 받은 적이 없었을 것이다.

이러한 종류의 문제를 피할 수 있는 가장 좋은 방법은 소스 제어에서 리소스 파일을 수정하고 적용하는 것이다.

TIP **모범 사례**

상용 클러스터에서는 create나 edit와 같은 kubectl 명령형 커맨드를 사용하지 않아야 한다. 버전이 관리되는 YAML 매니페스트로 리소스를 관리하고 kubectl apply(또는 헬름 차트)로 적용하는 것을 권한다.

7.2.3 리소스 매니페스트 생성하기

클러스터를 변경하기 위해 kubectl 명령형 커맨드 사용을 권장하지는 않지만 명령형 커맨드를 활용하면 쿠버네티스 YAML 파일을 처음부터 생성할 때보다 시간을 줄일 수 있다.

빈 파일에 많은 양의 기본 코드를 입력하는 대신 다음과 같이 kubectl을 활용하여 YAML 매니페스트 기본 파일을 생성할 수 있다.

```
kubectl run demo --image=cloudnatived/demo:hello --dry-run -o yaml
apiVersion: extensions/v1beta1
kind: Deployment
...
```

--dry-run 플래그는 kubectl이 실제로 리소스를 생성하지는 않고 생성 시 발생할 수 있는 메시지만 출력하게 한다. -o yaml 플래그를 추가하면 리소스 매니페스트를 YAML 형식으로 출력한다. 이 출력 결과를 저장하고 필요한 경우 수정하여 최종적으로 클러스터에 리소스 생성을 적용하면 된다.

```
kubectl run demo --image=cloudnatived/demo:hello --dry-run -o yaml
    >deployment.yaml
```

이제 자주 사용하는 편집기로 내용을 수정하고 저장한 후 적용하면 된다.

```
kubectl apply -f deployment.yaml
deployment.apps "demo" created
```

7.2.4 리소스 내보내기

리소스 매니페스트를 처음부터 생성하는 것뿐만 아니라 클러스터에 존재하는 기존의 리소스를 매니페스트 파일로 생성하는 것에도 kubectl을 활용할 수 있다. 예를 들어 명령형 커맨드(kubectl run)를 사용하여 디플로이먼트를 생성하고 원하는 설정으로 수정했다면 소스 제어에 추가하기 위한 선언형 YAML 매니페스트 생성이 필요할 것이다.

다음과 같이 kubectl get에 --export 플래그를 추가하면 된다.

```
kubectl run newdemo --image=cloudnatived/demo:hello --port=8888
--labels app=newdemo
deployment.apps "newdemo" created
kubectl get deployments newdemo -o yaml --export >deployment.yaml
```

출력 결과는 표준 형식을 따르고 있어 다른 매니페스트와 함께 저장하고 업데이트할 수 있으며 kubectl apply -f 명령어로 적용할 수 있다.

지금까지 kubectl 명령형 커맨드를 사용하여 클러스터를 관리해왔다면 필자가 추천한 선언형 스타일로 방식을 바꾸기를 바란다. 앞의 예제와 같이 kubectl에 --export 플래그를 사용하여 클러스터의 모든 리소스를 매니페스트 파일로 내보내기만 하면 된다.

7.2.5 리소스 비교하기

kubectl apply로 쿠버네티스 매니페스트를 적용하기 전에 클러스터에 변경될 사항을 정확하게 알 수 있다면 좋을 것이다. kubectl diff는 이러한 역할을 하는 명령어이다.

```
kubectl diff -f deployment.yaml
-   replicas: 10
+   replicas: 5
```

비교 결과를 활용하여 의도한 사항이 실제로 변경되는지 확인할 수 있다. 또한 누군가 명령형 커맨드로 클러스터를 변경했다면 kubectl diff는 현재 리소스의 상태가 YAML 매니페스트와 동기화되지 않는다고 경고 메시지를 출력한다.

TIP **모범 사례**

상용 클러스터에 업데이트 사항을 적용하기 전에 kubectl diff를 사용하여 변경될 사항을 미리 확인하자.

7.3 컨테이너 다루기

쿠버네티스 클러스터의 작동은 대부분 컨테이너 안에서 이루어지므로 문제 발생 시 원인을 찾기 쉽지 않다. kubectl을 사용하여 실행 중인 컨테이너를 다루는 유용한 방법을 알아보자.

7.3.1 컨테이너 로그 보기

컨테이너 로그는 컨테이너가 정상적으로 작동하는지 확인하거나 문제가 있어 해결이 필요할 때 유용하게 활용할 수 있는 정보이다. 쿠버네티스의 로그에는 컨테이너가 작성하는 표준 출력 standard output과 표준 오류 스트림standard error streams이 모두 포함된다. 만약 프로그램이 터미널에서 실행 중이라면 터미널에서 출력 결과를 확인할 수 있다.

분산형 애플리케이션과 같은 상용 애플리케이션은 여러 서비스의 로그를 모아 영구적인 데이터베이스에 저장, 조회하고 그래프로 그릴 수 있어야 한다. 이에 관한 내용은 15장에서 더 자세히 다룬다.

그러나 특정 컨테이너의 로그 메시지를 조사하는 것은 여전히 유용한 문제 해결 방법이며 kubectl logs에 파드의 이름을 붙여 직접 로그를 확인할 수 있다.

```
kubectl logs -n kube-system --tail=20 kube-dns-autoscaler-69c5cbdcdd-94h7f
autoscaler.go:49] Scaling Namespace: kube-system, Target: deployment/kube-dns
autoscaler_server.go:133] ConfigMap not found: configmaps "kube-dns-autoscaler"
k8sclient.go:117] Created ConfigMap kube-dns-autoscaler in namespace kube-system
plugin.go:50] Set control mode to linear
linear_controller.go:59] ConfigMap version change (old:  new: 526) - rebuilding
```

장기간 실행된 컨테이너에는 대부분 **많은** 로그가 생성되었을 것이므로 예제와 같이 --tail 플래그를 사용해 가장 최근의 로그만 출력하게 제한할 수 있다(컨테이너 로그에는 타임스탬프가 포함되어 있지만 여기서는 페이지에 맞게 메시지를 줄였다).

실행 중인 컨테이너를 감시하기 위해 로그 출력을 터미널로 스트림하고 싶다면 --follow 플래그(짧게는 -f)를 사용하면 된다.

```
kubectl logs --namespace kube-system --tail=10 --follow etcd-docker-for-desktop
etcdserver: starting server... [version: 3.1.12, cluster version: 3.1]
embed: ClientTLS: cert = /var/lib/localkube/certs/etcd/server.crt, key = ...
...
```

kubectl logs 명령어 실행이 유지되는 동안 etcd-docker-for-desktop 컨테이너의 출력을 터미널로 확인할 수 있다.

이는 쿠버네티스 API 서버의 로그를 확인하는 데 특히 유용하게 사용할 수 있다. 예를 들어

RBAC 권한 에러('11.1.2절 역할 기반 접근 제어(RBAC) 소개' 참조)가 발생한다면 여기에 표시된다. 마스터 노드에 접근할 수 있는 권한이 있다면 kube-system 네임스페이스에 있는 kube-apiserver 파드를 찾고 kubectl logs를 사용하여 표준 출력을 확인할 수 있다.

GKE와 같은 관리형 서비스를 사용한다면 마스터 노드에 직접 접근하는 것이 불가능하므로 서비스 업체가 제공하는 문서에서 컨트롤 플레인 로그 확인 방법을 찾아야 한다(예를 들어 GKE는 스택드라이버 로그 뷰어에서 확인할 수 있다).

TIP 파드에 여러 개의 컨테이너가 있다면 --container 플래그(짧게는 -c)를 사용하여 원하는 컨테이너의 로그를 확인할 수 있다.

```
kubectl logs -n kube-system metrics-server
    -c metrics-server-nanny
...
```

Stern과 같은 전용 도구를 사용하면 더 정교한 방법으로 로그를 감시할 수 있다('7.5.4절 Stern' 참조).

7.3.2 컨테이너 연결하기

컨테이너의 로그를 확인하는 것으로 충분하지 않다면 로컬 터미널을 컨테이너에 연결하여 컨테이너의 출력을 터미널에서 직접 확인할 수 있다. 다음과 같이 kubectl attach를 사용해보자.

```
kubectl attach demo-54f4458547-fcx2n
Defaulting container name to demo.
Use kubectl describe pod/demo-54f4458547-fcx2n to see all of the containers
in this pod.
If you don't see a command prompt, try pressing enter.
```

7.3.3 kubespy로 쿠버네티스 리소스 감시하기

변경 사항이 적용된 쿠버네티스 매니페스트를 배포할 때 무슨 일이 일어날지 초조하게 기다리는 경우가 종종 있다. 애플리케이션을 배포할 때에는 쿠버네티스의 리소스 생성, 파드 스핀 업

등 보이지 않는 곳에서 많은 작업이 수행된다.

이러한 작업은 **자동으로** 수행되므로 현재 어떤 작업이 진행되는지 알기 어렵다. kubectl get 과 kubectl describe는 개별 리소스의 스냅샷을 제공하지만 실시간으로 변경되는 쿠버네티스 리소스의 상태를 제공하지는 않는다.

kubespy(*https://github.com/pulumi/kubespy*)는 플루미 프로젝트[Pulumi project][4]에서 개발한 간단하지만 강력한 도구다. kubespy는 클러스터 내 개별 리소스 상태를 관찰하고 시간이 지남에 따라 어떤 일이 일어나는지 사용자에게 보여준다.

예를 들어 kubespy로 서비스 리소스를 지정하면 서비스가 생성될 때, IP 주소가 할당될 때, 엔드포인트가 연결될 때마다 kubespy로 확인할 수 있다.

7.3.4 컨테이너 포트 포워딩

앞서 '2.5.1절 데모 애플리케이션 실행하기'에서 kubectl port-forward를 사용하여 로컬 컴퓨터의 포트를 쿠버네티스 서비스 포트로 포워딩했다. 하지만 특정 파드에 직접 연결하기를 원한다면 로컬 컴퓨터의 포트를 컨테이너 포트로 포워딩할 수도 있다. 간단하게 파드의 이름과 로컬, 원격 포트를 지정하면 된다.

```
kubectl port-forward demo-54f4458547-vm88z 9999:8888
Forwarding from 127.0.0.1:9999 -> 8888
Forwarding from [::1]:9999 -> 8888
```

이제 로컬 컴퓨터의 9999 포트는 컨테이너의 8888 포트로 포워딩되며 웹 브라우저를 사용하여 연결할 수 있다.

7.3.5 컨테이너에 명령어 실행하기

컨테이너는 안정적이고 안전한 워크로드를 실행하기에 좋은 격리된 환경을 갖고 있다. 하지만 무언가 정상적으로 동작하지 않을 때에는 원인을 찾기가 어렵다.

---

4 플루미(*https://www.pulumi.com*)는 클라우드 네이티브의 인프라, 코드형 인프라(infrastructure as code) 프레임워크다.

로컬 컴퓨터에서 프로그램을 실행할 때 프로그램이 제대로 작동하지 않는다면 문제를 해결하기 위해 다양한 명령어를 활용할 것이다. 예를 들어 실행 중인 프로세스를 확인하기 위한 ps, 파일 목록과 내용을 확인하기 위한 ls와 cat, 파일을 수정하기 위한 vi가 있다.

문제가 있는 컨테이너라면 컨테이너에서 셸을 실행하여 대화식 디버깅을 할 수 있다면 문제 해결에 큰 도움이 된다.

kubectl exec 명령어를 사용하면 셸을 통해 명령어를 지정하여 컨테이너에서 실행할 수 있다.

```
kubectl run alpine --image alpine --command -- sleep 999
deployment.apps "alpine" created

kubectl get pods
NAME                         READY    STATUS      RESTARTS    AGE
alpine-7fd44fc4bf-7gl4n      1/1      Running     0           4s

kubectl exec -it alpine-7fd44fc4bf-7gl4n /bin/sh
/ # ps
PID    USER     TIME    COMMAND
    1 root      0:00 sleep 999
    7 root      0:00 /bin/sh
   11 root      0:00 ps
```

파드에 컨테이너가 두 개 이상 있는 경우 kubectl exec는 기본적으로 첫 번째 컨테이너에 명령어를 실행한다. -c 플래그를 추가하면 컨테이너를 지정할 수 있다(만약 컨테이너에 셸이 없다면 '7.3.8절 비지박스를 컨테이너에 추가하기'를 참조하자).

```
kubectl exec -it -c container2 POD_NAME /bin/sh
```

7.3.6 문제를 해결하기 위한 컨테이너 실행하기

기존의 컨테이너의 명령어를 실행하는 것뿐만 아니라 애플리케이션이 얻을 수 있는 결과를 보기 위해 클러스터에서 wget이나 nslookup과 같은 명령을 실행하는 것도 도움이 된다. kubectl run을 사용하여 클러스터에 컨테이너를 실행하는 방법은 이미 알고 있을 것이다. 여기서는 디버깅을 목적으로 하는 일회성 컨테이너 명령어 실행 방법을 예제로 설명한다.

먼저 데모 애플리케이션 인스턴스를 실행하여 다음을 테스트해보자.

```
kubectl run demo --image cloudnatived/demo:hello --expose --port 8888
service "demo" created
deployment.apps "demo" created
```

데모 서비스는 IP 주소와 demo라는 DNS 이름을 할당받아 클러스터 내부에서 접속 가능한 상태가 된다. 실행 중인 컨테이너로 nslookup 명령어를 실행하여 다음을 확인해보자.

```
kubectl run nslookup --image=busybox:1.28 --rm -it --restart=Never \
--command -- nslookup demo
Server:     10.79.240.10
Address 1: 10.79.240.10 kube-dns.kube-system.svc.cluster.local

Name:       demo
Address 1: 10.79.242.119 demo.default.svc.cluster.local
```

다행이 DNS 이름이 잘 작동한다. 이제 wget을 사용하여 HTTP 요청을 보내고 결과를 확인하자.

```
kubectl run wget --image=busybox:1.28 --rm -it --restart=Never \
--command -- wget -qO- http://demo:8888
Hello, 世界
```

kubectl run 명령어의 패턴이 공통된 플래그를 사용한다는 것을 느꼈을 것이다.

```
kubectl run NAME --image=IMAGE --rm -it --restart=Never --command -- ...
```

각 플래그의 역할을 알아보자.

--rm

실행을 완료한 후 쿠버네티스는 컨테이너 이미지를 삭제하여 로컬 스토리지 공간을 점유하지 않게 한다.

-it

컨테이너를 터미널(t)을 통해 대화형(i)으로 실행한다. 컨테이너의 출력을 터미널에서 볼 수 있으며 필요한 경우 명령어를 입력할 수 있다.

--restart=Never

컨테이너가 종료됐을 때 쿠버네티스가 이를 다시 실행하는 것을 생략한다. 컨테이너를 한 번만 실행하는 것이 목적이므로 기본 재시작 정책을 비활성화한다.

--command --

컨테이너의 기본 엔트리포인트entrypoint 대신에 지정한 명령어를 실행하게 한다. -- 다음의 모든 값은 컨테이너의 명령줄로 인자와 함께 전달된다.

7.3.7 비지박스 명령어 사용하기

Busybox 이미지는 cat, echo, find, grep, kill과 같은 다양한 유닉스 명령어를 포함하고 있으므로 일반 컨테이너 이미지보다 더 유용하게 사용된다. 비지박스 웹사이트에 접속하면 사용 가능한 전체 명령어 목록[5]을 확인할 수 있다.

비지박스는 표준 /bin/sh 셸 스크립트와 호환되는 가벼운 셸인 ash를 사용한다. 클러스터에서 대화형 셸을 사용하려면 다음과 같이 실행하자.

```
kubectl run busybox --image=busybox:1.28 --rm -it --restart=Never /bin/sh
```

BusyBox 이미지에서 명령어를 실행하는 패턴은 항상 동일하기 때문에 셸 별칭을 만들어 사용할 수 있다('7.1.1절 셸 별칭 사용하기' 참조).

```
alias bb=kubectl run busybox --image=busybox:1.28 --rm -it --restart=Never
    --command --
bb nslookup demo
...
bb wget -qO- http://demo:8888
```

---

5 *https://busybox.net/downloads/BusyBox.html*

```
...
bb sh
If you don't see a command prompt, try pressing enter.
/ #
```

7.3.8 비지박스를 컨테이너에 추가하기

컨테이너가 이미 셸을 포함하고 있다면(예를 들어 알파인^{alpine}과 같은 리눅스 기반 이미지로 빌드했다면) 다음과 같이 실행하여 컨테이너의 셸로 직접 접근할 수 있다.

```
kubectl exec -it POD /bin/sh
```

그러나 컨테이너에 /bin/sh가 없다면 어떻게 해야 할까? 예를 들어 '2.3.1절 도커파일 이해하기'에서와 같이 최소 이미지인 스크래치로 빌드되었다면?

이미지를 작게 유지하면서 컨테이너를 쉽게 디버깅할 수 있는 가장 간단한 방법은 실행 가능한 busybox 파일을 빌드할 때 복사하는 것이다. busybox의 크기는 1MB로 셸과 유닉스 유틸리티를 사용할 수 있는 것보다 차지하는 용량이 적은편이다.

이전에 멀티 스테이지 빌드에서 설명했던 것처럼 도커파일에 COPY --from 명령어를 사용하여 이전에 빌드한 컨테이너의 파일을 새로운 컨테이너로 복사할 수 있다. 이 명령어의 잘 알려지지 않은 특징은 로컬에서 빌드한 것뿐만 아니라 공개 이미지에서도 파일을 복사할 수 있다는 것이다.

다음은 데모 이미지를 대상으로 busybox 파일을 추가하는 도커파일 예제다.

```
FROM golang:1.11-alpine AS build
WORKDIR /src/
COPY main.go go.* /src/
RUN CGO_ENABLED=0 go build -o /bin/demo

FROM scratch
COPY --from=build /bin/demo /bin/demo
COPY --from=busybox:1.28 /bin/busybox /bin/busybox
ENTRYPOINT ["/bin/demo"]
```

여기서는 공개 BusyBox 라이브러리 이미지의 --from=busybox:1.28을 참조한다. 알파인과 같이 원하는 이미지에 해당 파일을 복사할 수 있다.

이제 여전히 매우 작은 크기의 컨테이너지만 다음과 같이 명령어를 입력하여 셸을 실행할 수 있다.

```
kubectl exec -it POD_NAME /bin/busybox sh
```

/bin/sh을 직접 실행하는 대신에 /bin/busybox를 실행하고 다음으로 원하는 명령어를 입력하면 된다. 이번 예제에서는 sh를 실행했다.

7.3.9 컨테이너에 프로그램 설치하기

비지박스에 없는 프로그램이 필요한데 공개 컨테이너 이미지에서도 구할 수 없다면 alpine이나 ubuntu와 같은 리눅스 이미지를 실행하고 필요한 프로그램을 설치하면 된다.

```
kubectl run alpine --image alpine --rm -it --restart=Never /bin/sh
If you don't see a command prompt, try pressing enter.
/ # apk --update add emacs
```

7.3.10 kubesquash를 사용한 실시간 디버깅

이번 장에서는 컨테이너 **디버깅**과 관련해 **컨테이너의 문제점을 찾는 것**으로 간단하게 설명했다. 그러나 gdb(GNU 프로젝트 디버거)나 dlv(Go 디버거)와 같은 실제 디버거를 컨테이너 내 실행 중인 프로세스에 연결하고 싶은 경우에는 어떻게 해야 할까?

dlv와 같은 디버거는 프로세스에 연결하여 실행 중인 소스 코드를 확인하고 지역 변수의 변경된 값을 관찰하며 중단점breakpoint을 지정하여 코드를 라인 단위로 실행할 수 있는 강력한 도구이다. 원인을 파악할 수 없는 문제가 발생한다면 결국에는 디버거에 의지할 수밖에 없을 것이다.

로컬 컴퓨터에서 프로그램을 실행한다면 프로세스로 직접 연결하는 데는 아무 문제가 없다. 하지만 컨테이너로 실행한다면 대부분 경우와 비슷하게 조금 더 복잡하다.

kubesquash는 컨테이너로 디버거를 연결할 수 있도록 도와주는 도구이다. kubesquash는 깃 허브 페이지(*https://github.com/solo-io/kubesquash*)의 안내를 따라 설치하면 된다.

kubesquash 설치를 마쳤다면 실행 중인 컨테이너의 이름을 지정하여 실행하면 된다.

```
/usr/local/bin/kubesquash-osx demo-6d7dff895c-x8pfd
? Going to attach dlv to pod demo-6d7dff895c-x8pfd. continue? Yes
If you don't see a command prompt, try pressing enter.
(dlv)
```

kubesquash는 내부적으로 squash 네임스페이스에 디버거 바이너리를 실행하는 파드를 생성 하고 디버깅하고자 하는 파드의 프로세스에 연결한다.

기술적인 이유[6]로 kubesquash는 대상 컨테이너에서 사용하는 ls 명령어에 의존한다. 스크래 치 이미지의 컨테이너를 사용한다면 '7.3.8절 비지박스를 컨테이너에 추가하기'에서 했던 것처 럼 BusyBox 실행 파일을 복사해야 한다.

```
COPY --from=busybox:1.28 /bin/busybox /bin/ls
```

BusyBox 실행 파일을 /bin/busybox가 아닌 /bin/ls로 복사하면 kubesquash가 문제없이 작동한다.

dlv 사용 방법을 여기서 자세히 설명하진 않았지만 쿠버네티스 애플리케이션을 Go로 작성한 다면 dlv는 매우 중요한 도구이다. 특히 kubesquash를 사용하면 dlv를 컨테이너에 간편하게 활용할 수 있다.

dlv에 대한 자세한 내용은 공식 문서[7]를 참고하면 된다.

---

6 *https://github.com/solo-io/kubesquash/blob/master/cmd/kubesquash/main.go#L13*
7 *https://github.com/derekparker/delve/tree/master/Documentation*

7.4 컨텍스트와 네임스페이스

지금까지는 단일 쿠버네티스 클러스터 환경이었기 때문에 kubectl 명령어를 실행하면 자연스럽게 클러스터에 적용되었다.

그렇다면 클러스터가 두 개 이상인 경우에는 어떻게 해야 할까? 예를 들면 쿠버네티스 클러스터가 로컬 컴퓨터의 테스트용 클러스터, 클라우드의 상용 클러스터, 스테이징이나 개발 용도의 클러스터로 여러 개 있을 수 있다. 이 경우 kubectl이 명령어를 실행할 대상 클러스터를 어떻게 구별할까?

이러한 문제를 해결하기 위해 kubectl에는 **컨텍스트**라는 개념이 있다. 컨텍스트는 클러스터, 사용자, 네임스페이스('5.3절 네임스페이스 사용하기' 참조)의 조합이다.

kubectl 명령어를 실행하면 항상 **현재 컨텍스트**에서 실행된다. 다음 예제를 살펴보자.

```
kubectl config get-contexts
CURRENT   NAME                CLUSTER          AUTHINFO       NAMESPACE
          gke                 gke_test_us-w    gke_test_us    myapp
*         docker-for-desktop  docker-for-d     docker-for-d
```

kubectl이 현재 알고 있는 컨텍스트 목록이 출력된다. 각 컨텍스트는 이름, 클러스터, 클러스터에 인증하는 사용자 이름, 클러스터의 네임스페이스 정보를 포함한다. docker-for-desktop 컨텍스트는 이름에서 알 수 있듯이 로컬 컴퓨터의 쿠버네티스 클러스터다.

현재 컨텍스트는 첫 번째 열에 *로 표시된다(예제에서는 docker-for-desktop이다). kubectl을 실행하면 명령어는 도커 데스크톱 클러스터의 기본 네임스페이스(NAMESPACE 열이 비어 있으므로 컨텍스트는 기본 네임스페이스를 참조한다)에서 작동한다.

```
kubectl cluster-info
Kubernetes master is running at https://192.168.99.100:8443
KubeDNS is running at https://192.168.99.100:8443/api/v1/...

To further debug and diagnose cluster problems, use 'kubectl cluster-info dump'.
```

kubectl config use-context 명령어를 사용하면 다른 컨텍스트로 전환할 수 있다.

```
kubectl config use-context gke
Switched to context "gke".
```

컨텍스트는 북마크와 같다고 생각하면 된다. 컨텍스트는 특정 클러스터와 네임스페이스로 쉽게 전환할 수 있도록 도와준다. 새로운 컨텍스트를 생성하려면 kubectl config set-context 명령어를 사용하면 된다.

```
kubectl config set-context myapp --cluster=gke --namespace=myapp
Context "myapp" created.
```

이제 myapp 컨텍스트로 전환하면 현재 컨텍스트는 도커 데스크톱 클러스터의 myapp 네임스페이스로 변경될 것이다.

현재 컨텍스트는 kubectl config current-context로 확인할 수 있다.

```
kubectl config current-context
myapp
```

7.4.1 kubectx와 kubens

필자와 같이 개발이나 운영을 직업으로 삼고 있다면 가능한 키보드를 적게 타이핑하는 걸 선호할 것이다. kubectl 컨텍스트 전환을 빠르게 하고 싶다면 kubectx와 kubens 도구를 사용하면 된다. 관련 깃허브 페이지[8]의 설명을 따라 kubectx와 kubens를 설치하자.

이제 kubectx 명령어를 사용하여 컨텍스트를 전환할 수 있다.

```
kubectx docker-for-desktop
Switched to context "docker-for-desktop".
```

kubectx의 유용한 기능은 kubectx - 명령어를 사용해 이전 컨텍스트로 전환할 수 있어 두 개의 컨텍스트 사이를 빠르게 이동할 수 있다는 점이다.

---

8 *https://github.com/ahmetb/kubectx*

```
kubectx -
Switched to context "gke".
kubectx -
Switched to context "docker-for-desktop".
```

kubectx 명령어를 입력하면 저장된 모든 컨텍스트의 목록을 확인할 수 있으며 현재 컨텍스트는 하이라이트되어 있다.

네임스페이스 전환은 컨텍스트 전환보다 더 자주 사용되므로 네임스페이스 전환 도구인 kubens를 사용하는 것이 좋다.

```
kubens
default
kube-public
kube-system

kubens kube-system
Context "docker-for-desktop" modified.
Active namespace is "kube-system".

kubens -
Context "docker-for-desktop" modified.
Active namespace is "default".
```

TIP kubectx와 kubens는 단순하지만 강력한 도구로 쿠버네티스 툴 박스에 추가하면 유용하게 활용할 수 있다.

7.4.2 kube-ps1

bash나 zsh 셸을 사용한다면 간단한 유틸리티(*https://github.com/jonmosco/kube-ps1*)로 현재 쿠버네티스 컨텍스트를 프롬프트에 표기할 수 있다.

kube-ps1 설치를 완료하면 다음과 같이 현재 컨텍스트가 프롬프트에 표시된다.

```
source "/usr/local/opt/kube-ps1/share/kube-ps1.sh"
PS1="[$(kube_ps1)]$ "
[(⎈ ¦docker-for-desktop:default)]
kubectx cloudnativedevops
```

```
Switched to context "cloudnativedevops".
(* ¦cloudnativedevops:cloudnativedevopsblog)
```

7.5 쿠버네티스 셸과 도구

일반적인 셸에서 kubectl을 사용하여 대부분의 쿠버네티스 클러스터 작업을 충분히 수행할 수 있지만 이외에도 다양한 방법이 있다.

7.5.1 kube-shell

kubectl에서 제공하는 자동 완성 기능에 만족하지 못한다면 kube-shell을 사용하면 된다. kube-shell은 kubectl용 래퍼로 각 명령어의 자동 완성을 팝업 메뉴로 제공한다(그림 7-1).

그림 7-1 kube-shell은 대화형 쿠버네티스 클라이언트다.

7.5.2 Click

Click[9]은 진화된 쿠버네티스 터미널 환경을 제공한다.

Click은 kubectl의 대화형 버전이다. Click은 현재 작업 중인 오브젝트를 **기억한다**. 예를 들

---

9 https://databricks.com/blog/2018/03/27/introducing-click-the-command-line-interactive-controller-for-kubernetes.html

어 kubectl로 파드를 찾고 정보를 조회한다면 일반적으로 파드의 목록을 확인하고 일치하는 파드의 고유 이름을 복사하여 새로운 명령어에 붙여넣고 실행해야 한다.

Click을 사용하면 리소스 목록에서 리소스의 번호를 입력하여(예를 들어 첫 번째 항목이라면 1을 입력) 현재 리소스로 지정할 수 있다. 이제 Click에서 다음 명령어를 입력하면 기본적으로 지정한 리소스에서 작동한다. Click은 정규표현식 검색 기능도 지원하여 원하는 오브젝트를 더 쉽게 찾을 수 있다.

Click은 쾌적한 쿠버네티스 운영 환경을 제공하는 강력한 도구다. 아직까지는 **베타 및 실험 단계로** 평가되지만 일상적인 클러스터 관리 작업에서는 이미 완벽하게 사용 가능하므로 시험해볼 가치가 있다.

7.5.3 kubed-sh

kube-shell과 Click은 쿠버네티스에 대한 로컬 셸을 제공하지만 kubed-sh('쿠브 대시'로 발음 한다)는 좀 더 흥미로운 도구이다. 어떤 의미에서는 클러스터 자체에서 셸이 실행된다.

kubed-sh는 현재 클러스터에서 자바스크립트, 루비, 파이썬 프로그램을 실행하기 위해 필요한 컨테이너를 풀고 실행한다. 예를 들어 루비 스크립트를 로컬 컴퓨터에서 생성하고 kubed-sh를 사용하여 쿠버네티스 디플로이로 스크립트를 실행할 수 있다.

7.5.4 Stern

kubectl logs는 유용한 명령어('7.3.1절 컨테이너 로그 보기' 참조)지만 사용하기에 편하진 않다. 예를 들어 kubectl logs 명령어를 사용하려면 먼저 조회하고자 하는 파드와 컨테이너의 고유 이름을 찾아야 하는데 적어도 한 번은 복사와 붙여넣기를 하여 명령줄에 지정해야 한다.

또한 -f로 특정 컨테이너의 로그를 스트림한다면 컨테이너가 재시작될 때마다 로그 스트림이 중단된다. 이 경우 새로운 컨테이너의 이름을 찾아 kubectl logs 스트림 명령어를 다시 실행해야 하며 한 번에 하나의 파드 로그만 스트림할 수 있다. 더 정교한 로그 스트림 도구라면 정규표현식을 사용하여 이름이나 레이블에 해당하는 파드의 그룹을 지정할 수 있고 개별 컨테이너가 재시작되더라도 로그를 계속해서 스트림할 수 있어야 한다.

다행히 Stern(*https://github.com/wercker/stern*) 도구가 하는 역할이 정확히 이것과 일치한다. Stern은 정규표현식과 일치하는 모든 파드를(예를 들면 demo.*) 스트림할 수 있다. 파드에 컨테이너가 여러 개 있을 경우에는 각 로그 메시지 앞에 컨테이너의 이름이 함께 출력된다.

--since 플래그는 최근 메시지 기준으로 출력 결과를 제한할 수 있다(예를 들어 최근 10분 이내).

정규표현식으로 파드의 이름을 지정하는 대신에 kubectl과 같은 방식으로 쿠버네티스 레이블 셀렉터 표현식을 사용할 수 있다. --all-namespaces 플래그를 사용하면 여러 개의 컨테이너 로그를 간편하게 감시할 수 있다.

7.6 쿠버네티스 도구 직접 만들기

jq와 같은 쿼리 도구, 표준 유닉스 명령어(cut, grep, xargs 등)을 조합하여 kubectl을 쿠버네티스 리소스의 스크립트에 활용할 수 있다. 이번 장에서 보았듯이 자동화된 스크립트의 일부로 사용할 수 있는 다양한 서드파티 도구가 있다.

그러나 이런 방법에는 한계가 있다. 대화식 디버깅과 분석을 위한 명령어나 애드혹 셸 스크립트를 제작하는 게 나쁘진 않지만 그것들을 다 이해하고 관리하기에는 사실 어려움이 있다.

실제 시스템 프로그램으로 상용 워크플로를 자동화하려면 실제 시스템의 프로그래밍 언어를 사용하기를 강력하게 추천한다. Go는 쿠버네티스 개발자가 사용했을 정도로 훌륭한 언어이며 쿠버네티스의 모든 기능을 지원하는 클라이언트 라이브러리(*https://github.com/kubernetes/client-go*)를 제공하므로 합리적인 선택이 될 것이다.

client-go 라이브러리는 쿠버네티스 API에 대한 모든 권한을 제공하기 때문에, kubectl로 할 수 있는 것이나 그 이상의 것을 할 수 있다. 예를 들어 다음은 클러스터의 모든 파드의 목록을 조회하는 소스 코드의 일부이다.

```
...
podList, err := clientset.CoreV1().Pods("").List(metav1.ListOptions{})
if err != nil {
```

```
  log.Fatal(err)
}
fmt.Println("There are", len(podList.Items), "pods in the cluster:")
for _, i := range podList.Items {
 fmt.Println(i.ObjectMeta.Name)
}
...
```

또한 파드, 디플로이먼트나 다른 모든 리소스를 생성하고 삭제할 수도 있다. 심지어는 사용자 지정 리소스 형태도 구현할 수 있다. 쿠버네티스가 제공하지 않는 모든 기능은 클라이언트 라이브러리를 사용하여 직접 구현할 수 있다.

루비, 파이썬, PHP와 같은 다른 프로그래밍 언어에서도 마찬가지로 동일한 방식으로 사용할 수 있는 쿠버네티스 클라이언트 라이브러리[10]를 제공한다.

7.7 마치며

사용 가능한 쿠버네티스 도구는 정신없을 정도로 많으며 또 매주 새로운 도구가 릴리스된다. 여러분은 어쩌면 꼭 필요한 도구가 또 뭐가 있는지 조사하느라 지쳐 있을지도 모르겠다. 사실 이러한 도구 대부분이 꼭 필요하진 않다. 쿠버네티스의 kubectl로 원하는 작업을 대부분 할 수 있기 때문이다. 나머지는 단순히 재미와 편의를 위한 것이다.

모든 것을 아는 사람은 없지만 모두가 조금씩은 알고 있는 것들이 있다. 이번 장에서는 쿠버네티스 개발자들의 책, 블로그 포스트, 문서 등에서 찾은 경험과 팁을 담았다. 필자가 소개한 것들은 전문 지식과는 상관없이 여러분을 행복하게 해줄 것이다.

kubectl은 시간을 들여 익숙해지고 기능을 파악할 가치가 있는 도구다. kubectl은 매우 중요한 쿠버네티스 도구로 앞으로 자주 사용하게 될 것이다.

이 장에서 놓치지 말아야 할 내용을 정리해보자.

- kubectl의 kubectl -h는 자체적으로 완벽하고 상세한 문서를 제공한다. kubectl

---

10 *https://kubernetes.io/docs/reference/using-api/client-libraries*

explain을 사용하면 모든 쿠버네티스 리소스, 필드, 기능에 대한 도움말을 확인할 수 있다.

- 스크립트를 활용하는 경우와 같이 kubectl 결과에 복잡한 필터링이나 변환이 필요하다면 -o json을 사용하여 JSON 형식으로 정보를 출력하자. JSON 데이터는 jq와 같은 강력한 기능의 도구를 사용하여 쿼리할 수 있다.

- --dry-run과 -o YAML 옵션을 함께 사용하여 kubectl 명령형 커맨드로 쿠버네티스 매니페스트를 생성할 수 있다. 새로운 애플리케이션의 매니페스트 파일을 신규로 생성할 때 시간 절약에 큰 도움이 된다.

- kubectl get에 --export 플래그를 사용하면 현재 리소스를 YAML 매니페스트 파일로 내보낼 수 있다.

- kubectl diff는 매니페스트를 적용하면 변경될 사항을 알려준다. 실제로 클러스터에 변경 사항을 적용하지는 않는다.

- kubectl logs를 사용하여 컨테이너의 출력과 에러 메시지를 확인할 수 있다. --follow 플래그를 사용하면 로그를 연속적으로 스트림할 수 있다. Stern을 사용하면 여러 개의 파드의 로그를 좀 더 정교하게 스트림할 수 있다.

- 컨테이너의 문제를 해결하기 위해 kubectl attach 명령어로 컨테이너에 연결하거나 kubectl exec -it ... /bin/sh 명령어로 컨테이너의 셸을 얻어올 수 있다.

- 컨테이너에 문제가 있을 경우 익숙한 유닉스 명령어를 포함한 다재다능한 도구인 비지박스나 공개 컨테이너 이미지를 kubectl run 명령어와 함께 사용해 문제를 해결할 수 있다.

- 쿠버네티스 컨텍스트는 특정 클러스터와 네임스페이스를 지정한 북마크와 같다. kubectx와 kubens 도구를 사용하면 컨텍스트와 네임스페이스 사이를 간편하게 전환할 수 있다.

- Click은 kubectl이 제공하는 모든 기능에 상태까지 포함한 강력한 쿠버네티스 셸이다. Click은 현재 선택된 오브젝트를 기억하므로 명령어를 실행할 때마다 매번 오브젝트를 지정하지 않아도 된다.

- 쿠버네티스는 코드로 자동화하고 제어할 수 있게 설계되었다. kubectl이 제공하는 것 이상의 기능이 필요한 경우 쿠버네티스 client-go 라이브러리를 사용하여 Go 코드로 클러스터의 모든 것을 완벽하게 제어할 수 있다.

CHAPTER 8

컨테이너 실행하기

> 답을 모르는 어려운 문제가 있다면, 일단 답을 모르는 간단한 질문부터 시작해라.
>
> – 막스 테그마크Max Tegmark (물리학자)

7장에서는 쿠버네티스 운영 측면에서 클러스터 구축, 유지 보수 방법, 리소스 관리 방법을 살펴보았다. 이번 장에서는 기초적인 부분으로 다시 돌아가서 쿠버네티스 오브젝트인 **컨테이너**에 대해 알아보자. 기술적인 수준에서 컨테이너의 작동 원리를 알아보고 파드와 컨테이너의 관계 및 컨테이너 이미지를 쿠버네티스에 배포하는 방법을 살펴본다. 또한 쿠버네티스 보안 기능을 사용해 애플리케이션을 안전하게 배포하는 방법을 모범 사례를 통해 알아본다. 마지막으로 컨테이너가 데이터를 공유하고 보관하기 위해 디스크 볼륨을 파드에 마운트하는 방법도 설명한다.

8.1 컨테이너와 파드

파드는 '2장 쿠버네티스 첫걸음'에서 이미 소개했다. 디플로이먼트가 파드의 레플리카를 유지하기 위해 레플리카셋을 사용한다고 설명했는데, 사실 파드 자체에 대해서 자세히 다루진 않았다. 파드는 쿠버네티스의 스케줄링 단위다. 파드 오브젝트는 단일 컨테이너나 여러 컨테이너의 그룹이며 쿠버네티스의 모든 작업은 파드로 실행된다.

파드는 동일한 환경에서 실행되는 애플리케이션 컨테이너와 볼륨으로 구성된 집합체다. 파드는 쿠버네티스 클러스터에서 배포 가능한 가장 작은 아티팩트artifact다. 즉 파드에 있는 모든 컨테이너는 동일한 머신에 있음을 의미한다.

– 켈시 하이타워, 『쿠버네티스 시작하기』(에이콘출판사, 2018)

데모 애플리케이션은 파드가 단일 컨테이너로 구성되어 있으므로 지금까지는 **파드**와 **컨테이너**를 거의 같은 의미로 사용했다. 그러나 좀 더 복잡한 애플리케이션에서 파드는 두 개 이상의 컨테이너를 가진다. 지금부터는 여러 개의 컨테이너를 하나의 파드로 묶어야 하는 이유와 상황을 알아보고 컨테이너들이 어떻게 작동하는지 알아보자.

8.1.1 컨테이너란 무엇인가?

컨테이너가 실제로 무엇인지부터 알아보자. '1.3절 컨테이너 등장'에서 컨테이너는 의존성, 구성, 데이터 등과 같이 실행에 필요한 모든 것을 공유하는 표준화된 소프트웨어 패키지라고 설명했다. 이 컨테이너는 실제로 어떻게 작동할까?

리눅스나 다른 운영체제 머신에서 실행하는 모든 것은 **프로세스**로 작동한다. 프로세스는 크롬, 아이튠즈, 비주얼 스튜디오 코드와 같이 실행 가능한 애플리케이션의 바이너리 코드와 메모리 상태로 표현된다. 모든 프로세스는 동일한 전역 네임스페이스에 존재하므로 서로 접근하고 상호작용할 수 있으며 CPU, 메모리, 파일 시스템과 같은 동일한 자원 풀을 공유한다(리눅스 네임스페이스는 쿠버네티스 네임스페이스와 비슷하지만 기술적으로 동일하지는 않다).

운영체제 관점에서 볼 때 컨테이너는 분리된 네임스페이스에 존재하는 격리된 프로세스다(또는 프로세스 그룹이다). 컨테이너 속 프로세스는 외부 프로세스에 접근할 수 없으며 반대 경우도 마찬가지다. 컨테이너는 다른 컨테이너의 자원에 접근할 수 없으며 컨테이너 밖 프로세스의 자원에도 접근이 불가능하다. 컨테이너의 경계는 비정상이거나 다른 프로세스의 자원을 침범하는 프로세스를 차단하는 울타리와 같다.

컨테이너 속 프로세스는 단일 프로세스로 자신의 컨테이너 자원에 완전하게 접근할 수 있게 실행된다. 다음과 같이 컨테이너에서 몇 가지 명령어를 실행해보면 알 수 있다.

```
kubectl run busybox --image busybox:1.28 --rm -it --restart=Never /bin/sh
```

```
If you don't see a command prompt, try pressing enter.
/ # ps ax
PID   USER      TIME  COMMAND
    1 root      0:00 /bin/sh
    8 root      0:00 ps ax

/ # hostname
busybox
```

ps ax 명령어는 머신에서 실행 중인 모든 프로세스 목록을 조회하는데 일반적으로 많은 프로세스(리눅스 서버의 경우 보통 수백 개)가 조회된다. 그러나 예제 컨테이너의 프로세스는 /bin/sh와 ps ax 두 가지뿐이다. 컨테이너 내부에서 조회할 수 있는 프로세스는 실제로 컨테이너에서 실행 중인 프로세스뿐이다.

마찬가지로 호스트 머신의 이름을 조회하는 hostname 명령어는 컨테이너의 이름인 busybox를 리턴한다. 여기서 busybox 컨테이너는 busybox라고 불리는 머신이 있는 것처럼 작동한다. 이는 실제 머신에서 실행되는 모든 컨테이너에 동일하게 적용된다.

> **TIP** 도커와 같은 컨테이너 런타임의 도움 없이 직접 컨테이너를 만드는 것은 재미있는 경험이 될 것이다. 리즈 라이스(Liz Rice)의 「컨테이너란 정말 무엇인가?」(*https://youtu.be/HPuvDm8IC-4*)에서는 스크래치 이미지에 Go 프로그램을 올려 컨테이너를 만드는 방법을 친절하게 설명한다.

8.1.2 컨테이너의 구성 요소

컨테이너에서 원하는 만큼 여러 개의 프로세스를 실행하지 않는 이유는 기술적인 문제 때문이 아니다. 하나의 컨테이너에 여러 애플리케이션과 네트워크 서비스 등을 실행하여 리눅스 서버와 같이 작동하게 할 수도 있다. 이러한 이유로 컨테이너를 종종 **가벼운 가상 머신**이라 부르기도 한다. 하지만 이는 자원 격리의 특성을 가진 컨테이너의 장점을 잘 활용하지 못한 방식이다.

프로세스가 서로에 대해 알 필요가 없다면 동일한 컨테이너에서 여러 개의 프로세스를 실행할 이유가 없다. 일반적으로 컨테이너는 **하나의 작업만 수행**하는 것을 권장한다. 예를 들어 데모 애플리케이션의 컨테이너는 네트워크 포트로 수신하고 접속한 사용자에게 'Hello, 世界' 문자열을 응답한다. 이는 간단하고 독립적인 컨테이너 서비스로 다른 프로그램이나 서비스와 서로 의존하지 않으므로 컨테이너로 실행하기에 적합하다.

또한 컨테이너가 시작될 때 실행하는 명령어인 **엔트리포인트**^{entrypoint}가 있다. 일부 컨테이너의 애플리케이션은 종종 헬퍼나 워커의 역할을 위해 몇 가지 하위 프로세스를 실행하지만 일반적으로는 명령 실행을 위해 단일 프로세스만 실행한다. 컨테이너에서 여러 개로 분산된 프로세스를 실행하려면 필요한 프로세스를 차례대로 실행하는 명령어를 스크립트로 기록하여 엔트리포인트에 지정해야 한다.

> **TIP** 각 컨테이너는 하나의 메인 프로세스만 실행해야 한다. 하나의 컨테이너에서 서로 관련 없는 대규모 프로세스를 실행한다면 컨테이너의 강력한 장점을 충분히 활용하지 못하는 것이다. 대규모 프로세스는 여러 개의 컨테이너로 애플리케이션을 분리하여 서로 통신하도록 수정하는 것을 고려하자.

8.1.3 파드의 구성 요소

이제 컨테이너를 이해했으니 여러 컨테이너를 하나의 파드에 묶는 것이 유용한 이유를 이해했을 것이다. 파드는 서로 통신하며 데이터를 공유하는 컨테이너의 그룹이다. 파드 안 컨테이너들은 그룹 단위로 스케줄되어 함께 실행되고 중지되어야 한다. 또한 동일한 물리 머신에서 실행되어야 한다.

좋은 예로 멤캐시드^{Memcached}(`https://memcached.org/about`) 같은 로컬 캐시에 데이터를 저장하는 애플리케이션이 있다. 여기서는 서비스를 위한 애플리케이션과 데이터 저장과 검색을 처리하는 `memcached` 서버 두 가지 프로세스가 필요하다. 두 프로세스를 하나의 컨테이너에서 실행하는 것이 가능하지만 두 개의 프로세스는 네트워크 소켓을 통해서만 통신하므로 비효율적이다. 두 개의 컨테이너로 분리하면 각 컨테이너가 자신의 프로세스를 실행하고 빌드하는 데에 집중할 수 있으므로 더 좋다.

실제로 도커 허브에서 사용할 수 있는 공개 멤캐시드 컨테이너 이미지는 파드의 일부로 다른 컨테이너와 함께 실행할 수 있게 미리 구성되어 있다. 그러므로 하나의 파드에 멤캐시드용과 서비스용 애플리케이션으로 두 개의 컨테이너를 생성할 수 있다. 서비스용 애플리케이션은 동일한 파드에 있으므로 멤캐시드와 네트워크로 통신할 수 있다. 두 개의 컨테이너는 동일한 노드에서 실행되므로 항상 로컬 네트워크로 통신한다.

블로그 애플리케이션도 마찬가지로 nginx와 같은 웹서버 컨테이너와 깃 저장소에 보관된 블로그 데이터(HTML 파일, 이미지 등)를 복사하는 깃 동기화 컨테이너로 구성된다. 파드 내의 컨테이너는 디스크 볼륨을 공유할 수 있으므로 블로그 컨테이너는 데이터를 디스크에 저장한다. 저장된 데이터는 nginx 컨테이너에서 사용 가능하여 HTTP로 서비스된다.

> 일반적으로 파드를 설계할 때 실제로 고민해야 하는 부분은 '각 컨테이너가 서로 다른 머신에 있어도 잘 동작할까?'다. 대답이 '아니오'라면 해당 컨테이너는 동일한 파드에 있어야 한다. 대답이 '예'라면 여러 파드를 사용하는 것이 적합하다.
>
> – 켈시 하이타워, 『쿠버네티스 시작하기』(에이콘출판사, 2018)

파드 내의 컨테이너들은 한 가지 목적을 위해 함께 작동해야 한다. 작업을 위해 하나의 컨테이너만 필요하다면 그대로 하면 된다. 두 개나 세 개의 컨테이너까지는 문제가 되지 않는다. 만약 그 이상의 컨테이너가 필요하다면 여러 개의 파드로 컨테이너를 분리할 수 있는지 고민해보는 것이 좋다.

8.2 컨테이너 매니페스트

이제 쿠버네티스에서 실제로 컨테이너를 실행하는 방식을 살펴보자. 첫 번째 디플로이먼트를 생성했던 '4.6.2절 디플로이먼트 매니페스트'에서는 `template.spec` 섹션에 실행할 컨테이너를 지정했다(예제에서는 하나의 컨테이너만 있다).

```yaml
spec:
  containers:
  - name: demo
    image: cloudnatived/demo:hello
    ports:
    - containerPort: 8888
```

두 개의 컨테이너를 실행하는 디플로이먼트의 `template.spec` 섹션 예제는 다음과 같다.

```yaml
spec:
  containers:
  - name: container1
    image: example/container1
  - name: container2
```

```
image: example/container2
```

각 컨테이너의 스펙에 name과 image 필드만 지정하면 된다. 컨테이너는 다른 리소스가 참조할 수 있는 이름을 가져야 하며 컨테이너에서 실행할 이미지를 쿠버네티스에 지정해야 한다.

8.2.1 이미지 식별자

지금까지 진행한 예제에서는 cloudnatived/demo:hello, alpine, busybox:1.28과 같은 몇 가지 다른 컨테이너 이미지 식별자를 사용했다.

이미지 식별자는 **레지스트리 호스트 네임, 리포지터리 네임스페이스, 이미지 리포지터리, 태그** 네 가지로 구분할 수 있다. 이미지 이름을 제외한 나머지는 선택 사항이다. 모든 부분을 포함하는 이미지 식별자는 다음과 같다.

```
docker.io/cloudnatived/demo:hello
```

- 예제의 레지스트리 호스트 네임은 docker.io다. docker.io는 도커 이미지의 기본 레지스트리이므로 별도로 지정할 필요는 없다. 그러나 이미지를 다른 레지스트리에 저장했다면 호스트 네임을 지정해야 한다. 예를 들어 구글 컨테이너 레지스트리 이미지는 gcr.io로 시작한다.

- 리포지터리 네임스페이스는 cloudnatived다. 리포지터리 네임스페이스를 지정하지 않으면 기본 네임스페이스(library)를 사용한다. 기본 네임스페이스는 도커에서 승인하고 관리하는 공식 이미지[1]들의 집합이다. 인기 있는 공식 이미지는 OS 기반 이미지(알파인, 우분투, 데비안debian, 센토스centos), 프로그래밍 언어 환경(Go, 파이썬, 루비, php, 자바), 널리 사용되는 소프트웨어(몽고mongo, mysql, nginx, 레디스)가 있다.

- 이미지 리포지터리는 demo로 레지스트리와 네임스페이스에서 특정 컨테이너 이미지를 식별한다('8.2.3절 컨테이너 다이제스트' 참조).

- 태그는 hello다. 태그는 동일한 이미지의 다양한 버전을 식별한다.

---

1 https://docs.docker.com/docker-hub/official_images

컨테이너에 태그를 붙이는 방식은 직접 결정해야 한다. 일반적인 경우는 다음과 같다.

- v1.3.0과 같은 태그는 애플리케이션의 버전을 나타낸다.
- 5ba6bfd....와 같은 깃 SHA 태그는 컨테이너를 빌드하는 데 사용한 소스 저장소의 특정 커밋을 식별한다.
- staging이나 production과 같은 환경을 의미한다.

원하는 만큼 이미지에 태그를 추가할 수 있다.

8.2.2 latest 태그

이미지를 풀링할 때 태그를 지정하지 않는다면 기본 태그로 latest가 지정된다. 예를 들어 alpine 이미지에 태그를 지정하지 않고 실행한다면 alpine:latest를 가져온다.

이미지를 빌드하거나 푸시하는 경우에도 태그를 지정하지 않으면 기본 태그 latest가 지정된다. latest 태그는 필요에 의해 지정한 최신 버전의 이미지가 아니다. 단순히 명시적으로 태그를 지정하지 않은 이미지 중 가장 최신 이미지일 뿐이다. 이러한 이유로 latest 태그는 식별자로써는 별로 도움이 되지 않는다(*https://vsupalov.com/docker-latest-tag*).

그러므로 쿠버네티스에 상용 컨테이너를 배포할 때 특정 태그를 지정하는 것이 중요하다. 단순히 문제 해결이나 테스트를 위해서 alpine과 같은 컨테이너를 일회성으로 간단하게 실행한다면 태그를 생략하거나 latest 태그를 붙이는 것은 문제가 되지 않는다. 그러나 상용 애플리케이션의 경우 오늘 배포한 파드의 컨테이너의 이미지와 내일 배포한 컨테이너의 이미지가 정확하게 동일해야 할 것이다.

> 상용 환경에서 컨테이너를 배포할 때 latest 태그 사용을 지양해야 한다. latest 태그는 실행할 이미지의 버전을 관리하기 어렵고 문제가 생길 경우 이전 버전으로 롤백하기 어렵다.
>
> – 쿠버네티스 공식 문서[2]

---

2 *https://kubernetes.io/docs/concepts/configuration/overview/#using-labels*

8.2.3 컨테이너 다이제스트

앞서 보았듯이 latest 태그가 항상 최신 이미지를 의미하는 것은 아니다. 심지어 버전이나 깃 SHA 태그도 영구적으로 고유한 특정 컨테이너를 식별할 수 없다. 이미지 관리자가 새로운 이미지를 이전과 동일한 태그로 푸시한다면 다음 배포 작업에는 업데이트된 이미지가 실행될 것이다. 기술적인 용어로 태그는 **비결정론적**이다.

때로는 결정론적인 배포를 하는 것이 바람직하다. 즉 배포 시 지정한 컨테이너 이미지를 정확하게 참조하는 것을 보장해야 한다. 컨테이너 **다이제스트**를 사용하면 이미지 내용을 암호화된 해시로 계산하여 이미지를 정확하게 식별할 수 있다.

이미지는 여러 개의 태그를 가질 수 있지만 다이제스트는 유일하다. 즉 컨테이너 매니페스트가 이미지 다이제스트를 지정한다면 결정론적 배포를 보장한다는 것을 의미한다. 다이제스트가 포함된 이미지 식별자는 다음과 같다.

```
cloudnatived/demo@sha256:aeae1e551a6cbd60bcfd56c3b4ffec732c45b8012b7cb758c6c4a34...
```

8.2.4 베이스 이미지 태그

도커파일에서 베이스 이미지를 참조할 때 태그를 지정하지 않으면 컨테이너를 배포할 때와 같이 latest 태그가 붙은 이미지를 가져온다. 앞서 설명했듯이 latest가 항상 최신의 이미지를 의미하는 것이 아니므로 alpine:3.8과 같이 특정 베이스 이미지 태그를 지정하는 것을 권장한다.

애플리케이션을 수정하여 컨테이너를 다시 빌드할 때, 새로운 공개 베이스 이미지 때문에 의도하지 않은 변경 사항이 발생하는 걸 원하지 않을 것이다. 이런 유형에서 발생하는 문제는 분석과 디버깅이 어렵다. 가능한 이전과 같은 이미지를 빌드하려면 특정 태그나 다이제스트를 지정하기를 권한다.

> **TIP** latest 태그 사용을 지양해야 한다는 필자의 주장에 동의하지 못하는 사람도 있을 것이다. latest 베이스 이미지를 사용하면 베이스 이미지의 변화로 빌드가 실패할 때 바로 문제를 찾고 해결해야 한다. 반면 특정 이미지 태그를 지정하면 업스트림 관리자 대신 **사용자가 원할 때** 직접 베이스 이미지를 업그레이드해야 한다. 이는 직접 결정할 사항이다.

8.2.5 포트

앞서 데모 애플리케이션에서 보았듯이 ports 필드는 애플리케이션이 수신하는 네트워크 포트 번호를 지정한다. 이는 단순하게 정보를 제공할 뿐이며 쿠버네티스에는 의미가 없지만 가능하다면 포함하는 것을 권장한다.

8.2.6 리소스 요청과 상한

컨테이너의 리소스 요청과 상한은 '5장 리소스 관리하기'에서 이미 자세하게 설명했으므로 여기서는 간단하게 소개하고 넘어간다.

각 컨테이너는 스펙의 일부로 다음과 같은 필드를 하나 이상 지원한다.

- resources.requests.cpu
- resources.requests.memory
- resources.limits.cpu
- resources.limits.memory

요청과 상한은 개별 컨테이너에 지정할 수 있지만 일반적으로는 파드의 리소스 요청과 파드의 상한으로 이야기한다. 파드의 리소스 요청은 파드에 있는 전체 컨테이너의 리소스 요청의 합이며 상한의 경우에도 마찬가지다.

8.2.7 이미지 풀링 정책

앞서 보았듯이 컨테이너를 노드에서 실행하기 전에 이미지는 적절한 컨테이너 레지스트리에서 풀되거나 다운로드되어야 한다. 컨테이너의 imagePullPolicy 필드는 이미지 풀링에 대한 쿠버네티스 정책을 지정한다. 이미지 풀링 정책은 세 가지로 Always, IfNotPresent, Never가 있다.

- Always는 컨테이너를 실행할 때마다 항상 이미지를 풀한다. '8.2.2절 latest 태그'에서 설명한 latest 태그를 지정한다면 imagePullPolicy 필드를 지정하지 않아도 항상 이미

지를 푼다. 하지만 시간과 대역폭이 낭비된다.

- **IfNotPresent**는 이미지 풀링 기본 정책으로 대부분의 경우 적합하다. 이미지가 노드에 없는 경우에만 이미지를 다운로드한다. 다운로드한 후에는 이미지 스펙을 변경하지 않는다면 쿠버네티스는 이미지를 다시 다운로드하지 않고 저장된 이미지를 사용하여 컨테이너를 실행한다.

- **Never**는 이미지를 업데이트하지 않는다. **Never** 정책을 사용하면 쿠버네티스는 레지스트리에서 이미지를 가져오지 않는다. 노드에 이미지가 이미 존재한다면 저장된 이미지를 사용한다. 이미지가 존재하지 않는다면 컨테이너는 실행에 실패한다. 아마 이런 상황을 원하지는 않을 것이다.

운영 중에 이상한 문제가 발생한다면(예를 들어 새로운 컨테이너 이미지를 푸시 했음에도 파드가 업데이트되지 않는 등) 이미지 풀링 정책을 확인해야 한다.

8.2.8 환경 변수

환경 변수는 실행 중인 컨테이너에 정보를 전달하는 것이 제한적인 경우에 사용하는 일반적인 방법이다. 실행 가능한 리눅스 시스템은 모두 환경 변수에 접근할 수 있다. 따라서 컨테이너가 탄생하기 전에 개발된 기존의 프로그램도 환경 변수를 설정으로 사용한다. 환경 변수는 문자열만 지원하며 배열, 키/값, 구조형 데이터는 지원하지 않아 제한적이다. 프로세스 환경 변수의 전체 크기도 32KiB로 제한되어 있어서 대용량 데이터 파일은 환경 변수로 전달할 수 없다.

다음과 같이 컨테이너의 env 필드에 원하는 환경 변수 목록을 설정하면 된다.

```
containers:
- name: demo
  image: cloudnatived/demo:hello
  env:
  - name: GREETING
    value: "Hello from the environment"
```

컨테이너 이미지 자체에서 환경 변수를 설정했다면(예를 들면 도커파일에서 설정했다면) 쿠버네티스 env 설정이 환경 변수를 덮어쓴다. 이것은 컨테이너의 기본 설정을 변경하는 데 유용하다.

> **TIP** 설정 데이터를 컨테이너에 전달하는 더 유연한 방법은 쿠버네티스 컨피그맵이나 시크릿을 사용하는 것이다.
> 자세한 내용은 '10장 구성과 시크릿'에서 다룬다.

8.3 컨테이너 보안

'8.1.1절 컨테이너란 무엇인가?'에서 ps ax 명령어를 실행하여 컨테이너에서 실행 중인 프로세스 리스트를 조회하면 프로세스가 모두 root 사용자로 실행 중인 것을 알 수 있다. 리눅스나 다른 유닉스 기반 운영체제에서 root는 모든 데이터를 읽을 수 있고 수정할 수 있으며 어떤 작업이든 실행할 수 있는 권한을 가진 슈퍼유저다.

전체 리눅스 시스템 중 일부 프로세스는 root로 실행이 필요하지만(예를 들어 모든 프로세스를 관리하는 init) 일반적으로 컨테이너에서는 root로 실행이 필요하지 않다.

게다가 root 권한이 필요하지 않을 때는 root 사용자로 프로세스를 실행하는 것은 지양해야 한다. 이것은 **최소 권한의 원칙**principle of least privilege[3]을 위배한다. 프로그램은 실제 작업에 필요한 정보와 자원에만 접근할 수 있어야 한다.

프로그램에는 버그가 있을 수 있다는 것은 누구나 아는 사실이다. 일부 버그는 악의적인 사용자가 프로그램을 해킹하여 보안 데이터를 조회하거나 임의의 코드를 실행하는 일을 허용할 수 있다. 이를 방지하려면 가능한 최소한의 권한으로 컨테이너를 실행하는 것이 중요하다. 이는 root 사용자 권한을 부여하는 대신 파일 조회 등과 같이 특별하지 않은 권한이 부여된 **일반** 사용자 권한을 할당하는 것에서 시작한다.

> 서버에서 root로 실행하지 않는 것처럼(또는 실행해서는 안 되는 것처럼) 서버의 컨테이너에서
> 도 root로 실행하면 안 된다. 다른 사람이 개발한 바이너리를 실행하는 것은 많은 검증이 필요하
> 며 이는 컨테이너 속 바이너리도 마찬가지다.
>
> — 마크 캠프벨[4]

---

3 *https://en.wikipedia.org/wiki/Principle_of_least_privilege*
4 *https://medium.com/@mccode/processes-in-containers-should-not-run-as-root-2feae3f0df3b*

또한 해커는 컨테이너 런타임의 버그를 악용하여 컨테이너에서 '탈출'하고 컨테이너 내에서 호스트 머신에서 실행하는 것과 동일한 권한을 얻을 수도 있다.

8.3.1 root가 아닌 사용자로 컨테이너 실행하기

다음은 쿠버네티스가 특정 사용자로 컨테이너를 실행하도록 지정하는 컨테이너 스펙의 예제다.

```
containers:
- name: demo
  image: cloudnatived/demo:hello
  securityContext:
    runAsUser: 1000
```

runAsUser 필드값은 **UID**(사용자 식별 번호)다. 대부분의 리눅스 시스템에서 UID 1000은 시스템에서 생성한 첫 번째 일반 사용자 값이므로 1000이나 그 이상의 값을 컨테이너의 UID로 사용하는 것이 안전하다. 컨테이너의 해당 UID를 가진 사용자와 운영체제의 존재 유무는 중요하지 않다. 이 스펙은 스크래치 컨테이너에서도 잘 작동한다.

특정 사용자로 컨테이너의 프로세스를 실행하도록 도커파일에 지정할 수도 있지만 군이 그렇게 할 필요는 없다. 쿠버네티스 스펙에서 runAsUser 필드로 설정하는 것이 더 쉽고 유연하다.

runAsUser에서 UID를 지정하면 컨테이너 이미지의 모든 사용자 설정을 덮어쓴다. runAsUser를 지정하지 않은 상태에서 컨테이너 이미지에 사용자가 지정되어 있다면 쿠버네티스는 이미지에서 지정한 사용자로 프로세스를 실행한다. 매니페스트와 이미지 둘 다 특정 사용자를 지정하지 않았다면 컨테이너는 root로 실행한다(앞서 설명했듯이 이 방법은 권장하지 않는다).

최대한의 보안을 위해서 각 컨테이너마다 서로 다른 UID를 사용하기를 권장한다. 컨테이너가 손상되거나 데이터를 실수로 덮어쓰더라도 다른 컨테이너의 데이터에는 접근할 수 없고 자신의 컨테이너 속 데이터에++만 접근 가능한 권한을 갖기 때문이다.

반면 두 개 이상의 컨테이너가 동일한 데이터(예를 들면 마운트한 볼륨을 통해서)에 접근하려면 컨테이너에 동일한 UID를 지정해야 한다.

8.3.2 root 컨테이너 차단하기

컨테이너가 root로 실행되는 상황을 방지하기 위해 쿠버네티스는 컨테이너가 root 사용자로
실행될 경우 차단하는 기능을 제공한다.

runAsNonRoot: true 설정은 다음과 같다.

```
containers:
- name: demo
  image: cloudnatived/demo:hello
  securityContext:
    runAsNonRoot: true
```

쿠버네티스가 예제의 컨테이너를 실행하면 컨테이너가 root 사용자로 실행되기를 원하는지
먼저 확인하고, 해당할 경우 실행을 차단한다. 이는 root가 아닌 사용자로 컨테이너를 실행하
는 것을 잊은 경우나, root로 실행하도록 설정된 서드 파티 컨테이너가 실행되는 것을 막는다.

실행이 차단되면 파드는 CreateContainerConfigError 상태가 되며 kubectl describe로
파드를 조회하면 다음과 같은 에러 메시지를 확인할 수 있다.

```
Error: container has runAsNonRoot and image will run as root
```

> **TIP** **모범 사례**
>
> root가 아닌 사용자로 컨테이너를 실행해야 하며 runAsNonRoot: true 설정으로 root 컨테이너가 실행
> 되는 것을 차단할 수 있다.

8.3.3 읽기 전용 파일 시스템 설정하기

또 다른 유용한 보안 컨텍스트 설정은 readOnlyRootFilesystem이다. readOnlyRootFile
system은 컨테이너의 파일 시스템 쓰기 권한을 제한한다. 도커나 쿠버네티스의 버그를 악용한
컨테이너가 있다고 가정해보자. 예를 들어 컨테이너 내 파일 시스템 쓰기 작업으로 호스트 노
드 파일에 영향을 미칠 수 있는 컨테이너가 있을 수 있다. 이 경우 파일 시스템이 읽기 전용이
라면 걱정하지 않아도 된다. 컨테이너에서 I/O 에러가 발생할 것이다.

```
containers:
- name: demo
  image: cloudnatived/demo:hello
  securityContext:
    readOnlyRootFilesystem: true
```

많은 컨테이너가 자신의 파일 시스템 쓰기 권한이 필요하지 않으므로 이러한 설정은 크게 문제되지 않는다. 컨테이너에 파일 쓰기 권한이 필요한 경우가 아니라면 항상 readOnlyRootFilesystem을 설정하길 바란다.[5]

8.3.4 권한 상승 비활성화하기

일반적으로 리눅스 바이너리는 이를 실행한 사용자와 동일한 권한으로 실행된다. 그러나 예외는 있다. setuid 메커니즘을 사용하면 일시적으로 바이너리를 **소유한** 사용자(일반적으로 root)의 권한으로 실행할 수 있다.

컨테이너를 일반 사용자(예를 들면 UID 1000)로 실행하더라도 컨테이너가 setuid 바이너리를 갖고 있을 경우에는 컨테이너에서 root 권한을 얻을 수 있으므로 잠재적인 문제가 될 수 있다.

이를 방지하려면 컨테이너 보안 정책에서 allowPrivilegeEscalation 필드를 false 로 설정하면 된다.

```
containers:
- name: demo
  image: cloudnatived/demo:hello
  securityContext:
    allowPrivilegeEscalation: false
```

개별 컨테이너가 아닌 전체 클러스터에 설정하는 방법은 '8.3.7절 파드 보안 정책'에서 설명한다.

현대 리눅스 시스템은 캐퍼빌리티capability라는 더 유연하고 세분화된 권한 메커니즘을 사용하므

---

5 https://kubernetes.io/blog/2016/08/security-best-practices-kubernetes-deployment

로 더는 setuid를 사용하지 않는다.

8.3.5 캐퍼빌리티

전통적인 유닉스 프로그램은 **일반**과 **슈퍼유저**, 두 가지의 수준 권한을 갖고 있다. 일반 프로그램은 사용자 이상의 실행 권한을 갖지 않은 반면, 슈퍼유저 프로그램은 커널 보안 검사를 건너뛰며 모든 권한을 가진다.

리눅스 캐퍼빌리티 메커니즘은 커널 모듈 로드, 직접적인 네트워크 I/O 작업, 시스템 장치 접근 등과 같은 다양한 작업을 정의함으로써 이를 개선했다. 특정 권한이 필요한 프로그램에만 권한 설정을 할 수 있으며 다른 프로그램은 차단할 수 있다.

예를 들어 80포트로 수신해야 하는 웹서버는 일반적으로 **root**로 실행해야 한다. 1024 이하의 포트 번호는 권한이 필요한 **시스템** 포트로 관리되기 때문이다. 대신에 프로그램에 NET_BIND_SERVICE 캐퍼빌리티를 부여하면 어떤 포트든 바인딩할 수 있지만 다른 특별한 권한은 갖지 못한다.

도커 컨테이너의 기본 캐퍼빌리티 설정은 상당히 관대하다. 이는 사용성과 보안성 사이에서 적당히 절충한 실용적인 결정인데, 컨테이너에 기본적으로 캐퍼빌리티를 하나도 부여하지 않으면, 운영자는 컨테이너를 실행하기 위해 많은 설정 작업을 해야만 할 것이다.

반면에 최소 권한의 원칙에 따르면, 필요하지 않을 경우에는 컨테이너에 캐퍼빌리티를 부여하면 안 된다. 다음과 같이 쿠버네티스 보안 컨텍스트에서 기본 설정된 캐퍼빌리티를 삭제하고 필요한 것만 추가하도록 설정할 수 있다.

```
containers:
- name: demo
  image: cloudnatived/demo:hello
  securityContext:
    capabilities:
      drop: ["CHOWN", "NET_RAW", "SETPCAP"]
      add: ["NET_ADMIN"]
```

컨테이너의 CHOWN, NET_RAW, SETPCAP는 제거되고 NET_ADMIN 캐퍼빌리티는 추가된다.

도커 공식 문서[6]를 참고하면 컨테이너에 기본으로 설정되는 캐퍼빌리티와 필요에 따라 추가할
수 있는 목록을 확인할 수 있다.

최대한의 보안을 위해서는 모든 컨테이너의 캐퍼빌리티를 삭제하고 필요한 것만 추가하면 된다.

```
containers:
- name: demo
  image: cloudnatived/demo:hello
  securityContext:
    capabilities:
      drop: ["all"]
      add: ["NET_BIND_SERVICE"]
```

캐퍼빌리티 메커니즘은 컨테이너가 root로 실행되더라도 내부 프로세스가 수행할 수 있는 작
업을 제한한다. 컨테이너 수준에서 캐퍼빌리티를 제거한다면 악성 프로세스가 최대 권한을 갖
고 있더라도 다시 복구할 수 없다.

8.3.6 파드 보안 컨텍스트

앞서 설명한 개별 컨테이너 수준의 보안 컨텍스트 설정 중 일부는 파드 수준에서도 설정 가능
하다.

```
apiVersion: v1
kind: Pod
...
spec:
  securityContext:
    runAsUser: 1000
    runAsNonRoot: false
    allowPrivilegeEscalation: false
```

이러한 설정은 파드 내의 모든 컨테이너에 적용된다. 컨테이너 자체에 보안 컨텍스트 설정이
있을 경우에는 파드의 설정은 덮어써진다.

---

6 *https://docs.docker.com/engine/reference/run/#runtime-privilege-and-linux-capabilities*

모범 사례

모든 파드와 컨테이너에 보안 컨텍스트를 설정하는 것이 좋다. 권한 상승을 비활성화하고 모든 캐퍼빌리티를 삭제한 후에 컨테이너에서 필요한 것만 추가하기를 권장한다.

8.3.7 파드 보안 정책

개별 컨테이너나 파드에 대한 보안을 개별로 설정하는 것 대신 PodSecurityPolicy 리소스를 사용하여 클러스터 수준의 보안을 설정할 수 있다. PodSecurityPolicy 사용 예제는 다음과 같다.

```
apiVersion: policy/v1beta1
kind: PodSecurityPolicy
metadata:
  name: example
spec:
  privileged: false
  # The rest fills in some required fields.
  seLinux:
    rule: RunAsAny
  supplementalGroups:
    rule: RunAsAny
  runAsUser:
    rule: RunAsAny
  fsGroup:
    rule: RunAsAny
  volumes:
  - *
```

이러한 간단한 정책은 특수 권한을 가진 컨테이너(securityContext에 privileged 플래그가 활성화되어 노드에서 직접 실행하는 프로세스와 거의 동일한 모든 권한을 가진 컨테이너)를 차단한다.

PodSecurityPolicy는 정책을 생성하고 RBAC('11.1.2절 역할 기반 접근 제어(RBAC) 소개' 참조)에 따라 서비스 계정에 적절한 접근 정책을 부여해야 하며, 클러스터의 PodSecurityPolicy 어드미션 컨트롤러를 활성화해야 해서 조금 복잡하다. 그러나 대규모 인프라의 경우 개별 파드의 보안 설정을 직접 제어하기 어렵기 때문에 PodSecurityPolicy를 사용하는 것이 좋다.

PodSecurityPolicy에 대해 더 자세히 알고 싶다면 쿠버네티스 문서[7]를 참고하길 바란다.

8.3.8 파드 서비스 계정

파드는 별도로 지정하지 않으면 네임스페이스에 대한 기본 서비스 계정으로 실행된다('11.1.7 절 애플리케이션과 디플로이먼트' 참조). 특별한 사유(다른 네임스페이스의 파드 조회와 같 은)로 추가 권한이 필요한 경우에 애플리케이션에 대한 전용 서비스 계정을 생성하고 요청한 역할로 바인딩한 후 생성된 서비스 계정을 파드에 설정하면 된다.

다음과 같이 파드 스펙의 `serviceAccountName` 필드에 서비스 계정의 이름을 지정하면 된다.

```
apiVersion: v1
kind: Pod
...
spec:
  serviceAccountName: deploy-tool
```

8.4 볼륨

컨테이너는 각 컨테이너에서만 접근 가능한 **비영구적인** 자체 파일 시스템을 갖고 있다는 것을 기억할 것이다. 파일 시스템 내 모든 데이터는 컨테이너 이미지의 일부가 아니며 컨테이너를 재시작하면 사라진다.

종종 발생하는 이런 점은 문제되지 않는다. 예를 들어 데모 애플리케이션의 경우 영구적인 스 토리지가 필요하지 않은 스테이트리스stateless서버이며 다른 컨테이너와 파일을 공유할 필요도 없다.

그러나 좀 더 복잡한 애플리케이션은 동일 파드 내에 있는 다른 컨테이너와 데이터를 공유할 수 있어야 하며 재시작하더라도 데이터를 유지할 수 있어야 한다. 쿠버네티스 볼륨 오브젝트는

---

7 *https://kubernetes.io/docs/concepts/policy/pod-security-policy*

이 두 가지를 모두 제공한다.

파드에 연결할 수 있는 볼륨의 종류는 매우 다양하다. 내부 스토리지 유형에 상관없이 파드에 마운트된 볼륨은 파드 내 모든 컨테이너에서 접근할 수 있다. 컨테이너는 하나 이상의 볼륨을 사용하여 파일을 공유하고 통신할 수 있다. 다음 절에서 중요한 볼륨 유형을 좀 더 알아보자.

8.4.1 emptyDir 볼륨

가장 간단한 유형인 emptyDir 볼륨은 비영구적 스토리지로 이름 그대로 비어 있는 상태로 시작하여 데이터를 노드에 저장한다(메모리 혹은 노드의 디스크에). emptyDir 볼륨은 노드에서 파드가 실행되는 동안 유지된다.

컨테이너에 추가 스토리지 프로비저닝이 필요하지만 데이터를 영구적으로 유지할 필요가 없거나 컨테이너가 다른 노드에 스케줄되어도 상관없는 경우에 emptyDir 볼륨을 유용하게 활용할 수 있다.

마찬가지로 파드 내 컨테이너 간 파일을 공유가 필요하지만 데이터를 장기간 보관할 필요는 없다면 emptyDir 볼륨이 적합하다.

다음은 파드에 emptyDir 볼륨을 생성하고 컨테이너에 마운트하는 예제다.

```
apiVersion: v1
kind: Pod
...
spec:
  volumes:
  - name: cache-volume
    emptyDir: {}
  containers:
  - name: demo
    image: cloudnatived/demo:hello
    volumeMounts:
    - mountPath: /cache
      name: cache-volume
```

먼저 파드 스펙에서 volumes 섹션을 보면 cache-volume이라는 이름의 emptyDir 볼륨을 생성한다.

```
volumes:
- name: cache-volume
  emptyDir: {}
```

이제 cache-volume 볼륨은 파드 내에 있는 모든 컨테이너에 마운트하여 사용할 수 있다. 마운트를 위해서 demo 컨테이너의 volumeMounts 섹션에 cache-volume을 추가한다.

```
name: demo
image: cloudnatived/demo:hello
volumeMounts:
- mountPath: /cache
  name: cache-volume
```

컨테이너에서는 새로운 볼륨을 사용하기 위해 특별히 해야 할 작업이 없다. /cache 경로에 쓰는 모든 것은 볼륨에 기록되며 동일한 볼륨을 마운트한 다른 컨테이너에서도 볼 수 있다. 볼륨을 마운트한 모든 컨테이너는 해당 경로의 파일을 읽고 쓸 수 있다.

> **TIP** 공유 볼륨에 파일을 작성할 때 주의해야 한다. 쿠버네티스는 디스크 쓰기 작업에 락(lock)을 걸지 않는다. 두 개의 컨테이너가 동시에 같은 파일에 쓰기를 시도한다면 데이터가 손상될 수 있다. 이를 방지하려면 자체적인 쓰기 락(write-lock) 메커니즘을 구현하거나 nfs나 glusterfs와 같이 락을 지원하는 볼륨 유형을 사용해야 한다.

8.4.2 퍼시스턴트 볼륨

비영구적인 emptyDir 볼륨은 캐시나 임시 파일 공유에는 적합하지만 데이터베이스와 같이 영구적으로 데이터를 보관해야 하는 애플리케이션에는 적합하지 않다. 참고로 쿠버네티스에서 데이터베이스를 실행하는 것은 권장하지 않는다. 대신 클라우드 서비스가 제공하는 데이터베이스 서비스를 이용하는 것을 추천한다. 대부분의 클라우드 서비스 업체는 MYSQL, PostgreSQL, 키/값(**NoSQL**) 저장소와 같은 관리형 솔루션 형태의 관계형 데이터 베이스를 제공한다.

'1.5.4절 쿠버네티스는 만능이 아니다'에서 설명했듯이 쿠버네티스는 영구적인 데이터가 필요하지 않은 스테이트리스 애플리케이션을 관리하는 데 적합하다. 영구적인 데이터를 저장하려면 애플리케이션에 대한 쿠버네티스 구성이 크게 복잡해지고 추가 클라우드 리소스를 사용하며 백업도 해야 한다.

하지만 쿠버네티스에서 영구적인 볼륨이 필요하다면 PersistentVolume 리소스를 사용하면 된다. 자세한 내용은 클라우드 서비스 업체마다 다르므로 여기서는 깊이 다루지 않는다. 퍼시스턴트 볼륨에 대한 자세한 정보는 쿠버네티스 문서를 참고하자.[8]

쿠버네티스에서 퍼시스턴트 볼륨을 사용하는 가장 유연한 방법은 PersistentVolumeClaim 오브젝트를 사용하는 것이다. PersistentVolumeClaim에서는 볼륨 유형과 PersistentVolume의 크기를 요청한다. 예를 들면 읽기, 쓰기가 가능한 10GiB 크기의 고속 볼륨을 요청한다.

파드에서는 컨테이너가 마운트하여 사용할 수 있는 PersistentVolumeClaim을 볼륨으로 추가하면 된다.

```
volumes:
- name: data-volume
  persistentVolumeClaim:
    claimName: data-pvc
```

위와 같은 방법으로 파드에서 클러스터에 있는 PersistentVolume의 풀을 생성할 수 있다. 또는 동적 프로비저닝[9]을 사용하여 PersistentVolumeClaim이 마운트될 때 적절한 스토리지 공간을 자동으로 프로비저닝하고 파드에 연결할 수 있다.

8.5 재시작 정책

'7.3.6절 문제를 해결하기 위한 컨테이너 실행하기'에서 보았듯이 별도로 설정하지 않는다면 쿠버네티스는 종료된 파드를 항상 재시작한다. 기본 재시작 정책은 Always이지만 OnFailure (컨테이너가 비정상nonzero status 종료된 경우에만 재시작)나 Never로 변경할 수 있다.

---

8 _https://kubernetes.io/docs/concepts/storage/persistent-volumes_
9 _https://kubernetes.io/docs/concepts/storage/dynamic-provisioning_

```
apiVersion: v1
kind: Pod
...
spec:
  restartPolicy: OnFailure
```

파드가 작업을 완료한 후 다시 시작하지 않기를 원한다면 Job 리소스를 사용하면 된다('9.5.3
절 잡' 참조).

8.6 이미지 풀 시크릿

이전에 설명했듯이 쿠버네티스는 지정한 이미지가 노드에 없다면 컨테이너 레지스트리에서 이
미지를 다운로드한다. 그러나 사설 레지스트리를 사용한다면 레지스트리에 인증할 수 있는 자
격 증명을 쿠버네티스에 어떻게 부여할 수 있을까?

파드의 imagePullSecrets 필드에서 이러한 자격 증명을 설정할 수 있다. 먼저 레지스트리
자격 증명을 시크릿 오브젝트에 저장한다('10.2절 쿠버네티스 시크릿' 참조). 이제 쿠버네티스
는 파드의 컨테이너를 풀링할 때 시크릿을 사용한다. 예를 들어 시크릿의 이름이 registry-
creds라면 다음과 같이 설정할 수 있다.

```
apiVersion: v1
kind: Pod
...
spec:
  imagePullSecrets:
  - name: registry-creds
```

레지스트리 자격 증명 데이터의 정확한 포맷은 쿠버네티스 문서를 참고하기 바란다.[10]

imagePullSecrets을 서비스 계정에 추가할 수도 있다('8.3.8절 파드 서비스 계정' 참조). 서
비스 계정을 사용하여 생성한 모든 파드에는 레지스트리 자격 증명이 자동으로 추가된다.

---

10 *https://kubernetes.io/docs/tasks/configure-pod-container/pull-image-private-registry*

8.7 마치며

쿠버네티스를 이해하려면 먼저 컨테이너를 이해해야 한다. 이번 장에서는 컨테이너가 무엇인지 어떻게 파드에서 함께 작동하는지 간략하게 설명했고 쿠버네티스가 컨테이너의 작동을 제어할 수 있는 다양한 옵션을 다뤘다.

이 장에서 놓치지 말아야 할 내용을 정리해보자.

- 커널 수준에서 리눅스 컨테이너는 리소스 사용이 제한된 격리된 프로세스의 집합이다. 컨테이너의 내부에서는 컨테이너가 하나의 리눅스 머신인 것처럼 보인다.

- 컨테이너는 가상 머신이 아니다. 각 컨테이너는 하나의 주요 프로세스를 실행해야 한다.

- 파드는 일반적으로 주요 애플리케이션을 실행하는 컨테이너를 한 개 포함하고 있으며 필요한 경우 추가적인 **헬퍼**helper 컨테이너를 포함한다.

- 컨테이너 이미지는 `docker.io/cloudnatived/demo:hello`와 같이 레지스트리 호스트 네임, 리포지터리 네임스페이스, 이미지 리포지터리, 태그를 포함한다. 이미지 이름은 필수 사항이다.

- 동일한 컨테이너 이미지의 파드를 배포를 위해서 컨테이너 이미지 태그를 항상 지정해야 한다. 그렇지 않으면 `latest` 이미지가 실행된다.

- 컨테이너의 프로그램을 `root` 사용자로 실행하면 안 된다. 대신 일반 사용자 권한으로 실행하도록 지정하길 권장한다.

- `runAsNonRoot: true` 필드를 설정하여 `root`로 실행하는 모든 컨테이너를 차단할 수 있다.

- 컨테이너의 다른 유용한 보안 설정으로는 `readOnlyRootFilesystem: true`와 `allowPrivilegeEscalation: false`가 있다.

- 리눅스 캐퍼빌리티는 세분화된 권한 제어 메커니즘을 제공하지만 컨테이너의 기본 캐퍼빌리티 설정은 너무 관대하다. 컨테이너에 대한 모든 캐퍼빌리티를 삭제한 다음 컨테이너에 필요한 권한만 부여하는 것을 권장한다.

- 동일한 파드에 있는 컨테이너는 마운트한 볼륨을 읽고 쓰며 데이터를 공유할 수 있다. 가

장 간단한 유형은 emptyDir 볼륨으로 빈 공간에서 시작하여 파드가 실행 중인 동안 데이터를 유지할 수 있다.

- 반면에 퍼시스턴트 볼륨은 필요한 기간만큼 데이터를 보존한다. 파드는 Persistent VolumeClaim을 사용하여 새로운 퍼시스턴트 볼륨을 동적으로 프로비저닝할 수 있다.

CHAPTER 9

파드 관리하기

> 큰 문제는 없다. 그저 작은 문제가 많을 뿐이다.
>
> – 헨리 포드

8장에서는 컨테이너를 주제로 컨테이너를 파드로 구성하는 방법을 자세하게 설명했다. 이번 장에서는 파드와 관련된 다른 주제로 레이블을 추가하는 방법, 노드 어피니티를 활용한 파드 스케줄링, 테인트와 톨러레이션을 사용한 특정 노드의 파드 실행을 제한하는 방법, 데몬셋과 스테이트풀셋 같은 파드 컨트롤러를 활용한 애플리케이션 오케스트레이션을 다룬다.

또한 인그레스 리소스, 이스티오, 엔보이를 포함한 몇 가지 고급 네트워크 옵션을 소개한다.

9.1 레이블

파드 및 다른 쿠버네티스 리소스에는 관련 리소스 간 통신에 매우 중요한 역할을 하는 레이블을 붙일 수 있다는 것은 이미 알고 있을 것이다(예를 들면 서비스에서 온 요청을 적절한 백엔드backend로 전달하는 레이블 등). 이번 절에서는 레이블과 셀렉터에 대해 좀 더 자세히 알아보자.

9.1.1 레이블이란 무엇인가?

> 레이블은 파드와 같은 오브젝트에 붙이는 키/값 쌍이다. 레이블은 사용자와 관련된 의미 있는 오브젝트의 속성을 식별하는 데 사용되지만 코어 시스템과 직접적인 관련은 없다.
>
> – 쿠버네티스 공식 문서, 「레이블과 셀렉터」[1]

다시 말해서 레이블은 사용자에게 의미 있는 정보를 제공하기 위해 존재하는 것이며 쿠버네티스에는 아무런 의미가 없다. 예를 들어 파드 레이블의 경우 파드가 속한 애플리케이션으로 지정하는 것이 일반적이다.

```
apiVersion: v1
kind: Pod
metadata:
  labels:
    app: demo
```

이 레이블 자체로는 아무런 효력이 없다. 아직까지는 문서로서만 유용할 뿐이다(누군가는 이 파드를 보면 어떤 애플리케이션이 실행되는지 알 수 있을 것이다). 그러나 레이블은 **셀렉터**와 함께 사용할 때 진정한 힘을 발휘한다.

9.1.2 셀렉터

셀렉터는 레이블(또는 레이블 집합)을 찾는 표현식이다. 셀렉터를 사용하면 레이블에 따른 리소스 그룹을 지정할 수 있다. 예를 들어 서비스 리소스는 요청을 전달한 파드를 식별하기 위해 셀렉터를 사용한다. '4.6.4절 서비스 리소스'의 데모 애플리케이션의 서비스를 다시 떠올려 보자.

```
apiVersion: v1
kind: Service
...
spec:
  ...
```

---

1 https://kubernetes.io/docs/concepts/overview/working-with-objects/labels

```
    selector:
      app: demo
```

이것은 매우 간단한 셀렉터로 app 레이블의 값이 demo인 모든 리소스를 찾는다. 만약 리소스가 app 레이블을 갖지 않는다면 셀렉터에 매치되지 않는다. app 레이블이 있더라도 값이 demo가 아니라면 마찬가지로 셀렉터에 매치되지 않는다. app: demo 레이블을 가진 리소스(이번 예제에서는 파드)만이 매치되며 서비스에 연결된다.

레이블은 단지 서비스와 파드를 연결하는 것에만 사용되지 않는다. kubectl get 명령어와 --selector 플래그로 클러스터를 조회할 때에도 직접적으로 레이블을 사용할 수 있다.

```
kubectl get pods --all-namespaces --selector app=demo
NAMESPACE   NAME                   READY   STATUS    RESTARTS   AGE
demo        demo-5cb7d6bfdd-9dckm  1/1     Running   0          20s
```

앞서 '7.1.2절 짧은 플래그 사용하기'에서 설명했듯이 --selector 플래그는 -l로(레이블)로 줄여 쓸 수 있다.

파드에 정의한 레이블 목록을 확인하고 싶다면 kubectl get 명령어와 --show-labels 플래그를 사용하면 된다.

```
kubectl get pods --show-labels
NAME                   ... LABELS
demo-5cb7d6bfdd-9dckm  ... app=demo,environment=development
```

9.1.3 고급 셀렉터

대부분 app: demo(등호 equality 셀렉터로 알려진)와 같은 간단한 셀렉터가 필요한 경우가 많을 것이다. 여기에 다른 레이블을 추가하면 좀 더 구체적인 셀렉터를 만들 수 있다.

```
kubectl get pods -l app=demo,environment=production
```

셀렉터는 app: demo와 environment: production 조건을 둘 다 만족하는 파드를 리턴한다.

이와 동일한 셀렉터를 지정하는 서비스 리소스의 YAML 예제는 다음과 같다.

```
selector:
  app: demo
  environment: production
```

서비스에서는 앞서 예제와 같은 등호 셀렉터만 사용할 수 있지만 디플로이먼트와 같은 좀 더 복잡한 리소스는 대화형 조회를 위한 kubectl 명령어에 다른 옵션을 지정할 수 있다.

먼저 레이블에 **부등호**inequality를 지정하는 예제다.

```
kubectl get pods -l app!=demo
```

여기서는 app 레이블이 demo가 다른 값이거나 app 레이블이 없는 모든 파드를 리턴한다.

또한 레이블 값의 집합으로 다음과 같이 조회할 수 있다.

```
kubectl get pods -l "environment in (staging, production)"
```

YAML로는 다음과 같다.

```
selector:
  matchExpressions:
  - {key: environment, operator: In, values: [staging, production]}
```

지정한 집합에 해당하지 않는 레이블은 다음과 같이 조회한다.

```
kubectl get pods -l "environment notin (production)"
```

YAML로는 다음과 같다.

```
selector:
  matchExpressions:
  - {key: environment, operator: NotIn, values: [production]}
```

matchExpressions의 다른 예제는 5.4.9절 내 '노드 어피니티로 스케줄링 관리하기'에서 확인할 수 있다.

9.1.4 레이블의 다른 용도

앞서 app 레이블을 활용하여 파드를 서비스에 연결하는 방법을 살펴보았다(실제로는 어떤 레이블이든 사용할 수 있지만 일반적으로는 app 레이블을 사용한다). 하지만 레이블은 다양한 방식으로 활용할 수 있다.

'12.1.1절 헬름 차트의 구성 요소'의 데모 애플리션의 헬름 차트 예제에서는 environment 레이블을 사용하여 staging이나 production을 지정했다. 동일한 클러스터에서 스테이징과 상용 환경의 파드를 실행한다면(6.1.1절에서 '멀티 클러스터가 필요한가?' 참조) 레이블을 사용하여 두 개의 환경을 구별할 수 있어야 한다. 예를 들어 상용 환경의 서비스 셀렉터는 다음과 같다.

```
selector:
  app: demo
  environment: production
```

environment 셀렉터를 추가하지 않는다면 서비스는 스테이징 환경을 포함한 app: demo 레이블이 붙은 모든 파드를 지정하기 때문에 문제가 발생할 수 있다.

애플리케이션에 따라 레이블을 활용하여 리소스를 여러 방법으로 나눌 수 있다. 다음 예제를 살펴보자.

```
metadata:
  labels:
    app: demo
    tier: frontend
    environment: production
    environment: test
    version: v1.12.0
    role: primary
```

이렇게 하면 다양한 관점으로 클러스터의 리소스를 조회하고 분석할 수 있다.

레이블은 또한 카나리아 배포('13.2.6절 카나리아 배포' 참조)에 활용할 수 있다. 애플리케이션의 일부 파드만 새로운 버전으로 롤아웃하고 싶다면 track: stable, track: canary와 같이 두 개의 레이블을 사용하여 디플로이먼트를 나누면 된다.

서비스 셀렉터에서 app 레이블이 일치한다면 stable과 canary를 포함한 애플리케이션의 모든 파드로 트래픽을 전달한다. canary 파드의 비율을 점진적으로 높여가면서 두 개의 디플로이먼트에 대한 레플리카 개수를 변경하면 된다. 실행 중인 파드가 모두 카나리아로 변경되면 stable로 레이블을 바꾸고 다음 버전이 나오면 다시 카나리아 배포를 진행할 수 있다.

9.1.5 레이블과 어노테이션

이번 절에서는 레이블과 어노테이션의 차이점을 설명한다. 레이블과 어노테이션은 모두 리소스에 대한 메타데이터를 제공하는 키/값 쌍의 집합이다.

차이점은 **레이블은 리소스를 식별한다**는 것이다. 레이블은 서비스 셀렉터와 같이 관련된 리소스 그룹을 지정할 때 사용한다. 반면에 어노테이션은 비식별 정보를 저장하여 쿠버네티스 외부의 도구나 서비스에서 사용한다. 예를 들어 '13.3.1절 헬름 훅' 예제에서는 헬름 워크플로를 관리하기 위해 어노테이션을 사용한다.

레이블은 종종 쿠버네티스 성능에 영향을 줄 수 있는 내부 쿼리에 사용되기 때문에 상당히 엄격한 기준으로 레이블의 유효성을 검사한다. 예를 들어 레이블은 63자로 제한하지만 DNS 하위 도메인 형식의 253자의 접두어를 슬래시문자(/)로 구분하여 선택적으로 추가할 수 있다. 레이블은 영숫자(영문자나 숫자)로 시작해야 하며 영숫자와 대시(-), 밑줄(_), 점(.)만 포함할 수 있다. 레이블의 값도 이와 비슷하게 제한된다.[2]

실제로 일반적으로 사용하는 대부분의 레이블은 단순한 단어(예를 들면 app)이기 때문에 레이블의 문자 제한은 크게 걱정하지 않아도 된다.

---

2 *https://kubernetes.io/docs/concepts/overview/working-with-objects/labels/#syntax-and-character-set*

9.2 노드 어피니티

앞서 5.4.9절 내 '노드 어피니티로 스케줄링 관리하기'에서는 선점형 노드와 관련하여 노드 어피니티를 간단하게 소개했다. 이번 절에서는 노드 어피니티를 사용하여 특정 노드에(또는 특정 노드를 제외하여) 파드를 우선적으로 스케줄링하는 방법을 설명한다. 지금부터 노드 어피니티에 대해 자세히 알아보자.

대부분의 경우에는 노드 어피니티가 필요하지 않다. 쿠버네티스는 적절한 노드에 파드를 잘 스케줄링하고 있다. 주어진 파드를 실행하기에 모든 노드가 동일하게 적합한 경우에는 특별히 걱정하지 않아도 된다.

그러나 이전에 설명한 선점형 노드와 같이 예외 상황이 있을 수 있다. 선점형 노드는 경고 없이 클러스터에서 사라질 수 있기 때문에 파드의 재시작 비용이 클 경우에는 가능한 선점형 노드에 파드가 스케줄링되지 않기를 원할 것이다. 노드 어피니티를 사용하면 이러한 종류의 선호도를 설정할 수 있다.

노드 어피니티는 강제와 반강제 두 가지 종류가 있다. 소프트웨어 엔지니어들이 항상 이름을 잘 짓는 게 아니므로 쿠버네티스에서는 다음과 같이 부른다.

- requiredDuringSchedulingIgnoredDuringExecution (강제)

- preferredDuringSchedulingIgnoredDuringExecution (반강제)

required는 강제 어피니티(파드가 스케줄링되려면 **반드시** 규칙을 만족해야 함)고 preferred는 반강제 어피니티(**이왕이면** 규칙을 만족하는 것이 좋겠지만 강제 사항은 아님)를 의미한다고 이해하면 기억하기 쉬울 것이다.

> TIP 강제, 반강제 어피니티의 긴 이름에서 보듯이 이러한 규칙은 **실행 중에** 적용되는 것이 아니라 **스케줄링 중에** 적용된다. 즉 파드가 어피니티를 만족하는 특정 노드에 스케줄링되면 해당 노드에 계속해서 머무른다. 실행 중에 파드를 수정하여 어피니티 조건을 더는 만족하지 않더라도 쿠버네티스는 파드를 다른 노드로 이동시키지 않는다(향후에는 이러한 기능이 추가될 것으로 예상한다).

9.2.1 강제 어피니티

어피니티에는 파드를 실행할 노드의 종류를 지정한다. 쿠버네티스가 파드를 실행할 노드를 선택하는 방법에는 몇 가지 규칙이 있다. 각 규칙은 nodeSelectorTerms 필드를 사용하여 표현한다. 강제 어피니티 예제는 다음과 같다.

```
apiVersion: v1
kind: Pod
...
spec:
  affinity:
    nodeAffinity:
      requiredDuringSchedulingIgnoredDuringExecution:
        nodeSelectorTerms:
        - matchExpressions:
          - key: "failure-domain.beta.kubernetes.io/zone"
            operator: In
            values: ["us-central1-a"]
```

us-central1-a 존에 있는 노드만 규칙을 만족하기 때문에 해당하는 모든 파드는 us-central1-a 존에만 스케줄링된다.

9.2.2 반강제 어피니티

반강제 어피니티는 결과에 영향을 미치는 1부터 100까지의 **weight** 값을 지정하는 것을 제외하면 강제 어피니티와 거의 비슷하다. 반강제 어피니티의 예제는 다음과 같다.

```
preferredDuringSchedulingIgnoredDuringExecution:
- weight: 10
  preference:
    matchExpressions:
    - key: "failure-domain.beta.kubernetes.io/zone"
      operator: In
      values: ["us-central1-a"]
- weight: 100
  preference:
    matchExpressions:
    - key: "failure-domain.beta.kubernetes.io/zone"
```

```
operator: In
values: ["us-central1-b"]
```

preferred... 규칙을 보면 반강제 어피니티라는 것을 알 수 있을 것이다. 쿠버네티스는 해당 파드를 모든 노드에 스케줄링할 수 있지만 어피니티 규칙에 일치하는 노드에 우선순위를 둘 것이다.

예제를 보면 두 규칙의 **weight** 값이 다른 것을 알 수 있을 것이다. 첫 번째 규칙은 weight 값이 **10**이고 두 번째는 **100**이다. 두 개의 규칙 만족하는 노드가 여러 개 있다면 쿠버네티스는 두 번째 규칙(가용성 영역이 **us-central1-b**인)을 만족하는 노드에 **10**배 더 높은 우선순위를 부여한다. weight 값은 선호하는 노드의 상대적인 비중을 표현하는 데 매우 유용하다.

9.3 파드 어피니티와 안티 어피니티

지금까지는 노드 어피니티를 사용하여 파드를 실행하거나 제외할 노드의 유형을 스케줄러에게 알려주는 방법을 알아봤다. 그러나 이미 노드에서 실행 중인 다른 파드를 참고하여 스케줄링에 반영하는 방법은 없을까?

때로는 웹서버와 콘텐츠 캐시(레디스 같은)처럼 동일한 노드에서 파드를 함께 실행하는 것이 더 좋을 때가 있다. 파드의 스펙에 정보를 추가하여 특정 레이블 세트에 일치하는 파드와 함께 배치되기를 원한다고 스케줄러에게 요청할 수 있다면 유용할 것이다.

반대로 서로 다른 노드에 파드를 배치해야 하는 경우도 있다. 앞서 '5.4.10절 워크로드를 균형 있게 유지하기'에서 보았듯이 파드의 레플리카가 클러스터에 걸쳐 분산되지 않고 동일한 노드에 배치되는 문제가 있을 수 있다. 스케줄러에게 파드의 레플리카가 실행 중인 노드는 제외하고 스케줄링하도록 요청할 수 없을까?

정답은 파드 어피니티를 활용하면 된다. 노드 어피니티와 같이 파드 어피티니는 강제 요구나 **weight** 값을 포함한 비강제 선호 규칙의 집합으로 표현된다.

9.3.1 파드를 함께 배치하기

먼저 파드를 함께 스케줄링하는 경우를 알아보자. app: server 레이블이 붙은 웹서버 파드와 app: cache 레이블이 붙은 콘텐츠 캐시 파드가 있다고 가정해보자. 두 개의 파드는 서로 다른 노드에 있어도 잘 작동하지만 같은 노드에 있다면 네트워크를 거치지 않고 통신할 수 있어 더 좋을 것이다. 스케줄러에게 두 개의 파드를 함께 배치하도록 요청하는 방법은 무엇일까?

다음은 server 파드 스펙의 일부로 파드 어피니티를 요청하는 예제다. cache 파드 스펙에 설정하거나 server, cache 파드 스펙 둘 다에서 파드 어피니티를 설정하더라도 결과는 동일하다.

```
apiVersion: v1
kind: Pod
metadata:
  name: server
  labels:
    app: server
...
spec:
  affinity:
    podAffinity:
      requiredDuringSchedulingIgnoredDuringExecution:
        labelSelector:
        - matchExpressions:
          - key: app
            operator: In
            values: ["cache"]
          topologyKey: kubernetes.io/hostname
```

파드 어피니티의 요청으로 스케줄러는 server 파드를 cache 파드가 실행 중인 노드에 스케줄링할 수 있는지 확인한다. 그러나 조건을 만족하는 노드가 없거나 만족하더라도 노드의 여유 자원이 파드를 수용하기에 충분하지 않다면 파드는 실행에 실패한다.

만약 실제 운용 환경에서 이러한 상황이 발생한다면 문제가 될 것이다. 두 개의 파드가 반드시 함께 배치되어야 한다면 server와 cache의 컨테이너를 하나의 파드에 묶기를 권한다. 만약 함께 배치되기를 선호할 뿐이라면 반강제 파드 어피니티를 사용하면 된다. (preferredDuringSchedulingIgnoredDuringExecution).

9.3.2 파드를 분산하여 배치하기

이번에는 파드를 분산하여 배치하는 안티 어피티니를 알아보자. 여기서는 podAffinity 대신에 podAntiAffinity를 사용한다.

```
apiVersion: v1
kind: Pod
metadata:
  name: server
  labels:
    app: server
...
spec:
  affinity:
    podAntiAffinity:
      requiredDuringSchedulingIgnoredDuringExecution:
        labelSelector:
        - matchExpressions:
          - key: app
            operator: In
            values: ["server"]
          topologyKey: kubernetes.io/hostname
```

이전의 파드 어피니티 예제와 매우 비슷하지만 podAntiAffinity이므로 반대 관점으로 이해해야 한다. 매치 표현도 이번에는 'app 레이블은 반드시 server 값을 가져야 한다'로 앞서 예제와 다르다.

안티 어피니티는 규칙을 만족하는 노드에 파드를 스케줄링**하지 않도록** 스케줄러에 요청한다. 즉 app: server 레이블이 붙은 파드는 app: server 파드가 이미 실행 중인 노드에 스케줄링될 수 없다. 이를 통해 server 파드를 원하는 개수의 레플리카로 클러스터에 균일하게 분산시킬 수 있다.

9.3.2 반강제 안티 어피니티

그러나 일반적으로 파드의 레플리카를 균등하게 분산하는 것보다 충분한 개수의 레플리카를 확보하는 것을 더 중요하게 생각하므로 강제 규칙은 실제 상용 환경에는 적합하지 않다. 이전 예제를 반강제 안티 어피니티로 수정해보자.

```
affinity:
  podAntiAffinity:
    preferredDuringSchedulingIgnoredDuringExecution:
    - weight: 1
      podAffinityTerm:
        labelSelector:
        - matchExpressions:
          - key: app
            operator: In
            values: ["server"]
        topologyKey: kubernetes.io/hostname
```

required...를 반강제 안티 어피티니인 preferred...규칙으로 수정했다. 규칙을 만족하는 노드가 있다면 스케줄러는 요청 사항에 따라 파드를 배치하며 규칙을 만족하는 노드가 없더라도 쿠버네티스의 통상적인 방식으로 파드를 배치한다.

선호도를 지정하기 위해 반강제 어피티니에서 했던 것처럼 weight 값을 지정했다. 만약 고려해야 할 어피니티 규칙이 여러 개 있다면 쿠버네티스는 각 규칙에 할당한 weight 값에 따라 우선순위를 매겨 처리한다.

9.3.4 파드 어피니티를 사용하는 경우

노드 어피티니와 마찬가지로 파드 어피니는 특별한 경우에 조정하는 것^{fine-tuning}으로 생각해야 한다. 스케줄러는 이미 최적의 성능과 가용성을 고려하여 클러스터에 파드를 배치한다. 파드 어피니티는 클러스터 내 애플리케이션 간 균형을 유지하고자 하는 스케줄러가 노드를 선택하는 데 자유를 제한한다. 상용 환경에서의 문제점을 발견했을 때만 해결 방안으로 파드 어피니티를 사용해야 한다.

9.4 테인트와 톨러레이션

앞서 '9.2절 노드 어피니티'에서는 노드 어피니티를 활용하여 파드를 특정 유형의 노드로 배치하는(또는 배치하지 않는) 방법을 설명했다. 반대로 스케줄러가 특정 노드에 파드를 배치하지 않기를 원한다면 **테인트**taint를 적용하면 된다.

테인트를 활용하면 특정 종류의 파드만 수용하는 전용 노드를 구성할 수 있다. 또한 메모리 부족이나 네트워크에 연동 문제와 같이 노드에 문제가 발생했을 때에도 테인트를 활용하면 해당 노드를 스케줄링에서 제외할 수 있다.

특정 노드에 테인트를 추가하는 방법은 kubectl taint 명령어를 사용하면 된다.

```
kubectl taint nodes docker-for-desktop dedicated=true:NoSchedule
```

예제에서는 docker-for-desktop 노드에 dedicated=true 테인트를 적용하고 NoSchedule:을 설정했다. 이제 **톨러레이션**을 하지 않는다면 해당 노드에는 파드가 스케줄링되지 않는다.

특정 노드의 테인트 설정을 확인하려면 kubectl describe node... 명령어를 사용하면 된다.

노드의 테인트 설정을 제거하려면 kubectl taint 명령어를 다시 사용하여 테인트 이름 뒤에 마이너스(-) 기호를 붙인다.

```
kubectl taint nodes docker-for-desktop dedicated:NoSchedule-
```

톨러레이션은 파드의 특성으로 테인트와 함께 작동한다. 예를 들어 파드 톨러레이션을 설정하려면 파드 스펙에 dedicated=true 테인트를 추가한다.

```
apiVersion: v1
kind: Pod
...
spec:
  tolerations:
  - key: "dedicated"
    operator: "Equal"
    value: "true"
    effect: "NoSchedule"
```

예제는 '이 파드는 dedicated=true 테인트가 NoSchedule로 설정된 노드에서 실행할 수 있도록 허용되었다'는 것을 의미한다. 톨러레이션이 테인트 **조건을 만족**하므로 파드는 테인트가 설정된 노드에 스케줄링될 수 있다. 톨러레이션이 없는 다른 파드는 테인트가 설정된 노드에 스케줄링되지 않는다.

모든 노드에 테인트가 설정되어 있다면 파드가 실행되지 않고 Pending 상태가 된다. 이 경우
파드 상태를 조회하면 다음과 같은 메시지가 출력된다.

```
Warning  FailedScheduling  4s (x10 over 2m)  default-scheduler  0/1 nodes are
available: 1 node(s) had taints that the pod didn't tolerate.
```

테인트와 톨러테이션를 활용하면 특수 하드웨어(GPUs와 같은)를 가진 노드를 별도로 관리할
수 있고 특정 파드를 문제가 있는 노드에 배치하게 할 수 있다.

예를 들어 노드의 네트워크에 문제가 있을 경우 쿠버네티스는 해당 노드에 자동으로 node.
kubernetes.io/unreachable 테인트를 추가한다. 일반적으로 이것은 kubelet이 해당 노드
에서 모든 파드를 제거하게 한다. 그러나 네트워크 장애가 길지 않을 것으로 예상하여 일부 파
드는 계속해서 실행하고 싶다면 해당 파드가 unreachable 테인트 노드에서 실행할 수 있도록
톨러레이션을 추가하면 된다.

테인트와 톨러레이션에 관한 자세한 설명은 쿠버네티스 문서에서 확인할 수 있다.[3]

9.5 파드 컨트롤러

쿠버네티스에서 모든 애플리케이션은 파드로 실행되므로 이번 장에서는 파드에 대해 자세히
살펴본다. 이쯤 되면 파드와 관련된 다른 종류의 오브젝트는 필요하지 않은지 궁금증이 생길
것이다. 애플리케이션의 파드를 생성하고 실행하는 것 이외에 다른 것들은 없을까?

'2.1.3절 컨테이너 이미지 실행하기'와 같이 docker container run으로 컨테이너를 직접 실
행하더라도 작동에는 문제가 없지만 매우 제한적이다.

- 컨테이너가 어떠한 이유로 종료된다면 수동으로 재시작을 해야 한다.

- 컨테이너의 레플리카가 하나뿐이며 수동으로 여러 개의 레플리카를 실행하더라도 트래픽
  을 로드 밸런스 할 수 있는 방법이 없다.

....

3 https://kubernetes.io/docs/concepts/configuration/taint-and-toleration

- 레플리카의 고가용성을 원한다면 컨테이너를 실행할 노드를 직접 결정해야 하며 클러스터에 고르게 분산되도록 관리해야 한다.

- 컨테이너를 업데이트한다면 실행 중인 각 이미지를 차례대로 중지하고 새 이미지를 풀링하고 재시작하는 작업을 직접 처리해야 한다.

쿠버네티스는 이러한 종류의 작업을 **컨트롤러**를 사용하여 자동으로 처리하도록 설계되었다. 앞서 '4.3절 레플리카셋'에서 특정 파드의 레플리카 그룹을 관리하는 레플리카셋 컨트롤러에 대해 설명했다. 레플리카셋은 지정한 레플리카 개수가 있는지 계속해서 확인하며 레플리카 개수가 부족할 경우 새로 실행하며 초과할 경우 레플리카를 종료시킨다.

디플로이먼트는 '4.1절 디플로이먼트'에서 다룬 만큼 이제는 익숙할 것이다. 디플로이먼트는 업데이트된 애플리케이션의 롤아웃을 제어하기 위해 레플리카셋을 관리한다. 예를 들어 새로운 컨테이너 스펙으로 디플로이먼트를 업데이트한다면 새로운 파드를 실행하는 레플리카셋을 생성하고 이전 파드를 관리하는 레플리카셋은 마지막에 종료한다.

대부분의 단순한 애플리케이션의 경우 디플로이먼트만 있으면 된다. 그러나 몇 가지 유용한 종류의 파드 컨트롤러가 있으므로 간단하게 살펴본다.

9.5.1 데몬셋

모든 애플리케이션의 로그를 ELK 스택Elasticsearch-Logstash-Kibana이나 데이터도그('16.6.5절 데이터도그' 참조) SaaS 모니터링과 같이 집중화된 로그 서버에 전송해야 한다고 생각해보자. 몇 가지 방법이 있다.

첫 번째로 로깅 서비스에 접속, 인증, 로그 작성 등을 수행하는 코드를 각 애플리케이션에 추가하는 방법이 있다. 하지만 이렇게 하면 중복된 코드가 많이 생겨 비효율적이다.

대신에 로깅 에이전트로 작동하는 추가 컨테이너를 모든 파드에서 실행할 수 있다(이를 **사이드카** 패턴이라 한다). 각 애플리케이션은 로깅 서비스와 통신하기 위한 방법을 내부적으로 코드에 구현하지 않아도 된다. 하지만 각 노드에서 여러 개의 로깅 에이전트를 중복으로 갖게 된다.

로깅 서비스의 연결을 관리하고 로그 메시지를 전달하기만 하면 되므로 로깅 에이전트는 각 노드에 하나만 있으면 된다. 쿠버네티스에서 제공하는 특별한 컨트롤러 오브젝트인 **데몬셋**은 이를 지원한다.

TIP **데몬**이라는 용어는 전통적으로 서버에서 백그라운드로 장기간 실행되는 프로세스를 의미하며 로깅와 같은 것을 처리한다. 쿠버네티스 데몬셋은 클러스터의 각 노드에 **데몬** 컨테이너를 실행하는 것과 비슷하다.

데몬셋의 매니페스트는 디플로이먼트와 크게 다르지 않다.

```
apiVersion: apps/v1
kind: DaemonSet
metadata:
  name: fluentd-elasticsearch
  ...
spec:
  ...
  template:
    ...
    spec:
      containers:
      - name: fluentd-elasticsearch
        ...
```

클러스터의 각 노드마다 실행이 필요한 단일 레플리카의 파드가 있다면 데몬셋을 사용하면 된다. 파드가 실행되는 노드의 위치보다 특정 개수의 레플리카를 유지하는 것이 더 중요한 애플리케이션을 실행한다면 데몬셋 대신 디플로이먼트를 사용하기를 권한다.

9.5.2 스테이트풀셋

디플로이먼트나 데몬셋처럼 스테이트풀셋은 파드 컨트롤러의 유형 중 하나다. 스테이트풀셋에는 특정 순서에 따라 파드를 시작하고 중지할 수 있는 기능이 추가되었다.

예를 들어 디플로이먼트에서 모든 파드는 임의의 순서로 시작되고 중지된다. 이러한 방식은 모든 레플리카가 동일한 역할을 하는 스테이트리스stateless 서비스에는 문제 되지 않는다.

하지만 때로는 순서대로 파드를 실행하고 번호로 파드를 식별할 수 있어야 한다. 예를 들어 레디스Redis, 몽고DBMongoDB, 아파치 카산드라Apache Cassandra와 같이 클러스터를 구성하는 분산형 애플리케이션은 클러스터 리더를 식별하기 위해 예측 가능한 이름이 필요하다.

이 경우 스테이트풀셋이 적합하다. 예를 들어 redis라는 이름의 스테이트풀셋을 생성한다면 쿠버네티스는 첫 번째로 생성된 redis-0 파드가 준비 상태가 될 때까지 대기한 후 redis-1 파드를 실행한다.

이러한 특성을 사용하면 애플리케이션에 따라 신뢰할 수 있는 방법으로 파드를 클러스터링할 수 있다. 예를 들어 각 파드는 redis-0인지 확인하는 스크립트를 실행할 수 있다. 만약에 redis-0이라면 해당 파드는 클러스터의 리더가 된다. 그렇지 않다면 redis-0으로 연결하여 클러스터에 조인을 시도할 것이다.

각 스테이트풀셋의 레플리카는 쿠버네티스가 다음 레플리카를 실행하기 전에 준비 상태가 되어야 한다. 마찬가지로 스테이트풀셋을 종료하면 레플리카는 반대 순서로 레플리카의 종료된 상태를 확인하고 다음으로 이동하여 레플리카를 차례대로 종료한다.

이러한 특수 속성을 제외하면 스테이트풀셋 또한 일반적인 디플로이먼트와 매우 유사하다.

```
apiVersion: apps/v1
kind: StatefulSet
metadata:
  name: redis
spec:
  selector:
    matchLabels:
      app: redis
  serviceName: "redis"
  replicas: 3
  template:
    ...
```

각 파드에 redis-1과 같이 예측 가능한 DNS 이름으로 주소를 지정하려면 서비스에서 clusterIP를 None으로 설정해야 한다(이를 **헤드리스 서비스**headless service라 한다).

비헤드리스 서비스를 사용하면 redis와 같은 단일 DNS 엔트리에서 전체 백엔드 파드로 로드 밸런스를 해야 한다. 헤드리스 서비스 또한 단일 DNS 엔트리를 가질 수 있고 redis-0, redis-1, redis-2 등과 같이 각 파드에 번호가 매겨진 개별 DNS 이름도 지정할 수 있다.

레디스 클러스터에 조인해야 하는 파드는 특별하게 redis-0에 연결할 수 있으며 로드 밸런스된 레디스 서비스가 필요한 애플리케이션은 redis DNS 이름을 사용하여 임의의 레디스 파드와 통신할 수 있다.

스테이트풀셋은 또한 `PersistentVolumeClaim`을 자동으로 생성하는 `VolumeClaim Template` 오브젝트를 사용하여 파드의 디스크 스토리지를 관리할 수 있다('8.4.2절 퍼시스턴트 볼륨' 참조).

9.5.3 잡

잡은 이전과는 다른 유형의 유용한 쿠버네티스 파드 컨트롤러이다. 디플로이먼트가 특정 개수의 파드를 실행하고 지속적으로 재시작하는 반면 잡은 지정한 횟수만큼만 파드를 실행한다. 실행 후에는 작업이 완료된 것으로 판단한다.

예를 들어 배치 작업이나 큐 워커 파드는 대개 작업을 시작하고 완료한 다음 종료된다. 이러한 유형의 작업은 잡을 사용하여 관리하기에 적합하다.

잡 실행을 관리하는 필드로는 `completions`와 `parallelism`이 있다. 먼저 `completions`는 작업이 완료되었다고 판단하기 전에 지정된 파드가 성공적으로 실행되어야 하는 횟수를 지정한다. 기본값은 1이며 이는 파드가 한 번만 실행됨을 의미한다.

`parallelism` 필드는 한 번에 몇 개의 파드를 실행할지 지정한다. 기본값은 1이며 한 번에 하나의 파드만 실행함을 의미한다.

예를 들어 큐에서 아이템을 가져오는 큐 워커 잡을 실행한다면 `parallelism`을 10으로 설정하고 `completions`는 기본값인 1로 설정하면 된다. 이렇게 하면 10개의 파드가 실행되고 각 파드는 더 가져올 아이템이 없을 때까지 큐에서 아이템을 가져온 뒤에 종료된다. 이 시점에 잡은 완료된다.

```
apiVersion: batch/v1
kind: Job
metadata:
  name: queue-worker
spec:
  completions: 1
  parallelism: 10
  template:
    metadata:
```

```
    name: queue-worker
  spec:
    containers:
      ...
```

또는 배치 작업을 실행한다면 completions와 parallelism 필드의 값을 1로 유지하면 된다. 이렇게 하면 한 개의 파드만 실행하며 성공적으로 완료될 때까지 기다린다. 만약 실행 중에 문제가 발생하여 실패하거나 성공하지 못한 방식으로 종료된다면 잡은 디플로이먼트와 같이 다시 실행된다. 성공 상태로 종료했을 경우에만 요청한 completions에 반영한다.

잡을 실행하는 방법은 무엇일까? kubectl이나 헬름을 사용하여 잡 매니페스트로 수동 실행할 수 있다. 또는 지속적 배포 파이프라인과 같이 자동화하여 실행할 수 있다('14장 쿠버네티스에서 지속적 배포하기' 참조).

그러나 잡을 실행하는 가장 일반적인 방법은 주어진 시간이나 간격으로 주기적으로 실행하는 것이다. 쿠버네티스는 이를 위해 크론잡이라는 특별한 유형의 잡을 제공한다.

9.5.4 크론잡

유닉스 환경에서 예약 작업은 cron 데몬('시간'을 의미하는 그리스어 $\chi\rho\acute{o}\nu o\varsigma$에서 유래했다)으로 실행한다. 쿠버네티스의 크론잡 오브젝트는 기존의 **크론잡**cron job과 정확하게 동일한 역할을 한다.

크론잡 예제는 다음과 같다.

```
apiVersion: batch/v1beta1
kind: CronJob
metadata:
  name: demo-cron
spec:
  schedule: "*/1 * * * *"
  jobTemplate:
    spec:
      ...
```

크론잡 매니페스트의 중요한 필드는 spec.schedule과 spec.jobTemplate이다. schedule

필드에는 유닉스 cron 유틸리티와 동일한 형식[4]으로 작업을 실행할 시점을 지정한다.

jobTemplate 필드에는 실행할 잡의 템플릿을 지정한다. '9.5.3절 잡' 예제의 일반적인 잡 매니페스트와 동일하다.

9.5.5 Horizontal Pod Autoscaler

디플로이먼트 컨트롤러 매니페스트에서 파드의 레플리카 수를 지정했던 것을 기억해보자. 레플리카 한 개에 문제가 발생하면 다른 레플리카를 실행하여 교체한다. 어떠한 이유로 과다한 파드가 실행된다면 디플로이먼트는 목표로 한 레플리카 개수를 맞추기 위해 초과된 파드를 중지한다.

원하는 레플리카의 수는 디플로이먼트에 설정할 수 있다. 앞서 보았듯이 트래픽이 많을 경우에는 파드의 개수를 늘릴 수 있다. 유휴 파드가 존재할 경우에는 파드의 개수를 줄여 디플로이먼트를 다운 스케일링할 수 있다.

하지만 쿠버네티스가 트래픽에 따라 자동으로 레플리카의 개수를 조정할 수 있다면 더 좋지 않을까? Horizontal Pod Autoscaler(HPA)는 정확하게 이 역할을 한다(개별 레플리카를 더 크거나 작게 하는 **수직**vertical 스케일링에 비교하여 **수평**horizontal 스케일링은 서비스 레플리카의 개수를 조정한다).

HPA는 특정 디플로이먼트를 관찰한다. 지정한 메트릭을 지속적으로 모니터링하여 레플리카의 개수를 늘리거나 줄일 필요가 있는지 확인한다.

가장 일반적인 오토스케일링 메트릭은 CPU 사용률이다. 앞서 '5.1.2절 리소스 요청'에서 설명했듯이 파드는 특정 양의 CPU 리소스를(예를 들면 500millicpus) 요청할 수 있다. 파드가 실행되면 요청한 CPU의 일정 비율을 사용하며 사용량이 변화한다.

이러한 메트릭을 기준으로 디플로이먼트를 오토스케일링할 수 있다. 예를 들어 파드의 CPU 목표 사용률을 80%로 하는 HPA를 생성하면 디플로이먼트의 모든 파드의 평균 CPU 사용률이 요청한 양의 70%일 경우 HPA는 대상 레플리카의 개수를 줄여 다운 스케일링한다. 파드의 사용률이 높지 않다면 많은 개수의 레플리카를 유지할 이유가 없기 때문이다.

----

4 https://en.wikipedia.org/wiki/Cron

반면에 평균 CPU 사용률이 90%로 목푯값인 80%를 초과할 경우에는 평균 CPU 사용률이 떨어질 때까지 레플리카를 늘리는 작업이 필요하다. HPA는 디플로이먼트를 수정하여 대상 레플리카의 개수를 늘린다.

스케일링 작업이 필요하다고 판단할 때 HPA는 대상 레플리카의 목푯값 대비 실제 메트릭 값의 비율에 따라 레플리카의 개수를 조정한다. 디플로이먼트가 목표 CPU 사용률에 가깝다면 HPA는 소수의 레플리카만 추가하거나 제거하지만 차이가 많이 난다면 다수의 레플리카를 조정한다.

다음은 CPU 사용률을 기반으로 하는 HPA의 예제다.

```
apiVersion: autoscaling/v2beta1
kind: HorizontalPodAutoscaler
metadata:
  name: demo-hpa
  namespace: default
spec:
  scaleTargetRef:
    apiVersion: extensions/v1beta1
    kind: Deployment
    name: demo
  minReplicas: 1
  maxReplicas: 10
  metrics:
  - type: Resource
    resource:
      name: cpu
      targetAverageUtilization: 80
```

여기서 살펴봐야 할 필드는 다음과 같다.

- spec.scaleTargetRef에는 스케일링할 디플로이먼트를 지정한다.

- spec.minReplicas과 spec.maxReplicas에는 스케일링 상한을 지정한다.

- spec.metrics에는 스케일링에 활용할 메트릭을 지정한다.

가장 일반적으로 사용하는 스케일링 메트릭은 CPU 사용률이지만 쿠버네티스의 모든 메트릭을 스케일링에 활용할 수 있다. CPU, 메모리 사용률과 같이 기본으로 제공되는 **시스템 메트릭**

과 애플리케이션에서 정의하고 가져오는 **서비스 메트릭** 둘 다 사용 가능하다('16장 쿠버네티스 메트릭' 참조). 예를 들어 애플리케이션 에러율에 따라 스케일링이 작동하도록 설정할 수 있다.

오토스케일러와 사용자 지정 메트릭에 대한 자세한 내용은 쿠버네티스 문서[5]를 참고하자.

9.5.6 파드 프리셋

파드 프리셋PodPreset은 쿠버네티스 알파 단계의 기능으로 파드를 생성할 때 특정 정보를 파드에 주입할 수 있게 해준다. 예를 들어 주어진 레이블과 일치하는 모든 파드에 볼륨을 마운트하도록 정보를 추가하는 파드 프리셋이 있다.

파드 프리셋은 **어드미션 컨트롤러**라고 불리는 오브젝트의 한 유형이다. 어드미션 컨트롤러는 파드가 생성되는 것을 감시하고 셀렉터와 일치하는 파드가 생성되려고 할 때 특정 작업을 수행한다. 파드 프리셋과 같은 유형은 파드에 정보를 추가하고 다른 유형의 어드미션 컨트롤러는 정책을 위반하는 파드의 생성을 차단한다.

다음은 PodPreset을 사용하여 role: frontend 셀렉터와 일치하는 모든 파드에 cache 볼륨을 추가하는 예제다.

```
apiVersion: settings.k8s.io/v1alpha1
kind: PodPreset
metadata:
  name: add-cache
spec:
  selector:
    matchLabels:
      role: frontend
  volumeMounts:
    - mountPath: /cache
      name: cache-volume
  volumes:
    - name: cache-volume
      emptyDir: {}
```

---

5 *https://kubernetes.io/docs/tasks/run-application/horizontal-pod-autoscale-walkthrough*

파드 프리셋에 정의된 모든 설정은 각 파드에 추가된다. PodPreset으로 수정된 파드에는 다음과 같은 어노테이션이 붙는다.

```
podpreset.admission.kubernetes.io/podpreset-add-cache: "<resource version>"
```

파드 프리셋에 정의한 설정과 파드 자체 설정이 충돌이 발생하거나 여러 개의 파드 프리셋에서 설정한 값이 충돌이 발생한다면 어떻게 될까? 이 경우 쿠버네티스는 파드를 수정하지 않으며 파드를 조회했을 때 다음과 같은 Conflict on pod preset메시지를 출력한다.

파드 프리셋은 파드 자체의 설정을 덮어쓸 수 없으며 파드 자체에서 지정하지 않은 설정만 추가할 수 있다. 파드에 다음과 같은 어노테이션을 설정하면 파드 프리셋에 의해 수정되지 않도록 제외시킬 수 있다.

```
podpreset.admission.kubernetes.io/exclude: "true"
```

파드 프리셋은 아직 실험 단계의 기능이므로 관리형 쿠버네티스 클러스터에서는 지원하지 않을 수 있다. 자체 호스팅 클러스터에서 활성화하기 위해서는 API 서버에 명령줄 인수를 적용하는 등 추가적인 작업이 필요하다. 자세한 내용은 쿠버네티스 문서를 참고하기 바란다.[6]

9.5.7 오퍼레이터와 커스텀 리소스 정의(CRDs)

앞서 '9.5.2절 스테이트풀셋'에서 설명했듯이 디플로이먼트와 서비스 같은 표준 쿠버네티스 오브젝트는 단순한 스테이트리스 애플리케이션에는 적합하지만 그 이상은 한계가 있다. 일부 애플리케이션은 여러 개의 파드가 특정 순서로 초기화되어야 한다(예를 들어 레플리케이션이 구성된 데이터베이스나 클러스터로 구성된 서비스).

스테이트풀셋이 제공하는 것보다 더 복잡한 관리가 필요한 애플리케이션이라면 사용자가 **커스텀 리소스 정의**custom resource definitions(CRDs)라는 새로운 유형의 쿠버네티스 오브젝트를 직접 생성할 수 있다. 예를 들어 Velero 백업 도구는 Config와 Backup과 같은 커스텀 쿠버네티스 오브젝트를 생성하여 사용한다.

---

6 *https://kubernetes.io/docs/concepts/workloads/pods/podpreset*

쿠버네티스는 확장 가능하도록 설계되었으므로 CRD 매커니즘을 사용하여 원하는 유형의 오브젝트를 자유롭게 정의하고 생성할 수 있다. 일부 CRD는 Velero의 `BackupStorageLocation` 오브젝트처럼 단순히 데이터를 저장하기 위해 존재한다. 그러나 디플로이먼트나 스테이트풀셋처럼 파드 컨트롤러 역할을 하는 좀 더 복잡한 오브젝트를 만들 수도 있다.

예를 들어 쿠버네티스에서 고가용성을 보장하는 복제된 MySQL 데이터베이스 클러스터를 구성하는 컨트롤러 오브젝트를 생성하고자 한다면 어떻게 해야 할까? 먼저 커스텀 컨트롤러 오브젝트를 위한 CRD를 생성해야 한다. 다음으로 생성된 CRD를 활용하기 위해 쿠버네티스 API와 통신할 수 있는 프로그램이 필요하다. '7.6절 쿠버네티스 도구 직접 만들기'에서 설명한 내용을 참고하여 **오퍼레이터**operator라 불리는 프로그램을 작성하면 된다(사람이 운영하는 것과 비슷한 종류의 일을 자동으로 해서 이런 이름이 붙은 것으로 추정한다).

오퍼레이터를 작성하기 위해 커스텀 오브젝트가 꼭 필요하진 않다. 데브옵스 엔지니어인 마이클 트레처Michael Treacher는 네임스페이스 생성을 관찰하고 새로운 네임스페이스에 자동으로 `RoleBinding`을 추가하는 훌륭한 오퍼레이터 예제[7]를 제공한다(`RoleBindings`에 대한 설명은 '11.1.4절 사용자에게 역할 바인딩하기'에서 다룬다).

그러나 일반적으로 오퍼레이터는 CRD로 생성한 하나 이상의 커스텀 오브젝트를 사용하며 쿠버네티스 API와 통신하는 프로그램으로 구현된다.

9.6 인그레스 리소스

인그레스ingress는 서비스 앞에 있는 로드 밸런서로 이해하면 된다(그림 9-1). 인그레스는 클라이언트의 요청을 받아 서비스로 전달한다. 서비스는 전달받은 요청을 레이블 셀렉터를 기반으로 적절한 파드에 전달한다('4.6.4절 서비스 리소스' 참조).

---

7 `https://medium.com/@mtreacher/writing-a-kubernetes-operator-a9b86f19bfb9`

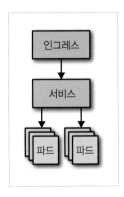

그림 9-1 인그레스 리소스

다음은 매우 간단한 인그레스 리소스 예제다.

```
apiVersion: extensions/v1beta1
kind: Ingress
metadata:
  name: demo-ingress
spec:
  backend:
    serviceName: demo-service
    servicePort: 80
```

예제의 인그레스는 트래픽을 demo-service의 포트 80으로 전달한다(실제 요청은 인그레스에서 해당하는 파드로 직접 전달되지만 서비스를 통해 전달하는 개념으로 생각하는 게 도움이 된다).

위 예제는 인그레스의 간단한 기능만 보여준다. 인그레스의 다양한 기능을 좀 더 알아보자.

9.6.1 인그레스 규칙

서비스는 클러스터 **내부의** 트래픽을 라우팅(예를 들어 마이크로서비스 간 통신)하기에 적합한 반면 인그레스는 클러스터로 유입된 **외부의** 트래픽을 적절한 마이크로서비스로 라우팅하기 적합하다.

인그레스는 사용자가 지정한 특정 규칙에 따라 트래픽을 다양한 서비스로 전달한다. 가장 일반적인 활용 방법은 요청 URL에 따라 트래픽을 다른 목적지로 라우팅하는 것이다(**팬아웃**fanout으로 알려져 있다).

```
apiVersion: extensions/v1beta1
kind: Ingress
metadata:
  name: fanout-ingress
spec:
  rules:
  - http:
      paths:
      - path: /hello
        backend:
          serviceName: hello
          servicePort: 80
      - path: /goodbye
        backend:
          serviceName: goodbye
          servicePort: 80
```

이외에도 다양한 활용 방법이 있다. 일반적으로 고가용성 로드 밸런서를 도입하려면 비용이 많이 들지만 팬아웃 인그레스를 활용하면 하나의 로드 밸런서(와 여러 개의 인그레스)로 트래픽을 다수의 서비스에 라우팅할 수 있다.

URL 기반 라우팅뿐만 아니라 HTTP Host 헤더(**이름 기반 가상 호스팅**으로 알려져 있다)를 사용하여 라우팅할 수도 있다. 도메인이 다른(example.com과 같은) 웹사이트 요청은 도메인에 따라 적절한 백엔드 서비스로 라우팅된다.

9.6.2 인그레스에서 TLS 종료 활용하기

추가로 인그레스는 TLS(이전에는 SSL로 알려진 프로토콜)를 사용한 보안 연결 기능을 제공한다. 하나의 도메인으로 서로 다른 서비스와 애플리케이션을 운영하는 경우 TLS 인증서를 공유하여 단일 인그레스 리소스로 보안 연결을 관리할 수 있다(**TLS 종료**termination로 알려져 있다).

```
apiVersion: extensions/v1beta1
kind: Ingress
```

```
metadata:
  name: demo-ingress
spec:
  tls:
  - secretName: demo-tls-secret
    backend:
      serviceName: demo-service
      servicePort: 80
```

위 예제에서는 **tls** 섹션을 추가하여 클라이언트와의 트래픽을 암호화하는 데 필요한 TLS 인증서를 인그레스에게 알려준다. 인증서 자체는 쿠버네티스 시크릿 리소스에 저장되어 있다 ('10.2절 쿠버네티스 시크릿' 참조)

기존 TLS 인증서 사용하기

기존 TLS 인증서가 있거나 인증 기관에서 인증서를 구매할 계획이 있다면 인그레스에서 TLS 인증서를 사용할 수 있다. 시크릿 오브젝트를 다음과 같이 생성하면 된다.

```
apiVersion: v1
kind: Secret
type: kubernetes.io/tls
metadata:
  name: demo-tls-secret
data:
  tls.crt: LS0tLS1CRUdJTiBDRV...LS0tCg==
  tls.key: LS0tLS1CRUdJTiBSU0...LS0tCg==
```

인증서의 내용을 **tls.crt** 필드에 넣고 키는 **tls.key** 필드에 넣으면 된다. 쿠버네티스 시크릿은 일반적으로 인증서와 키 데이터를 매니페스트에 추가하기 전에 base64로 인코딩해야 한다 ('10.2.3절 시크릿 읽기'의 base64 참조).

Cert-Manager로 LetsEncrypt 인증서 자동화하기

LetsEncrypt 인증서(또는 다른 기관의 ACME 인증서)를 사용하여 TLS 인증서 요청과 갱신을 자동화하고 싶다면 cert-manager(*http://docs.cert-manager.io/en/latest*)를 사용하면 된다.

클러스터에서 cert-manager를 실행하면 인증서가 없는 TLS 인그레스를 자동으로 탐색하고 지정된 기관(예를 들면 LetsEncrypt)에 요청한다. cert-manager는 일반적으로 많이 사용되는 kube-lego보다 더 현대적이고 기능이 많은 차세대 도구다.

TLS 연결이 처리되는 정확한 방식은 **인그레스 컨트롤러**에 따라 다르다.

9.6.3 인그레스 컨트롤러

인그레스 컨트롤러는 클러스터의 인그레스 리소스를 관리한다. 클러스터 환경에 따라 인그레스 컨트롤러를 다양한 용도로 활용할 수 있다.

일반적으로 인그레스의 작동은 인그레스 컨트롤러가 인식할 수 있는 특정 어노테이션을 추가하여 정의한다.

구글 GKE에서 운영 중인 클러스터라면 인그레스를 위한 구글 컴퓨터 로드 밸런서를 사용할 수 있다. AWS는 유사한 제품으로 애플리케이션 로드 밸런서를 제공한다. 이러한 관리형 서비스는 인그레스가 요청을 수신할 수 있는 공인 IP 주소를 제공한다.

구글 클라우드나 AWS에서 쿠버네티스 클러스터를 운영 중이라면 인그레스를 사용하기 좋은 환경이다. 각 제품의 깃허브 저장소에 문서화가 잘 되어 있으니 읽어 보기를 권한다.

- 구글 인그레스 문서 *https://github.com/kubernetes/ingress-gce*
- AWS 인그레스 문서 *https://github.com/kubernetes-sigs/aws-alb-ingress-controller*

자체 운영 중인 클러스터에도 인그레스 컨트롤러를 구축하고 실행할 수 있으며 원한다면 여러 개의 컨트롤러도 실행 가능하다. 몇 가지 인기 있는 방법은 다음과 같다.

nginx-ingress[8]

NGINX는 쿠버네티스가 등장하기 전부터 널리 사용되어진 로드 밸런서다. nginx-ingress 컨트롤러로 NGINX의 다양한 기능을 쿠버네티스에서 사용할 수 있다. NGINX를 기반으로 한

---

8 *https://github.com/nginxinc/kubernetes-ingress*

인그레스 컨트롤러는 여러 개가 있지만 nginx-ingress가 공식으로 제공되는 도구다.

Contour[9]

Contour는 (앞서 여러 번 언급한) 헵티오에서 관리하는 유용한 쿠버네티스 도구다. Contour 는 실제로 클라이언트와 파드 간의 요청을 프록시하기 위해 내부적으로 엔보이를 사용한다.

Traefik[10]

Traefik은 인그레스의 TLS 인증서를 자동으로 관리할 수 있는 가벼운 프록시 도구다.

이러한 컨트롤러는 각각 다른 특징을 갖고 있으며 자체적으로 설치하고 설정하는 방법뿐만 아니라 라우팅과 인증서 같은 것을 처리하는 방법도 제공한다. 문서를 참고하여 다양한 옵션들을 자체 클러스터와 애플리케이션에서 자유롭게 활용해보기를 권한다.

9.7 이스티오

이스티오는 **서비스 메시**를 이야기할 때 자주 언급되는 도구로 서로 통신하는 애플리케이션과 서비스가 여러 개인 경우 유용하게 활용된다. 이스티오는 서비스 간 네트워크 트래픽 라우팅 및 암호화를 처리하고 메트릭, 로그, 로드 밸런서와 같은 중요한 기능을 추가한다.

이스티오는 구글 쿠버네티스 엔진을 포함한 다양한 쿠버네티스 서비스에서 애드온 컴포넌트로 선택적으로 추가할 수 있다(이스티오를 활성화하고 싶다면 사용 중인 서비스 제공자의 문서를 확인해보자).

자체 호스팅 클러스터에 이스티오를 설치하고 싶다면 공식 이스티오 헬름 차트[11]를 사용하면 된다.

애플리케이션 간 통신이 많은 서비스라면 이스티오를 익혀두면 좋다. 이스티오는 책 한 권으로

----

9 *https://github.com/heptio/contour*
10 *https://docs.traefik.io/user-guide/kubernetes*
11 *https://istio.io/docs/setup/kubernetes/install/helm*

다룰 만큼 방대한 내용을 담고 있지만 우선 공식 문서의 소개 글(*https://istio.io/docs/ concepts/what-is-istio*)부터 읽어보기를 권한다.

9.8 엔보이

구글 쿠버네티스 엔진과 같은 대부분의 관리형 쿠버네티스 서비스는 클라우드 로드 밸런서 통합을 제공한다. 예를 들어 GKE에서 **LoadBalancer**나 인그레스를 생성했다면 구글 클라우드 로드 밸런서가 자동으로 생성되어 서비스에 연결된다.

이러한 표준 클라우드 로드 밸런서는 확장성이 뛰어나면서도 매우 간단해서 설정이 필요한 사항이 많지 않다. 예를 들어 기본 로드 밸런서 알고리즘은 일반적으로 **random**으로 각 연결을 무작위로 선택하여 백엔드에 전달한다('4.6.4절 서비스 리소스' 참조).

그러나 **random** 외에도 다른 방식의 전달이 필요할 수 있다. 예를 들어 서비스로 요청하는 데 시간이 오래 걸리고 CPU 작업이 많을 경우 특정 백엔드 노드에 부하가 생길 수 있다. 더 현명한 알고리즘은 가장 덜 바쁜 백엔드로 요청을 라우팅하는 것이다. 일반적으로는 **leastconn**나 **LEAST_REQUEST**이 있다.

엔보이[envoy](*https://www.envoyproxy.io*)를 사용하면 좀 더 정교하게 로드 밸런싱을 할 수 있다. 엔보이는 쿠버네티스 자체의 일부는 아니지만 쿠버네티스와 함께 자주 사용된다.

엔보이는 고성능의 C++ 분산 프록시로 단일 서비스와 애플리케이션을 위해 설계되었지만 서비스 메시 아키텍처의 일부로도 사용할 수 있다('9.7절 이스티오' 참조).

개발자 마크 빈치[Mark Vincze]가 자세하게 작성한 쿠버네티스에서 엔보이 구축과 설정 방법 블로그 포스트[12]를 읽어보기를 권한다.

---

12 *https://blog.markvincze.com/how-to-use-envoy-as-a-load-balancer-in-kubernetes*

9.9 마치며

궁극적으로 파드 운영은 쿠버네티스의 모든 것이라고 할 수 있다. 이번 장에서는 파드에 대한 내용을 자세하게 다뤘다. 지금 당장 모든 내용을 이해하고 기억할 필요는 없다. 쿠버네티스를 운영하면서 문제가 발생한다면 여기서 다룬 고급 주제들을 찾아보길 바란다. 문제를 해결하는 데 도움이 될 것이다.

이 장에서 놓치지 말아야 할 내용을 정리해보자.

- 레이블은 키/값 쌍으로 리소스를 식별할 수 있으며 셀렉터와 함께 사용하여 리소스의 집합을 지정할 수 있다.

- 노드 어피니티는 특정 속성에 따라 노드를 파드 배치에서 지정하거나 제외할 수 있다. 예를 들어 특정 가용성 영역에 있는 노드에서만 파드를 실행하도록 지정할 수 있다.

- 강제 노드 어피니티는 파드를 실행할 노드를 강제하는 반면 반강제 노드 어피니티는 스케줄러에게 제안하는 것에 가깝다. 반강제 어피니티는 서로 다른 weight 값으로 여러 개를 조합하여 사용할 수 있다.

- 파드 어피니티를 활용하여 다른 파드와 같은 노드에 배치하도록 스케줄러에게 요청할 수 있다. 예를 들어 같은 노드에서 실행할 때 이점이 있는 파드라면 양쪽에서 파드 어피니티를 설정하면 된다.

- 파드 안티 어피니티는 파드를 배치에서 제외하는 조건을 지정한다. 예를 들어 안티 어피티니를 활용하면 동일한 파드의 레플리카를 클러스터에 고르게 배치하도록 만들 수 있다.

- 테인트는 노드에 특정 정보를 태깅하는 것으로, 일반적으로 노드에 문제가 있거나 장애가 발생했을 때 태그로 지정한다. 기본적으로는 파드는 테인트가 지정된 노드에는 스케줄링 되지 않는다.

- 톨러레이션은 특정 테인트가 지정된 노드에 파드를 스케줄링할 수 있게 한다. 이러한 메커니즘을 활용하면 특정 파드를 전용 노드에서만 실행할 수 있다.

- 데몬셋은 파드의 단일 레플리카를 모든 노드에 배치할 수 있다(예를 들어 로깅 에이전트).

- 스테이트풀셋은 특정 순서로 파드를 실행하고 중지한다. 번호로 파드를 식별할 수 있어

예측 가능한 DNS 이름으로 주소를 지정할 수 있다. 데이터베이스와 같이 클러스터로 구성된 애플리케이션에 적합하다.

- 잡은 작업을 완료하기 전까지 파드를 한 번만(또는 지정한 횟수만) 실행한다. 마찬가지로 크론잡은 파드를 지정한 시각에 주기적으로 실행한다.

- Horizontal Pod Autoscalers는 파드를 관찰하고 주어진 메트릭(CPU 사용률과 같은)에 최적화하기 위해 노력한다. 또한 지정한 목푯값에 맞추기 위해 레플리카의 개수를 늘리거나 줄인다.

- 파드 프리셋은 미리 지정한 일반적인 설정을 대상 파드가 생성되는 과정에서 주입한다. 예를 들어 파드 프리셋을 사용하면 특정 볼륨을 마운트하는 설정을 하는 모든 파드에 추가할 수 있다.

- 커스텀 리소스 정의(CRDs)는 원하는 모든 데이터를 저장하는 커스텀 쿠버네티스 오브젝트를 사용자가 직접 생성할 수 있다. 오퍼레이터는 쿠버네티스 클라이언트 프로그램으로 특정 애플리케이션(예를 들어 MySQL)의 오케스트레이션 작동을 구현할 수 있다.

- 인그레스는 규칙(예를 들어 요청 URL에 따라 다르게 작동하는)을 기반으로 다양한 서비스에 요청을 라우팅하는 리소스다. 인그레스는 또한 애플리케이션 연결의 TLS 종료를 지원한다.

- 이스티오는 마이크로서비스 애플리케이션을 위한 고급 네트워킹 기능을 제공하는 도구다. 이스티오는 일반적인 쿠버네티스 애플리케이션처럼 헬름을 사용하여 설치할 수 있다.

- 엔보이는 표준 클라우드 로드 밸런서보다 더 정교한 로드 밸런싱 기능을 제공하며 서비스 메시에도 활용된다.

CHAPTER 10

구성과 시크릿

> 비밀을 지키고 싶다면, 자기 자신에게서부터 숨겨라.
>
> – 조지오웰, 『1984』

애플리케이션의 값이나 설정과 같은 **구성**은 계속해서 변경될 수 있으니 쿠버네티스 애플리케이션의 **로직**과 분리하는 것이 좋다. 구성값에는 일반적인 환경별 설정, 서드파티 서비스의 DNS 주소, 인증 자격 증명 등이 있다.

이러한 구성값은 코드에 직접 입력할 수도 있지만 유연한 접근 방식이 아니다. 이 경우 구성값을 변경해야 한다면 애플리케이션을 다시 빌드하고 배포해야 한다. 구성값을 코드에서 분리하고 파일이나 환경 변수에서 읽어 들이는 방식이 더 유연하다.

쿠버네티스는 구성을 관리하는 데 도움이 되는 여러 가지 방법을 제공한다. 첫 번째로 파드 스펙의 환경 변수를 통해 애플리케이션에 값을 전달하는 방법이 있다('8.2.8절 환경 변수' 참조). 또 다른 방법은 컨피그맵과 시크릿 오브젝트를 사용하여 설정 데이터를 쿠버네티스에 직접 보관할 수 있다.

이번 장에서는 컨피그맵과 시크릿을 자세히 다룬다. 또한 데모 애플리케이션 예제와 함께 애플리케이션의 구성과 시크릿을 관리하는 실용적인 방법을 알아본다.

10.1 컨피그맵

컨피그맵^{ConfigMap}은 쿠버네티스의 기본 오브젝트로 구성 데이터를 저장하는 키/값 쌍의 집합이다. 컨피그맵을 사용하면 파드에 파일을 생성하거나 파드의 환경 변수에 추가하는 방식으로 애플리케이션에 데이터를 제공할 수 있다.

이번 절에서는 컨피그맵에 있는 데이터를 가져오는 다양한 방법과 가져온 데이터를 쿠버네티스 애플리케이션에 제공하는 방법을 살펴본다.

10.1.1 컨피그맵 생성하기

파드의 파일 시스템 안에 다음과 같은 내용을 포함한 YAML 구성 파일(**config.yaml**) 생성이 필요하다고 생각해보자.

```
autoSaveInterval: 60
batchSize: 128
protocols:
  - http
  - https
```

여러 값을 포함한 파일을 쿠버네티스에 적용할 수 있는 컨피그맵 리소스로 전환하는 방법은 무엇일까?

첫 번째는 컨피그맵 매니페스트에 리터럴^{literal} YAML 값으로 데이터를 지정하는 방법이다. 컨피그맵 오브젝트의 매니페스트 예제는 다음과 같다.

```
apiVersion: v1
data:
  config.yaml: |
    autoSaveInterval: 60
    batchSize: 128
    protocols:
      - http
      - https
kind: ConfigMap
metadata:
```

```
  name: demo-config
  namespace: demo
```

예제와 같이 매니페스트를 처음부터 작성하고 **config.yaml**의 data 섹션에 값을 추가하여 ConfigMap을 생성하는 방법이 있다.

그러나 가장 간단한 방법은 kubectl 명령어를 활용하여 지정한 YAML 파일을 참조하는 컨피그맵 오브젝트를 생성하는 것이다.

```
kubectl create configmap demo-config --namespace=demo --from-file=config.yaml
configmap "demo-config" created
```

해당 컨피그맵을 매니페스트 파일로 내보내려면 다음 명령어를 실행한다.

```
kubectl get configmap/demo-config --namespace=demo --export -o yaml
    >demo-config.yaml
```

실행 결과 클러스터 컨피그맵 리소스의 YAML 매니페스트가 **demo-config.yaml** 파일에 기록된다. -- export 플래그를 붙이면 인프라 리포지터리에 저장할 필요가 없는 메타데이터는 제거한다('7.2.4절 리소스 내보내기' 참조).

10.1.2 컨피그맵을 사용해 환경 변수 설정하기

구성 데이터가 저장된 컨피그맵 오브젝트를 생성했으니 구성 데이터를 컨테이너에서 사용하는 방법을 알아보자. 먼저 데모 애플리케이션 저장소 **hello-config-env** 디렉터리 안에 있는 예제 코드를 확인한다.

예제 코드는 앞서 2장에서 살펴본 데모 애플리케이션과 동일한 작동으로 HTTP 요청을 받고 인사 메시지를 응답한다('2.2.1절 소스 코드 살펴보기' 참조).

그러나 이번 예제는 애플리케이션 안에 하드코딩된 Hello 문자열 대신에 greeting 설정을 사용한다. handler 함수를 살짝 수정하여 응답할 값을 환경 변수 GREETING에서 읽어오게 한다.

```
func handler(w http.ResponseWriter, r *http.Request) {
```

```
    greeting := os.Getenv("GREETING")
    fmt.Fprintf(w, "%s, 世界\n", greeting)
}
```

위 예제는 Go로 작성된 간단한 데모로 코드를 자세하게 이해할 필요는 없다. 프로그램을 실행할 때 GREETING 환경 변수가 존재한다면 해당 값을 읽고 HTTP 요청에 대한 응답으로 사용한다는 것만 알아도 충분하다. 환경 변수를 사용하면 애플리케이션 개발 언어와 상관없이 값을 가져와 사용할 수 있다.

이제 greeting 값을 저장하는 컨피그맵 오브젝트를 생성해보자. 데모 저장소의 **hello-config-env** 디렉터리에 컨피그맵의 매니페스트 파일과 수정된 Go 애플리케이션이 있다.

다음은 ConfigMap 매니페스트다.

```
apiVersion: v1
kind: ConfigMap
metadata:
  name: demo-config
data:
  greeting: Hola
```

greeting 데이터를 컨테이너의 환경 변수로 사용하려면 디플로이먼트 스펙을 다음과 같이 수정해야 한다.

```
spec:
  containers:
    - name: demo
      image: cloudnatived/demo:hello-config-env
      ports:
        - containerPort: 8888
      env:
        - name: GREETING
          valueFrom:
            configMapKeyRef:
              name: demo-config
              key: greeting
```

참고로 여기서는 이전 예제와 다른 컨테이너 이미지 태그를 사용한다('8.2.1절 이미지 식별자' 참조). cloudnatived/demo:hello-config-env 이미지의 :hello-config-env 태그는 GREETING 값을 읽어오는 수정된 버전의 데모 애플리케이션 이미지를 지정한다.

다음으로 흥미로운 부분은 env 섹션이다. '8.2.8절 환경 변수'에서 name/value 쌍을 추가하여 리터럴 값으로 환경 변수를 추가했던 기억이 날 것이다.

여기서도 동일하게 name을 지정하지만 value 대신에 valueFrom을 지정한다. valueFrom은 쿠버네티스는 변수에 리터럴 값을 가져오는 대신 다른 곳에서 값을 찾아 가져온다.

configMapKeyRef은 컨피그맵에 지정된 키를 참조한다. 예제에서는 demo-config 컨피그맵에서 greeting 이름의 키를 조회한다. 앞서 예제의 컨피그맵 매니페스트를 사용하여 컨테이너의 환경 변수로 값을 읽어올 수 있다.

컨피그맵이 존재하지 않는다면 디플로이먼트는 실행되지 않는다(해당 디플로이먼트의 파드는 CreateContainerConfigError 상태가 된다).

애플리케이션 업데이트에 필요한 작업 준비가 다 되었으니 이제 쿠버네티스 클러스터에 매니페스트를 배포해보자. 데모 저장소 디렉터리에서 다음 명령어를 실행한다.

```
kubectl apply -f hello-config-env/k8s/
configmap "demo-config" created
deployment.extensions "demo" created
```

이전과 마찬가지로 웹 브라우저에서 애플리케이션이 접속하려면 호스트의 포트를 파드의 8888 포트로 전달해야 한다.

```
kubectl port-forward deploy/demo 9999:8888
Forwarding from 127.0.0.1:9999 -> 8888
Forwarding from [::1]:9999 -> 8888
```

이번 예제에는 실제 상용 환경에서 사용하는 서비스 오브젝트를 생성하지 않았다. 단순하게 kubectl 명령어를 사용하여 호스트의 포트를 demo 디플로이먼트의 포트로 직접 연결했다.

웹 브라우저에서 http://localhost:9999로 접속하면 다음과 같은 메시지를 확인할 수 있다.

```
Hola, 世界
```

10.1.3 컨피그맵에서 전체 환경 변수 가져오기

앞서 예제에서 보았듯이 개별 컨피그맵 키에 하나 이상의 환경 변수를 설정할 수 있지만 이러한 방식은 대량의 변수를 설정하기에는 적합하지 않다.

다행히 envFrom을 사용하면 컨피그맵에서 모든 키를 가져와 환경 변수로 설정한다.

```
spec:
  containers:
    - name: demo
      image: cloudnatived/demo:hello-config-env
      ports:
        - containerPort: 8888
      envFrom:
      - configMapRef:
          name: demo-config
```

이제 demo-config 컨피그맵에 있는 모든 설정은 컨테이너의 환경 변수가 된다. 예제의 컨피그맵에서 키 값은 greeting이기 때문에 환경 변수 또한 greeting(소문자)이 된다. envFrom을 사용할 경우 환경 변수를 이름을 대문자로 지정하려면 컨피그맵에서 변경해야 한다.

추가로 env를 사용하여 매니페스트 파일에 리터럴 값을 넣거나 이전 예제와 같이 ConfigMap KeyRef를 사용하여 컨테이너에 환경 변수를 설정할 수도 있다. 쿠버네티스는 환경 변수를 지정하기 위해 env, envFrom을 동시에 사용하는 것을 지원한다.

만약 env에서 지정한 변수가 envFrom의 변수와 동일한 이름으로 존재한다면 env에서 지정한 변수가 우선순위를 갖는다. 예를 들어 env와 envFrom이 참조한 컨피그맵에서 동일한

GREETING 변수를 지정한다면 env에서 지정한 값이 컨피그맵에서 지정한 값을 덮어쓴다.

10.1.4 명령줄 인자로 환경 변수 사용하기

컨테이너 환경 변수에 구성 데이터를 추가하는 방식은 대부분 유용하지만 때로는 컨테이너 엔트리 포인트의 명령줄 인자로 환경 변수를 사용하는 방식도 필요하다.

이전 예제와 같이 코드에서 컨피그맵의 데이터를 환경 변수로 가져오는 것 대신 쿠버네티스 특수 문법인 $(VARIABLE)를 사용하면 환경 변수를 명령줄 인자로 가져올 수 있다.

데모 저장소 **hello-config-args** 디렉터리의 **deployment.yaml** 예제 파일을 살펴보자.

```
spec:
  containers:
    - name: demo
      image: cloudnatived/demo:hello-config-args
      args:
        - "-greeting"
        - "$(GREETING)"
      ports:
        - containerPort: 8888
      env:
        - name: GREETING
          valueFrom:
            configMapKeyRef:
              name: demo-config
              key: greeting
```

컨테이너 스펙에 args 필드를 추가하여 사용자 지정 인수를 컨테이너의 기본 엔트리포인트인 /bin/demo로 전달한다.

쿠버네티스는 매니페스트에서 $(VARIABLE) 형식으로 된 모든 값을 환경 변수 VARIABLE의 값으로 변경한다. 예제에서는 GREETING 변수를 생성하고 컨피그맵에서 설정해 컨테이너의 명령줄로 사용할 수 있다.

매니페스트를 적용하면 GREETING 값은 데모 애플리케이션에 전달된다.

```
kubectl apply -f hello-config-args/k8s/
configmap "demo-config" configured
deployment.extensions "demo" configured
```

웹 브라우저에 접속하면 다음과 같은 출력 결과를 확인할 수 있다.

```
Salut, 世界
```

10.1.5 컨피그맵으로 설정 파일 생성하기

앞서 쿠버네티스의 컨피그맵에서 애플리케이션으로 데이터를 가져오는 다양한 방법을 살펴보았다. 그러나 좀 더 복잡한 애플리케이션은 종종 디스크에 저장된 파일에서 설정값을 가져오기를 원한다.

다행히 쿠버네티스는 컨피그맵을 설정 파일로 생성하는 방법을 제공한다. 먼저 컨피그맵을 단일 키 대신에 완전한 YAML 파일을 저장하도록 변경하자(예제에서는 한 개의 키만 포함되어 있지만 원한다면 100개가 될 수 있다).

```
apiVersion: v1
kind: ConfigMap
metadata:
  name: demo-config
data:
  config: |
    greeting: Buongiorno
```

이전 예제에서 greeting 키를 설정하는 것 대신에 여기서는 config라는 새로운 키를 생성하여 데이터 블록(YAML에서 파이프 기호 |는 데이터 블록을 의미한다)을 추가했다. 추가한 데이터 블록은 다음과 같다.

```
greeting: Buongiorno
```

여기서는 YAML 형식으로 지정했지만 JSON, TOML, 평문이나 다른 형식으로도 지정할 수 있다. 파일 형식과 관계없이 쿠버네티스는 전체 데이터 블록을 컨테이너에 파일로 생성한다.

이제 필요한 데이터를 저장했으니 쿠버네티스에 배포해보자. 데모 저장소 **hello-config-file** 디렉터리에 다음과 같은 스펙을 포함한 디플로이먼트 템플릿이 있다.

```
spec:
  containers:
    - name: demo
      image: cloudnatived/demo:hello-config-file
      ports:
        - containerPort: 8888
      volumeMounts:
      - mountPath: /config/
        name: demo-config-volume
        readOnly: true
  volumes:
  - name: demo-config-volume
    configMap:
      name: demo-config
      items:
      - key: config
        path: demo.yaml
```

volumes 섹션을 살펴보면 기존 demo-config 컨피그맵으로 demo-config-volume 볼륨을 생성한다는 것을 알 수 있다.

컨테이너의 volumeMounts 섹션은 생성한 볼륨을 mountPath: /config/에 마운트하고 config키를 선택하여 **demo.yaml** 파일로 생성한다. 예제를 실행하면 YAML 형식으로 저장한 demo-config 데이터 파일을 컨테이너의 **/config/demo.yaml** 경로에 생성한다.

```
greeting: Buongiorno
```

데모 애플리케이션을 실행하면 해당 파일에서 설정값을 가져온다. 이전과 같이 kubectl apply 명령어를 사용하여 매니페스트를 적용하자.

```
kubectl apply -f hello-config-file/k8s/
configmap "demo-config" configured
deployment.extensions "demo" configured
```

웹 브라우저에서 접속하면 다음과 같은 결과가 출력된다.

Buongiorno, 世界

클러스터의 컨피그맵 데이터를 확인하고 싶다면 다음과 같은 명령어를 실행하면 된다.

```
kubectl describe configmap/demo-config
Name:          demo-config
Namespace:     default
Labels:        <none>
Annotations:
kubectl.kubernetes.io/last-applied-configuration={"apiVersion":"v1",
"data":{"config":"greeting: Buongiorno\n"},"kind":"ConfigMap","metadata":
{"annotations":{},"name":"demo-config","namespace":"default...

Data
====
config:
greeting: Buongiorno

Events:  <none>
```

컨피그맵의 값을 변경하여 업데이트했다면 해당 파일은(예제에서는 **/config/demo.yaml**) 자동으로 업데이트가 된다. 일부 애플리케이션은 설정 파일이 변경된 것을 자동으로 감지하여 다시 읽어 들이지만 변경 사항을 반영하지 않는 애플리케이션도 있다.

컨피그맵의 변경 사항을 반영하려면 애플리케이션을 다시 배포하면 된다('10.1.6절 설정 변경 시 파드 업데이트하기' 참조). 하지만 유닉스 신호(예를 들면 SIGHUP)나 컨테이너에서 명령어를 실행하는 것으로 애플리케이션이 자체 초기화할 수 있다면 재배포는 필요하지 않다.

10.1.6 설정 변경 시 파드 업데이트하기

클러스터 내 디플로이먼트가 실행 중인 상태에서 컨피그맵의 일부 값을 변경하고 싶다면 헬름 차트('4.7절 헬름: 쿠버네티스 패키지 매니저' 참조)를 이용하여 자동으로 설정 변경을 감지하고 파드에서 다시 읽어 들이게 할 수 있다. 디플로이먼트 스펙에 다음 어노테이션을 추가하자.

```
checksum/config: {{ include (print $.Template.BasePath "/configmap.yaml") .
    | sha256sum }}
```

디플로이먼트 템플릿이 컨피그맵 매니페스트의 해시 합을 포함하고 있어서 설정을 수정하면 해시 합이 변경된다. `helm upgrade`를 실행하면 헬름은 디플로이먼트 스펙이 변경된 것을 탐지하여 모든 파드를 재시작한다.

10.2 쿠버네티스 시크릿

쿠버네티스의 컨피그맵 오브젝트는 클러스터에 구성 데이터를 저장하고 접근하는 기능을 유연하게 제공한다. 하지만 대부분의 애플리케이션에서 사용하는 구성 데이터는 패스워드나 API 키와 같이 보안이 필요하고 민감한 데이터이기 때문에 컨피그맵을 사용하여 저장하기에는 적합하지 않다.

대신 쿠버네티스는 데이터 보안을 위한 시크릿 오브젝트를 제공한다. 데모 애플리케이션의 시크릿 활용 예제를 살펴보자.

먼저 시크릿 매니페스트는 다음과 같다(**hello-secret-env/k8s/secret.yaml**을 살펴보자).

```
apiVersion: v1
kind: Secret
metadata:
  name: demo-secret
stringData:
  magicWord: xyzzy
```

예제에서 시크릿 키는 **magicWord**이며 시크릿 값은 **xyzzy**[1]이다(개발자들이 자주 사용하는 단어로 특별한 의미를 갖지는 않는다). 시크릿은 컨피그맵과 같이 여러 개의 키와 값을 추가할 수 있다. 예제에서는 간단하게 하나의 키/값 쌍만 추가했다.

----

[1] *https://en.wikipedia.org/wiki/Xyzzy_(computing)*

10.2.1 시크릿을 사용하여 환경 변수 설정하기

시크릿은 컨피그맵과 같이 컨테이너에서 읽을 수 있는 환경 변수에 추가하거나 컨테이너의 파일 시스템에 파일로 마운트할 수 있다. 다음 예제는 시크릿의 값을 환경 변수로 설정한다.

```
spec:
  containers:
    - name: demo
      image: cloudnatived/demo:hello-secret-env
      ports:
        - containerPort: 8888
      env:
        - name: GREETING
          valueFrom:
            secretKeyRef:
              name: demo-secret
              key: magicWord
```

configMapKeyRef 대신에 secretKeyRef를 사용한 것을 제외하면 시크릿에서 환경 변수 GREETING을 가져오는 방식은 컨피그맵과 동일하다('10.1.2절 컨피그맵을 사용해 환경 변수 설정하기' 참조).

매니페스트를 적용하기 위해 데모 저장소 디렉터리에서 다음 명령어를 실행한다.

```
kubectl apply -f hello-secret-env/k8s/
deployment.extensions "demo" configured
secret "demo-secret" created
```

이전과 같이 웹 브라우저에서 접속 가능하도록 호스트 포트를 디플로이먼트로 연결한다.

```
kubectl port-forward deploy/demo 9999:8888
Forwarding from 127.0.0.1:9999 -> 8888
Forwarding from [::1]:9999 -> 8888
```

http://localhost:9999/에 접속하면 다음 메시지를 확인할 수 있다.

```
The magic word is "xyzzy"
```

10.2.2 시크릿을 파일로 작성하기

이번 예제는 시크릿을 컨테이너의 파일로 마운트한다. 관련 예제 코드는 데모 저장소의 **hello-secret-file** 디렉터리에 있다.

시크릿을 컨테이너에 파일로 마운트하기 위해 다음과 같은 디플로이먼트 스펙을 사용한다.

```
spec:
  containers:
    - name: demo
      image: cloudnatived/demo:hello-secret-file
      ports:
        - containerPort: 8888
      volumeMounts:
        - name: demo-secret-volume
          mountPath: "/secrets/"
          readOnly: true
  volumes:
    - name: demo-secret-volume
      secret:
        secretName: demo-secret
```

'10.1.5절 컨피그맵으로 설정 파일 생성하기'와 같이 demo-secret-volume 볼륨을 생성하고 컨테이너 스펙의 volumeMounts 섹션에서 마운트한다. 마운트 경로는 /secrets이며 쿠버네티스는 시크릿에서 정의한 개별 키/값 쌍을 해당 디렉터리에 파일로 생성한다.

예제의 시크릿에서는 magicWord라는 이름의 키/값 쌍 한 개만 정의했기 때문에 쿠버네티스는 컨테이너에 /secrets/magicWord 파일을 읽기 전용으로 생성하며 파일의 내용은 암호화된 데이터로 저장한다.

이전 예제와 동일한 방식으로 매니페스트를 적용하면 같은 메시지 결과를 확인할 수 있다.

```
The magic word is "xyzzy"
```

10.2.3 시크릿 읽기

이전 절에서는 kubectl describe 명령어를 사용하여 컨피그맵 내부의 데이터를 조회할 수 있었다. 시크릿의 경우에도 동일한 방식으로 조회할 수 있을까?

```
kubectl describe secret/demo-secret
Name:          demo-secret
Namespace:     default
Labels:        <none>
Annotations:
Type:          Opaque

Data
====
magicWord:  5 bytes
```

시크릿의 경우에는 실제 데이터가 출력되지 않는다. 쿠버네티스 시크릿 값은 Opaque 타입으로 kubectl describe 명령어 결과, 로그 메시지, 터미널에 출력되지 않아 시크릿 값이 실수로 노출되는 것을 방지한다.

YAML 출력 형식을 붙여 kubectl get 명령어를 실행하면 시크릿 값의 난독화된 버전을 조회할 수 있다.

```
kubectl get secret/demo-secret -o yaml
apiVersion: v1
data:
  magicWord: eHl6enk=
kind: Secret
metadata:
...
type: Opaque

base64
```

앞서 출력 결과의 eHl6enk=는 무엇일까? 원본 시크릿 값처럼 보이지는 않는다. 사실 이것은 시크릿 값을 base64로 변환한 결과다. base64는 임의의 이진 데이터를 문자열로 인코딩하기 위한 방식이다.

쿠버네티스 시크릿은 TLS 암호화 키와 같이 출력 불가능한 이진 데이터 저장을 지원하므로 base64 형식으로 데이터를 저장한다.

beHl6enk=은 시크릿 값 xyzzy가 base64로 인코딩된 버전으로 터미널에서 base64 --decode 명령어를 사용하여 확인할 수 있다.

```
echo "eHl6enk=" | base64 --decode
xyzzy
```

따라서 특정 네임스페이스의 시크릿을 조회할 수 있는 권한이 있다면 데이터를 base64 형식으로 가져온 후 원본 데이터로 변환할 수 있다.

base64로 인코딩된 데이터가 필요하다면(예를 들어 시크릿에 추가하기 위해) base64 도구를 인자 없이 사용하면 된다.

```
echo xyzzy | base64
eHl6enkK
```

10.2.4 시크릿 접근하기

시크릿을 조회하고 수정할 수 있는 권한은 누구에게 있을까? 권한은 쿠버네티스 접근 제어 매커니즘인 RBAC로 제어한다. RBAC에 대한 자세한 내용은 '11.1.2절 역할 기반 접근 제어(RBAC) 소개'에서 다룬다. 만약 클러스터에서 RBAC를 지원하지 않거나 RBAC가 활성화되어 있지 않다면 시크릿은 모든 사용자나 컨테이너에서 접근 가능하다(11장에서 설명하겠지만 RBAC 없이는 어떤 클러스터도 상용으로 운영해서는 안 된다).

10.2.5 저장 데이터 암호화

모든 쿠버네티스 정보가 저장된 **etcd** 데이터베이스에 접근할 수 있는 권한을 가진 사용자라면 시크릿 오브젝트를 조회할 수 있는 API 권한 없이 시크릿 데이터에 접근할 수 있지 않을까?

쿠버네티스 버전 1.7 이상부터는 **저장 데이터 암호화**encryption at rest 기능을 제공한다. 시크릿 데이터는 **etcd** 데이터베이스에 암호화하여 저장하므로 데이터베이스에 직접적인 권한을 가진 사용자라도 시크릿 데이터에 접근할 수 없다. 데이터를 해석할 수 있는 키는 쿠버네티스 API 서버만 갖는다. 적절하게 구성된 클러스터라면 저장 데이터 암호화를 활성화해야 한다.

운영 중인 클러스터의 저장 데이터 암호화 활성 여부는 다음 명령어로 확인한다.

```
kubectl describe pod -n kube-system -l component=kube-apiserver |grep encryption
    --experimental-encryption-provider-config=...
```

experimental-encryption-provider-config 플래그가 출력되지 않는다면 저장 데이터 암호화는 비활성화 상태다. 구글 쿠버네티스 엔진이나 다른 관리형 쿠버네티스 서비스를 사용한다면 데이터가 다른 방식으로 암호화되어 해당 플래그를 확인할 수 없다. 쿠버네티스 서비스 업체에 etcd 데이터 암호화 여부를 확인하기를 권장한다.

10.2.6 시크릿 보존하기

때로는 매우 중요한 시크릿과 같이 클러스터에서 삭제되지 않기를 바라는 리소스가 있을 수 있다. 헬름 지정 어노테이션을 사용하면 특정 리소스가 삭제되지 않도록 할 수 있다.

```
kind: Secret
metadata:
  annotations:
    "helm.sh/resource-policy": keep
```

10.3 시크릿 관리 전략

이전 절의 예제에서는 클러스터에 저장된 시크릿 데이터를 허가되지 않은 접근에서부터 보호하는 방법을 설명했다. 하지만 시크릿 데이터는 매니페스트 파일에 평문으로 저장되어 있다.

소스 제어에 커밋하는 파일에 이러한 시크릿 데이터를 노출시키면 안 된다. 그렇다면 쿠버네티스 클러스터에 적용하기 전에 시크릿 데이터를 안전하게 보관하고 관리하는 방법은 무엇일까?

애플리케이션의 시크릿을 관리하기 위한 도구나 전략에 관계 없이 적어도 다음 질문에는 대답할 수 있어야 한다.

1. 시크릿 데이터를 저장하는 공간은 고가용성을 보장하는가?

2. 애플리케이션에 시크릿 데이터를 제공하는 방법은 무엇인가?

3. 시크릿을 교체하거나 변경한다면 실행중인 애플리케이션에 어떤 영향이 있는가?

이번 절에서는 가장 인기 있는 시크릿 관리 전략 세 가지를 살펴보고 각 전략이 앞서 질문에 어떻게 대답하는지 살펴본다.

10.3.1 소스 제어에서 시크릿 암호화하기

시크릿을 관리하는 첫 번째 전략은 소스 제어 저장소에 있는 코드에 시크릿을 직접 저장하는 것이다. 그러나 시크릿은 암호화된 형식으로 저장하며 배포 시에 복호화한다.

이 방식은 가장 간단하다. 시크릿을 소스 코드 저장소에 직접 저장하지만 평문으로 저장해서는 절대 안 된다. 신뢰할 수 있는 특정 키로 복호화 할 수 있게 암호화해야 한다.

애플리케이션 배포 과정에서 시크릿은 쿠버네티스 매니페스트가 클러스터에 적용되기 전에 복호화된다. 애플리케이션은 다른 구성 데이터와 같이 시크릿을 읽고 사용할 수 있다.

소스 제어에서 시크릿을 암호화하려면 애플리케이션 코드를 변경하는 것과 같이 시크릿의 변경 사항을 검토하고 추적해야 한다. 소스 저장소가 고가용성을 제공한다면 시크릿 또한 고가용성을 보장한다.

시크릿을 교체하거나 변경하려면 해당 시크릿을 소스의 로컬 복사본에서 해석하고, 업데이트한 뒤 다시 암호화한다. 그리고 소스 제어에 변경에 사항을 커밋한다.

이러한 전략은 구현하기 간단하고 키와 암호화/복호화 도구('10.4절 SOPS로 시크릿 암호화하기' 참조)를 제외하면 의존성이 없지만 잠재적인 문제점이 있다. 동일한 시크릿을 여러 개의 애플리케이션에서 사용한다면 모든 소스 코드에 시크릿의 복제본이 필요하다. 이것은 시크릿의 모든 인스턴스를 확인하고 변경해야 하므로 시크릿을 교체한다면 더 많은 작업이 필요하다.

또한 소스 제어에 평문의 시크릿을 실수로 커밋하는 잠재 위험도 존재한다. 실수는 언제나 발생할 수 있다. 사설 소스 제어 저장소를 사용하더라도 시크릿이 평문으로 노출된다면 최대한 빠르게 교체해야 한다. 암호 키에 대한 접근이 특정 개인이 아닌 모든 개발자에게 노출되는 상황은 피해야 한다.

그럼에도 소스 코드 내 시크릿 암호화 전략은 중요하지 않은 시크릿을 가진 소규모 기업에서 시작하기 좋다. 여러 개의 애플리케이션과 다양한 유형의 시크릿 데이터를 다루기에도 유연해서 상대적으로 구축하기 쉽다. 이 장의 마지막 절에서는 암호화/복호화 도구를 간단하게 설명한다. 그전에 다른 시크릿 관리 전략을 계속해서 알아보자.

10.3.2 원격으로 시크릿 저장하기

두 번째 시크릿 관리 전략은 시크릿을 AWS S3 버킷이나 구글 클라우드 스토리지와 같이 안전한 파일 저장소에 하나의 파일로(또는 여러 개의 파일로) 원격 저장하는 것이다. 개별 애플리케이션을 배포할 때 파일을 다운로드하고 복호화하여 애플리케이션에 전달한다. **시크릿을 소스 코드 저장소에 보관**하는 대신에 중앙에서 보관한다는 것을 제외하면 소스 제어에서 시크릿을 복호화하는 전략과 비슷하다.

원격으로 시크릿을 저장하면 추가 엔지니어링이 필요하고 배포 시점에 관련된 시크릿 파일을 풀링해야 하지만 여러 개의 코드 저장소에 중복된 시크릿이 생성되는 문제를 해결한다. 또한 소프트웨어 컴포넌트 구축, 관리나 애플리케이션의 수정 없이 시크릿 전용 관리 도구의 일부 이점을 얻을 수 있다.

그러나 시크릿이 소스 제어에 포함되지 않기 때문에 감사 로그(누가, 언제, 무엇을, 왜 변경했는지)로 시크릿 변경 사항을 관리하고 변경 요청 풀 리퀘스트 리뷰, 승인과 같은 변경 제어 과정이 필요하다.

10.3.3 전용 시크릿 관리 도구 사용하기

소스 코드에 시크릿을 암호화하는 것과 **버킷에 시크릿을 보관**하는 전략은 대부분의 기업에 적합하다. 하지만 대규모의 기업이라면 해시코프 볼트Hashicorp Vault, 스퀘어 키위즈Square Keywhiz, AWS 시크릿 매니저Secrets Manager, 애저 키 볼트Azure Key Vault와 같은 전용 시크릿 관리 도구를 사용하는 것을 고려해볼 만하다. 전용 시크릿 관리 도구는 애플리케이션의 모든 시크릿을 중앙에 안전하게 보관하며 고가용성을 보장한다. 또한 사용자와 서비스 계정에 시크릿을 추가, 삭제, 변경, 조회할 수 있는 권한을 설정할 수 있다.

시크릿 관리 시스템으로 모든 작업을 감사하고 검토할 수 있으며 보안 위반 분석과 규정 준수 확인을 더 간단하게 할 수 있다. 일부 도구는 정기적으로 시크릿을 자동 교체하는 기능을 제공하여 기업의 보안 정책 요구 사항을 만족시킨다.

애플리케이션이 시크릿 관리 도구의 데이터를 가져오는 방법은 무엇일까? 한 가지 일반적인 방법은 시크릿 보관소에 읽기 전용 권한을 가진 서비스 계정을 사용하는 것이다. 각 애플리케이션은 필요한 시크릿을 읽을 수 있는 권한을 갖는다. 개발자에게는 자신이 담당하는 애플리케이션의 시크릿을 읽거나 쓸 수 있는 권한을 가진 개인 자격 증명을 부여한다.

중앙 시크릿 관리 시스템은 강력하고 유연하지만 인프라를 상당히 복잡하게 한다. 시크릿 저장소를 구축하고 관리해야 하며, 각 애플리케이션과 시크릿을 사용하는 서비스에 도구나 미들웨어를 추가해야 한다. 애플리케이션이 시크릿 저장소에 직접 접근하도록 리팩토링하거나 다시 설계할 수 있지만 단순하게 애플리케이션의 환경 변수나 설정 파일에 시크릿을 추가하는 것보다 더 큰 시간과 비용이 필요하다.

전용 시크릿 관리 도구 중에서는 해시코프의 볼트(*https://www.vaultproject.io*)가 가장 인기 있다.

10.3.4 추천 전략

언뜻 보기에는 볼트 같은 전용 시크릿 관리 시스템을 사용하는 것이 좋아 보이지만 처음부터 전용 시스템을 사용하는 것을 추천하지 않는다. 대신에 SOPS와 같은 가벼운 암호화 도구를 사용하여 소스 코드에 시크릿을 직접 암호화해보길 권장한다('10.4절 SOPS로 시크릿 암호화하기' 참조).

이를 권하는 이유는 실제로 관리가 필요한 시크릿이 그렇게 많지 않기 때문이다. 인프라가 매우 복잡하거나 상호 의존적이지 않다면 개별 애플리케이션은 API 키와 다른 서비스의 토큰, 데이터베이스의 자격 증명 같은 한두 개의 시크릿 데이터만 필요하다. 만약 애플리케이션이 정말로 많은 시크릿이 필요하다면 파일로 저장하여 암호화하기를 권장한다.

필자는 이 책에서 다루는 대부분의 이슈와 같이 시크릿 관리 또한 실용적인 관점으로 접근하기를 권장한다. 간단하고 사용하기 쉬운 시스템으로 문제를 해결할 수 있다면 바로 적용해보는 것을 추천한다. 필요하다면 나중에 더 강력하거나 복잡한 설정으로 변경할 수 있다. 프로젝트 초기에 얼마나 많은 시크릿 데이터가 포함될지 정확히 알기 어렵다면 향후 변경 가능한 범위 내에서 가장 빠르게 실행할 수 있는 방식을 선택하자.

처음부터 시크릿 데이터와 관련된 규제나 순수 세안을 알 수 있나면 그것을 염두에 두고 실세하는 것이 좋다. 아마도 전용 시크릿 관리 솔루션을 검토할 필요가 있을 것이다.

10.4 SOPS로 시크릿 암호화하기

암호화를 직접 한다면 소스 코드와 데이터 파일을 암호화하는 도구가 필요하다. 모질라 프로젝트의 SOPS(**secrets operations**의 줄임말)는 YAML, JSON, 이진 파일을 암호화/복호화하는 도구로 PGP/GnuPG, 애저 키 볼트, AWS 키 관리 서비스Key Management Service (KMS), 구글 클라우드 KMS 등 다양한 암호화 백엔드를 지원한다.

10.4.1 SOPS 소개

이번 절에서는 예제를 통해 SOPS에 대한 설명을 진행한다. SOPS는 전체 파일을 암호화하지 않고 개별 시크릿 값만 암호화한다. 예를 들어 평문 파일에 다음 내용이 포함된 경우

```
password: foo
```

SOPS로 암호화하면 다음과 같은 결과 파일이 생성된다.

```
password: ENC[AES256_GCM,data:p673w==,iv:YY=,aad:UQ=,tag:A=]
```

SOPS는 풀 요청pull requests 과정에서 데이터를 복호화하지 않아도 코드를 쉽게 수정하고 리뷰할 수 있는 장점이 있다.

SOPS 프로젝트 홈페이지(*https://github.com/mozilla/sops*)에 방문하여 SOPS 설치 방법과 사용 설명을 읽어보자.

이 장의 나머지 부분에서는 SOPS를 사용한 예제로 쿠버네티스에서 SOPS가 작동하는 방식을 확인하고 데모 애플리케이션에 SOPS가 관리하는 시크릿을 추가한다. 다른 시크릿 암호화 도구도 대체 가능하다. 이미 다른 도구를 사용하고 있다면 그것을 계속 사용해도 된다. SOPS과 동일한 방식으로 평문 파일의 시크릿을 암호화/복호화할 수 있다면 익숙한 도구를 사용하면 된다.

지금까지 읽으면서 느꼈겠지만 필자는 헬름의 팬이다. 헬름 차트에서 암호화된 시크릿을 관리하고 싶다면 `helm-secrets` 플러그인으로 SOPS를 사용할 수 있다. `helm upgrade`나 `helm install`을 실행할 때 `helm-secrets`은 배포 과정에서 시크릿을 복호화한다. 설치 및 사용 설명을 포함한 SOPS에 대한 더 자세한 정보는 깃허브 저장소(*https://github.com/ futuresimple/helm-secrets*)를 참고하기 바란다.

10.4.2 SOPS로 파일 암호화하기

SOPS로 파일을 암호화해보자. SOPS는 실제로 암호화 자체를 다루지 않으며 실제로는 GnuPG(암호화 도구인 PGP^pretty good privacy의 오픈 소스 버전)와 같은 백엔드에 이를 전달한다. 예제에서는 SOPS를 GnuPG와 함께 사용하여 시크릿을 포함한 파일을 암호화한다. 최종 결과는 안전하게 소스 제어에 커밋할 수 있는 파일이 생성될 것이다.

여기서는 PGP 암호화 방식에 대해서 자세히 설명하지 않는다. PGP는 SSH나 TLS처럼 **공개키** 암호 시스템으로 단일 키로 데이터를 암호화하지 않고 공개키, 개인키 한 쌍을 사용한다. 공개키는 다른 곳에 공유해도 문제없지만 개인키는 외부로 유출하면 안 된다.

먼저 공개키, 개인키를 생성해보자. GnuPG를 설치하지 않았다면 다운로드 페이지(*https:// gnupg.org/download*)를 참고하여 설치하자.

GnuPG 설치를 완료했다면 다음 명령어를 실행하여 신규 키를 생성한다.

```
gpg --gen-key
```

키 생성이 성공적으로 완료되었다면 Key fingerprint(16진수 문자열)를 메모하자. 키 고유 식별자로 다음 단계에서 필요한 정보다.

이제 키 한 쌍이 준비되었으니 SOPS와 생성된 PGP 키를 이용하여 암호화해보자. SOPS 또한 로컬 컴퓨터에 설치해야 한다. SOPS 사이트(*https://github.com/mozilla/sops/ releases*)에 접속하여 바이너리 파일을 다운로드 하거나 Go로 설치할 수 있다.

```
go get -u go.mozilla.org/sops/cmd/sops
sops -v
sops 3.0.5 (latest)
```

다음과 같이 암호화할 시크릿 파일을 생성해보자.

```
echo "password: secret123" > test.yaml
cat test.yaml
password: secret123
```

마지막으로 sops를 이용하여 암호화한다. --pgp 옵션에 Key fingerprint를 추가한다.

```
sops --encrypt --in-place --pgp E0A9AF924D5A0C123F32108EAF3AA2B4935EA0AB
test.yaml
cat test.yaml
password: ENC[AES256_GCM,data:Ny220Ml8JoqP,iv:HMkwA8eFFmdUU1Dle6NTpVgy8vlQu/
6Zqx95Cd/+NL4=,tag:Udg9Wef8coZRbPb0foOOSA==,type:str]
sops:
  ...
```

성공이다! 이제 **test.yaml** 파일은 안전하게 암호화되었다. 패스워드 값은 스크램블되며 개인 키로만 복호화할 수 있다. SOPS는 파일 하단에 메타 데이터를 추가하여 향후에 복호화할 방식을 알려준다.

SOPS의 또 다른 장점은 **password**의 **값**만 암호화한다는 것이다. 파일의 YAML 형식은 유지되며 암호화된 데이터는 **password**로 레이블이 붙는다. YAML 파일의 키/값 쌍의 목록이 긴 경우에도 SOPS는 값만 암호화하며 키는 그대로 둔다.

암호화한 데이터를 복호화하여 입력한 데이터와 일치하는지 확인하려면 다음 명령어를 실행하자.

```
sops --decrypt test.yaml
You need a passphrase to unlock the secret key for
user: "Justin Domingus <justin@example.com>"
2048-bit RSA key, ID 8200750F, created 2018-07-27 (main key ID 935EA0AB)
Enter passphrase: *highly secret passphrase*

password: secret123
```

키 쌍을 생성할 때 입력한 패스프레이즈passphrase를 입력하면 복호화된 값인 **password:** **secret123**을 확인할 수 있다.

이제 SOPS를 사용하는 방법을 알게 되었으니 소스 코드, 애플리케이션 설정 파일, 쿠버네티스 YAML 리소스 등 민감한 데이터를 암호화할 수 있다.

애플리케이션을 배포할 때는 SOPS를 복호화 모드로 사용하여 필요한 시크릿을 평문으로 만든다. 단, 평문 파일은 삭제해야 한다는 것을 명심하자. 평문 그대로 버전 관리에 업로드하면 안 된다.

12장에서는 헬름 차트에서 SOPS를 사용하는 방법을 소개한다. 헬름을 사용하여 애플리케이션을 배포할 때 시크릿을 복호화할 수 있으며 **staging**이나 **production**과 같은 배포 환경에 따라 다른 시크릿 집합을 사용하는 방법을 소개한다('12.2.6절 SOPS를 사용하여 헬름 차트의 시크릿 관리하기').

10.4.3 KMS 백엔드 사용하기

클라우드의 키 관리 도구인 아마존 KMS나 구글 클라우드 KMS를 또한 SOPS와 함께 사용할 수 있다. KMS를 사용하면 키는 PGP 예제와 동일하게 작동하며 파일의 메타데이터 **sops:** 섹션은 아래와 같이 달라진다.

```
sops:
  kms:
  - created_at: 1441570389.775376
    enc: CiC....Pm1Hm
    arn: arn:aws:kms:us-east-1:656532927350:key/920aff2e...
```

앞서 PGP를 사용한 예제와 같이 키 ID(`arn:aws:kms...`)는 파일에 내장되어 나중에 SOPS가 복호화할 방식을 알려준다.

10.5 마치며

구성과 시크릿은 많은 사람들이 궁금해하는 쿠버네티스와 관련 주제다. 이번 장에서는 구성과 시크릿을 주제로 필요한 설정과 데이터를 애플리케이션에 연동하는 몇 가지 방법을 설명했다.

이 장에서 놓치지 말아야 할 내용을 정리해보자.

- 구성 데이터는 애플리케이션 코드에서 분리하고 쿠버네티스 컨피그맵과 시크릿을 사용하여 배포한다. 이렇게 하면 암호를 변경할 때마다 애플리케이션을 다시 배포하지 않아도 된다.

- 데이터를 포함한 컨피그맵을 생성하는 방법은 쿠버네티스 매니페스트 파일에 직접 작성하는 방법과 `kubectl` 명령어를 사용하여 기존 YAML 파일을 컨피그맵 스펙으로 변환하는 방법이 있다.

- 컨피그맵에 있는 데이터는 컨테이너의 환경 변수나 엔트리 포인트의 명령줄 인자로 가져올 수 있다. 또 컨테이너에 마운트 된 파일로 데이터를 작성할 수 있다.

- 시크릿은 저장 시에 데이터가 암호화된다는 것과 `kubectl` 출력 결과가 난독화된다는 것을 제외하면 컨피그맵과 비슷하다.

- 시크릿을 간단하게 유연하게 관리하는 방법은 소스 코드 저장소에 보관하는 것이다. 하지만 보관 시에는 SOPS나 다른 텍스트 기반 암호화 도구를 사용하여 암호화해야 한다.

- 처음부터 시크릿 관리를 너무 어렵게 생각하지 않아도 된다. 개발자가 쉽게 사용할 수 있는 간단한 것부터 시작하면 된다.

- 시크릿을 공용으로 사용하는 애플리케이션이 많다면 시크릿을 암호화하여 클라우드 버킷에 보관하고 배포 시에 가져온다.

- 엔터프라이즈급 시크릿 관리를 위해서는 볼트와 같은 전용 서비스가 필요하다. 하지만 볼

트가 필요하지 않을 수도 있으니 처음부터 볼트를 사용하는 것은 권장하지 않는다. 필요하다면 볼트는 나중에도 도입해도 된다.

- SOPS는 YAML과 JSON과 같은 키/값 파일을 다루는 암호화 도구다. 암호화 키는 로컬 GnuPG 키링이나 아마존 KMS, 구글 클라우드 KMS와 같은 클라우드 키 서비스에서 가져올 수 있다.

CHAPTER 11

보안과 백업

기술이 보안 문제를 해결해주길 바란다면 당신은 그 보안 문제와 기술을 이해하지 못하게 될 것이다.

– 브루스 슈나이어Bruce Schneier (미국 암호 전문가)

이번 장에서는 쿠버네티스의 보안과 접속 제어를 다룬다. 역할 기반 접근 제어(RBAC)를 설명하고 보안 취약점 스캔 도구와 서비스를 소개한다. 또한 쿠버네티스 데이터와 상태를 백업, 복구하는 방법을 설명한다. 마지막으로 클러스터의 상태 정보를 확인할 수 있는 몇 가지 유용한 방법을 소개한다.

11.1 접근 제어와 권한

직원 수가 많지 않은 소규모의 회사에서는 일반적으로 모든 직원이 전체 시스템의 관리자 접근 권한을 갖곤 한다. 하지만 회사가 성장하다 보면 나중에는 직원 모두가 관리자 권한을 갖는 게 좋은 생각이 아니라는 것을 깨닫는다. 변경하면 안 되는 것을 누군가가 실수로 변경할 수도 있기 때문이다. 이는 쿠버네티스에서도 마찬가지다.

11.1.1 클러스터별 접근 관리

쿠버네티스 클러스터를 보호하기 위한 가장 쉽고 효과적인 방법은 사용자별로 클러스터의 접근을 제한하는 것이다. 쿠버네티스 클러스터에 접근하는 사용자는 일반적으로 **클러스터 운영자와 애플리케이션 개발자,** 두 그룹으로 나뉜다. 각 그룹은 업무에 따라 서로 다른 권한permission, privilege이 필요하다.

또한 상용, 스테이징 등 여러 배포 환경을 가지고 있다면 여러분이 속한 조직에 따라서 각 환경에 적용하는 정책이 서로 다를 수 있다. 상용 환경은 일부 담당자만 접근하도록 제한해야 하며 스테이징 환경은 광범위한 엔지니어 그룹이 사용할 수 있어야 한다.

'6.1.1절 멀티 클러스터가 필요한가?'에서 설명했듯이 상용, 스테이징, 테스트 환경으로 클러스터를 분리하는 것이 좋다. 클러스터를 분리해두면 누군가 실수로 스테이징 클러스터에 잘못된 버전을 배포하여 노드를 다운시켜도 상용 클러스터에는 영향을 주지 않는다.

다른 팀에 속한 구성원이 소프트웨어 및 배포 프로세스에 접근하지 못하게 하려면, 팀마다 전용 클러스터를 보유해야 하며 각 구성원은 다른 팀의 클러스터 자격 증명을 보유해서는 안 된다.

이는 확실히 안전한 접근법이지만 클러스터를 별도로 구축해야 한다는 단점이 있다. 각 클러스터는 패치 및 모니터링되어야 하며 여러 개의 소규모 클러스터는 보통 대규모 클러스터보다 효율이 떨어진다.

11.1.2 역할 기반 접근 제어(RBAC) 소개

클러스터 접근을 관리하는 또 다른 방법은 쿠버네티스의 역할 기반 접근 제어role-based access control(RBAC) 시스템을 사용하여 특정 작업을 수행할 사용자를 제어하는 것이다.

RBAC는 특정 사용자나 서비스 계정(자동화 시스템과 결합된 사용자 계정)에 특정 권한을 부여하도록 설계되었다. 예를 들어 한 사용자에게 클러스터에 있는 모든 파드의 목록을 조회할 수 있는 권한을 부여할 수 있다.

RBAC 시스템을 다룰 때 가장 중요한 것은 우선 RBAC가 활성화된 상태인지 확인하는 것이다. RBAC는 쿠버네티스 1.6 버전부터 도입되어 클러스터 구성 시 선택 사항으로 제공된다. 하지만 클러스터에서 실제로 RBAC가 활성화되어 있는지 여부는 어떤 클라우드 서비스 업체를 사용하고 어떤 쿠버네티스 설치 프로그램을 사용했는지에 따라 다르다.

자체 호스팅 클러스터를 운영한다면 다음 명령어를 실행하여 RBAC가 클러스터에서 활성화되어 있는지 확인해보자.

```
kubectl describe pod -n kube-system -l component=kube-apiserver
Name:           kube-apiserver-docker-for-desktop
Namespace:      kube-system
...
Containers:
  kube-apiserver:
      ...
    Command:
      kube-apiserver
      ...
      --authorization-mode=Node,RBAC
```

--authorization-mode 필드에 RBAC가 없다면 클러스터에서 RBAC는 비활성 상태다.

쿠버네티스 서비스 업체나 쿠버네티스 설치 프로그램의 안내 문서를 확인하여 클러스터에서 RBAC를 활성화하는 방법을 확인하자.

RBAC가 비활성 상태라면 누구든 클러스터에 접근하여 임의로 코드를 실행하거나 워크로드를 삭제하는 것과 같은 위험한 작업을 수행할 수 있다. 이런 재앙이 발생하는 건 누구도 원하지 않을 것이다.

11.1.3 롤 이해하기

RBAC를 활성화했다면 사용하는 방법을 알아보자. 먼저 RBAC의 가장 중요한 개념은 사용자, 롤role, 롤 바인딩role binding이다.

쿠버네티스 클러스터에 접속할 때 여러분은 특정한 개별 사용자로서 접속한다. 클러스터에서 계정을 인증하는 방식은 클라우드 서비스 공급자마다 다르다. 예를 들어 구글 쿠버네티스 엔진은 gcloud 도구를 사용하여 특정 클러스터에서 접근 토큰을 가져오는 방식을 취한다.

클러스터 내에서 여러 사용자에게 각기 다른 권한을 부여할 수도 있다. 예를 들어 각 네임스페이스에는 디폴트 서비스 계정이 존재하는데, 이를 이용하여 사용자마다 서로 다른 권한을 부여할 수 있다.

권한은 쿠버네티스의 **롤**로 할당한다. 롤은 특정한 권한들의 집합이다. 쿠버네티스는 미리 정의된 롤을 기본으로 제공하는데, 예를 들어 슈퍼유저^{superuser}(최고 관리자)를 위한 `cluster-admin` 롤은 클러스터에 있는 전체 리소스를 조회하고 변경할 수 있다. 반면에 `view` 롤은 주어진 네임스페이스의 오브젝트 목록을 조회하고 확인할 수 있는 권한만을 가지며 오브젝트를 수정하지는 못한다.

롤 오브젝트를 사용하여 네임스페이스 단위로 롤을 정의하거나, 클러스터 롤 오브젝트를 사용하여 클러스터 단위로 롤을 정의할 수 있다. 다음은 특정한 네임스페이스 전체에 `secret-reader` 권한을 부여하는 `ClusterRole` 매니페스트 예시다.

```yaml
kind: ClusterRole
apiVersion: rbac.authorization.k8s.io/v1
metadata:
  name: secret-reader
rules:
- apiGroups: [""]
  resources: ["secrets"]
  verbs: ["get", "watch", "list"]
```

11.1.4 사용자에게 역할 바인딩하기

롤 바인딩은 사용자와 롤을 연결한다. 앞서 롤 오브젝트를 생성한 것처럼 `RoleBinding` 오브젝트를 생성하여 네임스페이스 단위로 역할을 할당하거나 `ClusterRoleBinding` 오브젝트를 생성하여 클러스터 단위로 역할을 할당할 수 있다.

다음은 `daisy`라는 사용자에게 `demo` 네임스페이스에 대한 `edit` 롤을 할당하는 `RoleBinding` 매니페스트 예시다.

```yaml
kind: RoleBinding
apiVersion: rbac.authorization.k8s.io/v1
metadata:
  name: daisy-edit
  namespace: demo
subjects:
- kind: User
```

```
    name: daisy
    apiGroup: rbac.authorization.k8s.io
  roleRef:
    kind: ClusterRole
    name: edit
    apiGroup: rbac.authorization.k8s.io
```

쿠버네티스에서 권한 할당은 **가산적**additive이다. 사용자는 아무 권한이 없는 상태에서 시작하여 Role과 RoleBinding으로 권한을 추가할 수 있다. 그러나 이미 권한을 갖고 있는 사용자의 권한을 제거할 수는 없다.

TIP 쿠버네티스 공식 문서[1]에서 RBAC에 대한 자세한 설명 및 사용 가능한 롤과 권한을 확인할 수 있다.

11.1.5 롤의 권한을 확인하는 방법

그렇다면 어떤 롤과 롤 바인딩을 클러스터에서 설정해야 할까? 미리 정의된 cluster-admin, edit, view(최고 관리자, 수정, 보기) 롤만으로도 대부분의 요구 사항을 처리할 수 있다. 특정 롤의 권한을 조회하려면 kubectl describe 명령어를 실행한다.

```
kubectl describe clusterrole/edit
Name:         edit
Labels:       kubernetes.io/bootstrapping=rbac-defaults
Annotations:  rbac.authorization.kubernetes.io/autoupdate=true
PolicyRule:
  Resources    ... Verbs
  ---------    ... -----
  bindings     ... [get list watch]
  configmaps   ... [create delete deletecollection get list patch update watch]
  endpoints    ... [create delete deletecollection get list patch update watch]
  ...
```

필요하다면 조직 내 특정한 담당자의 업무(예를 들면 개발자)나 개별 팀(예를 들면 QA나 보안 부서)에 따라 역할을 생성할 수 있다.

----

[1] *https://kubernetes.io/docs/reference/access-authn-authz/rbac*

11.1.6 Cluster-Admin 접근 제어하기

클러스터의 슈퍼유저인 cluster-admin 롤은 유닉스 시스템의 root 사용자와 같이 모든 작업을 실행할 수 있는 권한을 갖는다. 클러스터 운영자가 아닌 사용자나 쿠버네티스 대시보드 (11.4.4절 쿠버네티스 대시보드 참조)와 같이 외부 인터넷에 노출된 애플리케이션용 서비스 계정에 cluster-admin 롤을 할당해서는 안 된다.

> **CAUTION_** 쿠버네티스 권한 문제가 발생했을 때 불필요하게 cluster-admin 롤을 할당하여 문제를 해결하려고 하면 안 된다. 스택 오버플로 같은 사이트에는 종종 cluster-admin 롤을 할당해 문제를 해결하면 된다는 나쁜 조언이 있다. **절대 그대로 따라 해서는 안 된다.** 이 방법으로는 일시적으로 오류를 해결할 수 있지만, 클러스터 보안 검사를 모두 생략하고 클러스터를 외부 공격에 노출시키는 위험을 감수해야 한다. 애플리케이션의 롤은 작업을 위해 필요한 최소한의 권한만 부여해야 한다.

11.1.7 애플리케이션과 배포

쿠버네티스에서 실행 중인 애플리케이션은 일반적으로 모든 RBAC 권한이 필요하지 않다. 특별하게 권한을 할당하지 않으면 모든 파드는 해당 네임스페이스에서 롤이 할당되지 않은 default 서비스 계정으로 실행된다.

애플리케이션이 쿠버네티스 API에 연결되어야 한다면(예를 들어 모니터링 도구로 파드 목록 조회가 필요한 경우) 애플리케이션 전용 서비스 계정을 생성하고 RoleBinding으로 필요한 역할(예를 들어 view)을 연결하여 특정 네임스페이스로 역할을 제한해야 한다.

클러스터에 애플리케이션을 배포할 때 필요한 권한은 무엇일까? 가장 안전한 방법은 지속적 배포 도구에만 애플리케이션 배포 권한을 부여하는 것이다('14장 쿠버네티스에서 지속적 배포하기' 참조). 지속적 배포 도구는 전용 서비스 계정을 사용하며 특정 네임스페이스에서만 파드를 생성하고 제거할 수 있는 권한을 갖는다.

edit 롤은 배포에 적합하다. edit 롤을 할당받은 사용자는 네임스페이스에 리소스를 생성하고 제거할 수 있지만 새로운 롤을 생성하고 다른 사용자에게 권한을 부여하는 것은 불가능하다.

자동화된 배포 도구가 없다면 개발자들이 네임스페이스에 대한 적절한 권한을 갖고 애플리케이션을 직접 클러스터에 배포해야 한다. 이 경우 애플리케이션별로 개발자에게 권한을 부여해야 하며 클러스터 전체를 수정할 수 있는 권한을 제공해서는 안 된다. 애플리케이션을 배포하지 않는 사람에게는 기본적으로 view 롤만 부여해야 한다.

> **TIP** **모범 사례**
>
> 클러스터에 RBAC 시스템이 활성화되어 있는지 확인하자. cluster-admin 권한은 실제로 클러스터의 모든 권한이 필요한 사용자에게만 부여해야 한다. 클러스터 리소스에 접근 권한이 필요한 애플리케이션이 있다면 먼저 서비스 계정을 생성하고 해당 네임스페이스에서 필요한 권한이 할당된 롤과 연결한다.

11.1.8 RBAC 문제 해결

RBAC를 인식하지 못하는 오래된 서드 파티 애플리케이션을 실행하거나 애플리케이션이 계속해서 권한을 요구하는 경우 RBAC 권한 오류가 발생할 수 있다. 이러한 오류를 확인할 수 있는 방법은 무엇일까?

애플리케이션이 권한이 없는 작업에 대한(예를 들어 노드 목록 조회와 같은) API 요청을 한다면 API 서버는 **거부된**forbidden 오류(HTTP status 403)를 응답한다.

```
Error from server (Forbidden): nodes.metrics.k8s.io is forbidden: User
"demo" cannot list nodes.metrics.k8s.io at the cluster scope.
```

만약 애플리케이션이 이러한 오류를 로그로 기록하지 않고 애플리케이션의 상태를 확인하기 어렵다면 API 서버의 로그를 확인하면 된다('7.3.1절 컨테이너 로그 보기' 참조). API 서버 로그는 다음과 같이 **RBAC DENY**로 오류에 대한 내용을 담고 있다.

```
kubectl logs -n kube-system -l component=kube-apiserver | grep "RBAC DENY"
RBAC DENY: user "demo" cannot "list" resource "nodes" cluster-wide
```

(GKE 클러스터나 다른 관리형 쿠버네티스 서비스에서는 컨트롤 플레인에 대한 접근을 허용하지 않으므로 위와 같은 메시지를 직접 확인할 수 없다. 쿠버네티스 서비스 업체의 문서를 참고하여 API 서버 로그를 조회하는 방법을 확인하자.)

RBAC는 복잡하다고 알려져 있지만 실제로는 그렇지 않다. 사용자가 필요한 최소한의 권한만 부여하고 cluster-admin 롤만 안전하게 잘 관리하면 된다.

11.2 보안 스캐닝

클러스터에서 서드 파티 소프트웨어를 실행한다면 보안 문제나 악성 소프트웨어가 있는지 확인하기를 권한다. 하지만 먼저 컨테이너에서 실제로 실행 중인 소프트웨어를 파악해야 한다.

11.2.1 클레어

클레어Clair(*https://github.com/coreos/clair*)는 코어OSCoreOS 프로젝트에서 개발한 오픈 소스 컨테이너 스캐너다. 클레어는 컨테이너가 실제로 실행되기 전에 컨테이너 이미지를 정적으로 분석하여 안전하지 않은 것으로 알려진 소프트웨어나 버전이 있는지 확인한다.

클레어는 수동으로 실행하여 특정 이미지에 문제가 있는지 확인하거나 CD 파이프라인에 통합하여 배포 전 모든 이미지를 검사할 수 있다('14장 쿠버네티스에서 지속적 배포하기' 참조).

또한 클레어는 컨테이너 레지스트리에 연결하여 푸시된 이미지를 스캔하고 문제를 보고할 수 있다.

alpine과 같은 베이스 이미지를 무조건 신뢰해서는 안 된다. 클레어는 많이 사용되는 베이스 이미지에 대한 보안 검사를 사전에 진행하며 보안 취약점이 알려진 베이스 이미지를 실행할 경우 사용자에게 알린다.

11.2.2 아쿠아

아쿠아Aqua 컨테이너 보안 플랫폼[2]은 컨테이너의 보안 취약점, 악성 소프트웨어, 이상 행위를 스캔하며 정책을 잘 적용하고 규정을 준수하도록 돕는 상용 컨테이너 보안 제품이다.

아쿠아 플랫폼은 다른 보안 도구와 마찬가지로 컨테이너 레지스트리, CI/CD 파이프라인, 쿠

---

2 *https://www.aquasec.com/products/aqua-container-security-platform*

버네티스를 포함한 여러 오케스트레이션 시스템과 통합할 수 있다.

아쿠아는 또한 무료 도구로 마이크로 스캐너^{MicroScanner}[3]를 제공한다. 마이크로 스캐너는 컨테이너 이미지에 추가하여 설치된 패키지의 알려진 보안 취약점을 스캔하며 아쿠아 보안 플랫폼과 동일한 데이터베이스를 사용한다.

마이크로 스캐너는 다음과 같이 도커파일에 추가하여 설치할 수 있다.

```
ADD https://get.aquasec.com/microscanner /
RUN chmod +x /microscanner
RUN /microscanner <TOKEN> [--continue-on-failure]
```

마이크로 스캐너는 보안 취약점 검출 결과를 JSON 형식으로 제공하므로 다른 도구로 결과를 가져와 리포팅할 수 있다.

아쿠아의 또 다른 유용한 오픈 소스 도구는 kube-hunter[4]로 쿠버네티스 클러스터 자체의 보안 이슈를 검색하기 위해 설계되었다. kube-hunter는 클러스터 외부에서 컨테이너로 실행하여 인증서의 이메일 주소 노출, 안전하지 않은 대시보드, 열려 있는 포트와 엔드포인트 등 다양한 종류의 보안 문제를 확인할 수 있다.

11.2.3 앵커 엔진

앵커 엔진^{Anchore Engine}[5]은 컨테이너 이미지를 스캔하는 오픈 소스 도구로, 이미 알려진 보안 취약점뿐 아니라 라이브러리, 구성 파일, 파일 권한 등 컨테이너 안에 존재하는 모든 것의 목록을 조회해 검사한다. 앵커 엔진을 사용하면 사용자 정의 정책을 추가하고 컨테이너를 검증할 수 있다. 예를 들어 보안 인증 정보나 애플리케이션 소스 코드를 포함한 컨테이너는 차단하도록 사용자 정책을 추가할 수 있다.

> **TIP 모범 사례**
>
> 출처를 신뢰할 수 없거나 내부를 잘 알지 못하는 컨테이너는 실행하면 안 된다. 모든 컨테이너는 클레어나 마

---

3 *https://github.com/aquasecurity/microscanner*

4 *https://kube-hunter.aquasec.com*

5 *https://github.com/anchore/anchore-engine*

이크로 스캐너와 같은 스캐닝 도구로 검사해야 한다. 직접 빌드한 컨테이너라도 베이스 이미지나 의존성에 취약점이 있는지 확인하기 위해 스캐닝 도구로 검사하기를 권한다.

11.3 백업

클라우드 네이티브 아키텍처에서도 백업을 해야 하는지 고민될 수 있다. 쿠버네티스가 본질적으로 신뢰할 만하며, 여러 노드의 장애를 한 번에 처리할 수 있어서 상태를 잃어버리거나 애플리케이션의 성능을 크게 저하시키지 않으니 이는 타당한 고민이다. 게다가 쿠버네티스는 선언형 인프라 코드 시스템이다. 모든 쿠버네티스 리소스는 신뢰할 수 있는 데이터베이스(**etcd**)에 저장된다. 일부 파드를 실수로 삭제하는 경우 디플로이먼트는 데이터베이스에 저장된 스펙에 따라 파드를 다시 생성한다.

11.3.1 쿠버네티스에서도 백업이 필요한가?

그럼에도 쿠버네티스에서도 백업이 필요할까? 정답은 '그렇다'다. 예를 들어 퍼시스턴트 볼륨에 저장된 데이터는 장애에 취약하다('8.4.2절 퍼시스턴트 볼륨' 참조). 클라우드 서비스 업체가 고가용성 볼륨을 제공하더라도(예를 들어 두 개의 서로 다른 가용성 영역에 데이터를 복제하는 방식으로) 이는 백업은 아니다.

명확하지 않으므로 다시 한번 고민해보자.

> **CAUTION_ 데이터 복제는 백업이 아니다.** 데이터를 복제하면 내부 스토리지 볼륨에 장애가 발생했을 땐 데이터를 보호할 수 있지만, 웹 콘솔에서 클릭을 잘못해 실수로 볼륨을 삭제하는 일에서는 데이터를 보호할 수 없다.

데이터 복제는 애플리케이션 오동작이나 운영자 실수로 잘못된 환경 변수의 명령어가 데이터를 덮어쓰는 것을 막지 못한다. 또한 개발자 실수로 개발 데이터베이스 대신에 상용 데이터베이스를 제거할 때에도 데이터를 복구할 수 없다(이런 실수는 생각보다 자주 발생한다[6]).

---

[6] https://thenewstack.io/junior-dev-deleted-production-database

11.3.2 etcd 백업하기

'3.1.3절 고가용성'에서 보았듯이 쿠버네티스는 모든 상태를 **etcd** 데이터베이스에 저장하므로 etcd에서 발생하는 장애나 데이터 손실은 클러스터에 큰 영향을 미친다. 이러한 이유로 필자는 **etcd**과 컨트롤 플레인의 가용성을 보장하는 관리형 쿠버네티스 서비스를 권장한다('3.6.2절 가능하면 관리형 쿠버네티스를 사용하라' 참조).

마스터 노드를 직접 운영한다면 **etcd**의 클러스터링, 복제, 백업 관리를 해야 한다. 정기적으로 데이터 스냅샷을 저장하더라도 스냅샷의 검색 및 검증, 클러스터 재구축, 데이터 복구에 시간이 많이 걸린다. 또한 복구 중에는 클러스터를 사용할 수 없거나 심각한 성능 저하가 발생할 수 있다.

> **TIP** **모범 사례**
>
> 관리형 서비스나 턴키 서비스를 사용하여 마스터 노드의 **etcd**를 클러스터링하고 백업하자. 자체 클러스터를 운영한다면 **etcd**에 대해 미리 잘 알아두자. **etcd** 복구는 어려운 작업이며 잘못하면 심각한 문제가 발생할 수 있다.

11.3.3 리소스 상태 백업하기

이번 절에서는 **etcd** 장애와 별개로 개별 리소스의 상태를 저장하는 방법을 다룬다. 예를 들어 실수로 디플로이먼트를 제거했다면 어떻게 다시 생성할 수 있을까?

필자가 **코드형 인프라 패러다임**의 중요성을 계속해서 강조했듯이 쿠버네티스 리소스를 선언적으로 관리하기 위해서는 YAML 매니페스트나 헬름 차트는 소스 제어에 저장하기를 권한다.

클러스터 워크로드의 모든 상태를 다시 생성하려면 관련된 소스 제어 저장소를 체크아웃하고 포함된 모든 리소스를 적용하면 된다. **이론적으로는 그렇다.**

11.3.4 클러스터 상태 백업하기

실제로 소스 제어에 있는 모든 것이 현재 클러스터에서 실행 중인 것은 아니다. 일부 애플리케이션은 서비스가 종료되었거나 새로운 버전으로 교체되었을 수 있다. 일부는 배포할 준비가 되지 않은 것도 있다.

필자는 매니페스트 파일에 변경 사항을 적용하지 않고 리소스를 직접 변경하는 것을 권장하지 않는다('7.2.2절 명령형 커맨드를 사용하지 않을 때' 참조).

일반적으로 애플리케이션의 초기 배포 및 테스트 기간 동안 엔지니어는 복제 수, 노드 어피니티와 같은 설정을 즉석에서 조정하고 올바른 값을 정한 후 소스 제어에 저장한다.

클러스터가 완전히 종료되었거나 모든 리소스가 삭제되었다고 생각해보자(이러한 일이 발생하기를 원하지 않지만 테스트해볼 만하다). 클러스터를 다시 생성하는 방법은 무엇일까?

클러스터의 모든 최신 사항을 반영하여 재배포할 수 있도록 잘 설계되고 업데이트된 클러스터 자동화 시스템이 있다고 하더라도 클러스터의 상태가 삭제된 상태와 동일한지 어떻게 **알 수 있을까?**

한 가지 방법은 실행 중인 클러스터의 스냅샷을 만들어 나중에 문제가 생겼을 때 참조하는 것이다.

11.3.5 크고 작은 장애

클러스터 전체가 손실될 가능성은 거의 없다. 수천 명의 쿠버네티스 개발자들이 이러한 일이 발생하지 않도록 열심히 노력했다.

더 가능성 높은 장애 요인은 사용자(또는 새로운 팀의 구성원이)가 실수로 네임스페이스 삭제, 디플로이먼트 종료, kubectl delete 명령어로 잘못된 레이블을 지정하여 의도하지 않은 리소스를 삭제하는 것이다.

원인이 무엇이든 장애는 언제나 발생할 수 있으므로 백업 도구를 사용하여 장애 상황을 대비해야 한다.

11.3.6 Velero

Velero(이전에는 Ark로 알려진)는 무료 오픈 소스 도구로 클러스터의 상태와 퍼시스턴트 데이터를 백업하고 복구할 수 있다.

Velero는 클러스터에서 실행하며 아마존 S3, 애저 스토리지와 같은 클라우드 스토리지 서비스에 연결할 수 있다.

Velero 웹사이트(*https://velero.io*)를 참고하여 플랫폼에 맞게 설치하자.

Velero 설정하기

Velero를 사용하기 전에 쿠버네티스 클러스터에 BackupStorageLocation 오브젝트를 먼저 생성해야 한다. BackupStorageLocation에서는 AWS S3 클라우드 스토리지 버킷과 같은 백 업을 저장할 공간을 지정한다. 다음은 Velero에서 demo-backup 버킷으로 백업을 설정하는 예제다.

```
apiVersion: velero.io/v1
kind: BackupStorageLocation
metadata:
  name: default
  namespace: velero
spec:
  provider: aws
  objectStorage:
    bucket: demo-backup
  config:
    region: us-east-1
```

Velero는 최소 하나의 BackupStorageLocation을 지정해야 한다. 예제에서는 default라는 이름의 저장 공간을 지정했다. 원한다면 다른 이름의 저장 공간도 지정할 수 있다.

Velero는 퍼시스턴트 볼륨 데이터의 백업도 지원한다. 다음은 백업할 공간을 지정하는 VolumeSnapshotLocation 오브젝트의 예제다.

```
apiVersion: velero.io/v1
kind: VolumeSnapshotLocation
metadata:
  name: aws-default
  namespace: velero
spec:
  provider: aws
  config:
    region: us-east-1
```

Velero 백업 생성하기

velero backup 명령어를 사용하여 백업할 때 Velero 서버는 쿠버네티스 API에 지정한 셀렉터에 해당하는 리소스를 조회하며(기본적으로 모든 리소스를 백업한다) 특정 네임스페이스나 전체 클러스터를 백업할 수 있다.

```
velero backup create demo-backup --include-namespaces demo
```

Velero는 모든 리소스를 BackupStorageLocation에 설정된 클라우드 스토리지 버킷에 이름 있는 파일로 내보낸다. 퍼시스턴트 볼륨의 메타데이터와 내용은 VolumeSnapshotLocation의 설정에 따라 저장한다.

원한다면 kube-system과 같은 특정 네임스페이스를 **제외**한 클러스터 내 모든 리소스를 백업할 수 있다. 또한 Velero가 매일 밤 또는 매시간 클러스터를 백업하도록 자동 백업을 예약할 수 있다.

Velero 백업은 일자별로 변경 사항만 백업하는 증분 백업incremental backup이 아닌 전체 백업full backup 방식을 사용하므로 가장 최근의 백업 파일만 있으면 복구할 수 있다.

데이터 복구하기

백업된 목록 확인은 velero backup get 명령어를 사용한다.

```
velero backup get
NAME          STATUS      CREATED                        EXPIRES   SELECTOR
demo-backup   Completed   2018-07-14 10:54:20 +0100 BST  29d       <none>
```

velero backup download 명령어를 사용하면 특정 백업을 다운로드할 수 있다.

```
velero backup download demo-backup
Backup demo-backup has been successfully downloaded to
$PWD/demo-backup-data.tar.gz
```

다운로드된 파일은 **tar.gz** 아카이브 파일로 일반적인 아카이빙 도구를 사용하여 해제하고 확인할 수 있다. 예를 들어 특정 리소스의 매니페스를 원한다면 백업 파일에서 아카이빙을 해제하고 kubectl apply -f 명령어로 개별 리소스를 복구할 수 있다.

백업된 전체 데이터를 복구하고 싶다면 velero restore 명령어를 실행한다. Velero는 기존에 존재하는 리소스와 볼륨은 제외하고 지정한 스냅샷에 있는 모든 리소스와 볼륨을 다시 생성한다.

리소스가 존재하지만 백업된 리소스와 다르다면 Velero는 기존 리소스를 덮어쓰지 않고 사용자에게 경고를 보낸다. 그러므로 실행 중인 디플로이먼트의 상태를 가장 최근의 스냅샷의 상태로 재설정하려면 먼저 실행 중인 디플로이먼트를 제거하고 Velero를 사용해 복구해야 한다.

마찬가지로 네임스페이스를 복구하려면 기존의 네임스페이스를 먼저 제거한 다음 백업을 복구해야 한다.

복구 과정과 테스트

백업 데이터를 복구할 수 있는 단계별 절차서를 작성하고 동료들이 쉽게 찾을 수 있도록 공유해야 한다. 장애는 예고 없이 발생하며 문제를 해결할 수 있는 사람은 부재중일 수도 있다. 장애 발생 시 모두가 혼란에 빠지게 되므로 절차서는 Velero나 쿠버네티스를 잘 모르는 사람도 쉽게 따라할 수 있을 정도로 정확하고 명확해야 한다.

매달 팀 내 다른 구성원이 임시 클러스터에서 복구 절차를 수행해보도록 복구 테스트를 진행해야 한다. 이렇게 하면 백업이 잘 되었는지, 복구 절차가 정확한지 검증할 수 있으며 모든 구성원이 복구 절차를 숙지할 수 있다.

Velero 백업 예약하기

모든 백업은 자동화되어야 하며 Velero도 예외는 아니다. velero schedule create 명령어를 사용하면 Velero가 정기적으로 백업을 수행하도록 예약할 수 있다.

```
velero schedule create demo-schedule --schedule="0 1 * * *" --include-namespaces
demo
Schedule "demo-schedule" created successfully.
```

schedule 인자에는 백업을 수행할 시각을 유닉스의 cron 포맷으로 지정한다('9.5.4절 크론잡' 참조). 위 예시에서 0 1 * * * 는 매일 새벽 1시에 백업하도록 시간을 지정함을 의미한다.

예약된 백업을 확인하려면 velero schedule get 명령어를 실행한다.

```
velero schedule get
NAME          STATUS   CREATED     SCHEDULE    BACKUP TTL  LAST BACKUP  SELECTOR
demo-schedule Enabled  2018-07-14  * 10 * * *  720h0m0s    10h ago      <none>
```

BACKUP TTL 필드는 백업을 유지할 기간이다. 기간이 지난 백업은 자동으로 삭제된다(기본값은 720시간으로 30일이다).

Velero의 다른 활용법

Velero는 대형 장애 복구 시 매우 유용하게 사용되지만 클러스터 간 리소스와 데이터를 이전하는 용도로 활용할 수도 있다. 이를 **리프트 앤 시프트**lift and shift라고 한다.

Velero를 정기적으로 백업하면 시간에 따른 쿠버네티스 클러스터의 변경 사항을 확인할 수 있다. 예를 들어 현재 클러스터의 상태를 1개월 전, 6개월 전, 1년 전의 상태와 비교할 수 있다.

스냅샷은 또한 정보를 검증에 유용한 소스다. 예를 들어 주어진 기간이나 시간에 클러스터에서 실행 중인 것을 파악할 수 있고 클러스터 상태 변화가 언제 어떻게 이루어지는지 알 수 있다.

> TIP **모범 사례**
>
> Velero를 사용하여 클러스터 상태와 퍼시스턴트 데이터를 정기적으로 백업하고(최소한 매일 야간에) 한 달에 한 번은 복구 테스트를 진행하기를 권한다.

11.4 클러스터 상태 모니터링

클라우드 네이티브 애플리케이션의 모니터링은 중요한 주제로 관측가능성observability, 메트릭, 로깅, 트레이싱, 전통적인 블랙박스 모니터링 같은 내용이 포함되어 있다. 관련 내용은 15장에서 자세하게 다룬다.

이번 장에서는 쿠버네티스 클러스터 자체 모니터링으로 클러스터의 상태, 개별 노드의 상태, 클러스터와 워크로드 프로세스의 사용률을 다룬다.

11.4.1 kubectl

2장에서 간략하게 소개했던 kubectl 명령어를 좀 더 자세히 살펴보자. kubectl은 쿠버네티스의 일반적인 관리자 도구뿐만 아니라 클러스터 컴포넌트의 상태에 대한 유용한 정보를 보여준다.

컨트롤 플레인 상태

kubectl get componentstatuses 명령어(짧게는 kubectl get cs)는 스케줄러, 컨트롤러 매니저, **etcd**와 같은 컨트롤 플레인의 상태를 출력한다.

```
kubectl get componentstatuses
NAME                  STATUS     MESSAGE              ERROR
controller-manager    Healthy    ok
scheduler             Healthy    ok
etcd-0                Healthy    {"health": "true"}
```

컨트롤 플레인 컴포넌트에 심각한 문제가 발생하면 바로 문제를 확인할 수 있겠지만 클러스터의 최상위 상태 지표부터 확인하는 것이 유용하다.

만약 컨트롤 플레인 컴포넌트가 Healthy 상태가 아니라면 조치를 해야 한다. 관리형 쿠버네티스 서비스가 아닌 자체 호스팅 클러스터를 운영한다면 문제 상태를 직접 해결해야 한다.

노드 상태

kubectl get nodes 명령어는 클러스터 내 노드 목록과 노드별 상태, 쿠버네티스 버전을 출력한다.

```
kubectl get nodes
NAME                 STATUS     ROLES     AGE     VERSION
docker-for-desktop   Ready      master    5d      v1.10.0
```

도커 데스크톱 클러스터는 노드를 하나만 갖기 때문에 출력 결과는 참고하기 어렵다. 더 현실적인 소규모 구글 쿠버네티스 엔진 클러스터의 출력 결과를 살펴보자.

```
kubectl get nodes
NAME                                            STATUS   ROLES    AGE   VERSION
gke-k8s-cluster-1-n1-standard-2-pool--8l6n      Ready    <none>   9d    v1.10.2-gke.1
gke-k8s-cluster-1-n1-standard-2-pool--dwtv      Ready    <none>   19d   v1.10.2-gke.1
gke-k8s-cluster-1-n1-standard-2-pool--67ch      Ready    <none>   20d   v1.10.2-gke.1
...
```

도커 데스크톱의 get nodes 출력 결과에서 노드의 **역할**은 마스터였다. 도커 데스크톱 클러스터의 노드는 하나뿐이므로 해당 노드는 마스터 노드이면서 동시에 워커 노드여야 한다.

구글 쿠버네티스 엔진과 다른 관리형 쿠버네티스 엔진에서는 마스터 노드에 직접 접근할 수 없다. 따라서 kubectl get nodes 명령어는 워커 노드의 목록만 확인할 수 있다(<none> 역할은 워커 노드를 의미한다).

NotReady 상태인 노드는 문제가 있는 상태로 노드를 재부팅하여 복구하거나 추가 디버깅을 해야 한다. 또는 문제가 있는 노드를 제거하고 새로운 노드로 교체한다.

불량 노드의 문제 해결을 위한 자세한 정보는 kubectl describe node 명령어를 사용하여 확인한다.

```
kubectl describe nodes/gke-k8s-cluster-1-n1-standard-2-pool--8l6n
```

kubectl describe node 명령어는 노드의 메모리와 CPU 용량, 파드가 사용 중인 현재 자원 사용량을 출력한다.

워크로드

'4.6.5절 kubectl로 클러스터 조회하기'에서 kubectl을 사용하여 클러스터의 모든 파드(또는 모든 리소스)를 조회하는 방법을 설명했다. 4장의 예제에서는 기본 네임스페이스의 파드만 조회했지만 --all-namespaces 플래그를 추가하면 클러스터의 전체 파드를 조회할 수 있다.

```
kubectl get pods --all-namespaces
NAMESPACE       NAME                                READY   STATUS            RESTARTS   AGE
cert-manager    cert-manager-cert-manager-55        1/1     Running           1          10d
pa-test         permissions-auditor-15281892        0/1     CrashLoopBackOff  1720       6d
freshtracks     freshtracks-agent-779758f445        3/3     Running           5          20d
...
```

kubectl get pods 명령어는 클러스터에서 실행 중인 파드 목록과 파드의 문제를 한 번에 보여줘 유용하다. 예제의 permissions-auditor 파드와 같이 파드의 상태가 Running이 아니라면 추가 분석을 해야 한다.

READY 열은 설정과 비교하여 실제로 실행 중인 파드의 개수를 보여준다. 예를 들어 fresh tracks-agent 파드는 3/3으로 설정한 3개의 컨테이너가 모두 실행 중으로 양호하다.

반면 permissions-auditor 파드는 READY 열이 0/1으로 실행 중인 컨테이너가 0개다. STATUS 열은 CrashLoopBackOff로 컨테이너 실행에 실패한 상태다.

쿠버네티스는 컨테이너가 실행에 실패하면 실행 간격을 늘리면서 계속 재시작한다. 실행 간격은 10초부터 시작해 매번 두 배로 증가해 최대 5분까지 늘어난다. 이러한 전략을 **지수 백오프** exponential backoff라 하며 컨테이너의 상태에 CrashLoopBackOff 메시지를 출력한다.

11.4.2 CPU와 메모리 사용률

클러스터의 또 다른 유용한 모니터링은 kubectl top 명령어로 각 노드의 CPU와 메모리 용량과 현재 사용량을 확인할 수 있다.

```
kubectl top nodes
NAME                           CPU(cores)   CPU%   MEMORY(bytes)   MEMORY%
gke-k8s-cluster-1-n1-...8l6n   151m         7%     2783Mi          49%
gke-k8s-cluster-1-n1-...dwtv   155m         8%     3449Mi          61%
gke-k8s-cluster-1-n1-...67ch   580m         30%    3172Mi          56%
...
```

파드의 경우 각 파드가 사용 중인 CPU와 메모리 양을 확인할 수 있다.

```
kubectl top pods -n kube-system
NAME                                  CPU(cores)   MEMORY(bytes)
event-exporter-v0.1.9-85bb4fd64d-2zjng   0m        27Mi
fluentd-gcp-scaler-7c5db745fc-h7ntr      10m       27Mi
fluentd-gcp-v3.0.0-5m627                 11m       171Mi
...
```

11.4.3 클라우드 서비스 업체 콘솔

클라우드 서비스 업체에서 제공하는 관리형 쿠버네티스 서비스를 사용한다면 클러스터, 노드, 워크로드의 유용한 정보를 보여주는 웹 기반 콘솔에 접속할 수 있다.

예를 들어 구글 쿠버네티스 엔진(GKE) 콘솔은 클러스터의 목록과 각 클러스터, 노드 풀 등의 정보를 보여준다(그림 11-1).

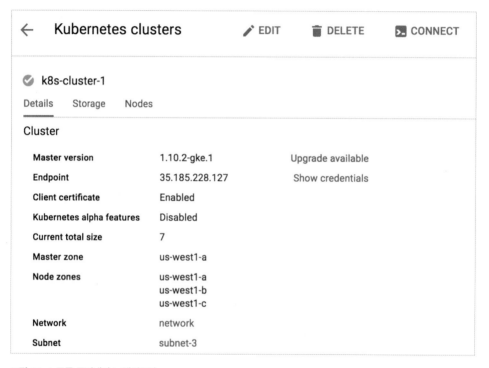

그림 11-1 구글 쿠버네티스 엔진 콘솔

클러스터의 워크로드, 서비스, 구성의 자세한 정보를 웹 콘솔에서 확인할 수 있다. kubectl 도구를 사용할 때와 같은 정보를 제공하지만 클러스터 생성, 노드 업그레이드 등 쿠버네티스 클러스터 관리에 필요한 모든 관리 작업들을 GKE 콘솔에서 직접 수행할 수 있다.

애저 쿠버네티스 서비스와 AWS 엘라스틱 컨테이너 서비스 포 쿠버네티스 등 다른 종류의 관리형 쿠버네티스 서비스 업체도 비슷한 기능을 제공한다. 각 서비스의 웹 콘솔은 쿠버네티스 관련 작업 시 많이 사용되므로 주요 서비스의 관리 콘솔 화면에 익숙해지는 것이 좋다.

11.4.4 쿠버네티스 대시보드

쿠버네티스 대시보드[7]는 쿠버네티스 클러스터 관리를 위한 웹 기반의 사용자 인터페이스다(그림 11-2). 관리형 쿠버네티스 서비스 대신 자체 호스팅 쿠버네티스 클러스터를 운영한다면 관리형 서비스 업체의 콘솔과 거의 비슷한 기능을 제공하는 쿠버네티스 대시보드를 사용하면 된다.

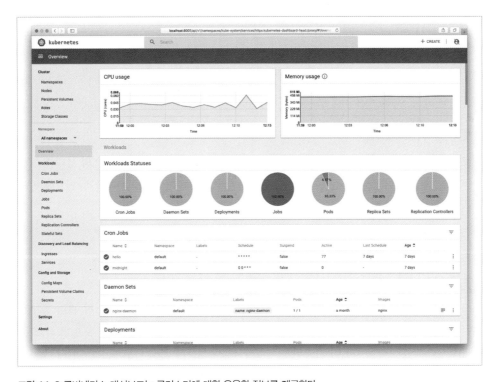

그림 11-2 쿠버네티스 대시보드는 클러스터에 대한 유용한 정보를 제공한다.

대시보드는 kubectl 명령어로 확인할 수 있는 클러스터, 노드, 워크로드의 상태를 그래픽 인터페이스로 보여준다. 또한 대시보드를 사용하여 리소스를 생성하고 제거할 수 있다.

대시보드는 클러스터와 워크로드에 대한 많은 정보를 보여주므로 보안을 안전하게 유지하는 것이 중요하다. 절대 공개 인터넷에 노출되어선 안 된다. 대시보드에서는 자격 증명과 암호화

---

7 https://kubernetes.io/docs/tasks/access-application-cluster/web-ui-dashboard

키를 포함한 컨피그맵과 시크릿의 내용을 조회할 수 있으므로 시크릿을 관리하듯이 대시보드 접근 제어를 엄격하게 관리해야 한다.

2018년에 보안 업체인 레드락^{RedLock}은 패스워드 없이 인터넷에서 접근 가능한 100개의 쿠버네티스 대시보드 콘솔을 찾았다. 여기에는 테슬라^{Tesla}도 포함되어 있었다.[8] 대시보드에서 얻은 정보를 사용해 클라우드 보안 자격 증명을 추출하여 좀 더 민감한 정보에 접근할 수 있었다.

> **TIP** **모범 사례**
>
> 쿠버네티스 대시보드를 사용하지 않는다면(예를 들어 GKE와 같은 관리형 서비스로 쿠버네티스 콘솔을 이미 사용한다면), 쿠버네티스 대시보드를 비활성화하자. 대시보드를 사용한다면 최소한의 권한[9]만 제공하고 인터넷 대신 **kubectl proxy**를 사용하여 접속하도록 접근을 제한해야 한다.

11.4.5 위브 스코프

위브 스코프^{Weave Scope}[10]는 클러스터 모니터링 도구로 노드, 컨테이너, 프로세스의 상태를 실시간 맵으로 시각화한다. 위브 스코프를 사용하면 메트릭과 메타데이터를 확인할 수 있으며 컨테이너를 시작하고 중지할 수도 있다.

11.4.6 kube-ops-view

kube-ops-view[11]는 쿠버네티스 대시보드와 같은 일반적인 목적의 클러스터 관리 도구가 아니다. kube-ops-view는 노드 현황과 각 노드의 CPU 및 메모리 사용률, 노드별 실행 중인 파드 개수, 각 파드의 상태와 같은 클러스터의 상태를 시각화하여 보여준다(그림 11-3).

---

8 *https://redlock.io/blog/cryptojacking-tesla*

9 *https://blog.heptio.com/on-securing-the-kubernetes-dashboard-16b09b1b7aca*

10 *https://github.com/weaveworks/scope*

11 *https://github.com/hjacobs/kube-ops-view*

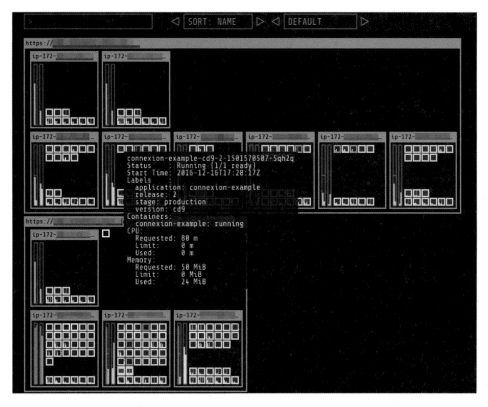

그림 11-3 kube-ops-view는 쿠버네티스 클러스터의 운영 현황을 시각화한다.

kube-ops-view는 쿠버네티스에서 일어나는 일들을 전반적으로 확인할 수 있는 좋은 툴이다. 대시보드나 특수 모니터링 도구를 대신하긴 어렵지만 보조 도구로 함께 활용하면 유용하다.

11.4.7 node-problem-detector

node-problem-detector[12]는 쿠버네티스 애드온으로 CPU와 메모리 고장, 파일시스템 손상과 같은 하드웨어 문제나 컨테이너 런타임 문제와 같은 노드 수준의 이슈를 검출하여 알려준다.

node-problem-detector는 쿠버네티스 API로 이벤트를 전송하며 Go 클라이언트 라이브

---

12 *https://github.com/kubernetes/node-problem-detector*

러리를 사용하여 자체 도구로 통합할 수 있다.

현재까지는 쿠버네티스는 node-problem-detector의 이벤트에 대응하여 별다른 조치를 취하지 않지만 향후에는 문제가 있는 노드에는 파드를 스케줄링하지 않도록 node-problem-detector와 통합 가능할 것으로 보인다.

11.5 추가 자료

쿠버네티스 보안은 복잡하고 전문화된 주제다. 이번 장에서는 대략적인 내용만 간단하게 설명했다. 쿠버네티스 보안에 관해 더 자세히 알고 싶다면 보안 전문가 리즈 라이스^{Liz Rice}와 마이클 하우젠블라스^{Michael Hausenblas}가 쓴 『Kubernetes Security(쿠버네티스 보안)』(O'Reilly, 2018)[13]을 참고하자. 안전한 클러스터 설정 방법, 컨테이너 보안, 시크릿 관리 등의 내용을 다루고 있어 강력 추천한다.

11.6 마치며

보안은 서비스의 최종 목표는 아니지만 지속적으로 관심을 갖고 지식을 쌓아야 하는 분야다. 컨테이너 보안도 다르지 않다. 이번 장을 읽고 내용을 잘 이해했다면 쿠버네티스에서 안전하게 컨테이너를 구성하기 위해 필요한 대부분의 지식을 알게 된 것이다. 컨테이너 보안을 위한 다양한 도구를 적절하게 활용하며 보안 문제를 잘 해결해나가길 바란다.

이 장에서 놓치지 말아야 할 내용을 정리해보자.

- 역할 기반 접근 제어(RBAC) 시스템은 세분화된 쿠버네티스 권한 관리를 제공한다. RBAC가 활성화되어 있는지 먼저 확인해야 하며 RBAC 롤을 사용하여 사용자나 애플리케이션에 실제로 필요한 **최소한의 권한**만 부여해야 한다.

- 컨테이너는 보안이나 악성 프로그램 문제에서 자유롭지 않다. 스캐닝 도구를 사용하여 상

---

13 *https://www.oreilly.com/library/view/kubernetes-security/9781492039075*

용 클러스터에서 실행 중인 컨테이너를 검사해야 한다.

- 쿠버네티스는 안정적이지만 여전히 백업이 필요하다. Velero를 사용하여 클러스터의 상태와 데이터를 백업해야 한다. Velero는 또한 클러스터 간 데이터 이동에도 활용할 수 있다.

- kubectl은 클러스터와 워크로드의 모든 현황을 확인하고 검사할 수 있는 강력한 도구다. kubectl에 익숙해지길 바란다. 앞으로 쿠버네티스를 운영하면서 많은 시간을 함께 할 도구다.

- 쿠버네티스 서비스 업체의 웹 콘솔과 kube-ops-view를 사용하면 클러스터의 상태를 시각화하여 확인할 수 있다. 쿠버네티스 대시보드를 사용한다면 클라우드 자격 증명이나 암호화 키와 마찬가지로 안전하게 보안을 유지해야 한다.

쿠버네티스 애플리케이션 배포

450만 파운드의 폭발물에 등을 대고 묶여 있으면서도 놀랍도록 차분하게 집중하는 걸 느꼈다.

― 로날드 가란Ronald Garan (우주비행사)

이번 장에서는 매니페스트 파일로 애플리케이션을 실행하는 방법을 다룬다. 애플리케이션용 헬름 차트를 만드는 방법을 설명하고 헬름 대신 사용 가능한 다양한 매니페스트 관리 도구(ksonnet, kustomize, kapitan, kompose)를 살펴본다.

12.1 헬름으로 매니페스트 빌드하기

'4장 쿠버네티스 오브젝티브 다루기'에서는 YAML 매니페스트로 생성한 쿠버네티스 리소스를 배포하고 관리하는 방법을 설명했다. 일반 YAML 파일만으로 쿠버네티스 애플리케이션의 리소스를 관리해도 문제는 없지만 최선의 방법은 아니다. 이러한 방식으로는 YAML 파일을 관리하기 어려우며 애플리케이션을 배포할 때에도 문제가 된다.

쿠버네티스 애플리케이션을 다른 사람이 운영하는 클러스터에서 실행하기를 원한다고 생각해보자. 먼저 매니페스트 파일을 다른 클러스터로 전달할 것이다. 하지만 애플리케이션의 일부 설정은 다른 클러스터의 환경에 맞게 설정되어야 한다.

이를 위해서 실행하고자 하는 클러스터에 쿠버네티스 구성을 복사하고 설정이 정의된 곳을 찾아 클러스터 환경에 맞게 수정해야 한다(아마도 여러 곳에 중복된 값이 있을 것이다). 시간이 흘러 애플리케이션을 업데이트한다면 새로운 매니페스트를 풀링하고, 클러스터 환경에 맞춘 설정값을 수동으로 다시 변경해야 한다.

이는 결국 고통의 시작이다. 우리에게 필요한 것은 매니페스트 파일에서 애플리케이션 사용자의 조정이 필요한 특정 설정과 변수를 분리하여 누구나 다운로드하고 쿠버네티스 클러스터에 설치할 수 있는 표준 형식이다.

이러한 표준 형식은 설정값뿐만 아니라 애플리케이션이나 서비스가 갖는 의존성도 지정할 수 있다. 지능형 패키지 관리 도구는 명령어 한 줄로 모든 의존성을 지정하고 애플리케이션을 설치 및 실행한다.

'4.7절 헬름: 쿠버네티스 패키지 매니저'에서는 헬름 도구를 소개하고 헬름을 사용하여 공개 차트를 설치하는 방법을 설명했다. 이번 절에서는 헬름 차트를 좀 더 자세히 알아보고 사용자 정의 차트를 생성하는 방법을 설명한다.

12.1.1 헬름 차트의 구성 요소

데모 저장소의 `hello-helm/k8s` 디렉터리에서 헬름 차트의 구성 요소를 살펴보자.

모든 헬름 차트는 표준 구조를 가진다. 먼저 차트는 차트의 이름을 가진 디렉터리에 저장된다 (예제에서는 demo에 저장된다).

```
demo
├── Chart.yaml
├── production-values.yaml
├── staging-values.yaml
├── templates
│   ├── deployment.yaml
│   └── service.yaml
└── values.yaml
```

Chart.yaml 파일

다음으로 `Chart.yaml` 파일에는 차트의 이름과 버전을 지정한다.

```
name: demo
sources:
  - https://github.com/cloudnativedevops/demo
version: 1.0.1
```

Chart.yaml 파일에는 프로젝트 소스 코드의 링크와 같은 다양한 선택 필드가 존재하지만 여기서는 필수 항목인 이름과 버전만 지정했다.

values.yaml 파일

values.yaml 파일은 사용자가 수정 가능한 설정을 포함한다.

```
environment: development
container:
  name: demo
  port: 8888
  image: cloudnatived/demo
  tag: hello
replicas: 1
```

values.yaml 파일은 쿠버네티스 YAML 매니페스트와 비슷해 보이지만 큰 차이점이 있다. values.yaml 파일은 자유 형식의 YAML이며 사전에 정의된 스키마가 없다. 어떤 변수, 이름, 값을 정의하는지는 사용자의 선택에 달렸다.

헬름 차트에서 필요한 변수가 있는 경우 values.yaml 파일에 값을 넣으면 차트 어디서든 참조할 수 있다.

production-values.yaml과 staging-values.yaml 파일은 이번 절에서는 무시해도 좋다. 잠시 후에 설명한다.

12.1.2 헬름 템플릿

그렇다면 변수를 참조하는 곳은 어디일까? 하위 디렉터리인 /templates을 살펴보면 다음과 같이 익숙한 파일이 두 개 있다.

```
ls k8s/demo/templates
deployment.yaml service.yaml
```

두 파일은 이전 예제의 디플로이먼트, 서비스 매니페스트 파일과 동일하다. 단 지금은 템플릿으로 컨테이너 이름과 같은 것을 직접 참조하는 대신 헬름이 **values.yaml**에서 실제 값을 대체하는 플레이스 홀더를 포함하고 있다.

디플로이먼트 템플릿은 다음과 같다.

```
apiVersion: extensions/v1beta1
kind: Deployment
metadata:
  name: {{ .Values.container.name }}-{{ .Values.environment }}
spec:
  replicas: {{ .Values.replicas }}
  selector:
    matchLabels:
      app: {{ .Values.container.name }}
  template:
    metadata:
      labels:
        app: {{ .Values.container.name }}
        environment: {{ .Values.environment }}
    spec:
      containers:
        - name: {{ .Values.container.name }}
          image: {{ .Values.container.image }}:{{ .Values.container.tag }}
          ports:
            - containerPort: {{ .Values.container.port }}
          env:
            - name: ENVIRONMENT
              value: {{ .Values.environment }}
```

TIP 중괄호({ })는 헬름이 대체할 변수의 값을 나타내지만 실제로는 Go 템플릿 문법의 일부분이다. (그렇다, Go는 어디에나 있다. 쿠버네티스와 헬름은 Go로 개발되었으므로 헬름 차트가 Go 템플릿을 사용하는 것은 그리 놀라운 일이 아니다.)

12.1.3 변수 삽입하기

다음은 템플릿에서 참조하는 몇 가지 변수 예제다.

```
...
metadata:
  name: {{ .Values.container.name }}-{{ .Values.environment }}
```

중괄호를 포함하는 모든 텍스트는 values.yaml 파일에서 설정한 container.name과 environment 값을 **삽입한다**(즉, 교체한다). 생성된 결과는 다음과 같다.

```
...
metadata:
  name: demo-development
```

이러한 방식은 container.name과 같은 값을 템플릿에서 여러 번 참조할 수 있어서 매우 유용하다. 서비스 템플릿 또한 마찬가지로 변수를 참조하여 삽입할 수 있다.

```
apiVersion: v1
kind: Service
metadata:
  name: {{ .Values.container.name }}-service-{{ .Values.environment }}
  labels:
    app: {{ .Values.container.name }}
spec:
  ports:
  - port: {{ .Values.container.port }}
    protocol: TCP
    targetPort: {{ .Values.container.port }}
  selector:
    app: {{ .Values.container.name }}
  type: ClusterIP
```

보다시피 .Values.container.name 변수가 여러 번 참조된다. 예제와 같이 간단한 차트라도 동일한 정보를 여러 번 참조한다. 헬름 변수를 사용하면 이러한 중복을 제거할 수 있다. 예를 들어 컨테이너를 이름을 변경하고 싶다면 **values.yaml** 파일을 수정하고 차트를 다시 설치하면 된다. 변경 사항은 모든 템플릿에 반영된다.

Go 템플릿 형식은 매우 강력하며 간단한 변수 선언 이상의 기능으로 활용할 수 있다. Go 템플릿 형식은 반복문, 표현식, 조건문, 심지어는 함수로 호출할 수 있다. 헬름 차트는 예제의 간단한 변수뿐만 아니라 Go 템플릿의 다양한 기능을 사용하여 입력된 값에서 복잡한 구성을 구현할 수도 있다.

헬름 템플릿 작성에 대한 더 자세한 내용을 알고 싶다면 헬름 공식 문서를 참고하면 된다 (`https://docs.helm.sh/chart_template_guide`).

12.1.4 템플릿에서 인용 부호 처리하기

템플릿에 인용 부호가 있는 값을 처리하려면 quote 함수를 사용한다.

```
name: {{.Values.MyName | quote }}
```

인용 부호는 문자열 값에만 붙어야 한다. 포트 번호와 같은 숫자형 값에 인용 부호를 사용하면 안 된다.

12.1.5 의존성 지정하기

애플리케이션의 차트가 다른 차트에 의존성을 가진다면 어떻게 해야 할까? 예를 들어 애플리케이션이 레디스를 사용한다면 애플리케이션의 헬름 차트는 redis 차트를 의존성으로 지정해야 한다.

의존성은 **requirements.yaml** 파일에 지정한다.

```
dependencies:
  - name: redis
    version: 1.2.3
  - name: nginx
    version: 3.2.1
```

이제 helm dependency update 명령어를 실행하면 헬름은 관련 차트를 다운로드하여 애플리케이션의 설치를 위한 준비를 마친다.

12.2 헬름 차트 배포하기

이제 헬름 차트를 사용하여 애플리케이션을 실제로 배포하는 방법을 알아보자. 헬름의 가장 중요한 특징 중 하나는 구성 설정을 지정, 변경, 업데이트, 재정의할 수 있다는 것이다. 이번 절에서는 헬름 차트 배포와 관련된 다양한 작동 방식을 다룬다.

12.2.1 변수 설정하기

`values.yaml` 파일에는 헬름 차트의 작성자가 기본값과 함께 사용자 정의 설정을 추가할 수 있다는 것을 설명했다. 그렇다면 차트의 **사용자**가 자신의 로컬 사이트나 환경에 맞게 이러한 설정을 변경하고 재정의하는 방법은 무엇일까? `helm install` 명령어는 명령줄에 변수 파일을 추가로 지정하여 `values.yaml` 파일의 기본값을 덮어쓸 수 있다. 다음 예제를 살펴보자.

환경 변수 생성하기

스테이징 환경의 애플리케이션 버전을 배포해야 한다고 생각해보자. 예제의 목적상 이것이 실제로 필요한 이유는 그리 중요하지 않다. 애플리케이션이 ENVIRONMENT란 이름의 환경 변수의 값을 기반으로 스테이징이나 상용으로 작동을 한다고 하면 환경 변수를 어떻게 참조해야 할까?

`deployment.yaml` 템플릿을 살펴보면 환경 변수는 다음 코드로 컨테이너에 제공된다.

```
...
env:
  - name: ENVIRONMENT
    value: {{ .Values.environment }}
```

앞서 설명한대로 환경 변수는 `values.yaml` 파일에서 참조된다.

```
environment: development
...
```

그러므로 기본값으로 차트를 설치하면 컨테이너의 ENVIRONMENT 변수는 development가 된다. 이 값을 staging으로 바꾸고 싶다면 예제의 `values.yaml` 파일을 변경해야 한다. 그러나 더 좋은 방법은 하나의 변숫값만 포함한 추가 YAML 파일을 생성하는 것이다.

```
environment: staging
```

이 값은 헬름 차트 외부의 **k8s/demo/staging-values.yaml** 파일에서 찾을 수 있다.

12.2.2 특정 값을 가진 헬름 릴리스

helm install 명령어에 추가 값을 포함한 파일을 지정하려면 다음과 같이 --values 플래그를 사용하면 된다.

```
helm install --name demo-staging --values=./k8s/demo/staging-values.yaml
./k8s/demo ...
```

새로운 이름(demo-staging)의 릴리스가 생성되며 실행 중인 컨테이너의 ENVIRONMENT 변수는 development 대신에 staging이 된다. --values에 지정한 추가 값 파일의 변수 목록은 기본값 파일(values.yaml)과 결합된다. 예제에서는 **staging-values.yaml** 파일에서 지정한 하나의 변수(environment)만 기본값 파일을 덮어쓴다.

또는 --setflag 플래그를 사용하여 helm install 명령줄에서 직접 값을 지정할 수 있다. 하지만 이러한 방식은 코드형 인프라 철학에 맞지 않는다. 헬름 차트를 사용자 정의하기 위해서는 YAML 파일을 생성하여 기본값을 덮어쓰는 것을 권장한다. 예제의 **staging-values.yaml**과 같이 추가 파일을 만들어 플래그와 함께 명령줄에서 적용하자.

자체 헬름 차트 설치하는 방식에 이러한 구성값 설정 방식을 자연스럽게 사용할 수 있지만 공개 차트 또한 이러한 방식으로 사용 가능하다. 차트에서 설정할 수 있는 값의 목록을 확인하려면 다음과 같이 차트의 이름과 함께 helm inspect valucs 명령어를 입력한다.

```
helm inspect values stable/prometheus
```

12.2.3 헬름으로 애플리케이션 업데이트하기

앞서 기본값을 가진 헬름 차트를 사용자 값 파일로 설치하는 방법을 설명했다. 하지만 실행 중인 애플리케이션의 일부 값만 바꾸고 싶다면 어떻게 해야 할까?

애플리케이션 업데이트는 helm upgrade 명령어를 사용하면 된다. 데모 애플리케이션의 레플리카의 개수(쿠버네티스가 실행하는 파드 복제본의 개수)를 변경한다고 생각해보자. values. yaml 파일에서 확인한 기본값은 1이다.

```
replicas: 1
```

사용자 값 파일인 **staging-values.yaml**에 관련 설정을 추가하여 replicas 값을 재정의한다.

```
environment: staging
replicas: 2
```

다음 명령어를 실행하여 디플로이먼트를 신규로 생성하는 대신 **기존** demo-staging 디플로이먼트에 수정사항을 적용한다.

```
helm upgrade demo-staging --values=./k8s/demo/staging-values.yaml ./k8s/demo
Release "demo-staging" has been upgraded. Happy Helming!
```

디플로이먼트에 업데이트를 원하는 만큼 helm upgrade 명령어를 실행할 수 있다. 헬름은 유용하게 작동할 것이다.

12.2.4 이전 버전으로 롤백하기

방금 배포한 버전이 마음에 들지 않거나 문제가 있다면 명령어를 사용하여 간단하게 이전 버전으로 롤백할 수 있다. helm rollback 명령어와 함께 이전 릴리스의 특정 번호를 지정하면 된다(릴리스 번호는 helm history 명령어로 확인할 수 있다).

```
helm rollback demo-staging 1
Rollback was a success! Happy Helming!
```

롤백은 이전 릴리스로 돌아가지 않아도 된다. 수정본 1로 롤백한 후 수정본 2로 롤 **포워드**하고 싶다면 helm rollback demo-staging 2를 실행하면 된다.

헬름-모니터로 자동 롤백하기

헬름은 메트릭을 기반으로 자동으로 롤백할 수 있다('16장 쿠버네티스 메트릭" 참조). 예를 들어 지속적인 배포 파이프라인으로 헬름을 실행한다고 생각해보자('14장 쿠버네티스에서 지속적인 배포하기' 참조). 모니터링 시스템에서 기록한 에러 횟수가 일정 양을 초과하면 이전 버전의 릴리스로 자동으로 롤백할 수 있다.

helm-monitor 플러그인을 사용하면 원하는 메트릭 표현식을 프로메테우스Prometheus 서버 ('16.6.1절 프로메테우스' 참조)에 질의하고 조건에 해당할 경우 롤백을 실행할 수 있다. helm-monitor는 5분 동안 메트릭을 감시하고 문제가 발생하면 릴리스를 롤백한다. helm-monitor에 대한 자세한 내용은

「로그나 메트릭을 기반으로 헬름 릴리스 자동 롤백하기」[1] 블로그 포스트를 참고하기 바란다.

12.2.5 헬름 차트 저장소 생성하기

이전 예제에서는 로컬 디렉터리나 **stable** 저장소에 있는 헬름 차트를 설치했다. 헬름을 사용하기 위해 자체 차트 저장소가 반드시 필요한 것은 아니지만 일반적으로 애플리케이션의 헬름 차트는 애플리케이션 자체 저장소에 저장한다.

자체 헬름 차트 저장소를 운영하고 싶다면 이는 매우 간단하다. 차트는 HTTP를 통해 사용할 수 있이야 하므로 클라우드 스토리지 버킷, 깃허브 페이지, 기존 웹서버와 같이 다양한 방법을 활용할 수 있다.

모든 차트를 단일 디렉터리에 저장한 후 **helm repo index** 명령어를 실행하면 저장소 메타 데이터를 포함한 **index.yaml** 파일이 생성된다.

---

[1] *https://blog.container-solutions.com/automated-rollback-helm-releases-based-logs-metrics*

이제 차트 저장소를 사용할 수 있다. 차트 저장소를 관리하는 자세한 방법은 헬름 공식 문서[2]를 참고하면 된다.

저장소에 있는 차트를 설치하려면 먼저 헬름 목록에 저장소를 추가해야 한다.

```
helm repo add myrepo http://myrepo.example.com
helm install myrepo/myapp
```

12.2.6 SOPS로 헬름 차트의 시크릿 관리하기

'10.2절 쿠버네티스 시크릿'에서는 쿠버네티스에서 보안이 필요한 데이터를 저장하고 환경 변수나 파일 마운트를 통해 애플리케이션에 데이터를 전달하는 방법을 설명했다. 관리가 필요한 시크릿이 두 개 이상 있다면 각 시크릿을 개별 파일로 생성하는 것보다 모든 시크릿을 하나의 파일에 저장하는 것이 더 간단하다. 헬름을 사용하여 애플리케이션을 배포하는 경우에는 시크릿 값을 저장한 파일에 만들고 SOPS를 활용하여 암호화할 수 있다('10.4절 SOPS로 시크릿 암호화하기' 참조).

데모 저장소의 **hello-sops** 디렉터리에는 다음과 같은 예제 파일이 있다.

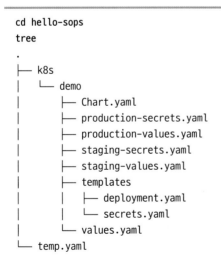

```
cd hello-sops
tree
.
├── k8s
│   └── demo
│       ├── Chart.yaml
│       ├── production-secrets.yaml
│       ├── production-values.yaml
│       ├── staging-secrets.yaml
│       ├── staging-values.yaml
│       ├── templates
│       │   ├── deployment.yaml
│       │   └── secrets.yaml
│       └── values.yaml
└── temp.yaml
```

---

2 https://docs.helm.sh/developing_charts/#the-chart-repository-guide

3 directories, 9 files

이전 예제의 헬름 차트 레이아웃과 비슷하다('12.1.1절 헬름 차트의 구성 요소' 참조). 예제에서는 Deployment와 Secret을 정의했으며 다른 환경에 대한 여러 개의 시크릿을 쉽게 관리하기 위해 환경별 시크릿 값 파일을 분리했다.

애플리케이션에서 사용할 시크릿을 확인해보자.

```
cat k8s/demo/production-secrets.yaml
secret_one: ENC[AES256_GCM,data:ekH3xIdCFiS4j1I2ja8=,iv:C95KilXL...1g==,type:str]
secret_two: ENC[AES256_GCM,data:0Xcmm1cdv3TbfM3mIkA=,iv:PQOcI9vX...XQ==,type:str]
...
```

여기서는 애플리케이션이 사용할 여러 개의 시크릿 값을 SOPS로 암호화했다.

쿠버네티스 **secrets.yaml** 파일을 살펴보자.

```
cat k8s/demo/templates/secrets.yaml
apiVersion: v1
kind: Secret
metadata:
  name: {{ .Values.container.name }}-secrets
type: Opaque
data:
    {{ $environment := .Values.environment }}
    app_secrets.yaml: {{ .Files.Get (nospace (cat $environment "-secrets.yaml"))
        | b64enc }}
```

헬름 차트의 마지막 두 줄에는 **values.yaml**에 정의된 environment 값에 따라 **production-secrets.yaml**이나 **staging-secrets.yaml**에서 시크릿을 읽어오는 Go 템플릿을 추가했다.

최종 결과는 **app_secrets.yaml**이라는 이름의 단일 쿠버네티스 시크릿 매니페스트가 생성되며 시크릿 파일에 정의된 키/값 쌍을 포함한다. 애플리케이션이 사용할 때 시크릿은 디플로이먼트에 단일 파일로 마운트된다.

파일의 마지막 줄에는 ... | b64enc를 추가했다. 이것은 또 다른 헬름의 간편한 Go 템플릿으

로 시크릿 데이터의 평문을 자동으로 base64로 변환한다. base64는 쿠버네티스에서 기본으로 요구되는 사항이다('10.2.3절 시크릿 읽기'에서 'base64' 참조).

먼저 SOPS를 사용하여 임시로 파일을 복호화하고 쿠버네티스 클러스터에 변경 사항을 적용한다. 다음은 스테이징 시크릿으로 데모 애플리케이션의 스테이징 버전을 배포하는 파이프라인 명령어다.

```
sops -d k8s/demo/staging-secrets.yaml > temp-staging-secrets.yaml && \
helm upgrade --install staging-demo --values staging-values.yaml \
--values temp-staging-secrets.yaml ./k8s/demo && rm temp-staging-secrets.yaml
```

실제로는 다음과 같이 작동한다.

1. SOPS는 **staging-secrets** 파일을 복호화하며 **temp-staging-secrets**에 복호화된 결과를 작성한다.

2. 헬름은 **staging-values**와 **temp-staging-secrets**에 저장된 값을 사용하여 데모 차트를 설치한다.

3. **temp-staging-secrets** 파일은 삭제된다.

이 모든 과정은 한 번에 진행되므로 평문 텍스트의 시크릿을 포함한 파일은 남기지 않는다.

12.3 헬름파일로 여러 개 차트 관리하기

'4.7절 헬름: 쿠버네티스 패키지 매니저'에서는 헬름을 소개하며 데모 애플리케이션의 헬름 차트를 쿠버네티스 클러스터에 배포하는 방법을 설명했다. 헬름의 한계는 한 번에 한 개의 차트만 설치할 수 있다는 것이다. 클러스터에서 실행할 여러 개의 애플리케이션을 사용자 설정을 포함하여 헬름으로 배포할 수 있는 방법은 무엇일까?

관련된 유용한 도구로 헬름파일(*https://github.com/roboll/helmfile*)이 있다. 헬름이 템플릿과 변수를 사용하며 애플리케이션을 배포하는 것과 같이 헬름파일은 클러스터에 설치할 모든 애플리케이션 차트를 단일 명령어로 배포할 수 있다.

12.3.1 헬름파일의 구성 요소

데모 저장소의 예제로 헬름파일을 사용하는 방법을 알아보자. **hello-helmfile** 디렉터리 내 **helmfile.yaml** 파일은 다음과 같다.

```yaml
repositories:
  - name: stable
    url: https://kubernetes-charts.storage.googleapis.com/

releases:
  - name: demo
    namespace: demo
    chart: ../hello-helm/k8s/demo
    values:
      - "../hello-helm/k8s/demo/production-values.yaml"

  - name: kube-state-metrics
    namespace: kube-state-metrics
    chart: stable/kube-state-metrics

  - name: prometheus
    namespace: prometheus
    chart: stable/prometheus
    set:
      - name: rbac.create
        value: true
```

repositories 섹션에는 참조할 헬름 차트 저장소를 지정한다. 예제의 저장소는 공식 쿠버네티스 차트 저장소인 stable이다. 자체 헬름 저장소를 사용한다면 여기에 추가하면 된다 ('12.2.5절 헬름 차트 저장소 생성하기' 참조).

다음으로 클러스터에 배포할 애플리케이션을 releases에 정의한다. 각 릴리스에는 다음 메타데이터를 지정한다.

- name은 배포할 헬름 차트다.

- namespace는 배포할 네임스페이스다.

- chart는 차트의 URL이나 파일 경로이다.

- values에는 배포에 사용할 **values.yaml** 파일을 지정한다.

- set은 values 파일에 추가할 값을 지정한다.

예제에서는 데모 애플리케이션, 프로메테우스('16.6.1절 프로메테우스' 참조), kube-state-metrics('16.2.4절 쿠버네티스 메트릭' 참조)로 3개의 릴리스를 정의했다.

12.3.2 차트 메타데이터

예제에서는 demo 차트와 values 파일을 상대 경로로 지정했다.

```
- name: demo
  namespace: demo
  chart: ../hello-helm/k8s/demo
  values:
    - "../hello-helm/k8s/demo/production-values.yaml"
```

위와 같이 차트는 헬름파일이 차트를 관리하기 위한 차트 저장소에 있지 않아도 된다. 예를 들어 모든 차트를 동일한 소스 코드 저장소에서 관리할 수도 있다.

prometheus 차트의 경우 간단하게 stable/prometheus를 지정했다. 이것은 파일 경로가 아니므로 헬름파일은 repositories 섹션에 지정한 stable 저장소에서 차트를 가져온다.

```
- name: stable
  url: https://kubernetes-charts.storage.googleapis.com/
```

모든 차트는 각 차트의 **values.yaml** 파일에 다양한 종류의 기본값을 갖고 있다. 헬름파일의 set: 섹션에는 애플리케이션을 설치할 때 필요한 사용자 정의 값을 지정할 수 있다.

예제에서는 prometheus 릴리스에서 rbac.create의 값을 기본값인 false에서 true로 변경한다.

```
- name: prometheus
  namespace: prometheus
  chart: stable/prometheus
  set:
    - name: rbac.create
      value: true
```

12.3.3 헬름파일 적용하기

`helmfile.yaml` 파일은 쿠버네티스 매니페스트와 같이 선언적인 방식으로 클러스터에서 실행되어야 하는 모든 것(또는 부분적인 집합)을 지정한다. 매니페스트를 적용하면 헬름파일은 스펙에 정의한 헬름 차트를 클러스터에 설치하고 애플리케이션을 실행한다.

헬름파일을 적용하기 위해 다음 명령어를 실행한다.

```
helmfile sync
exec: helm repo add stable https://kubernetes-charts.storage.googleapis.com/
"stable" has been added to your repositories
exec: helm repo update
Hang tight while we grab the latest from your chart repositories...
...Skip local chart repository
...Successfully got an update from the "cloudnativedevops" chart repository
...Successfully got an update from the "stable" chart repository
Update Complete. * Happy Helming!*
exec: helm dependency update .../demo/hello-helm/k8s/demo
...
```

이것은 헬름파일에 정의한 각 헬름 차트를 `helm install` / `helm upgrade`로 실행한 것과 같다.

필요하다면 헬름파일을 지속적인 배포 파이프라인에 포함하여 자동으로 `helm sync`를 실행할 수 있다('14장 쿠버네티스에서 지속적인 배포하기' 참조). 새로운 애플리케이션을 클러스터에 설치하기 위해 수동으로 `helm install`을 실행하는 대신에 헬름파일만 수정하고 소스 제어에 체크하면 자동으로 변경 사항을 롤아웃할 수 있다.

> **TIP** 신뢰할 수 있는 단일 소스 저장소를 사용하자. 개별 차트 여러 개를 헬름에서 수동으로 배포하는 것보다 헬름파일을 사용하여 클러스터에 있는 모든 차트를 선언적으로 관리하는 것이 좋다. 헬름파일을 적용한 경우 헬름을 사용하여 예외적으로 애플리케이션을 배포하고 수정한다면 헬름파일은 클러스터의 상태와 더는 일치하지 않는다. 이 경우 문제가 발생할 수 있으므로 헬름파일을 사용한다면 헬름파일을 통해서만 배포할 것을 권한다.

헬름파일이 마음에 들지 않는다면 동일한 작업을 수행하는 다른 도구가 있다.

- Landscaper(*https://github.com/Eneco/landscaper*)

- Helmsman(*https://github.com/Praqma/helmsman*)

앞서 소개했던 도구와 마찬가지로 공식 문서를 읽고 다양한 옵션을 비교하고 테스트해 적합한 것을 선택하길 바란다.

12.4 고급 매니페스트 관리 도구

헬름은 훌륭한 도구이며 널리 사용되지만 몇 가지 한계가 있다. 헬름 템플릿을 작성하고 편집하는 일은 그다지 즐겁지 않다. 쿠버네티스 YAML 파일은 복잡하고 장황하며 반복적이다. 헬름 템플릿도 마찬가지다.

개발 단계에 있는 몇몇 새로운 도구들은 이러한 문제를 해결하고 쿠버네티스 매니페스트를 더 쉽게 작업하기 위해 노력하고 있다. Jsonnet과 같이 YAML보다 더 강력한 언어로 표현하거나 YAML 파일을 기본 패턴으로 그룹화하고 오버레이 파일로 사용자 정의하는 방식을 사용한다.

12.4.1 ksonnet

때로는 계산과 로직이 필요한 대규모의 복잡한 배포에는 선언적 YAML이 충분하지 않을 때도 있다. 예를 들어 클러스터의 크기를 기반으로 레플리카의 개수를 동적으로 지정하기를 원하는 경우에는 실제 프로그래밍 언어가 필요하다.

> 쿠버네티스 YAML 파일은 결코 인간에게 친숙한 형식이 아니다. ksonnet는 서로 다른 클러스터와 환경에 따른 쿠버네티스 애플리케이션을 쉽게 구성할 수 있는 단일 도구를 제공하는 것을 목표로 한다.[3]
>
> — 조 베다(쿠버네티스 공동 창시자, 헵티오 CTO)

ksonnet[4]은 JSON[5]의 확장 버전인 Jsonnet을 사용하여 쿠버네티스 매니페스트를 작성할 수 있다. Jsonnet은 JSON에 추가로 변수, 반복문, 산술문, 조건문, 오류 처리 등의 기능을 제공한다.

---

3 https://blog.heptio.com/the-next-chapter-for-ksonnet-1dcbbad30cb
4 https://ksonnet.io
5 YAML과 같은 선언적 데이터 형식이며 쿠버네티스 또한 JSON 형식 매니페스트를 지원한다.

```
local env = std.extVar("__ksonnet/environments");
local params = std.extVar("__ksonnet/params").components.demo;
[
  {
    "apiVersion": "v1",
    "kind": "Service",
    "metadata": {
      "name": params.name
    },
    "spec": {
      "ports": [
        {
          "port": params.servicePort,
          "targetPort": params.containerPort
          ...
```

가장 중요한 것은 ksonnet이 **프로토타입**의 개념을 사용한다는 것이다. 프로토타입은 일반적으로 사용하는 매니페스트 패턴을 찍어낼 수 있는 쿠버네티스 리소스의 사전 조합이다.

예를 들어 ksonnet의 기본 제공 프로토타입 중 하나는 `deployed-service`로 특정 컨테이너에 대한 디플로이먼트와 트래픽을 라우팅하는 서비스를 생성한다. 이것은 쿠버네티스에서 실행하는 애플리케이션 대부분의 시작점이다.

ksonnet은 사용 가능한 공개 프로토타입 라이브러리와 자체 사이트별 라이브러리를 정의할 수 있어 모든 애플리케이션과 서비스의 수많은 매니페스트 코드를 복제하지 않아도 된다.

12.4.2 kapitan

kapitan[6]은 또 다른 Jsonnet 기반 매니페스트 도구로 여러 개의 애플리케이션이나 클러스터 간 구성값을 공유하는 데에 초점을 둔다. kapitan은 환경이나 애플리케이션에 따라 다른 값을 연결하여 매니페스트 패턴을 재사용할 수 있는 구성값의 계층적 데이터베이스(**인벤토리**라 한다)를 갖고 있다.

```
local kube = import "lib/kube.libjsonnet";
local kap = import "lib/kapitan.libjsonnet";
```

---

6 *https://github.com/deepmind/kapitan*

```
local inventory = kap.inventory();
local p = inventory.parameters;

{
    "00_namespace": kube.Namespace(p.namespace),
    "10_serviceaccount": kube.ServiceAccount("default")
}
```

12.4.3 kustomize

kustomize[7]는 템플릿이나 Jsonnet과 같은 대체 언어 대신 일반 YAML을 사용하는 매니페스트 관리 도구다. kustomize는 기본 YAML 매니페스트로 시작하며 **오버레이**overlay를 사용하여 다른 환경이나 구성에 대한 매니페스트를 패치할 수 있다. `kustomize` 명령줄 도구는 기본 파일에 오버레이를 더한 최종 매니페스트를 생성한다.

```
namePrefix: staging-
commonLabels:
  environment: staging
  org: acmeCorporation
commonAnnotations:
  note: Hello, I am staging!
bases:
- ../../base
patchesStrategicMerge:
- map.yaml
EOF
```

즉 다음과 같이 매니페스트 배포와 실행을 간단하게 수행할 수 있다.

```
kustomize build /myApp/overlays/stagingq | kubectl apply -f -
```

템플릿이나 Jsonnet이 마음에 들지 않고 일반 쿠버네티스 매니페스트로 작업할 수 있는 도구를 찾는다면 kustomize를 추천한다.

---

7 _https://github.com/kubernetes-sigs/kustomize_

12.4.4 kompose

쿠버네티스를 사용하지 않고 도커 컨테이너에서 상용 서비스를 운영해왔다면 도커 컴포즈Docker Compose에 익숙할 것이다.

도커 컴포즈를 사용하면 웹서버, 백엔드 애플리케이션, 데이터베이스(레디스와 같은)처럼 함께 실행할 컨테이너를 하나의 집합으로 정의하고 배포할 수 있다. **docker-compose.yml** 파일에는 여러 컨테이너의 구성 정보를 정의한다.

kompose[8]는 **docker-compose.yml** 파일을 쿠버네티스 매니페스트로 변환하는 도구다. 자체 쿠버네티스 매니페스트나 헬름 차트를 처음부터 작성할 필요 없이 도커 컴포즈를 쿠버네티스로 이전하는 데 도움이 된다.

12.4.5 앤서블

앤서블ansible은 인기 있는 인프라 자동화 도구로 이미 잘 알려져 있다. 앤서블은 쿠버네티스 전용 도구는 아니지만 퍼핏Puppet('3.5.8절 퍼핏 쿠버네티스 모듈' 참조)과 마찬가지로 확장 모듈을 사용하여 다양한 종류의 리소스를 관리할 수 있다.

앤서블은 쿠버네티스 클러스터를 설치하고 구성할 수 있을 뿐만 아니라 k8s 모듈(*https://docs.ansible.com/ansible/latest/modules/k8s_module.html*)을 사용하여 디플로이먼트와 서비스 같은 쿠버네티스 리소스를 직접 관리할 수 있다.

앤서블은 헬름과 같이 표준 템플릿 엔진(Jinja)를 사용하여 쿠버네티스 매니페스트 템플릿을 생성할 수 있으며 계층 시스템을 사용하여 더 정교한 변수를 관리할 수 있다. 예를 들어 애플리케이션의 그룹이나 배포 환경(**staging**과 같은)에 대한 공통 값을 설정할 수 있다.

조직에서 앤서블을 이미 사용한다면 쿠버네티스 리소스 관리도 앤서블을 사용할 것을 권한다. 조직의 인프라가 전적으로 쿠버네티스를 기반으로 한다면 앤서블은 기대 이상으로 유용할 것이다. 혼합형 인프라를 운영하는 경우에도 하나의 도구로 모든 것을 관리할 수 있으므로 매우 큰 도움이 될 것이다.

---

8 *https://github.com/kubernetes/kompose*

```
kube_resource_configmaps:
  my-resource-env: "{{ lookup('template', template_dir +
'/my-resource-env.j2') }}"
kube_resource_manifest_files: "{{ lookup('fileglob', template_dir +
'/*manifest.yml') }}"
- hosts: "{{ application }}-{{ env }}-runner"
  roles:
    - kube-resource
```

앤서블의 쿠버네티스 관리 기능은 앤서블 전문가 윌 테임즈[Will Thames]가 작성한 「앤서블로 쿠버네티스 쉽게 운영하기」[9]를 참고하자.

12.4.6 kubeval

kubeval[10]는 이번 장에서 소개했던 매니페스트나 템플릿을 생성하는 도구와는 다르게 쿠버네티스 매니페스트를 검증하는 도구다.

쿠버네티스 각 버전은 다른 YAML이나 JSON 매니페스트 스키마를 가지므로 애플리케이션의 매니페스트가 스키마와 일치하는지 자동으로 확인하는 것이 중요하다. 예를 들어 kubeval를 사용하면 특정 오브젝트에 지정되지 않은 필수 필드가 있는지 확인하고 입력된 값이 올바른 형식인지 검사한다.

kubectl 명령어는 적용 시점에 매니페스트를 검사하여 잘못된 매니페스트를 적용하려고 시도하면 오류를 발생시킨다. 하지만 kubeval는 적용 전에도 매니페스트를 검사할 수 있어 매우 유용하다. kubeval는 클러스터에 접근이 필요 없으며 쿠버네티스의 모든 버전에 대해 매니페스트를 검증할 수 있다.

지속적 배포 파이프라인에 kubeval를 추가한다면 매니페스트를 변경할 때마다 자동으로 검증할 수 있기 때문에 유용하다. kubeval는 또한 쿠버네티스 버전을 최신 버전으로 업그레이드하기 전에 매니페스트에서 수정할 사항이 있는지 점검하는 용도로 사용할 수 있다.

---

9 *http://willthames.github.io/ansiblefest2018*
10 *https://github.com/garethr/kubeval*

12.5 마치며

일반 YAML 매니페스트를 사용하여 쿠버네티스 애플리케이션을 배포하더라도 문제는 없지만 매우 불편하다. 헬름은 익숙해진다면 애플리케이션을 간단하게 배포할 수 있는 강력한 도구이다.

현재도 쿠버네티스 배포를 더 쉽게 하기 위한 많은 새로운 도구가 계속해서 개발되고 있다. 새로운 기능 중 일부는 헬름에 통합될 수 있다. 그러므로 헬름 사용에 익숙해지면 좋을 것이다.

이 장에서 놓치지 말아야 할 내용을 정리해보자.

- 차트는 헬름 패키지 스펙으로 패키지에 대한 메타데이터, 구성값, 값을 참조하는 쿠버네티스 오브젝트의 템플릿으로 구성된다.

- 차트를 설치하면 헬름 릴리스가 생성된다. 차트의 인스턴스를 설치할 때마다 새로운 릴리스가 생성된다. 다른 구성값으로 릴리스를 업데이트하면 헬름은 릴리스 버전을 증가시킨다.

- 헬름 차트를 사용자의 환경에 맞춰 수정하려면 필요한 설정을 포함한 사용자 정의 값 파일을 생성하고 helm install이나 helm upgrade 명령줄에 추가하여 실행한다.

- 변수를(예를 들어 environment) 사용하면 스테이징, 상용 등과 같은 배포 환경에 따라 다른 변수나 시크릿 집합을 선택할 수 있다.

- 헬름파일을 사용하면 클러스터에 적용할 헬름 차트와 변수의 집합을 선언적으로 지정하고 단일 명령어로 설치하거나 업데이트할 수 있다.

- 헬름은 SOPS와 함께 사용하여 차트에 있는 시크릿 설정을 처리할 수 있다. 시크릿은 쿠버네티스가 인식할 수 있도록 함수를 사용하여 자동으로 base64로 인코딩한다.

- 헬름은 쿠버네티스 매니페스트를 관리하기 위한 유일한 도구가 아니다. ksonnet과 kapitan은 다른 템플릿 언어인 Jsonnet을 사용한다. kustomize는 변수를 삽입하는 것과 다르게 YAML을 구성 매니페스트에 오버레이하는 방식을 사용한다.

- 매니페스트를 검사하고 검증하는 빠른 방법은 kubeval를 사용하는 것이다. kubeval는 매니페스트의 구문이 유효한지 검사하고 일반적인 오류가 있는지 찾는다.

CHAPTER 13

개발 워크플로

서핑은 정말 놀라운 운동이다. 당신이 작은 막대를 하나 들고 '내가 널 탈 거야!'라며 덤벼들면, 자연은 수차례에 걸쳐 '어림없지!'라며 당신을 바닷속으로 밀어 넣어 버린다.

– 졸란 블라록Jolene Blalock (미국 배우)

이번 장은 '12장 쿠버네티스 애플리케이션 배포'에서 더 나아가 애플리케이션의 전체 라이프 사이클을 다룬다. 로컬에서 애플리케이션을 개발한 후 쿠버네티스 클러스터에 업데이트를 배포하는 방법과 데이터 마이그레이션 같은 까다로운 주제를 설명한다. 애플리케이션을 개발, 테스트, 배포하는 데 도움이 되는 도구인 Skaffold, Draft, Telepresence, Knative를 살펴보고 후크를 사용한 헬름의 좀 더 복잡한 애플리케이션 배포 방식을 설명한다.

13.1 개발 도구

'12장 쿠버네티스 애플리케이션 배포'에서는 쿠버네티스 리소스 매니페스트를 작성, 빌드, 배포에 유용한 도구를 소개했다. 그러나 쿠버네티스 애플리케이션을 개발할 때에는 전체 '빌드-푸시-배포-업데이트' 과정을 거치지 않고 즉시 실행하여 변경 결과를 바로 확인하기를 원하는 경우가 종종 있다.

13.1.1 Skaffold

Skaffold[1]는 구글에서 설계한 오픈 소스 도구로 신속한 로컬 개발 워크플로를 제공한다. Skaffold는 로컬에서 개발한 컨테이너를 자동으로 리빌드하고 변경 사항을 로컬이나 원격 클러스터에 배포한다.

저장소에 있는 **skaffold.yaml** 파일에 원하는 워크플로를 정의하고 파이프라인을 시작하기 위해 **skaffold** 명령줄 도구를 실행한다. 로컬 디렉터리의 파일을 변경하면 Skaffold가 변경 사항을 감지하여 새로운 컨테이너를 빌드하고 자동으로 배포한다(수동으로 컨테이너 레지스트리에 이미지를 푸시하고 풀링하는 작업을 줄여준다).

13.1.2 Draft

Draft[2]는 마이크로소프트 애저팀에서 관리하는 오픈 소스 도구로 Skaffold와 같이 코드를 수정하면 헬름을 사용하여 자동으로 클러스터에 업데이트를 배포한다.

Draft는 Draft 팩의 개념을 소개한다. Draft 팩은 애플리케이션이 사용하는 개발 언어에 따라 미리 작성된 도커파일과 헬름 차트를 제공한다. 현재 Draft 팩은 .NET, Go, Node, 얼랭Erlang, 클로저Clojure, C#, PHP, 자바, 파이썬, 러스트, 스위프트, 루비를 지원한다.

새로운 애플리케이션으로 시작하여 아직 도커파일이나 헬름 차트가 없다면 Draft는 신속하게 애플리케이션을 구축하고 실행할 수 있는 완벽한 도구가 될 수 있다. **draft init && draft create**를 실행하면 Draft는 로컬 애플리케이션의 디렉터리에 있는 파일을 검사하고 어떤 개발 언어의 코드인지 판단하여 해당 언어의 도커파일과 헬름 차트를 생성한다.

draft up 명령어를 실행하면 Draft는 생성한 도커파일을 사용하여 로컬 도커 컨테이너를 빌드하고 쿠버네티스 클러스터에 배포한다.

---

1 *https://github.com/GoogleContainerTools/skaffold*
2 *https://github.com/Azure/draft*

13.1.3 Telepresence

Telepresence[3]는 Skaffold, Draft와는 약간 다른 유형의 도구로 로컬 쿠버네티스 클러스터가 필요하다. Telepresence의 파드는 실제 클러스터에서 애플리케이션을 대신하여 실행된다. 애플리케이션 파드의 트래픽은 로컬 머신에서 실행하는 컨테이너로 라우팅된다.

Telepresence는 개발자의 로컬 머신을 원격 클러스터에 포함시킨다. 애플리케이션 코드를 수정하면 새로운 컨테이너를 배포하지 않아도 업데이트는 실제 클러스터에 반영된다.

13.1.4 Knative

앞서 살펴본 도구가 로컬 개발의 속도를 높이는 데 중점을 두었다면 Knative[4]는 좀 더 넓은 범위를 목표로 한다. Knative는 컨테이너화된 애플리케이션뿐만 아니라 **서버리스** 스타일의 함수와 같은 모든 종류의 워크로드를 쿠버네티스에 배포하기 위한 표준 매커니즘을 제공하는 것을 목표로 한다.

Knative는 쿠버네티스와 이스티오('9.7절 이스티오' 참조)를 통합하여 완벽한 애플리케이션/함수 배포 플랫폼을 제공한다. 빌드 프로세스 설정, 자동화 배포, 표준화된 메시징과 큐잉 시스템(예를 들어, Pub/Sub, KafKa, RabbitMQ)을 사용한 **이벤트** 처리를 지원한다.

Knative 프로젝트는 아직 초기 단계이지만 관심을 두고 지켜볼 필요가 있다.

13.2 배포 전략

쿠버네티스를 사용하지 않고 실행 중인 애플리케이션을 수동으로 업그레이드하는 방법은 애플리케이션을 종료하고 새로운 버전을 설치한 후 다시 시작하는 것이다. 하지만 이 경우 서비스 중단이 발생한다.

더 좋은 방법은 여러 개의 레플리카가 있다면 각 레플리카를 순서대로 업그레이드하여 서비스 중단이 발생하지 않게 하는 **무중단 배포**zero-downtime deployment가 있다

---

3 *https://www.telepresence.io*
4 *https://github.com/knative/docs*

모든 애플리케이션이 무중단 배포가 필요한 것은 아니다. 예를 들어 메시지 큐를 사용하는 내부 서비스는 멱등성^{idempotent}을 보장하므로 한 번에 모두 업그레이드할 수 있어 빠르게 업그레이드할 수 있다. 하지만 사용자가 직접 접속하는 애플리케이션의 경우 일반적으로 빠르게 업그레이드하는 것보다 중단을 피하는 데 더 중점을 둔다.

쿠버네티스에서는 이러한 전략 중 가장 적절한 방식을 선택할 수 있다. RollingUpdate는 무중단을 위해 파드를 차례대로 업그레이드하며 Recreate는 속도를 위해 모든 파드를 한 번에 업그레이드한다. 일부 필드는 애플리케이션에서 필요한 작동을 구체적으로 정의할 수 있다.

쿠버네티스에서 애플리케이션 배포 전략은 디플로이먼트 매니페스트에 정의한다. 기본값은 RollingUpdate이기 때문에 배포 전략을 지정하지 않으면 롤링 업데이트로 작동한다. 전략을 Recreate로 바꾸려면 다음과 같이 수정한다.

```
apiVersion: extensions/v1beta1
kind: Deployment
spec:
  replicas: 1
  strategy:
    type: Recreate
```

지금부터 다양한 배포 전략을 살펴보고 자세한 작동 방식을 알아보자.

13.2.1 롤링 업데이트

롤링 업데이트는 모든 레플리카를 새로운 버전으로 교체할 때까지 한 번에 하나의 파드만 업그레이드한다.

예를 들어 애플리케이션에서 v1로 실행 중인 세 개의 레플리카가 있다고 생각해보자. 개발자가 kubectl apply...이나 helm upgrade... 명령어를 입력하여 v2로 업그레이드한다면 어떻게 작동할까?

먼저 v1 파드 3개 중 하나를 제거한다. 쿠버네티스는 해당 파드에 준비되지 않은 상태를 의미하는 플래그를 붙이고 트래픽을 전달을 중지한다. 그리고 새로운 v2 파드로 교체하기 위한 준비를 한다. 그동안에 남은 v1 파드는 계속해서 요청 트래픽을 받는다. 서비스 중인 파드는 두 개로 줄었지만, 첫 번째 v2 파드가 준비 상태가 되기를 기다리는 동안에 사용자에게 중단 없이 서비스된다.

v2 파드가 준비 상태가 되면 쿠버네티스는 사용자 트래픽을 다른 두 개의 v1 파드와 같이 v2 파드로 전달한다. 이제 세 개의 파드로 완전한 상태가 되었다.

이러한 프로세스는 파드 단위로 v1 파드가 v2 파드로 모두 교체될 때까지 계속 진행된다. 평상시보다 적은 개수의 파드가 트래픽을 처리하는 시간이 생기지만 애플리케이션 전체는 실제로 중단되지 않기 때문에 무중단 배포라 한다.

TIP 롤링 업데이트 동안에 이전과 새로운 버전의 애플리케이션이 동시에 서비스된다. 일반적으로는 이러한 방식이 문제가 되지 않지만 정말로 안전한지 확인하는 절차가 필요할 수 있다. 예를 들어 데이터베이스 마이그레이션이 포함된 업데이트라면 일반적인 롤링 업데이트는 불가능하다('13.3절 헬름으로 마이그레이션 처리하기' 참조).

만약 파드가 준비 상태에서 짧은 시간 후에 충돌이 발생하거나 실패할 경우 minReadySeconds 필드를 사용하여 파드가 안정화될 때까지 롤아웃을 대기해야 한다('5.2.7절 minReady Seconds' 참조).

13.2.2 Recreate

Recreate 모드는 실행 중인 모든 레플리카를 한 번에 제거하고 새로운 레플리카를 생성한다.

직접적으로 요청을 처리하지 않는 애플리케이션의 경우 Recreate 방식을 사용하면 된다. Recreate의 장점은 두 가지 다른 버전의 애플리케이션이 동시에 실행되는 상황을 피할 수 있다는 것이다('13.2.1절 롤링 업데이트' 참조).

13.2.3 maxSurge와 maxUnavailable

롤링 업데이트 진행 중에는 replicas 값보다 더 많거나 적은 개수의 파드가 실행되는 경우가 종종 있다. 이러한 작동은 다음 두 가지 중요한 설정(maxSurge와 maxUnavailable)이 제어한다.

- maxSurge는 최대 초과 파드 수를 설정한다. 예를 들어 10개의 레플리카가 있고

maxSurge를 30%로 설정한다면 13개 이상의 파드는 한 번에 실행되지 않는다.

- maxUnavailable는 사용 불가능 상태의 최대 파드 수를 설정한다. 10개로 정의한 레플리카에서 maxUnavailable를 20%로 설정한다면 쿠버네티스는 사용한 가능한 상태의 파드의 개수가 8개 이하로 떨어지지 않게 한다.

이 값은 정수 또는 백분율로 설정할 수 있다.

```yaml
apiVersion: extensions/v1beta1
kind: Deployment
spec:
  replicas: 10
  strategy:
    type: RollingUpdate
    rollingUpdate:
      maxSurge: 20%
      maxUnavailable: 3
```

일반적으로 두 필드의 기본값은 25%나 1로(쿠버네티스 버전에 따라 다르다) 적당하므로 수정할 필요가 없을 것이다. 하지만 때로는 업그레이드 중에 애플리케이션이 수용 가능한 용량을 유지하도록 값을 조정해야 할 수도 있다. 대규모 서비스라면 75% 가용성으로 실행하는 것은 충분하지 않으며 maxUnavailable 값을 더 줄여야 할 것이다.

maxSurge 값이 클수록 롤아웃이 빨라지지만 클러스터 리소스에 추가 부하가 발생한다. maxUnavailable 또한 값이 크면 롤아웃이 빨리 진행되지만 애플리케이션 용량이 일시적으로 줄어든다.

반면에 작은 값으로 maxSurge와 maxUnavailable을 설정하면 클러스터와 사용자의 영향도는 줄어들지만 롤아웃에 시간이 많이 소요된다. 적절한 값은 애플리케이션 특성에 따른 장단점을 고려하여 결정해야 한다.

13.2.4 블루/그린 배포

블루/그린 배포blue/green deployment는 한 번에 하나씩 파드를 종료하고 교체하는 대신 완전히 새로운 디플로이먼트를 생성하며 v2 버전을 실행하는 분리된 파드의 스택이 기존 v1 디플로이먼트와 함께 실행된다.

블루/그린 배포의 장점은 기존 버전과 새로운 버전의 애플리케이션이 요청을 동시에 처리하지 않는다는 것이다. 반면에 클러스터는 애플리케이션에서 요구하는 레플리카 수의 두 배를 실행할 수 있을 정도로 용량이 커야 하므로 비용이 많이 들고 (필요에 따라 클러스터를 스케일 업/다운을 하지 않는다면) 사용되지 않는 많은 용량이 대부분 유휴 자원으로 존재한다.

'4.6.4절 서비스 리소스'에서 쿠버네티스가 레이블을 사용하여 서비스에서 트래픽을 전달받을 파드를 지정한다고 설명했다. 블루/그린 배포를 구현하는 방식은 기존 파드와 새로운 파드에 서로 다른 레이블을 설정하는 것이다('9.1절 레이블' 참조).

예제 애플리케이션에서 서비스 매니페스트를 수정하면 레이블이 deployment: blue로 지정된 파드에만 트래픽을 전달할 수 있다.

```
apiVersion: v1
kind: Service
metadata:
  name: demo
spec:
  ports:
  - port: 8080
    protocol: TCP
    targetPort: 8080
  selector:
    app: demo
    deployment: blue
  type: ClusterIP
```

새로운 버전은 레이블을 deployment: green로 수정하고 배포하면 된다. 서비스는 트래픽을 blue 파드에만 전달하므로 green 파드가 실행되고 준비 상태가 되어도 트래픽이 전달되지 않는다. 덕분에 버전 전환을 하기 전에 새로운 버전을 테스트하고 준비가 되었는지 확인할 수 있다.

새로운 디플로이먼트로 전환하려면 서비스의 셀렉터를 deployment: green으로 수정한다. 이제 green 파드는 트래픽을 전달받고 blue 파드는 모든 파드가 유휴 상태가 되면 종료할 수 있다.

13.2.5 레인보우 배포

매우 드문 경우지만 파드에 장시간 지속되는 연결(예를 들어 웹소켓)이 있을 경우 블루/그린 배포는 적합하지 않을 수 있다. 이 경우 동시에 3개 이상의 애플리케이션 버전을 유지해야 한다.

이러한 배포를 **레인보우 배포**라고 한다. 업데이트를 배포할 때마다 새로운 색상의 파드 집합이 생성된다. 가장 오래된 세트의 파드에서 연결이 종료되면 파드를 종료할 수 있다.

레인보우 배포에 관한 자세한 내용은 브랜든 딤체프Brandon Dimcheff가 작성한 예제 설명을 참고하자(*https://github.com/bdimcheff/rainbow-deploys*).

13.2.6 카나리아 배포

블루/그린(또는 레인보우) 배포는 새로운 버전이 마음에 들지 않거나 문제가 있을 때 실행 중인 이전 버전으로 간단하게 전환할 수 있는 장점이 있다. 하지만 두 개의 버전을 동시에 실행하기 위한 용량이 필요해 비용이 많이 든다.

이러한 문제를 해결할 수 있는 방법은 **카나리아 배포**를 사용하는 것이다. 탄광 속의 카나리아처럼 새로운 버전의 파드를 소규모로 상용 환경에 배포하고 어떤 일이 발생하는지 살펴본다. 새로운 파드에 문제가 없다면 롤아웃을 계속 진행하여 완료한다. 만약 **문제가 발생하더라도** 소수의 파드만 영향을 받는다.

카나리아 배포는 블루/그린 배포와 같이 레이블을 활용한다('9.1절 레이블' 참조). 카나리아 배포의 자세한 예제는 쿠버네티스 공식 문서를 참고하기 바란다.[5]

트래픽을 가변 비율로 여러 개의 서비스 버전에 임의로 라우팅할 수 있는 고급 방식인 이스티오('9.7절 이스티오' 참조)도 있다. 이스티오를 사용하면 A/B 테스트와 같은 테스트를 쉽게 할 수 있다.

---

5 *https://kubernetes.io/docs/concepts/cluster-administration/manage-deployment/#canary-deployments*

13.3 헬름으로 마이그레이션 처리하기

스테이트리스 애플리케이션은 쉽게 배포하고 업그레이드할 수 있지만 데이터베이스가 관련되어 있다면 작업이 좀 더 복잡해질 수 있다. 데이터베이스의 스키마를 변경하는 것은 일반적으로 롤아웃 중간 과정에서 **마이그레이션** 작업이 필요하다. 예를 들어 레일스 애플리케이션은 새로운 파드를 실행하기 전에 rake db:migrate 실행이 필요하다.

쿠버네티스에서는 잡 리소스를 사용하여 마이그레이션 작업을 할 수 있다('9.5.3절 잡' 참조). 업그레이드 과정에서 kubectl 명령어를 사용한 스크립트를 사용할 수도 있으며 헬름을 사용한다면 내장 기능인 **훅**hook을 사용하면 된다.

13.3.1 헬름 훅

헬름 훅을 사용하면 배포 과정에서 발생하는 작업의 순서를 제어할 수 있다. 또한 업그레이드에 문제가 발생할 경우 헬름 훅이 작업을 중단할 수 있다.

다음은 헬름으로 배포한 레일스 애플리케이션의 데이터베이스를 이전하는 잡의 예제다.

```
apiVersion: batch/v1
kind: Job
metadata:
  name: {{ .Values.appName }}-db-migrate
  annotations:
    "helm.sh/hook": pre-upgrade
    "helm.sh/hook-delete-policy": hook-succeeded
spec:
  activeDeadlineSeconds: 60
  template:
    name: {{ .Values.appName }}-db-migrate
    spec:
      restartPolicy: Never
      containers:
      - name: {{ .Values.appName }}-migration-job
        image: {{ .Values.image.repository }}:{{ .Values.image.tag }}
        command:
          - bundle
          - exec
          - rails
```

```
        - db:migrate
```

helm.sh/hook 속성은 annotations 섹션에 정의한다.

```
  annotations:
    "helm.sh/hook": pre-upgrade
    "helm.sh/hook-delete-policy": hook-succeeded
```

pre-upgrade 설정은 업그레이드를 수행하기 전에 헬름이 잡 매니페스트를 적용하도록 지시
한다. 잡은 표준 레일스 마이그레이션 명령어를 실행한다.

"helm.sh/hook-delete-policy": hook-succeeded 은 잡이 성공적으로 완료되면(상태값
0으로 종료하면) 헬름이 잡을 삭제하도록 지시한다.

13.3.2 실패된 훅 처리하기

잡이 0이 아닌 종료 코드를 리턴한다면 에러가 발생했거나 마이그레이션이 실패했다는 것을
의미한다. 헬름은 잡을 실패 상태에 유지해놓고 잘못된 것을 디버깅할 수 있게 한다.

이 경우 릴리스 과정은 멈추며 애플리케이션은 업그레이드되지 않는다. kubectl get pods -a
명령어를 실행하면 실패한 파드를 조회하여 로그와 자세한 정보를 확인할 수 있다.

이슈가 해결되었다면 실패한 잡을 삭제하고(kubectl delete job <job-name>) 업그레이드
를 다시 시도한다.

13.3.3 다른 훅

pre-upgrade 훅 이외에도 여러 가지 훅이 있다. 다음과 같은 여러 릴리스 단계에서 훅을 사용
할 수 있다.

- pre-install은 템플릿이 렌더링된 후 리소스가 생성되기 전에 실행된다.

- post-install은 모든 리소스가 설치된 후 실행된다.

- pre-delete는 리소스를 삭제하기 전 삭제 요청 시점에 실행된다.

- post-delete는 삭제 요청으로 모든 릴리스 리소스를 삭제한 후 실행된다.

- pre-upgrade는 템플릿이 렌더링된 후 업그레이드 요청에 대해 리소스를 불러오지 않은 시점에(예를 들어 kubectl apply 작동 전) 실행된다.

- post-upgrade는 모든 리소스를 업그레이드한 후 실행된다.

- pre-rollback는 템플릿이 렌더링된 후 롤백 요청에서 리소스가 롤백되기 전에 실행된다.

- post-rollback는 롤백을 실행하고 모든 리소스를 수정한 후 실행된다.

13.3.4 훅 체이닝

헬름 훅은 또한 helm.sh/hook-weight 속성을 사용하여 특정 순서대로 훅을 함께 묶을 수 있다. 훅은 낮은 값에서 높은 값 순서로 실행되므로 hook-weight의 값이 0인 잡은 hook-weight의 값이 1인 잡보다 먼저 실행된다.

```
apiVersion: batch/v1
kind: Job
metadata:
  name: {{ .Values.appName }}-stage-0
  annotations:
    "helm.sh/hook": pre-upgrade
    "helm.sh/hook-delete-policy": hook-succeeded
    "helm.sh/hook-weight": "0
```

헬름 훅에 대한 자세한 내용은 헬름 문서(*https://docs.helm.sh/developing_charts/#hooks*)를 참고하면 된다.

13.4 마치며

간단한 코드 수정에도 매번 컨테이너 이미지를 빌드, 푸시, 배포해야 한다면 쿠버네티스 애플리케이션 개발은 지루한 일이 될 것이다. Skaffold, Draft, Telepresence와 같은 도구는 이러한 과정을 훨씬 빠르게 만들어 개발 속도를 높인다.

쿠버네티스에서 변경 사항을 상용 환경에 롤아웃하는 것은 기본 개념을 잘 이해하고 애플리케이션에 맞게 사용자 정의할 수 있다면 전통적인 서버 방식보다 훨씬 더 쉽다.

이 장에서 놓치지 말아야 할 내용을 정리해보자.

- 쿠버네티스 기본 배포 전략인 `RollingUpdate`은 한 번에 소수의 파드만 업그레이드하며 이전의 파드를 종료하기 전에 신규 버전의 파드가 준비 상태가 되기를 기다린다.

- 롤링 업데이트는 롤아웃 시간이 길어지지만 서비스 중단을 피한다. 롤링 업데이트의 롤아웃 기간 동안에는 애플리케이션의 이전과 새로운 버전이 동시에 실행된다.

- `maxSurge`와 `maxUnavailable` 필드를 조정하여 롤링 업데이트를 세부적으로 조정할 수 있다. 사용 중인 쿠버네티스 API 버전에 따라 기본값이 상황에 적합하지 않을 수 있다.

- `Recreate` 전략은 이전 파드를 모두 날려버리고 새로운 버전의 파드를 한 번에 실행한다. 즉, 서비스 중단이 발생하기 때문에 사용자가 직접 사용하는 애플리케이션에는 적합하지 않다.

- 블루/그린 배포에서 새로운 버전의 모든 파드는 실행되고 준비 상태가 되지만 사용자 트래픽을 전달받지 않는다. 모든 트래픽은 이전 버전의 파드를 제거하기 전에 새로운 버전의 파드로 한 번에 전환된다.

- 레인보우 배포는 블루/그린 배포와 비슷하지만 서비스 버전이 두 개 이상 동시에 존재한다.

- 쿠버네티스에서는 파드의 레이블을 수정하고 적절한 파드로 트래픽을 전달하기 위한 프런트엔드 서비스의 셀렉터를 변경하여 블루/그린과 레인보우 배포를 구현한다.

- 헬름 훅은 특정 쿠버네티스 리소스(일반적으로 잡)를 특정 배포 단계(예를 들어 데이터 마이그레이션)에 적용하는 방법을 제공한다. 헬름 훅은 배포 중에 잡이 적용되는 순서를 지정할 수 있으며 문제가 발생하면 배포를 중단시킬 수 있다.

CHAPTER 14

쿠버네티스에서 지속적 배포하기

도는 늘 함이 없으면서도 하지 아니함이 없다.

– 노자

이번 장에서는 데브옵스 철학의 핵심인 **지속적 배포**를 알아보고 쿠버네티스 기반의 클라우드 네이티브 환경에서 지속적인 배포를 구현하는 방법을 다룬다. 지속적 배포 파이프라인을 쿠버네티스에 적용하기 위해 사용하는 몇 가지 도구와 구글 클라우드 빌드를 활용한 완전한 예제를 살펴본다.

14.1 지속적 배포란 무엇인가?

지속적 배포continuous deployment(CD)는 완성된 빌드를 상용 환경에 자동으로 배포하는 것이다. 배포는 테스트와 같이 중앙에서 관리하고 자동화해야 한다. 개발자는 버튼을 누르거나, 병합 요청을 병합하거나, 깃 릴리스 태그를 푸시하여 새로운 버전을 배포할 수 있어야 한다.

CD는 주로 **지속적 통합**continuous integration(CI)과 관련이 있다. 지속적 통합은 메인 브랜치에 대한 개발자의 변경 사항을 자동으로 통합하고 테스트한다. 지속적 통합이 메인으로 병합했을 때 빌드를 깨뜨릴 수 있는 브랜치를 변경한다면 지속적 병합은 브랜치를 병합하지 않고 종료하며 개발자에게 즉시 알려준다. 지속적 통합과 지속적 배포의 조합을 흔히 **CI/CD**라고 한다.

CD는 종종 **파이프라인**으로 언급된다. 파이프라인은 일련의 테스트와 승인 단계를 거쳐 개발자의 워크스테이션에서 상용 환경으로 코드를 가져오는 자동화된 작업이다.

컨테이너화된 애플리케이션의 일반적인 파이프라인은 다음과 같다.

1. 개발자는 변경한 코드를 깃에 푸시한다.

2. 빌드 시스템은 변경한 코드를 자동으로 빌드하고 테스트한다.

3. 모든 테스트를 통과하면 컨테이너 이미지는 중앙 컨테이너 레지스트리에 푸시된다.

4. 새롭게 빌드된 컨테이너는 자동으로 스테이징 환경에 배포된다.

5. 스테이징 환경은 몇 가지 자동화된 인수 테스트를 수행한다.

6. 검증된 컨테이너 이미지는 상용 환경에 배포된다.

중요한 점은 다양한 환경에서 테스트되고 배포된 아티팩트는 **소스 코드**가 아니라 **컨테이너**라는 것이다. 소스 코드와 실행 중인 바이너리 사이에서는 오류가 발생하는 경우가 많지만 코드 대신 컨테이너를 테스트하면 이러한 오류를 잡는 데 도움이 된다.

CD의 가장 큰 장점은 **상용 배포 시 당황하지 않아도 된다는 것이다.** 바이너리 이미지는 스테이징에서 테스트를 통과해야만 상용 환경에 배포된다.

CD 파이프라인의 자세한 예제는 '14.4절 클라우드 빌드를 사용한 CD 파이프라인'에서 다룬다.

14.2 어떤 CD 도구를 사용해야 할까?

늘 그렇듯 문제는 사용 가능한 도구가 부족한 것이 아니라 선택의 폭이 너무 넓다는 데 있다. 몇몇 CD 도구는 특별히 클라우드 네이티브 애플리케이션을 위해 설계되었다. 젠킨스Jenkins처럼 오랜 전통을 가진 빌드 도구는 쿠버네티스, 컨테이너와 함께 사용할 수 있는 플러그인을 제공하기도 한다.

CD 도구를 이미 사용 중이라면 완전히 새로운 시스템으로 바꿀 필요는 없다. 애플리케이션을 쿠버네티스로 마이그레이션할 경우 빌드 시스템에서 몇 가지만 수정하면 기존 CD 도구를 그대로 사용할 수 있다.

아직 CD 시스템을 도입하지 않았다면 이번 절에서 사용 가능한 몇 가지 도구를 소개한다.

14.2.1 젠킨스

젠킨스[1]는 CD 도구로 수년 전부터 널리 사용되었다. 젠킨스는 도커, kubectl, 헬름을 포함하여 CD 워크플로에서 사용할 수 있는 거의 모든 플러그인을 제공한다.

또한 쿠버네티스 클러스터에서 젠킨스를 실행하기 위한 새로운 사이드 프로젝트로 젠킨스X JenkinsX($https://jenkins-x.io$)가 있다.

14.2.2 드론

드론Drone[2]은 컨테이너를 위해 만들어진 새로운 CD 도구다. 단일 YAML 파일로 정의된 파이프라인으로 단순하고 가볍다. 각 빌드 단계는 컨테이너를 실행하는 것으로 구성되어 있으므로 컨테이너에서 실행할 수 있는 모든 것은 드론에서 실행할 수 있다.[3]

14.2.3 구글 클라우드 빌드

구글 클라우드 플랫폼에서 인프라를 운영한다면 구글 클라우드 빌드Google Cloud Build[4]는 가장 높은 우선순위의 CD 도구가 될 것이다. 드론과 같이 클라우드 빌드는 다양한 빌드 단계와 코드 리포지터리에 있는 YAML 구성 파일로 컨테이너를 실행한다.

개발자는 클라우드 빌드가 깃 리포지터리를 감시하도록 설정하면 된다(깃허브 통합도 가능하다). 특정 브랜치나 태그를 푸시하는 것과 같이 미리 설정한 조건이 트리거되면 클라우드 빌드는 특정 파이프라인을 실행하여 새로운 컨테이너를 빌드, 테스트, 게시하고 새로운 버전을 쿠

---

1 $https://jenkins.io$

2 $https://github.com/drone/drone$

3 『뉴욕 타임스』 개발팀이 개발한 드론을 사용하여 GKE에 배포하는 방법은 블로그 포스트($https://nyti.ms/2E636iB$)를 참조하기를 권한다.

4 $https://cloud.google.com/cloud-build$

버네티스에 배포할 것이다.

클라우드 빌드 CD 파이프라인의 완전한 예제는 '14.4절 클라우드 빌드를 사용한 CD 파이프라인'에서 다룬다.

14.2.4 Concourse

Concourse[5]는 Go로 작성된 오픈 소스 CD 도구다. Concourse는 드론, 구글 클라우드 빌드와 같이 선언적 파이프라인 방식을 채택하여 YAML 파일로 빌드 단계를 정의하고 실행한다. Concourse는 쿠버네티스에 배포할 수 있는 안정 버전의 공식 헬름 차트를 제공하여 컨테이너화된 파이프라인을 쉽고 빠르게 구축하고 실행할 수 있다.

14.2.5 스피네이커

스피네이커Spinnaker는 매우 강력하고 유연하지만 언뜻 보기에는 조금 어려워 보일 수 있다. 스피네이커는 넷플릭스가 개발했으며 블루/그린 배포('13.2.4절 블루/그린 배포' 참조)와 같이 대규모인 복잡한 배포에 적합하다. 스피네이커 도입을 검토 중이라면 웹사이트에서 무료로 제공하는 전자책(*https://www.spinnaker.io/ebook*)을 참고하길 바란다.

14.2.6 깃랩 CI

깃랩은 깃 리포지터리를 호스팅하는 깃허브의 대안으로 인기 있는 도구다. 깃랩은 강력한 내장 CD 도구인 깃랩 CI(*https://about.gitlab.com/features/gitlab-ci-cd*)를 제공하여 코드를 자동으로 테스트하고 배포할 수 있다. 깃랩을 사용 중이라면 지속적 배포 파이프라인을 구현하기 위한 도구로 깃랩 CI를 검토해보기를 권한다.

---

5 *https://concourse-ci.org*

14.2.7 코드프레시

코드프레시Codefresh[6]는 쿠버네티스 애플리케이션을 테스트하고 배포하기 위한 관리형 CD 서비스다. 코드프레시의 흥미로운 기능 중 하나는 모든 기능 브랜치를 위한 임시 스테이징 환경을 배포할 수 있는 것이다.

코드프레시에서는 컨테이너를 사용하여 온디맨드 환경을 빌드, 테스트, 배포할 수 있으며 클러스터의 다양한 환경에 컨테이너를 배포하는 방법을 설정할 수 있다.

14.2.8 애저 파이프라인

마이크로소프트의 애저 데브옵스 서비스(이전의 비주얼 스튜디오 팀 서비스)는 지속적 전달 파이프라인 도구인 애저 파이프라인을 제공한다(구글 클라우드 빌드와 유사하다).

14.3. CD 컴포넌트

이미 잘 구축된 CD 시스템을 운영 중이며 컨테이너를 빌드하고 배포하기 위한 컴포넌트만 추가하면 되는 상황이라면 기존 시스템에 통합할 수 있는 몇 가지 도구가 있다.

14.3.1 도커 허브

코드를 수정했을 때 새로운 컨테이너를 자동으로 빌드할 수 있는 가장 간단한 방법은 도커 허브[7]를 사용하는 것이다. 도커 허브 계정이 있다면('2.4절 컨테이너 레지스트리' 참조) 깃허브나 비트버킷BitBucket 리포지터리에 대한 트리거를 생성하여 새로운 컨테이너를 자동으로 빌드하고 도커 허브에 게시할 수 있다.

---

[6] https://codefresh.io
[7] https://docs.docker.com/docker-hub/builds

14.3.2 Gitkube

Gitkube[8]는 쿠버네티스 클러스터에서 실행하는 자체 호스팅 도구로 깃 저장소를 감시하고, 트리거가 실행되면 새로운 컨테이너를 자동으로 빌드하고 푸시한다. Gitkube는 매우 간단하며 설치하기도 쉽다.

14.3.3 Flux

깃 브랜치나 태그에서 CD 파이프라인(또는 기타 자동화된 프로세스)을 트리거하는 패턴을 깃옵스GitOps[9]라고 한다. Flux[10]는 깃옵스의 개념을 확장하여 깃 저장소 대신 컨테이너 레지스트리의 변경을 감시한다. 새로운 컨테이너가 푸시되면 Flux는 자동으로 컨테이너를 쿠버네티스 클러스터에 배포한다.

14.3.4 Keel

Keel[11]은 Flux와 같이 새로운 컨테이너 이미지를 레지스터에서 클러스터로 배포하는 것에 중점을 둔다. Keel로 웹훅에 응답하고, 슬랙Slack 메시지를 주고받을 수 있으며 배포 승인을 대기하면서 다른 유용한 워크플로를 수행할 수 있다.

14.4 클라우드 빌드를 사용한 CD 파이프라인

이제 CD의 일반적인 원리와 몇 가지 도구를 알게 되었으니 CD 파이프라인의 완전한 예제를 살펴보자.

CD 파이프라인은 여기서 소개하는 도구나 구성을 반드시 동일하게 따라할 필요는 없다. 그저 예제의 내용을 잘 이해하고 운영하는 환경에 맞춰 예제의 일부를 적용할 수 있기를 바란다.

---

8 *https://gitkube.sh*

9 *https://www.weave.works/blog/gitops-operations-by-pull-request*

10 *https://github.com/weaveworks/flux*

11 *https://keel.sh*

이번 예제에서는 구글 클라우드 플랫폼(GCP), 구글 쿠버네티스 엔진(GKE), 구글 클라우드 빌드를 사용한다. 하지만 특정 서비스 제품에 의존하지 않아도 된다. 선호하는 도구를 사용하여 이러한 파이프라인 예제를 따라 해볼 수 있다.

GCP 계정을 사용하여 이 예제를 따라 하려면 과금될 수 있는 리소스를 사용해야 한다는 것에 유의하자. 비용이 많이 들지는 않겠지만 예제를 따라 한 후에는 클라우드 리소스를 삭제하고 정리하여 필요 이상의 비용이 청구되지 않게 해야 한다.

14.4.1 구글 클라우드와 GKE 설정하기

구글 클라우드에 처음 가입하면 상당한 액수의 무료 크레딧을 받을 수 있으므로 쿠버네티스 클러스터와 다른 리소스를 일정 기간 동안 비용 없이 사용할 수 있다. 더 많은 정보와 무료 티어 계정 생성은 구글 클라우드 플랫폼 웹사이트(*https://cloud.google.com/free*)를 참고하기 바란다.

구글 클라우드 플랫폼에 가입하고 구글 클라우드 프로젝트에 로그인했다면 웹사이트 문서의 설명[12]을 따라 GKE 클러스터를 생성하자.

다음으로 클러스터의 헬름을 초기화한다('4.7절 헬름: 쿠버네티스 패키지 매니저' 참조).

이제 다음 단계를 따라 파이프라인을 설정한다.

1. 데모 저장소를 개인 깃허브 계정으로 포크한다.

2. 깃 브랜치로 푸시한 코드를 빌드하고 테스트하는 클라우드 빌드 트리거를 생성한다.

3. 깃 태그를 기반으로 GKE에 배포하기 위한 트리거를 생성한다.

14.4.2 데모 저장소 포크하기

깃허브 계정이 있다면 깃허브 인터페이스를 사용하여 데모 저장소(*https://github.com/cloudnativedevops/demo*)를 포크한다.

---

12 *https://cloud.google.com/kubernetes-engine/docs/how-to/creating-a-cluster*

깃허브를 사용하지 않는다면 저장소를 복사하여 여러분이 사용하는 깃 서버에 푸시한다.

14.4.3 클라우드 빌드 소개

드론 및 기타 여러 최신 CD 플랫폼과 같이 클라우드 빌드의 각 빌드 파이프라인 단계는 컨테이너 실행으로 구성된다. 빌드 단계는 깃 저장소에 있는 YAML 파일을 사용하여 정의한다.

커밋으로 파이프라인이 트리거되면 클라우드 빌드는 저장소의 해당 커밋 SHA에서 복제본을 만들고 각 파이프라인 단계를 순서대로 실행한다.

데모 저장소 안에는 **hello-cloudbuild** 폴더가 있다. 폴더 안에서 클라우드 빌드 파이프라인이 정의된 **cloudbuild.yaml** 파일을 찾을 수 있다.

cloudbuild.yaml 파일의 각 빌드 단계를 차례대로 살펴보자.

14.4.4 테스트 컨테이너 빌드하기

첫 번째 단계는 다음과 같다.

```
- id: build-test-image
  dir: hello-cloudbuild
  name: gcr.io/cloud-builders/docker
  entrypoint: bash
  args:
    - -c
    - |
      docker image build --target build --tag demo:test .
```

모든 클라우드 빌드 단계는 YAML 키/값 쌍의 집합으로 구성된다.

- **id**는 빌드 단계에 사람이 읽기 편한 레이블을 지정한다.

- **dir**은 작업할 깃 저장소의 하위 디렉터리를 지정한다.

- **name**은 현재 단계에서 실행할 컨테이너를 식별한다.

- **entrypoint**는 기본 엔트리 포인트를 사용하지 않을 경우 컨테이너에서 실행할 명령어를

지정한다.

- args은 엔트리 포인트 명령어에서 필요한 인수를 지정한다.

이제 준비가 완료되었다!

이번 단계의 목적은 애플리케이션 테스트를 실행하는 데 사용할 컨테이너를 빌드하는 것이다. 멀티 스테이지 빌드('2.3.1절 도커파일 이해하기' 참조)를 사용하므로 일단은 첫 번째 단계만 빌드한다. 다음 명령어를 실행한다.

```
docker image build --target build --tag demo:test .
```

--target build 인수는 도커파일의 FROM golang:1.11-alpine AS build만 빌드하고 다음 단계로 넘어가기 전에 빌드를 중단한다.

빌드한 컨테이너에는 ...AS build 레이블이 붙은 단계에서 사용된 패키지나 파일과 함께 Go 가 설치된다. 이는 본질적으로 애플리케이션을 테스트하기 위한 일회성 컨테이너이며 나중에 제거될 것이다.

14.4.5 테스트 실행하기

다음 단계를 살펴보자.

```
- id: run-tests
  dir: hello-cloudbuild
  name: gcr.io/cloud-builders/docker
  entrypoint: bash
  args:
    - -c
    - |
      docker container run demo:test go test
```

demo:test로 일회성 컨테이너를 태그했으므로 임시 이미지는 클라우드 빌드 내부의 단계에서도 여전히 사용 가능하다. 이 단계에서는 컨테이너에서 go test를 실행한다. 테스트가 실패한다면 빌드를 종료하고 오류를 보고한다. 테스트가 성공한다면 나머지 단계를 계속 진행한다.

14.4.6 애플리케이션 컨테이너 빌드하기

여기서는 docker build를 다시 실행한다. 그러나 전체 멀티 스테이지 빌드로 최종 애플리케이션 컨테이너를 빌드하기 위해 --target 플래그는 추가하지 않는다.

```
- id: build-app
  dir: hello-cloudbuild
  name: gcr.io/cloud-builders/docker
  entrypoint: bash
  args:
    - -c
    - |
      docker build --tag gcr.io/${PROJECT_ID}/demo:${COMMIT_SHA}
```

14.4.7 쿠버네티스 매니페스트 검증하기

이제 테스트를 통과하고 쿠버네티스에서 실행할 수 있는 컨테이너가 준비되었다. 하지만 실제로 컨테이너를 배포하기 위해서는 헬름 차트를 사용해야 한다. 이번 단계에서는 helm template 명령어를 실행하여 쿠버네티스 매니페스트를 생성한다. 그리고 kubeval 도구를 사용하여 매니페스트를 검증한다('12.4.6절 kubeval' 참조).

```
- id: kubeval
  dir: hello-cloudbuild
  name: cloudnatived/helm-cloudbuilder
  entrypoint: bash
  args:
    - -c
    - |
      helm template ./k8s/demo/ | kubeval
```

> **NOTE_** 예제에서는 필자가 생성한 헬름 컨테이너 이미지(**cloudnatived/helm-cloudbuilder**)를 사용한다는 점에 유의해야 한다. 이상하게도 헬름은 배포를 목적으로 한 도구로 공식 헬름 컨테이너 이미지를 제공하지 않는다. 예제에서는 필자가 제공하는 컨테이너를 사용하지만 상용에서는 직접 컨테이너를 빌드해야 한다.

14.4.8 이미지 게시하기

파이프라인이 성공적으로 완료되었다면 클라우드 빌드는 컨테이너 이미지를 레지스트리에 자동으로 게시한다. 게시할 이미지를 지정하려면 컨테이너 빌드 파일의 **images** 아래에 나열하면 된다.

```
images:
  - gcr.io/${PROJECT_ID}/demo:${COMMIT_SHA}
```

14.4.9 Git SHA 태그

COMMIT_SHA 태그를 알아보자. 깃에서 모든 커밋은 SHA$^{\text{Secure hash algorithm}}$라고 하는 고유한 식별자를 갖는다. SHA는 **5ba6bfd64a31eb4013ccaba27d95cddd15d50ba3**과 같이 긴 16진수 문자열이다.

SHA를 이미지에 태그로 지정하면, SHA를 생성한 깃 커밋의 링크가 제공되며 컨테이너에 있는 코드의 스냅샷이 된다. 깃 SHA로 아티팩트를 빌드하면 충돌 없이 많은 브랜치를 동시에 빌드하고 테스트할 수 있다.

이제 파이프라인이 작동하는 방식을 알아보았으니 지정한 조건에 따라 파이프라인을 실제로 실행하는 빌드 트리거를 생성해보자.

14.4.10 첫 번째 빌드 트리거 생성하기

클라우드 빌드 트리거는 감시할 깃 저장소, 활성화 조건(특정 브랜치나 태그에 푸시하는 것과 같은), 실행할 파이프라인을 지정한다.

계속 진행하여 첫 번째 트리거를 만들어보자. 구글 클라우드 프로젝트에 로그인하고 이 웹페이지(*https://console.cloud.google.com/cloud-build/triggers?pli=1*)로 접속한다.

트리거 추가 버튼을 클릭하여 새로운 빌드 트리거를 생성한다. 그리고 깃허브를 소스 저장소로 선택한다. 구글 클라우드가 깃허브 저장소에 접속하기 위한 권한 부여가 요구될 것이다. 권한 부여를 완료한 후 **YOUR_GITHUB_USERNAME/demo**를 선택하면 구글 클라우드는 저장소에 링크된다.

다음으로 [그림 14-1]과 같이 트리거를 설정한다. 트리거 이름은 원하는 대로 지정할 수 있다. 브랜치 섹션은 기본 값 .*로 모든 브랜치를 선택한다. Build configuration 섹션은 Dockerfile에서 cloudbuild.yaml로 수정한다. cloudbuild.yaml Location 필드는 빌드 단계를 포함한 파이프라인 파일의 경로를 지정한다. 예제에서는 **hello-cloudbuild/cloudbuild.yaml**이다.

입력을 완료했다면 트리거 생성 버튼을 클릭한다. 이제 트리거를 테스트하고 결과를 확인할 준비가 되었다.

14.4.11 트리거 테스트하기

계속하여 데모 저장소를 변경해보자. 새로운 브랜치를 생성하고 인사말을 Hello에서 Hola로 수정한다.

```
cd hello-cloudbuild
git checkout -b hola
Switched to a new branch hola
```

main.go와 **main_test.go** 파일 둘 다 Hello를 Hola로(또는 원하는 인사말로) 수정하고 파일을 저장한다.

테스트를 실행하고 모든 것이 제대로 작동하는지 확인한다.

```
go test
PASS
ok    github.com/cloudnativedevops/demo/hello-cloudbuild 0.011s
```

이제 수정한 코드를 커밋하고 포크한 저장소에 푸시한다. 특별한 문제가 없다면 클라우드 빌드가 트리거되어 새로운 빌드를 시작할 것이다. *https://console.cloud.google.com/cloud-build/builds*로 접속해보자.

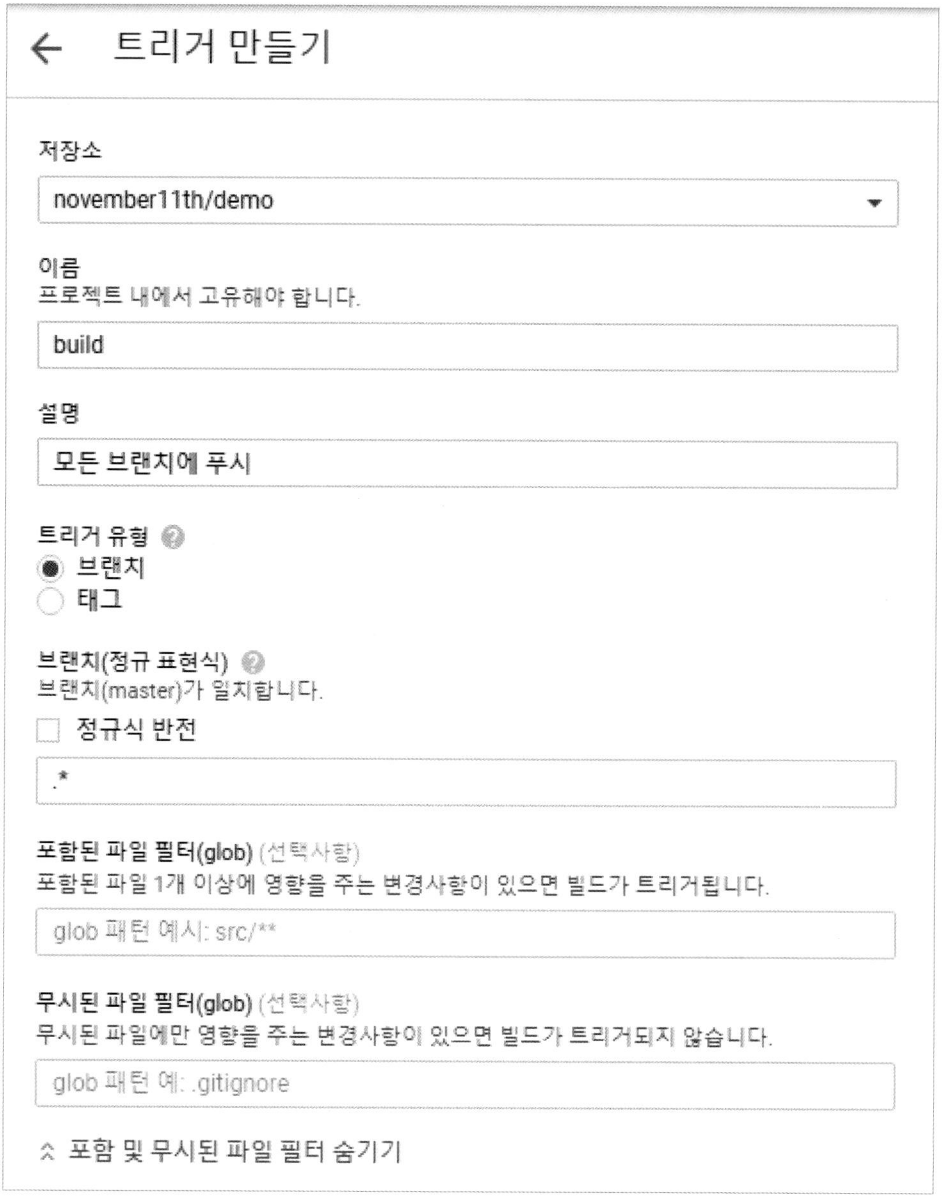

그림 14-1 트리거 생성

프로젝트에서 최근에 빌드한 목록을 확인할 수 있다. 방금 변경하고 푸시한 빌드가 목록의 맨 위에 있는지 확인한다. 아직 실행 중이거나 이미 끝났을 것이다.

모든 단계를 통과했다면 녹색으로 체크된 것을 확인할 수 있다. 문제가 있다면 빌드의 로그 결과를 확인하여 실패한 항목을 확인한다.

테스트를 통과했다면 컨테이너는 개인 구글 컨테이너 레지스트리에 게시되며 변경 사항의 깃 커밋 SHA가 태그로 지정된다.

14.4.12 CD 파이프라인에서 배포하기

이제 깃 푸시로 빌드를 트리거, 테스트를 실행, 최종 컨테이너를 레지스트리에 게시할 수 있다. 이번 단계에서는 쿠버네티스에 컨테이너를 배포한다.

이번 예제에서는 두 개의 환경(production, staging)으로 나뉜 별도의 네임스페이스에 staging-demo와 production-demo 컨테이너를 배포한다.

깃 태그가 staging인 경우 스테이징 환경에, production인 경우 상용 환경에 배포하도록 클라우드 빌드를 설정한다. 이를 위한 별도의 파이프라인으로 **cloudbuild-deploy.yaml** YAML 파일을 사용한다.

쿠버네티스 클러스터의 자격 증명 얻기

헬름으로 쿠버네티스에 배포하기 위해서는 클러스터와 통신할 수 있도록 kubectl을 설정해야 한다.

```
- id: get-kube-config
  dir: hello-cloudbuild
  name: gcr.io/cloud-builders/kubectl
  env:
  - CLOUDSDK_CORE_PROJECT=${_CLOUDSDK_CORE_PROJECT}
  - CLOUDSDK COMPUTE_ZONE=${_CLOUDSDK_COMPUTE_ZONE}
  - CLOUDSDK_CONTAINER_CLUSTER=${_CLOUDSDK_CONTAINER_CLUSTER}
  - KUBECONFIG=/workspace/.kube/config
  args:
    - cluster-info
```

이 단계에서는 ${_CLOUDSDK_CORE_PROJECT}와 같은 변수를 참조한다. 변수는 예제와 같이 빌드 트리거에 정의하거나 파이프라인 파일의 substitutions에 정의한다.

```
substitutions:
  _CLOUDSDK_CORE_PROJECT=demo_project
```

사용자 정의 대체 항목은 밑줄(_)로 시작해야 하며 대문자와 숫자만 사용해야 한다. 클라우드 빌드는 또한 $PROJECT_ID와 $COMMIT_SHA 같이 미리 정의된 대체 항목을 제공한다(전체 리스트는 웹사이트[13]를 참조).

또한 쿠버네티스 엔진 클러스터를 변경하기 위해서는 클라우드 빌드 서비스 계정을 인증해야 한다. GCP에 있는 IAM 섹션에서 클라우드 빌드의 서비스 계정에 **Kubernetes Engine 개발자** 롤을 부여한다.

환경 태그 추가하기

이번 단계에서는 배포를 트리거한 깃 태그와 동일한 태그를 컨테이너에 지정한다.

```
- id: update-deploy-tag
  dir: hello-cloudbuild
  name: gcr.io/cloud-builders/gcloud
  args:
    - container
    - images
    - add-tag
    - gcr.io/${PROJECT_ID}/demo:${COMMIT_SHA}
    - gcr.io/${PROJECT_ID}/demo:${TAG_NAME}
```

클러스터에 배포하기

여기서는 헬름을 실행하여 클러스터에 애플리케이션을 업그레이드한다. 이전에 획득한 쿠버네티스 자격 증명을 사용한다.

```
- id: deploy
  dir: hello-cloudbuild
  name: cloudnatived/helm-cloudbuilder
  env:
    - KUBECONFIG=/workspace/.kube/config
  args:
```

---

13 *https://cloud.google.com/cloud-build/docs/configuring-builds/substitute-variable-values*

```
- helm
- upgrade
- --install
- ${TAG_NAME}-demo
- --namespace=${TAG_NAME}-demo
- --values
- k8s/demo/${TAG_NAME}-values.yaml
- --set
- container.image=gcr.io/${PROJECT_ID}/demo
- --set
- container.tag=${COMMIT_SHA}
- ./k8s/demo
```

helm upgrade 명령어는 몇 가지 플래그를 추가한다.

namespace

애플리케이션을 배포할 네임스페이스다.

values

환경에 따라 사용할 헬름 values 파일이다.

set container.image

배포할 컨테이너의 이름을 지정한다.

set container.tag

특정 태그(원본은 깃 SHA)를 이미지에 지정하여 배포한다.

14.4.13 배포 트리거 생성하기

이제 staging과 production 환경에 배포하기 위한 트리거를 추가해보자.

'14.4.10절 첫 번째 빌드 트리거 생성하기'에서 했던 대로 클라우드 빌드에서 새로운 트리거를
생성한다. 하지만 이번에는 브랜치 대신에 태그를 푸시할 때 빌드를 트리거하도록 설정한다.

또한 hello-cloudbuild/cloudbuild.yaml 파일 대신 hello-cloudbuild/cloudbuild-

deploy.yaml을 사용한다.

대체 변수 섹션에는 스테이징 빌드와 관련된 값을 지정한다.

- **_CLOUDSDK_CORE_PROJECT**는 운영 중인 GKE 클러스터의 구글 클라우드 프로젝트 ID 를 설정한다.

- **_CLOUDSDK_COMPUTE_ZONE**은 클러스터의 가용성 영역과 일치해야 한다(또는 지역 클러 스터인 경우 지역과 일치해야 한다).

- **_CLOUDSDK_CONTAINER_CLUSTER**는 CKE 클러스터의 실제 이름을 지정한다.

이러한 변수는 별도의 클러스터나 GCP 프로젝트 환경에서 실행하더라도 동일한 YAML 파일 을 사용하여 스테이징과 상용 환경에 배포할 수 있음을 의미한다.

staging 태그로 트리거를 생성했다면 **staging** 태그로 저장소에 푸시하여 트리거를 테스트해 보자.

```
git tag -f staging
git push -f origin refs/tags/staging
Total 0 (delta 0), reused 0 (delta 0)
To github.com:domingusj/demo.git
 * [new tag]          staging -> staging
```

빌드 프로세스는 GCP 웹사이트[14]에서 확인할 수 있다.

설정한 대로 진행된다면 클라우드 빌드는 GKE 클러스터에 성공적으로 인증하고 애플리케이 션의 스테이징 버전을 **staging-demo** 네임스페이스로 배포한다.

GKE 대시보드(*https://console.cloud.google.com/kubernetes/workload*)나 helm **status** 명령어를 사용하면 배포 상태를 확인할 수 있다.

마지막으로 동일한 단계를 따라 **production** 태그를 푸시하여 상용 환경에 컨테이너를 배포하 는 트리거를 생성해보자.

---

14 *https://console.cloud.google.com/projectselector/cloud-build/builds?supportedpurview=project*

14.4.14 빌드 파이프라인 최적화하기

클라우드 빌드와 같은 컨테이너 기반의 CD 파이프라인 도구를 사용한다면 각 단계의 컨테이너는 가능한 작게 만드는 것이 중요하다('2.3.2절 최소 컨테이너 이미지' 참조). 하루에 수십, 수백 개의 빌드를 실행한다면 컨테이너의 풀링 타임은 과도하게 증가한다.

예를 들어 SOPS를 사용하여 시크릿을 복호화한다면('10.4절 SOPS로 시크릿 암호화하기' 참조) 공식 `mozilla/sops` 컨테이너 이미지의 크기는 약 800MiB다. 멀티 스테이지 빌드로 커스텀 이미지를 빌드하면 이미지 크기를 20MiB 정도로 줄일 수 있다. 커스텀 이미지는 모든 빌드에서 풀링되며 크기와 시간을 40배 줄이므로 매우 유용하다.

최소 컨테이너 이미지를 빌드하기 위해 멀티 스테이지 빌드로 작성된 SOPS의 도커파일은 깃허브 저장소(*https://github.com/bitfield/sops*)를 참고하기 바란다.

14.4.15 예제 파이프라인 적용하기

이번 장의 예제로 CD 파이프라인의 핵심 개념을 이해하기를 바란다. 파이프라인 구축에 클라우드 빌드를 사용한다면 예제 코드를 시작점으로 사용할 수 있을 것이다. 다른 CD 도구를 사용한다면 예제에서 설명한 내용을 바탕으로 자신의 환경에 맞춰 쉽게 적용할 수 있을 것이다.

14.5 마치며

애플리케이션의 지속적 배포 파이프라인을 구성하면 소프트웨어를 일관적이고 안정적이며 신속하게 배포할 수 있다. 이상적으로 개발자는 코드를 소스 제어 저장소에 푸시할 수 있어야 하며 모든 빌드, 테스트, 배포 단계는 중앙화된 파이프라인에서 자동으로 수행되어야 한다.

CD 소프트웨어와 기술은 매우 다양하므로 모든 사람에게 적합한 단일 도구를 추천하기는 어렵다. 대신 CD의 방법과 장점을 보여주고 조직에서 CD를 구현할 때 검토할 수 있는 몇 가지 중요한 정보를 제공하는 것을 목표로 한다.

이 장에서 놓치지 말아야 할 내용을 정리해보자.

- 새로운 파이프라인을 빌드할 때 사용할 CD 도구를 결정하는 것은 중요한 과정이다. 필자가 언급한 모든 도구는 대부분 기존 CD 도구에 통합될 수 있다.

- 젠킨스, 깃랩, 드론, 클라우드 빌드, 스피네이커는 쿠버네티스에서 잘 작동하는 인기 있는 CD 도구 중 일부다. Gitkube, Flux, Keel과 같은 새로운 도구는 쿠버네티스 클러스터에 자동으로 배포하기 위해 특별히 만들어졌다.

- 빌드 파이프라인의 단계를 코드로 정의하면 애플리케이션 코드와 함께 단계를 추적하고 수정할 수 있다.

- 컨테이너를 사용하면 개발자가 새로운 컨테이너를 리빌드하지 않아도 테스트, 스테이징, 상용과 같은 여러 환경에 맞춰 빌드 아티팩트를 승격시킬 수 있다.

- 클라우드 빌드를 사용한 파이프라인 예제는 다른 도구와 애플리케이션에도 쉽게 적용할 수 있다. 전체 빌드, 테스트, 배포 단계는 도구나 소프트웨어의 유형에 관계 없이 CD 파이프라인이 대체로 동일하다.

CHAPTER 15

관측가능성과 모니터링

배 위에서 절대적으로 옳은 것은 없다.

– 윌리엄 롱가베수William Langewiesche (미국 작가), 『The Outlaw Sea』

이번 장에서는 클라우드 네이티브 애플리케이션의 관측가능성observability과 모니터링에 대한 질문을 살펴본다. 관측가능성이란 무엇일까? 모니터링과 어떤 관련이 있을까? 쿠버네티스 애플리케이션을 모니터링, 로깅, 메트릭, 추적할 수 있는 방법은 무엇일까?

15.1 관측가능성이란?

관측가능성이라는 용어가 친숙하지 않게 느껴질 수 있다. 하지만 관측가능성은 전통적인 모니터링을 넘어 더 넓은 범위의 모니터링을 표현하는 방식으로 점점 대중화되며 발전하고 있다. 관측가능성을 살펴보기 전에 먼저 **모니터링**부터 알아보자.

15.1.1 모니터링이란?

현재 운영하는 웹사이트가 정상적으로 작동 중인지 어떻게 알 수 있을까? 애플리케이션과 서비스가 제대로 작동하는지 확인하는 가장 기본적인 방법은 직접 접속해보는 것이다. 하지만 데브옵스 환경에서의 모니터링은 주로 **자동화된 모니터링**을 말하는 것이다.

자동화된 모니터링은 프로그래밍 방식으로 웹사이트나 서비스의 가용성이나 작동 현황을 주기적으로 확인하고 문제가 생기면 엔지니어에게 자동으로 알려준다. 자, 그렇다면 '문제'를 정의하는 기준은 무엇일까?

15.1.2 블랙박스 모니터링

필자가 운영하는 블로그(*https://cloudnativedevopsblog.com*)를 예로 들어 정적 웹사이트 모니터링을 간단히 살펴보자.

웹사이트가 작동을 멈추면 응답하지 않거나 브라우저에 에러 메시지가 표시된다. 따라서 웹사이트를 모니터링하는 가장 간단한 방법은 홈페이지에 접속해 HTTP 상태 코드를 확인하는 것이다. HTTP status 200은 요청이 성공했음을 의미한다. 이러한 방식은 httpie나 curl과 같은 명령줄 HTTP 클라이언트로 실행할 수 있다. 클라이언트의 종료 상태가 0이 아니면 웹사이트 접속에 문제가 발생한 것이다.

하지만 웹서버 구성에 오류가 있다면 서버가 HTTP 200 OK 상태를 응답하더라도 실제로는 빈 페이지(또는 기본 페이지, 환영 페이지, 잘못된 사이트)를 응답할 수 있다. 이 경우 HTTP 요청은 성공했으므로 앞서 설명한 간단한 모니터링으로는 문제를 전혀 감지할 수 없다. 하지만 사용자 관점에서 웹사이트는 실제로 문제가 발생한 상태다(필자의 흥미롭고 유익한 블로그 포스트를 읽을 수 없다).

더 정교한 모니터링 방식은 '**Cloud Native DevOps**'와 같은 특정 텍스트를 페이지에서 찾는 것이다. 이러한 방식은 작동을 하면서 잘못 구성된 웹서버의 문제를 찾아낼 수 있다.

정적 페이지를 넘어

복잡한 웹사이트에는 좀 더 복잡한 모니터링 방식이 필요하다. 예를 들어 사용자가 로그인할 수 있는 사이트의 모니터링 방식은 사전에 생성한 사용자 계정으로 로그인을 시도하고 로그인에 실패할 경우 알림을 생성한다. 또는 사이트에 검색 기능이 있다면 텍스트 필드에 검색어를 입력하고 검색 버튼 클릭하여 검색 결과가 예상된 텍스트를 포함하는지 확인할 수 있다.

간단한 웹사이트는 '작동합니까?'라는 질문에 **예/아니오**로 답변하면 충분하지만, 복잡한 분산 시스템인 클라우드 네이티브 애플리케이션에는 여러 질문이 필요하다.

- 애플리케이션이 전 세계 어디서나 서비스 가능합니까? 특정 지역에서만 접속 가능합니까?

- 사용자가 로드하는 데 걸리는 시간은 얼마입니까?

- 다운로드 속도가 느린 사용자가 있습니까?

- 웹사이트의 모든 기능이 의도한 대로 작동합니까?

- 특정 기능이 느리거나 작동하지 않는다면 얼마나 많은 사용자가 영향을 받습니까?

- 애플리케이션이 서드 파티 서비스에 의존한다면 외부 서비스에 문제가 있거나 사용 불가능할 경우 어떤 영향이 있습니까?

- 클라우드 서비스 업체에서 운영 중단이 발생하면 어떻게 됩니까?

블랙박스 모니터링의 한계

하지만 이러한 검사 방식은 모두 동일한 블랙박스 모니터링 범주에 속한다. **블랙박스 모니터링**은 이름에서 알 수 있듯이 시스템 내부의 상황을 관찰하지 않고 시스템 외부의 작동만 관찰한다.

Nagios, Icinga, Zabbix, Sensu, Check_MK와 같이 널리 사용되는 블랙박스 모니터링 도구는 몇 년 전까지 꽤 최신 기술이었다. 그게 무엇이든 자동화된 모니터링을 구축한다면 없는 것보다는 확실히 낫다. 하지만 블랙박스 모니터링에는 몇 가지 한계가 있다.

- 블랙박스 모니터링은 예측 가능한 장애만 탐지할 수 있다(예를 들어 웹사이트가 응답하지 않는).

- 블랙박스 모니터링은 외부에 노출되는 시스템의 일부 기능만 검사할 수 있다.

- 블랙박스 모니터링은 수동적이고 반응적이다. 문제가 **발생한 후에만** 감지할 수 있다.

- 블랙박스 모니터링은 '무엇이 문제입니까?'라는 질문에 대답할 수 있지만 '원인이 무엇입니까?'라는 질문에는 대답할 수 없다.

'원인이 무엇입니까?'라는 질문에 대답하기 위해서는 블랙박스 모니터링을 넘어서야 한다.

이러한 종류의 **업/다운**up/down 테스트[1]에는 문제가 있다. **업**이란 무엇을 의미할까?

15.1.3 업/다운 테스트의 진정한 의미

운영에서는 일반적으로 **가동 시간**uptime 중 애플리케이션의 탄력성과 가용성을 백분율로 측정한다. 예를 들어 가동 시간이 99%인 애플리케이션은 사용 불가능한 시간이 1% 이상을 넘지 않는다. 99.9% 가동 시간은 **쓰리 나인**three nines이라 불리며 1년에 다운타임이 약 9시간으로 웹 애플리케이션에서는 평균적으로 좋은 수치다. 포 나인four nines (99.99%)은 1년에 다운타임이 1시간 미만이며, 파이브 나인five nines (99.999%)은 약 5분이다.

단순하게 숫자 9가 많을수록 좋다고 생각할 수도 있겠지만 이러한 관점은 중요한 점을 놓칠 수 있다.

> 사용자가 만족하지 않는다면 숫자 9의 개수는 중요하지 않다.
>
> — 체리티 메이저스Charity Majors

숫자 9의 개수는 중요하지 않다.

측정 가능한 수치는 과장되어 강조되는 면이 있다. 그러므로 무엇인가를 측정할 때는 신중해야 한다. 서비스가 사용자에게 제공되지 않으면 '**서비스가 다운 상태다**'라는 내부 메트릭의 값은 의미가 없으며, 서비스가 '**업**' 상태여도 고객이 만족하지 않을 만한 상황은 충분히 많다.

명확한 예를 하나 들어보자. 페이지를 불러오는 데 10초가 걸리는 웹사이트가 있다. 10초 후에 페이지가 열려도 이는 너무 느리므로 완전히 '다운'된 것이나 마찬가지다. 고객은 이미 떠나고 없다.

전통적인 블랙박스 모니터링은 이러한 문제를 로딩 시간을 정의하여 해결한다. 5초 이내는 '업'으로 그 이상은 '다운'으로 판단하고 알림을 생성한다. 하지만 고객이 2~10초 정도의 범위 내에서 로딩 시간을 경험한다면 어떨까? 일부 고객의 서비스는 '다운' 상태이며 다른 고객은 '업' 상태가 될 것이다. 북미 지역 고객에게는 로딩 시간이 정상이지만 유럽이나 아시아 고객에게는

---

1 옮긴이_ 서비스의 작동 상태를 기계적으로 '작동한다/작동하지 않는다'로 평가하는 테스트다. '업'은 서비스가 작동하며 실행되는 상태, '다운'은 장애가 발생해 작동하지 않는 상태를 말한다.

로딩 시간이 길 수도 있다. 어떻게 해야 할까?

클라우드 네이티브 애플리케이션은 절대 '업'이 되지 않는다.

더 복잡한 규칙과 임계치를 적용하여 서비스의 상태에 대한 **업/다운** 응답을 받을 수 있겠지만 문제는 이러한 질문은 돌이킬 수 없을 정도로 결함이 있다는 것이다. 클라우드 네이티브 애플리케이션과 같은 분산 시스템은 절대로 '업'이 될 수 없다(*http://red.ht/2hMHwSL*). 분산 시스템은 늘 일부가 저하된 일정한 상태로 존재한다.

이는 **그레이 실패**[2]라고 불리는 문제의 한 예이다. 그레이 실패는 정의상 단일 관점이나 단일 관찰로 탐지하기 어렵다.

블랙박스 모니터링은 관측가능성을 시작하는 좋은 출발점이지만 여기서 안주해서는 안 된다는 것을 아는 게 중요하다. 더 좋은 방법을 알아보자.

15.1.4 로깅

애플리케이션 대부분은 **로그**를 생성한다. 로그는 일련의 기록이며 일반적으로 작성 시간과 순서를 나타내기 위한 타임스탬프를 포함한다. 예를 들어 웹서버는 다음 정보를 포함하여 각 요청을 로그에 기록한다.

- 요청된 URI
- 클라이언트의 IP 주소
- 응답 값의 HTTP 상태

애플리케이션에서 오류가 발생하면 운영자가 문제의 원인을 파악하는 데 도움이 될 수 있는 정보를 로그에 기록한다.

종종 광범위한 애플리케이션이나 서비스는 중앙 데이터베이스(예를 들어 일래스틱 서치)로 로그를 모아 문제 해결을 위한 쿼리나 그래프 표현에 활용한다. 로그스태시Logstash, 키바나Kibana

---

2 옮긴이_ 그레이 실패는 관측 시스템에서는 정상이지만 애플리케이션 내부에 이슈가 있는 상태다. 예를 들어 성능 저하, 랜덤 패킷 손실, 메모리 누수 등이 있다. 그레이 실패를 방치하면 운영 중단에 이르는 심각한 문제로 확대될 수 있다(*https://blog.acolyer.org/2017/06/15/gray-failure-the-achilles-heel-of-cloud-scale-systems*).

같은 도구나 스플렁크Splunk, 로글리Loggly와 같은 호스팅 서비스는 대용량의 로그 데이터를 수집하고 분석할 수 있게 설계되었다.

로깅의 한계

로그는 유용하지만 한계가 있다. 로깅 여부는 애플리케이션을 작성한 개발자가 결정한다. 그러므로 로그는 블래바스 검사와 같이 미리 예측한 문제만 감지할 수 있다

또한 모든 애플리케이션은 서로 다른 포맷으로 로그를 작성하므로 로그에서 정보를 추출하기 어려울 수 있다. 또한 운영자는 종종 사용 가능한 숫자나 이벤트 데이터로 로그를 변환하기 위해 각 유형의 대해 사용자 정의 구문 분석을 작성해야 한다.

로그는 발생 가능한 모든 문제를 진단하기에 충분한 정보를 기록해야 하므로 일반적으로 관련 없는 정보가 많이 포함되어 있다. 모든 데이터를 로그로 남긴다면 필요한 하나의 오류 메시지를 찾기 위해 수백 개의 로그 페이지를 처리해야 하므로 시간이 많이 소요된다. 하지만 오류 상황만 로그로 기록하면 **정상** 상태를 파악하기 어렵다.

로그는 확장하기 어렵다

로그는 트래픽에 따라 확장되지 않는다. 모든 사용자의 요청이 로그 중앙 서버로 로그를 남긴다면 많은 네트워크 대역폭(사용자에게 서비스를 제공할 수 없을 만큼 큰 규모의)을 사용하여 로그 수집기에서 병목 현상이 발생할 수 있다.

많은 호스팅 로깅 서비스 업체는 생성한 로그 양에 따라 요금을 청구한다(이해할 수는 있지만 유감스러운 일이다). 이것은 적은 양의 정보를 로깅하고 적은 사용자와 적은 트래픽을 서비스하게 한다.

자체 호스팅 로깅 솔루션도 마찬가지다. 저장하는 데이터가 많을수록 지불해야 하는 하드웨어, 스토리지, 네트워크 리소스는 많아진다. 또한 로그 중앙 서버를 유지하는 데 더 많은 엔지니어링 시간이 소요된다.

쿠버네티스에서 로깅하는 것이 유용할까?

'7.3.1절 컨테이너 로그 보기'에서는 컨테이너가 로그를 생성하는 방식과 쿠버네티스에서 직접 로그를 확인하는 방법을 설명했다. 이는 개별 컨테이너를 디버깅하는 유용한 기술이다.

쿠버네티스에서 로깅을 사용하는 경우에는 일반 텍스트보다는 JSON과 같이 자동으로 구분 분석할 수 있는 구조화된 데이터 형식을 사용해야 한다('15.2절 관측가능성 파이프라인' 참조).

중앙 로그 수집기(ELK와 같은 서비스)는 쿠버네티스 애플리케이션에 유용할 수 있지만 전부는 아니다. 중앙 로깅을 활용한 일부 비즈니스 사용 사례가 있지만(예를 들어 감사나 보안 요구사항 또는 고객 분석) 로그가 관측가능성에 필요한 모든 정보를 제공할 수는 없다.

진정한 관측가능성을 위해서는 로그를 넘어 더 강력한 것이 필요하다.

15.1.5 메트릭 소개

서비스에 대한 정보를 수집하는 더 정교한 방법은 메트릭을 사용하는 것이다. 이름에서 알 수 있듯이 메트릭은 수치로 표현한 값이다. 애플리케이션에 따른 메트릭은 다음과 같다.

- 현재 처리 중인 요청 수

- 분당(또는 초당, 또는 시간당) 처리된 요청 수

- 요청을 처리할 때 발생한 오류 수

- 요청을 처리하는 데 걸린 평균 시간(혹은 피크 타임이나 99번째 백분위수[3])

애플리케이션뿐만 아니라 인프라에 대한 메트릭을 수집하는 것도 유용하다.

- 컨테이너나 개별 프로세스의 CPU 사용률

- 노드 및 서버의 디스크 I/O

- 머신, 클러스터, 로드 밸런서의 인바운드, 아웃바운드 네트워크 트래픽

메트릭은 '원인이 무엇입니까?'라는 질문에 대답할 수 있게 도와준다

메트릭은 단순한 **업/다운**을 넘어 새로운 차원의 모니터링 방식으로 자동차의 속도계나 온도계의 눈금과 같이 상황에 대한 수치 정보를 제공한다. 로그와 다르게 메트릭은 그래프 그리기, 통계 작성, 미리 정의된 임곗값에 대한 알림와 같은 유용한 방법으로 쉽게 활용할 수 있다. 예를

---

3 백분위수는 '16.3.3절 백분위수 발견' 참조

들어 일정 기간 동안 애플리케이션의 오류 발생률이 10%를 초과한다면 모니터링 시스템이 알림을 생성할 수 있다.

메트릭은 또한 문제에 대한 '원인이 무엇입니까?'라는 질문을 답변하는 데 도움이 될 수 있다. 예를 들어 사용자가 애플리케이션에서 긴 응답 시간을 경험한다고 생각해보자(높은 **지연 시간**). 먼저 메트릭을 확인하면 **지연 시간**이 높은 시점이 특정 머신이나 구성 요소의 **CPU 사용률**이 높은 시점과 유사하게 일치함을 알 수 있다. 이는 운영자가 어너서 문제를 찾기 시작해야 할지 단서를 제공한다. 구성 요소가 정지되어 있거나 실패한 작업을 반복적으로 재시도하는 상태일 수 있으며 또는 해당 호스트 하드웨어에 문제가 있을 수 있다.

메트릭은 문제 예측에 도움이 된다.

또한 메트릭은 예측할 수 있다. 일반적으로 문제는 한 번에 발생하지 않는다. 일부 메트릭은 운영자나 사용자가 문제를 인식하기 전에 증가하여 문제가 발생할 수 있음을 사전에 알려줄 수 있다.

예를 들어 서버의 디스크 사용률 메트릭은 서서히 오르다 시간이 지나면 결국 디스크 용량이 부족하여 모든 것이 실패하는 지점에 도달한다. 메트릭이 장애 영역에 도달하기 전에 알림을 생성했다면 실패가 전혀 일어나지 않도록 막을 수 있었을 것이다.

일부 시스템은 머신러닝 기술을 사용하여 메트릭을 분석하고 이상 징후를 감지하며 문제의 원인을 찾아낸다. 이는 특히 복잡한 분산 시스템에서 유용하다. 하지만 대부분의 경우 단순히 메트릭을 수집하고 그래프로 표현하고 알림을 생성하는 것만으로도 충분하다.

메트릭은 애플리케이션 내부를 모니터링한다

블랙박스 검사의 경우 운영자는 애플리케이션이나 서비스 내부 구현에 대해 추측하고 어떤 고장이 발생할 수 있으며 이것이 외부 작동에 어떤 영향을 미칠지 예측해야 한다. 이와 반대로 메트릭을 사용하면 애플리케이션 개발자가 시스템의 실제 작동(또는 장애) 지식을 기반으로 시스템의 내부에 대한 주요 정보를 내보낼 수 있다.

> 애플리케이션의 리버스 엔지니어링을 중지하고 내부를 모니터링하자.
>
> – 켈시 하이타워, 〈Monitorama PDX 2019〉 강연[4]

---

4 *https://vimeo.com/173610242*

프로메테우스, statsd, 그라파이트Graphite와 같은 도구나 데이터도그, 뉴렐릭, 다이나트레이스 같은 호스팅 서비스는 메트릭 데이터를 수집하고 관리하는 데 널리 사용된다.

'16장 쿠버네티스 메트릭'에서는 메트릭에 대한 더 자세한 정보로 어떤 종류의 메트릭에 집중해야 하는지, 메트릭을 어떻게 활용하는지 설명한다. 이번 장에서는 추적을 살펴보고 관측가능성을 더 자세히 알아보자.

15.1.6 추적

모니터링 도구의 또 다른 유용한 기술은 **추적**tracing이다. 추적은 특히 분산 시스템에서 중요하다. 메트릭과 로그는 시스템의 각 개별 구성 요소에서 발생하는 상황을 알려주지만 추적은 전체 수명 주기 동안 단일 사용자의 요청을 추적한다.

예를 들어 일부 사용자가 요청에 대해 높은 지연 시간을 경험하는 이유를 파악한다고 생각해보자. 먼저 각 시스템 구성 요소의 메트릭을 검사할 것이다. 로드 밸런서, 인그레스, 웹서버, 애플리케이션 서버, 데이터베이스, 메시지 버스 등이 모두 정상이라면 문제는 무엇일까?

지연이 발생하는 사용자의 요청을 연결이 열린 시점부터 닫힌 시점까지 추적한다면 전체 시스템의 각 단계에서 지연 시간이 얼마나 소요되는지에 대한 그림을 볼 수 있을 것이다.

예를 들어 파이프라인의 각 단계에 요청을 처리하는 시간이 평소보다 100배 더 긴 데이터베이스 홉이 있는 경우가 있다. 데이터베이스가 잘 작동하고 메트릭에도 문제가 없지만, 어떤 이유로 애플리케이션 서버는 데이터베이스에서 요청을 완료하기까지 오랜 시간을 기다려야 하는 상태다.

결국에는 애플리케이션 서버와 데이터베이스 서버간 특정 네트워크 링크의 과도한 패킷 로스로 문제를 추적한다. 분산 추적에서 제공하는 **요청 조감도**request's eye view 없이 이러한 문제를 찾기는 어렵다.

유명한 분산 추적 도구는 집킨Zipkin, 예거Jaeger, 라이트스텝LightStep이 있다. 엔지니어 마스루 하산Masroor Hasan이 작성한 블로그 포스트를 읽어보면 예거를 사용하여 쿠버네티스에서 분산 추적을 하는 방법을 참고할 수 있다.

오픈 추적 프레임워크[5](클라우드 네이티브 컴퓨팅 재단의 육성 프로젝트)는 분산 추적을 위한 표준과 API를 제공하는 것을 목표로 한다.

15.1.7 관측가능성

모니터링 용어는 평범한 블랙박스 감시에서 메트릭, 로깅, 추적의 조합까지 사람들마다 다른 이미를 가지게 되므로 이러한 기술을 모두 포괄하는 용어로 **관측가능성**을 사용하는 것이 일반화되었다. 관측가능성은 시스템을 얼마나 잘 계측하는지와 내부 상태를 얼마나 쉽게 찾을 수 있는지 측정하는 것이다. 어떤 사람은 관측가능성이 모니터링의 상위 개념이라고 하며, 또 어떤 사람은 전통적인 모니터링과 완전히 다른 사고방식을 반영한다고 말한다.

용어를 구별하는 가장 명확한 점은 모니터링이 **시스템의 작동 여부를 알려주는** 반면, 관측가능성은 **시스템이 작동하지 않는 이유**를 운영자가 묻게 한다는 것이다.

관측가능성은 이해에 관한 것이다

더 일반적으로 관측가능성은 시스템의 기능과 작동 방식을 **이해하는 것**이다. 예를 들어 특정 기능의 성능을 10% 향상하도록 수정된 코드를 롤아웃하면 관측가능성은 성능 향상 여부를 알려줄 수 있다. 성능이 조금만 향상되거나 반대로 나빠지면 코드를 다시 점검해야 한다.

반면에 성능이 20% 향상된 경우 수정 사항이 기대를 넘어 성공한 것이며 왜 예측치가 낮았는지 고민할 필요가 있다. 관측가능성은 시스템의 여러 부분이 상호 작용하는 방법에 대한 운영자의 사고방식을 구축하고 다듬는 데 도움이 된다.

관측가능성은 또한 **데이터**에 관한 것이다. 생성할 데이터와 수집할 데이터를 알아야 하며 적절하게 집계하는 방법, 집중할 결과, 쿼리하고 디스플레이하는 방법을 알아야 한다.

소프트웨어는 이해하기 어렵다

전통적인 모니터링에서는 CPU 로드, 디스크 활동, 네트워크 패킷 등 **머신**에 대한 많은 데이터가 있다. 하지만 소프트웨어에 대한 데이터는 많지 않기 때문에 소프트웨어 자체를 계측해야 한다.

---

5 *https://opentracing.io*

소프트웨어는 기본적으로 이해하기 어렵다. 소프트웨어는 인간에게 무엇을 하고 있는지 알려주기 위해 데이터를 생성해야만 한다. 관측 가능한 시스템은 "적절하게 작동하는가?"라는 질문에 답할 수 있어야 하며 문제가 있을 경우 영향 범위를 진단하고 원인을 찾을 수 있어야 한다.

— 크리스틴 스팽Christine Spang[6]

관측가능성 문화 만들기

일반적으로 관측가능성은 **문화**에 관한 것이다. 데브옵스 철학의 핵심 원칙은 개발 코드와 상용 환경에서 코드를 실행하는 반복 과정을 제거하는 것으로 관측가능성은 이를 실천하기 위한 필수 도구다. 개발자와 운영 담당자는 관측가능성을 위해 긴밀하게 협업해야 하며 제공된 정보를 바탕으로 가장 좋은 활용 방법을 찾아야 한다.

관측가능성 팀의 목표는 로그, 메트릭, 추적을 수집하는 것이 아니다. 관측가능성은 사실과 피드백에 기반한 엔지니어링 문화를 만드는 것이다. 그리고 보다 광범위한 조직에 이러한 문화를 전파하는 것이다.

— 브라이언 녹스Brian Knox[7]

15.2 관측가능성 파이프라인

실제로 관측가능성은 어떻게 작동할까? 관측가능성은 일반적으로 여러 개의 데이터 소스(로그, 메트릭 등)를 다양한 데이터 저장소에 연결한다.

예를 들어 로그는 ELK 서버로 전달되는 반면 메트릭은 3~4개의 다양한 관리형 서비스에 전달된다. 전통적인 모니터링 검사는 또 다른 서비스로 보고한다. 하지만 이러한 방식은 적합하지 않다.

우선 확장이 어렵다. 데이터 소스와 저장소가 많을수록 내부 연동이 늘어나며 연결 때문에 트래픽이 많이 발생한다. 이러한 종류의 다양한 연결을 안정적이고 신뢰할 수 있게 하는 것에 엔

---

6 _https://twitter.com/jetarrant/status/1025122034735435776_

7 _https://twitter.com/taotetek/status/974989022115323904_

지니어링 시간을 들이는 것은 옳지 않다.

또한 통합된 시스템이 특정 솔루션이나 서비스 업체에 의존성이 높을수록 변경하거나 대안을 찾기가 어렵다.

이 문제를 해결하기 위해 인기 있는 방법은 관측가능성 파이프라인[8]을 이용하는 것이다.

> 관측가능성 파이프라인을 사용하면 데이터 소스를 매핑에서 제기하고 비피를 제공한다. 관측가능성 파이프라인은 데이터를 쉽게 소비할 수 있게 한다. 컨테이너, VM, 인프라에서 어떤 데이터를 전송하는지, 전송 위치와 방법은 무엇인지 더는 파악할 필요가 없다. 모든 데이터는 파이프라인으로 전송되며 파이프라인에서는 데이터를 필터링할 수 있고 올바른 장소로 전달할 수 있다. 관측가능성 파이프라인은 데이터 싱크를 추가하거나 제거하는 면에서 큰 유연성을 제공한다. 또한 데이터 생산자와 소비자 사이에 버퍼를 제공한다.
>
> – 타일러 트리트Tyler Treat

관측가능성 파이프라인은 큰 이점을 제공한다. 이제 새로운 데이터 소스를 추가하기 위해 파이프라인에 연결만 하면 된다. 마찬가지로 새로운 시각화나 알림 서비스는 파이프라인의 또 다른 소비자가 된다.

파이프라인은 데이터를 버퍼에 보관하므로 데이터가 유실되지 않는다. 트래픽이 갑자기 증가하고 메트릭 데이터에 과부하가 발생하면 파이프라인은 샘플을 삭제하지 않고 버퍼에 보관한다.

관측가능성 파이프라인을 사용하려면 표준 메트릭 형식과 (이상적으로) JSON이나 직렬화된 데이터 형식을 사용하는 애플리케이션의 로깅이 필요하다 ('16.6.1절 프로메테우스' 참조).

원시 텍스트 로그를 내보내고 나중에 정규 표현식으로 구문 분석 하는 것보다는 처음부터 구조화된 데이터로 시작하기를 권한다.

---

8 *https://dzone.com/articles/the-observability-pipeline*

15.3 쿠버네티스 모니터링

이제 블랙박스 모니터링이 무엇인지 이해했고 일반적으로 관측가능성과 어떤 관련이 있는지 이해했으니 쿠버네티스 애플리케이션에 모니터링을 어떻게 적용하는지 살펴보자.

15.3.1 외부 블랙박스 검사

앞서 본 것처럼 블랙박스 모니터링은 애플리케이션의 다운 상태만 탐지할 수 있지만 여전히 유용한 정보다. 클라우드 네이티브 애플리케이션에는 여러 종류의 문제가 있을 수 있으며 문제가 있어도 여전히 일부 요청들을 처리할 수 있다. 엔지니어는 사용자가 문제를 인식하기 전에 슬로우 쿼리나 높은 오류 발생률과 같은 내부 문제를 해결할 수 있다.

하지만 더 중요한 문제는 전체 단위의 **운영 중단**이다. 이 경우 애플리케이션을 사용할 수 없거나 대부분의 사용자에게 작동하지 않는다. 이는 사용자뿐만 아니라 비즈니스에도 좋지 않을 것이다. 운영 중단을 감지하기 위해서는 사용자와 동일한 방식으로 서비스를 사용해 모니터링해야 한다.

사용자 행동 모방 모니터링

예를 들어 HTTP 서비스라면 모니터링 시스템은 단순 TCP 연결이 아닌 HTTP 요청을 만들어야 한다. 서비스가 정적 텍스트를 응답한다면 모니터링은 텍스트가 예상된 문자열과 일치하는지 확인할 수 있어야 한다. 일반적으로는 '15.1.2절 블랙박스 모니터링'에서 살펴본 것처럼 좀 더 복잡한 방식으로 검사한다.

운영 중단 상황에서는 간단한 텍스트 비교로도 애플리케이션이 다운되었는지 확인하기에 충분할 것이다. 하지만 애플리케이션 내부(예를 들어 쿠버네티스)는 블랙박스 검사를 수행하는 것만으로는 충분하지 않다. 운영 중단은 다음과 같이 사용자와 인프라의 사이의 다양한 문제와 장애에 의해 발생할 수 있다.

- 잘못된 DNS 레코드

- 네트워크 파티션

- 패킷 손실

- 잘못 구성된 라우터

- 방화벽 규칙이 없거나 잘못됨

- 클라우드 서비스 업체 운영 중단

이러한 모든 상황에서 내부 메트릭과 모니터링은 전혀 문제없이 표시될 수 있다. 그러므로 우선순위를 두어야 할 관측가능성 작업은 인프라 외부의 시점에서 서비스의 가용성을 모니터링하는 것이다. 업타임 로봇^{Uptime Robot}, 핑돔^{Pingdom}, 웜리^{Wormly} 같은 도구는 이러한 종류의 모니터링을 할 수 있는 서드 파티 서비스다(**서비스형 모니터링** 또는 MaaS라고도 함).

모니터링 인프라를 직접 구축하지 말자

이러한 서비스 대부분은 무료 티어나 상당히 저렴한 구독 상품이 있다. 지불하는 모든 비용은 필수 운영 비용으로 여겨야 한다. 외부 모니터링 인프라를 구축하려고 노력하지 말자. 직접 구축할 필요가 없다. 업타임 로봇 1년 구독 비용은 엔지니어 1시간 시급보다 저렴하다.

외부 모니터링 서비스 업체에서 다음과 같은 중요한 기능을 제공하는지 확인하자.

- HTTP/HTTPS 검사

- TLS 인증서가 유효하지 않거나 만료되었는지 탐지

- 키워드 일치(키워드가 없거나 존재하는 경우 알림 생성)

- API로 자동으로 검사를 생성하거나 업데이트

- 이메일, SMS, 웹훅 또는 기타 간단한 방식을 사용한 알림 생성

필자는 이 책 전반에 걸쳐 코드로서의 인프라를 강조했다. 여러분은 코드를 사용하여 외부 모니터링 검사를 자동화할 수 있어야 한다. 예를 들어 업타임 로봇은 간단한 REST API로 새로운 검사를 생성하고 uptimerobot(`https://github.com/bitfield/uptimerobot`)과 같은 명령줄 도구나 클라이언트 라이브러리를 사용하여 자동화할 수 있다.

외부 모니터링 서비스를 하나라도 사용한다면 사용하는 서비스의 종류는 중요하지 않다. 자, 여기서 멈추지 말고, 다음 절에서는 쿠버네티스 클러스터 내부의 애플리케이션 상태를 모니터링하는 방법을 살펴보자.

15.3.2 내부 헬스 체크

클라우드 네이티브 애플리케이션은 복잡하고 예측할 수 없으며 감지하기 어려운 방법으로 장애가 발생한다. 애플리케이션은 예상하지 못한 장애가 발생해도 복구할 수 있고 성능 저하가 우아하게(!) 발생하도록 설계되어야 한다. 하지만 아이러니하게도 복원력이 뛰어날수록 블랙박스 모니터링으로 장애를 감지하기가 더 어렵다.

이러한 문제를 해결하기 위해서 애플리케이션은 자체 헬스 체크를 수행할 수 있어야 하며 수행해야만 한다. 특정 기능이나 서비스의 개발자는 **healthy** 상태여야 하는 최적의 모니터링 위치를 알고 컨테이너 밖(HTTP 엔드포인트)에서 모니터링하는 방식으로 결과를 출력하는 코드를 작성할 수 있다.

사용자가 만족하는가?

쿠버네티스는 애플리케이션이 활성 상태거나 준비 상태인지 알리는 간단한 메커니즘을 제공하므로 내부 모니터링을 시작하기에 좋다('5.2.1절 활성 프로브' 참조). 일반적으로 쿠버네티스의 활성/준비성 프로브는 매우 간단하다. 애플리케이션은 요청에 항상 'OK'로 응답한다. 애플리케이션이 응답하지 않으면 쿠버네티스는 다운 상태거나 준비가 되지 않은 상태로 판단한다.

하지만 많은 개발자의 쓰린 경험에서 알 수 있듯이 프로그램이 실행되었다고 해서 반드시 올바르게 작동하는 건 아니다. 좀 더 정교한 준비성 프로브는 '애플리케이션이 어떤 작업을 수행해야 합니까?'라고 물어야 한다.

예를 들어 데이터베이스와 통신해야 하는 경우 데이터베이스 연결이 유효하고 응답할 수 있는지 확인한다. 다른 서비스에 의존하는 경우 해당 서비스의 가용성을 검사한다(그러나 헬스 체크는 자주 실행되기 때문에 실제 사용자의 요청을 제공하는 데 영향을 줄 정도로 너무 많은 비용을 들이지는 말아야 한다).

우리는 준비성 프로브에 여전히 '예/아니오' 응답만 제공하고 있다. 단순한 정보만 담은 응답일 뿐이다. 우리의 목표는 "사용자가 만족하는가?"라는 질문에 가능한 한 정확하게 대답하는 것이다.

서비스와 서킷 브레이커

앞서 설명했듯이 컨테이너의 **활성** 검사가 실패하면 쿠버네티스는 지수 백오프exponential backoff 방식으로 컨테이너를 자동 재시작한다. 해당 컨테이너의 의존성에 문제와 같이 컨테이너 자체에 아무 문제가 없는 상황에서는 활성 검사가 도움이 되지 않는다. 반면 **준비성** 검사 실패는 '컨테이너는 문제가 없지만 지금은 사용자 요청을 처리할 수 없다'는 것을 의미한다.

준비성 프로브 검사에 실패하면 컨테이너는 백엔드인 모든 서비스에서 제외되고 쿠버네티스는 준비 상태가 될 때까지 사용자 요청 전달을 중지한다. 이는 의존성 문제를 다루는 더 좋은 방법이다.

여러분이 10개의 마이크로서비스 체인을 운영하며 각 체인은 중요한 작동을 위해 다음 체인의 의존성을 갖고 있다고 생각해보자. 마지막 서비스 체인이 실패하면 마지막 앞단의 서비스는 실패를 감지하고 준비성 프로브를 실패로 처리한다. 쿠버네티스는 연결을 끊고 다음 서비스 체인은 이를 감지한다. 결국 프런트엔드 서비스는 실패하며 (운좋게도) 블랙박스 모니터링이 감지하여 알림을 생성한다.

기본 서비스의 문제가 해결되거나 자동 재시작으로 복구되면 체인에 있는 모든 다른 서비스는 재시작되거나 상태를 잃지 않고 자동으로 다시 준비 상태가 된다. 이것이 **서킷 브레이커 패턴** circuit breaker pattern ($https://martinfowler.com/bliki/CircuitBreaker.html$)의 예이다. 애플리케이션이 다운 스트림 오류를 감지하면 (준비성 프로브로) 서비스를 중지 상태로 전환하고 문제가 해결되기 전까지 요청이 전송되지 않게 한다.

우아한 성능 저하

서킷 브레이커는 가능한 빠르게 문제를 처리하는 데 유용하지만, 서비스는 하나 이상의 컴포넌트 서비스가 사용 불가하더라도 전체 서비스에 장애가 발생하지 않도록 설계해야 한다. 또한 서비스의 성능이 **우아하게 저하되도록** degrade gracefully로 만들어야 한다. 서비스 전체가 수행되지 않아도 일부는 서비스를 할 수 있어야 한다.

분산 시스템에서는 서비스, 컴포넌트, 연결은 항상 신비롭고 간헐적으로 실패할 것이라고 가정해야 한다. 탄력성 있는 시스템은 완전히 실패하지 않고 이를 처리할 수 있어야 한다.

15.4 마치며

모니터링에 관해서는 설명할 내용이 많다. 이번 장에서 모니터링의 전체 내용을 다루지는 못했지만 전통적인 모니터링 방법, 모니터링으로 할 수 있는 것, 클라우드 네이티브 환경에서 변화한 모니터링 방식을 살펴봤다.

관측가능성은 전통적인 로그 파일과 블랙박스 검사보다 더 큰 개념이다. 메트릭은 관측가능성에서 중요한 요소이므로 마지막 장에서는 쿠버네티스의 메트릭을 대한 좀 더 자세히 다룬다.

이 장에서 놓치지 말아야 할 내용을 정리해보자.

- 블랙박스 모니터링은 시스템 외부에서 작동을 관찰하여 예측 가능한 오류를 감지한다.

- 분산 시스템은 **업/다운** 상태가 아니므로 전통적인 모니터링 방식은 적합하지 않다. 분산 시스템의 서비스는 일부가 저하된 일정한 상태에서 존재한다. 다시 말해 클라우드 네이티브 애플리케이션은 완전하게 '**업**'이 되지 않는다.

- 로그는 장애가 발생한 후 문제를 분석하고 해결하는 데에 유용하게 활용할 수 있다. 하지만 확장하기 어렵다.

- 메트릭은 단순한 **업/다운**을 넘어 새로운 차원의 모니터링 방식으로 시스템의 수천 가지 측면에서 연속적인 숫자의 시계열 데이터를 제공한다.

- 메트릭은 또한 문제에 대한 '**원인은 무엇입니까?**'라는 질문을 답변하는 데 도움이 될 수 있다. 또한 운영 중단이 발생하기 전에 문제가 있는 추세를 식별할 수 있다.

- 추적은 개별 요청의 수명 주기 동안 정확한 타이밍으로 이벤트를 기록하여 성능 문제 디버깅에 도움이 된다.

- 관측가능성은 전통적인 모니터링, 로깅, 메트릭, 추적을 결합한 것이며 시스템을 이해할 수 있는 다른 모든 방법을 포함한다.

- 관측가능성은 또한 사실과 피드백에 기반으로 하는 엔지어링 팀 문화로의 전환을 나타낸다.

- 외부 블랙박스 검사로 사용자가 직접 접속하는 서비스가 작동 중인지 확인하는 것은 중요하다. 하지만 직접 구축하는 대신에 업타임 로봇과 같은 서드 파티 모니터링 서비스를 이용하기를 권한다.

- 사용자가 만족하지 않는 수치 향상은 쓸모가 없다.

쿠버네티스 메트릭

당신이 완전히 무지한 분야도 충분히 알아갈 수 있다.

– 프랭크 허버트(미국 작가)

이번 장에서는 '15장 관측가능성과 모니터링'에서 소개한 메트릭을 자세히 살펴본다. 메트릭이 무엇인지, 어떤 종류가 있는지, 클라우드 네이티브 서비스에서 중요한 메트릭은 무엇인지 알아 본다. 또한 집중할 메트릭을 선택하는 방법, 메트릭을 분석해서 실행 가능한 정보를 얻어내는 방법, 원시 메트릭 데이터를 대시보드와 알림 생성에 유용하게 사용하는 방법을 다룬다. 마지 막으로 몇 가지 메트릭 도구와 플랫폼을 살펴보자.

16.1 메트릭이란 무엇인가?

관측가능성에 메트릭 중심으로 접근하는 방법은 데브옵스 세계에서 비교적 새로운 방식이다. 지금부터 메트릭의 구체적인 정의와 메트릭을 유용하게 활용하는 방법을 소개한다.

'15.1.5절 메트릭 소개'에서 메트릭이란 특정 대상을 수치로 측정한 것이라 소개했다. 익숙한 예로 전통적인 서버 세계에서 머신의 메모리 사용량이 메트릭이다. 사용자 프로세스에서 사용 하는 물리 메모리의 사용률이 10%라면 용량에 여유가 있는 상태다. 반대로 메모리 사용률이 90% 이상이라면 머신은 아마 꽤 바쁜 상태일 것이다.

메트릭이 제공할 수 있는 유용한 정보 중 하나는 특정 순간에 무슨 일이 일어나는지에 관한 정보다. 하지만 메모리 사용량은 워크로드가 시작하고 정지하는 변화에 따라 증가하거나 감소한다. 운영자가 더 관심을 두는 것은 시간이 흐르면서 달라지는 메모리 사용량의 **'변화'**다.

16.1.1 시계열 데이터

메모리 사용량을 주기적으로 샘플링하면 메모리 사용량의 **시계열 데이터**를 생성할 수 있다. [그림 16-1]은 구글 쿠버네티스 엔진 노드의 1주일간 메모리 사용량에 대한 시계열 데이터 그래프다. 몇 안 되는 순간값보다 이 시계열 그래프로 현재 상황을 훨씬 더 쉽게 이해할 수 있다.

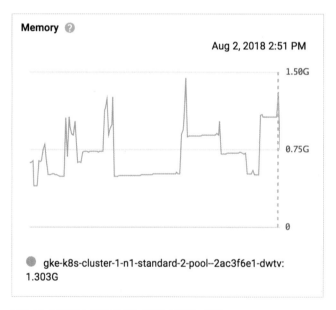

그림 16-1 GKE 노드의 메모리 사용량 시계열 그래프

클라우드 네이티브의 관측가능성을 목적으로한 대부분 메트릭은 시계열과 숫자로 표시된다. 로그 데이터와 다르게 메트릭은 계산할 수 있으며 통계를 적용할 수 있는 값이다.

16.1.2 카운터와 게이지

카운터와 게이지는 어떤 유형의 숫자일까? 일부 수량의 값은 정수(예를 들어 머신의 실제 물리 CPU 개수)로 표시할 수 있지만 대부분은 소수 부분이 필요하다. 따라서 두 가지 다른 유형의 숫자를 처리하는 일을 줄이기 위해 메트릭은 거의 항상 부동소수점 값으로 표시된다.

메트릭 값은 **카운터**와 **게이지,** 크게 두 가지 유형으로 나뉜다. 카운터 값은 증가하기만 한다(또는 0으로 리셋된다). 카운터는 서비스 요청 수와 수신 오류 수와 같은 항목을 측정하는 데 적합하다. 반면에 게이지 값은 다양하게 증가하고 감소할 수 있다. 게이지는 메모리 사용량과 같이 지속적으로 변화하는 양이나 비율을 표현하는 데 유용하다.

예를 들어 특정 엔드포인트가 HTTP 연결에 응답하는지에 대한 답변은 단순하게 **예** 또는 **아니오**다. 이 경우에는 0과 1로 값을 제한한 게이지 유형의 메트릭이 적절할 것이다.

`http.can_connect`라는 이름의 HTTP 검사를 생성하고 엔드포인트가 응답하면 1을 지정하고 그렇지 않으면 0을 지정하면 된다.

16.1.3 메트릭의 용도

메트릭은 어디에 사용할 수 있을까? 이전 장에서 보았듯이 메트릭은 장애가 발생한 시점을 알려줄 수 있다. 예를 들어 오류율이 갑자기 높아지거나 지원 페이지의 요청이 갑자기 증가한다면 문제가 있는 상황일 것이다. 이 경우 특정 메트릭에 임곗값을 지정하여 자동으로 알림을 생성할 수 있다.

또한 메트릭으로 현재 서비스 중인 애플리케이션의 동시 접속 사용자 수 같은 애플리케이션의 상태를 알 수 있다. 애플리케이션 메트릭의 장기 추세는 운영에 대한 의사 결정은 물론 비즈니스 관점에서 의사 결정을 내리는 데에도 유용하다.

16.2 좋은 메트릭 선택하기

처음에는 '만약 메트릭이 유용하다면 메트릭이 많을수록 훨씬 더 좋을 것이다!'라고 생각할 수 있다. 하지만 그렇지 않다. 모든 것을 모니터링 할 수는 없다. 예를 들어 구글 스택드라이버

Stackdriver는 다음을 포함하여 수백 개의 클라우드 자원 메트릭을 제공한다.

- instance/network/sent_packets_count
  인스턴스에서 보낸 네트워크 패킷 수

- storage/object_count
  스토리지 버킷의 전체 오브젝트 수

- container/cpu/utilization
  컨테이너가 현재 사용 중인 CPU 할당 비율

전체 메트릭의 목록은 구글 클라우드 프로젝트 웹사이트(*https://cloud.google.com/monitoring/api/metrics?hl=ko*)를 참고하기 바란다. 이러한 모든 메트릭을 그래프로 한 번에 나타낼 수 있다 해도(아마 엄청난 크기 모니터가 필요할 것이다), 그 모든 정보에서 유용한 정보를 추론해 낼 수는 없을 것이다. 유용한 정보를 찾아내기 위해서는 운영자가 관심 있는 메트릭의 하위 집합에 **집중해야 한다.**

그렇다면 애플리케이션을 관찰할 때 어디에 집중해야 할까? 정답은 운영 관리자만이 알 수 있지만 도움이 될 만한 몇 가지를 제안한다. 이번 절의 나머지 부분에서는 다양한 경우에서 다양한 요구사항을 충족하도록 설계된 관측가능성에 대한 몇 가지 일반적인 메트릭 패턴을 소개한다.

메트릭을 활용하는 것은 데브옵스 협업을 위한 완벽한 기회가 될 수 있다. 개발의 끝이 아닌 시작 단계에서 반드시 필요한 메트릭이 무엇인지 논의하는 과정을 거치길 바란다('1.2.4절 함께 배우기' 참조).

16.2.1 서비스: RED 패턴

쿠버네티스로 실행하는 애플리케이션은 대부분 웹 서비스로 사용자가 요청을 생성하고 애플리케이션이 응답한다. 여기서 **사용자**는 프로그램이나 다른 서비스일 수 있다. 마이크로서비스 기반의 분산 시스템에서 각 서비스는 다른 서비스로 요청을 보내고 그 결과를 또 다른 서비스에 정보를 제공하는 요청 중심request-driven 시스템이다.

요청 중심 시스템에서 유용한 것은 다음과 같다.

- 받고 있는 **요청** 수

- 다양한 방식으로 실패한 요청 수(**오류** 수)

- 요청 **소요 시간**(서비스 성능과 사용자의 불편을 파악할 수 있다)

요청request**-오류**error**-소요 시간**duration 패턴(줄여서 RED)은 초기 온라인 서비스로 돌아간 대표적인 관측가능성 도구다. 『사이트 신뢰성 엔지니어링』(제이펍, 2018)에서는 4개의 황금 신호로 요청, 오류, 소요 시간, **포화**(포화에 대해서는 뒤에서 설명한다)를 다룬다.

RED 약어를 만든 엔지니어 톰 윌키Tom Wilkie는 블로그 포스트에서 다음과 같이 RED 패턴의 근거를 설명한다.

> 모든 서비스에 동일한 메트릭을 측정해야 하는 이유는 무엇인가? 각 서비스는 분명하게 특별한가? 모니터링 관점에서 각 서비스를 동일하게 취급하는 것은 운영 팀의 확장성에 도움이 된다. 모든 서비스를 동일하게 바라보고, 느끼고, 취급한다면 장애에 대응하는 사람의 인지 부하를 감소시킬 수 있다. 그 외에도 모든 서비스를 동일하게 다룬다면 반복적인 작업을 자동화할 수 있다.
>
> — 톰 윌키

그러면 정확히 이러한 수치를 어떻게 측정해야 할까? 전체 요청은 항상 증가하기 때문에 요청 **비율**(예를 들면 초당 요청 수)을 보는 것이 더 유용하다. 이는 주어진 시간 간격 동안 시스템이 얼마나 많은 트래픽을 처리할 수 있는지에 대한 의미 있는 값을 제공한다.

오류율은 요청률과 관련이 있으므로 요청에 대한 오류 비율을 측정하는 것이 좋다. 예를 들어 전형적인 서비스 대시보드는 다음과 같은 메트릭을 보여준다.

- 초당 전달된 요청 수

- 오류가 발생한 요청 비율

- 요청 소요 시간(지연 시간)

16.2.2 리소스: USE 패턴

앞서 설명한 RED 패턴은 서비스 성능과 사용자 경험에 대한 유용한 정보를 제공한다. 이러한 방식은 관측가능성 데이터를 하향식으로 바라본다.

반면에 넷플릭스 성능 엔지니어 브렌던 그레그[Brendan Gregg]가 개발한 USE 패턴[1]은 상향식 접근 방식으로 성능 문제를 분석하고 병목 현상을 찾는 데 도움이 된다. USE는 사용률[utilization], 포화[saturation], 오류[error]를 나타낸다.

USE는 서비스보다 CPU, 디스크와 같은 물리 서버의 구성 요소나 네트워크 인터페이스의 링크와 같은 **자원**에 중점을 둔다. 이 중 하나라도 시스템 성능에 병목 현상이 존재한다면 USE 메트릭이 문제 해결에 도움이 될 수 있다.

사용률

리소스가 요청을 처리하는 데 걸린 평균 시간 또는 현재 사용 중인 리소스 용량이다. 예를 들어 90%를 사용 중인 디스크의 사용률은 90%다.

포화

리소스가 과부화되는 정도 또는 리소스를 사용 가능할 때까지 대기하는 요청 큐의 길이다. 예를 들어 CPU에서 실행 대기 중인 10개의 프로세스가 있다면 포화는 10이다.

오류

해당 자원에 대한 작업이 실패한 횟수이다. 예를 들어 불량 섹터가 있는 디스크는 25번의 읽기 실패 오류 수를 가질 수 있다.

시스템의 주요 리소스에 대한 데이터 측정은 병목 현상을 찾을 수 있는 좋은 방법이다. 리소스의 사용률이 낮고 포화와 오류가 없다면 문제가 없는 상태다. 이를 벗어나는 값이 존재한다면 시스템을 살펴봐야 한다. 예를 들어 네트워크 링크가 포화 상태이거나 오류 수가 많다면 전체 성능에 문제가 될 수 있다.

---

1 `http://www.brendangregg.com/usemethod.html`

USE 방식은 일반적인 병목 현상과 오류를 식별하여 시스템 상태를 완전히 점검하는 데 사용할 수 있는 간단한 전략이다. 분석 초기에 적용하여 빠르게 문제를 식별할 수 있으며 필요하다면 다른 방법론을 적용하여 좀 더 자세히 살펴볼 수 있다.

USE의 장점은 속도와 가시성이다. 모든 자원을 살펴본다면 어떤 문제도 간과할 수 없을 것이다. 하지만 USE는 병목 현상과 오류와 같은 특정 형식의 문제를 찾을 수 있는 여러 도구 중 하나로 생각해야 한다.

– 브렌든 그레그

16.2.3 비즈니스 메트릭

'16.2.1절 서비스: RED 패턴'에서는 개발자에게 유용한 서비스 메트릭을, '16.2.2절 리소스 : USE 패턴'에서는 인프라 엔지니어와 운영자에게 도움이 되는 하드웨어 메트릭을 살펴보았다. 하지만 비즈니스의 경우는 어떨까? 관찰가능성은 관리자와 경영진이 비즈니스를 이해하고 비즈니스 의사 결정에 활용할 수 있는 유용한 정보를 제공할 수 있을까? 그렇다면 어떤 메트릭이 있을까?

대부분의 비즈니스는 이미 매출, 이윤, 고객 유치 비용과 같은 핵심 평가 기준(KPI)을 추적한다. 이러한 메트릭은 일반적으로 재무 부서에서 제공하며 개발자나 인프라 담당자의 지원이 필요하지 않다.

하지만 애플리케이션과 서비스에서 생성할 수 있는 유용한 비즈니스 메트릭이 있다. 예를 들어 SaaS와 같은 구독 서비스는 가입자에 대한 데이터를 알아야 한다.

- 유입 경로 분석 (랜딩 페이지 방문자 수, 가입 페이지 클릭 수, 트랜잭션 완료 수 등)

- 가입률과 취소율 (가입 해지율)

- 고객당 수익 (월별 반복 수익, 고객당 평균 수익, 고객생애가치 계산에 유용함)

- 도움말과 지원 페이지의 효율성 (예를 들어 '이 페이지가 문제 해결에 도움이 되었습니까?'라는 질문에 '예'라고 답변한 사람의 비율)

- **시스템 상태** 알림 페이지의 트래픽 (운영 중단이나 성능이 저하될 때 급증하는 경우가 많음)

이러한 정보 대부분은 로그를 처리하고 데이터베이스를 조회하여 정보를 파악하고 분석하는 것보다 애플리케이션에서 실시간 데이터 메트릭을 생성하여 수집하는 것이 더 간편하다. 메트릭을 생성하기 위해 애플리케이션을 계측할 때는 비즈니스에 중요한 정보를 무시하면 안 된다.

비즈니스와 고객 참여 전문가에게 필요한 관측가능성 정보와 기술 전문가에게 필요한 정보 사이에는 명확한 기준이 없다. 사실 중복되는 부분이 많다. 따라서 관련된 모든 이해 관계자들은 초기 단계에 메트릭을 논의하여 수집해야 할 네이터, 빈노, 집세 빙빕 등을 협의애야 힌다.

그럼에도 이 두 그룹(혹은 이보다 많은 그룹)은 수집한 관측가능성 데이터에 대해 서로 다른 질문을 하므로 데이터에 대한 관점을 다르게 가져야 한다. 공통 **데이터 레이크**^{data lake}를 사용하면 대시보드를 생성하고('16.4장 대시보드로 메트릭 그래프 그리기' 참조) 각 그룹에 대한 보고서를 작성할 수 있다.

16.2.4 쿠버네티스 메트릭

지금까지는 관측가능성과 메트릭에 대해 일반적인 용어로 설명했으며 다양한 유형의 데이터 소개와 데이터를 분석하는 방법을 살펴보았다. 그렇다면 앞서 살펴본 것들을 쿠버네티스에 어떻게 적용해야 할까? 쿠버네티스 클러스터에서는 어떤 메트릭이 살펴볼 가치가 있으며 어떤 유형의 결정을 하는 데 도움이 될까?

가장 낮은 수준에서 **cAdvisor**라는 도구는 각 클러스터 노드에서 실행하는 컨테이너의 성능 통계와 리소스 사용량을 모니터링한다(예를 들어 각 컨테이너에서 사용하는 CPU, 메모리, 디스크 사용량). **cAdvisor**는 kubelet의 일부다.

쿠버네티스는 kubelet을 조회하여 **cAdvisor** 데이터를 가져와 스케줄링, 자동 확장 등에 대한 결정에 사용한다. 또한 이러한 데이터는 그래프나 알림 생성에 사용할 수 있는 서드 파티 메트릭 서비스로 내보낼 수 있다. 예를 들어 각 컨테이너가 사용하는 CPU와 메모리 사용량 추적에 유용하게 활용할 수 있다.

또한 **kube-state-metrics** 도구를 사용하면 쿠버네티스 자체를 모니터링할 수 있다. **kube-state-metrics**는 쿠버네티스 API를 수신하고 노드, 파드, 디플로이먼트와 같은 논리적 오브젝트의 정보를 보고한다. 이 데이터는 클러스터 관측가능성에도 매우 유용하다. 예를 들어 디플로이먼트의 레플리카가 어떠한 이유로(아마도 클러스터가 용량이 부족할 것이다) 설정한

대로 스케줄링되지 않는다면 원인을 분석할 수 있다.

평상시와 같이 문제는 메트릭 데이터의 부족이 아니라 집중하고 추적해 시각화할 주요 메트릭을 결정하는 것이다. 다음 몇 가지 제안을 알아보자.

클러스터 상태 메트릭

최상위 수준에서 클러스터의 상태와 성능을 모니터링하려면 최소한 다음 사항을 살펴봐야한다.

- 노드 수

- 노드 상태

- 노드당 파드 수, 전체 파드 수

- 노드당 리소스 사용량 및 할당량, 전체 리소스 사용량 및 할당량

이러한 메트릭은 클러스터의 성능, 여유 용량, 시간에 따른 사용량 변화, 클러스터 확장 및 축소 여부를 이해하는 데 도움이 된다.

GKE와 같은 관리형 쿠버네티스 서비스를 사용한다면 비정상 노드는 자동으로 감지되고 자동 복구된다(클러스터와 노드 풀에 대한 자동 복구가 활성화된 경우). 비정상적인 횟수의 오류가 발생하는지 확인하는 것은 근본적인 문제를 나타낼 수 있기 때문에 여전히 유용하다.

디플로이먼트 메트릭

디플로이먼트는 다음 메트릭이 유용하다.

- 디플로이먼트 수

- 디플로이먼트당 설정된 레플리카 수

- 디플로이먼트당 사용할 수 없는 레플리카 수

특히 쿠버네티스에서 오토스케일링 옵션 중 일부를 활성화한 경우 시간의 흐름에 따라 이러한 정보의 추이를 확인할 수 있다면 유용하다('6.1.3절 클러스터 스케일링'에서 오토스케일링 참조). 사용할 수 없는 특정 레플리카에 대한 데이터는 용량 문제에 대한 알림을 생성하는 데 도

움이 된다.

컨테이너 메트릭

컨테이너 수준에서는 유용한 메트릭은 다음과 같다.

- 노드당 컨테이너 및 파드 수, 전체 컨테이너 및 파드 수

- 리소스 요청 및 상한에 대한 각 컨테이너의 리소스 사용량('5.1.2절 리소스 요청' 참조)

- 컨테이너의 활성 및 준비 상태

- 재시작한 컨테이너 및 파드 수

- 컨테이너의 네트워크 인/아웃 트래픽과 오류

쿠버네티스는 실패하거나 리소스 상한을 초과한 경우 컨테이너를 자동으로 재시작하기 때문에 재시작이 얼마나 자주 발생하는지 알아야 한다. 재시작 횟수가 너무 많으면 특정 컨테이너에 문제가 있을 수 있다. 컨테이너가 정기적으로 리소스 상한을 초과한다면 프로그램에 버그가 있거나 상한을 약간 늘려야 한다.

애플리케이션 메트릭

쿠버네티스에는 애플리케이션에서 사용하는 프로그래밍 언어나 소프트웨어 플랫폼에 관계 없이 사용자 정의 메트릭을 내보낼 수 있는 라이브러리나 도구가 있다. 애플리케이션 메트릭은 개발자와 운영 팀이 수행 작업, 수행 빈도, 수행 시간을 확인할 수 있는 유용한 정보로 성능이나 가용성 문제의 주요 지표다.

수집할 애플리케이션 메트릭을 선택하는 것은 애플리케이션의 수행 작업에 따라 다르다. 하지만 몇 가지 공통적인 패턴이 있다. 예를 들어 서비스가 큐에서 메시지를 소비하고 처리하며 메시지를 기반으로 작동하는 경우 다음과 같은 메트릭을 활용할 수 있다.

- 수신한 메시지 수

- 성공적으로 처리된 메시지 수

- 유효하지 않거나 잘못된 메시지 수

- 각 메시지를 처리하고 액션한 시간

- 생성된 성공적인 액션 수

- 실패한 액션 수

마찬가지로 애플리케이션이 주로 요청 중심이라면 RED 패턴을 사용할 수 있다('16.2.1절 서비스: RED 패턴' 참조).

- 수신된 요청

- 반환된 오류

- 소요 시간(각 요청 처리 시간)

개발 초기 단계에서는 어떤 메트릭이 유용한지 알기 어려울 수 있다. 어떤 메트릭을 활용할지 잘 모르겠다면 모든 것을 기록하자. 메트릭은 저렴하다. 지금 당장은 중요하게 보이지 않는 메트릭 덕분에 예상치 못한 상용 환경의 문제를 발견하게 될 수도 있다.

> 움직이면 그래프로 만들어라. 움직이지 않더라도 그래프로 만들어라. 언젠가는 움직일 것이다.
>
> – 로리 데니스Laurie Denness(`https://twitter.com/lozzd/status/604064191603834880`)

애플리케이션에서 비즈니스 메트릭을 생성한다면 사용자 지정 메트릭으로 계산하고 내보낼 수 있다('16.2.3절 비즈니스 메트릭' 참조).

비즈니스 의사 결정에 유용한 또 다른 것은 고객과 맺을 수 있는 서비스 수준 목표Service Level Objectives(SLO)나 서비스 수준 계약Service Level Agreements(SLA)에 대해 애플리케이션이 어떻게 수행하는지 또는 서비스 공급 업체가 어떻게 SLO를 제공하는지 확인하는 것이다. 예를 들어 목표 소요 시간을 200ms로 표시하는 사용자 정의 메트릭을 만들고 현재 소요 시간에 이를 오버레이하는 대시보드를 만들 수 있다.

런타임 메트릭

런타임 수준에서 대부분 메트릭 라이브러리는 다음과 같이 프로그램이 수행하는 작업에 대한 유용한 데이터를 보고한다.

- 프로세스 수, 스레드 수, 고루틴 수

- 힙과 스택 메모리 사용량

- 힙이 아닌 메모리 사용량

- 네트워크 I/O 버퍼 풀

- 가비지 수집 실행 및 일시 중지 기간(가비지 수집 언어의 경우)

- 사용 중인 파일 디스크립터 및 네트워크 소켓

이러한 종류의 정보는 성능 저하나 충돌 진단에 매우 유용하다. 예를 들어 장기간 실행되는 애플리케이션은 쿠버네티스 리소스 상한을 초과하여 종료 및 재시작될 때까지 점점 더 많은 메모리를 점진적으로 사용하는 것이 일반적이다. 애플리케이션 런타임 메트릭은 애플리케이션의 수행 작업에 대한 사용자 지정 메트릭과 조합하여 애플리케이션의 메모리 증가 문제를 해결하는 데 도움이 될 수 있다.

이제 어떤 메트릭 데이터가 수집할 가치가 있는지 이해했으니 다음 절에서는 이러한 데이터를 활용한 **작업**, 즉 분석 방법을 설명한다.

16.3 메트릭 분석

데이터는 정보와 다르다. 수집한 원시 데이터에서 유용한 정보를 얻으려면 데이터를 집계, 처리, 분석해야 한다. 즉 **통계**가 필요하다. 통계는 특히 간략하게 다루기 어려운 주제이므로 소요 시간과 같은 구체적인 예를 통해 살펴보자.

'16.2.1절 서비스: RED 패턴'에서 서비스 요청에 대한 소요 시간 메트릭을 추적해야 한다고 언급했지만 정확히 어떻게 해야 하는지는 설명하지 않았다. 소요 시간은 정확히 무엇을 의미할까? 일반적으로 운영자는 요청에 대해 응답을 받기까지 사용자가 대기해야 하는 시간에 관심이 있다.

예를 들어 웹사이트의 경우 소요 시간은 사용자가 서버에 접속한 때부터 서버가 첫 번째 응답 데이터를 전송하기 시작하는 순간까지의 시간으로 정의한다. (사용자의 전체 대기 시간은 실제로 더 길다. 연결에 소요되는 시간과 브라우저에서 응답을 읽고 렌더링하는 데 시간이 걸리기 때문이다. 하지만 해당 데이터는 접근할 수 없기 때문에 가능한 것만 수집한다.)

모든 요청은 저마다 소요 시간이 다르다. 그렇다면 수백 또는 수천 개의 요청 데이터를 단일 숫자로 집계하는 방법은 무엇일까?

16.3.1 단순 평균의 문제점

확실한 방법은 평균을 구하는 것이다. 하지만 자세히 살펴보면 **평균**이 의미하는 것은 간단하지 않다. 통계학의 오래된 농담으로 '보통 사람의 다리는 두 개보다 약간 적다'라는 말이 있다. 다르게 얘기하면 대부분의 사람은 사람의 평균 다리 수보다 더 많은 다리를 갖고 있다. 어떻게 이럴 수 있을까?

대부분의 사람은 다리를 두 개 갖고 있지만 일부는 다리가 하나이거나 없을 수 있다. 이런 경우가 전체 평균을 낮춘다(아마도 다리를 두 개 이상 가진 사람이 있을 수도 있다). 이런 단순 평균으로는 인구의 다리 분포에 대한 유용한 정보를 얻을 수 없다.

또한 평균의 종류도 다양하다. 흔히 사용하는 **평균**average의 개념은 **산술 평균**mean을 의미한다. 산술 평균은 모든 수의 합을 수의 개수로 나눈 값이다. 예를 들어 세 사람의 평균 나이는 전체 나이를 합해 3으로 나눈 값이다.

반면에 **중앙값**은 주어진 값을 순서대로 나열했을 때 가장 중앙에 있는 값을 말한다. 값의 집합을 반으로 나누면 절반은 중앙값보다 큰 값을 가지며 나머지 절반은 작은 값을 가진다. 예를 들어 열 사람 중에서 절반은 신장의 중앙값보다 키가 크고 나머지 절반은 작다.

16.3.2 산술 평균, 중앙값, 이상점

요청 소요 시간의 단순 평균(산술 평균)의 문제는 무엇일까? 산술 평균은 **이상점**outlier이 섞이면 쉽게 왜곡된다는 것이다. 한두 개의 극단적인 값은 평균을 크게 왜곡할 수 있다.

따라서 이상점에 영향을 덜 받는 중앙값은 산술 평균보다 메트릭을 평균화하는 데 도움이 된다. 서비스 지연 시간의 중앙값이 1초라면 사용자 절반은 1초 미만의 지연 시간을 경험하고 절반은 1초보다 긴 지연 시간을 경험한다.

[그림 16-2]는 평균이 어떻게 오해를 불러일으킬 수 있는지 보여준다. 데이터 세트 네 개의 산술 평균값은 모두 동일하지만 그래프로 표시하면 매우 다르게 보인다(통계학자는 이러한 예를 **앤스콤 4분할**Anscombe's quartet로 알고 있다). 이는 단순하게 원시 숫자만을 보는 것보다는 데이터를 그래프로 만드는 것이 중요하다는 것을 보여주는 좋은 예다.

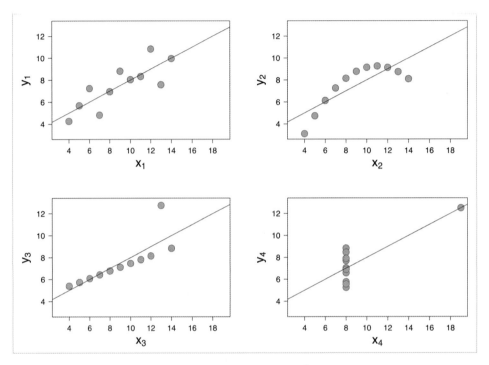

그림 16-2 네 개의 데이터 세트는 모두 동일한 평균(산술 평균)값을 갖는다.[2]

16.3.3 백분위수 발견

요청 중심 시스템을 관찰하기 위한 메트릭을 이야기할 때 운영자는 보통 평균보다는 사용자에게 가장 **최악**의 지연 시간이 무엇인지 알고 싶어 한다. 결국 모든 사용자의 지연 시간 중간값이 1초인 것은 지연 시간을 10초 이상 경험하고 있는 소규모 사용자에게는 위안이 되지 않는다.

....

2 앤스콤 4분할 및 그래프 참조, *http://bit.ly/2mfo8nn* (by Schutz, CC BY-SA 3.0).

이러한 정보를 얻는 방법은 데이터를 **백분위수**로 나열하는 것이다. 지연 시간의 90번째 백분위수(**P90**이라함)는 사용자 90%가 경험한 것보다 큰 값이다. 다르게 말하면 10%의 사용자는 P90 값보다 긴 지연 시간을 경험한다.

백분위수로 표현하면 중앙값은 50번째 백분위수 또는 P50이다. 관측가능성에서 주로 사용하는 백분위수는 P95(95번째 백분위수), P99(99번째 백분위수)다.

16.3.4 메트릭 데이터에 백분위수 적용하기

트레비스 CI의 이고르 비에들레르Igor Wiedler는 상용 서비스에 대한 데이터셋을 10분간 측정한 데이터로 13만 5000개 요청의 백분위수가 의미하는 바를 구체적으로 설명한다(*https://igor.io/latency*). 원시 데이터에는 노이즈가 많고 격차가 큰 특성을 갖고 있어서 유용한 결론을 도출하기 쉽지 않다(그림 16-3).

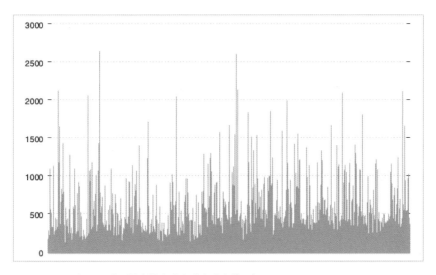

그림 16-3 13만 5000개 요청의 원시 지연 시간 데이터(ms)

이 데이터를 10초 간격으로 평균화하여 살펴보자(그림 16-4). 모든 데이터가 50ms 미만으로 완벽하게 보인다. 사용자 대부분이 50ms 이하의 지연 시간을 경험하는 것처럼 보인다. 사실일까?

그림 16-4 동일한 데이터의 평균(산술 평균) 지연 시간(10초 간격)

이번에는 P99 지연 시간 그래프를 그려보자. 이는 샘플 데이터에서 값이 높은 1%를 버리는 경우에 관찰되는 최대 지연 시간이다. 이전 그래프와는 달라 보인다(그림 16-5). 여기서는 0에서 500ms 사이에서 대부분의 값이 들쭉날쭉한 패턴을 보이며 일부 요청은 1000ms에 가깝게 튀어오른다.

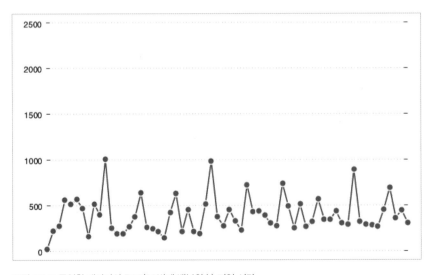

그림 16-5 동일한 데이터의 P99(99번째 백분위수) 지연 시간

16.3.5 최악의 상황 파악하기

일부 사용자의 웹 요청이 느린 것을 인지했기 때문에 P99 데이터는 사용자들이 경험하는 지연 시간을 좀 더 현실적으로 표현해준다. 예를 들어 하루 페이지 뷰가 100만인 트래픽이 많은 웹 사이트를 생각해보자. P99 지연 시간이 10초라면 1만 개의 페이지 뷰는 지연 시간이 10초 이상으로 많은 사용자가 불편을 겪을 것이다.

하지만 상황이 더 나빠질 수도 있다. 분산 시스템에서 각 페이지 뷰는 수십 또는 수백 개의 내부 요청이 필요하다. 각 내부 서비스의 P99 지연 시간이 10초라면 페이지 뷰 1회당 내부 요청을 10번 하는 경우 지연이 발생하는 페이지 뷰는 하루에 10만 개로 증가한다. 약 10%의 사용자가 불편을 겪을 수 있기 때문에 이는 큰 문제가 된다.[3]

16.3.6 백분위수를 넘어

메트릭 서비스로 구현된 지연 시간 백분위수의 문제점은 요청이 로컬에서 샘플링된 다음 중앙에서 통계가 집계되는 경향이 있다는 것이다. 따라서 지연 시간의 P99는 수백 개의 에이전트에서 보고한 P99의 평균이다.

백분위수는 이미 평균이며 평균의 평균을 구하는 것은 이미 잘 알려진 통계의 함정이다 (https://en.wikipedia.org/wiki/Simpson%27s_paradox). 결과가 반드시 실제 평균과 같은 것은 아니다.

집계할 데이터를 선택하는 방식에 따라 지연 시간의 최종 P99 값은 10배까지 달라질 수 있다. 이는 의미 있는 결과가 아니다. 메트릭 서비스가 모든 원시 이벤트를 수집하고 실제 평균을 산출하지 않는 한 이 값은 신뢰할 수 없다.

엔지니어 얀 쿠이[Yan Cui]는 **잘못된** 상태를 모니터링 하는 것보다 **정상인** 상태를 모니터링 하는 것이 더 나은 접근 방법이라고 제안한다.[4]

> 애플리케이션 성능을 모니터링하고 성능이 저하될 때 알림을 생성하기 위해서 주요 메트릭의 백분위수 대신 사용할 수 있는 것은 무엇일까?

---

3 https://engineering.linkedin.com/performance/who-moved-my-99th-percentile-latency
4 https://medium.com/theburningmonk-com/we-can-do-better-than-percentile-latencies-2257d20c3b39

SLO 또는 SLA로 돌아가면 '요청의 99%는 1초 이내에 완료되어야 합니다'라는 문구가 따라온다. 즉 요청의 1% 미만은 완료하는 데 1초 이상 걸리는 것이 허용된다.

그렇다면 임계치를 넘어선 요청의 비율을 모니터링한다면 어떨까? SLA를 위반할 때에는 알림을 생성하기 위해 임계치를 넘어선 요청의 백분율이 미리 정의한 1%보다 클 경우에만 알림을 생성하면 된다.

안 쿠이

각 에이전트가 전체 요청 수와 임곗값을 넘은 요청 수를 제출하면, 데이터의 평균을 계산하여 SLO를 초과한 요청의 비율을 확인하고 알림을 **생성할 수 있다.**

16.4 대시보드로 메트릭 그래프 그리기

지금까지는 메트릭의 장점, 집중할 메트릭, 메트릭을 대량으로 분석하는 유용한 통계 기법을 설명했다. 이러한 메트릭은 실제로 어떻게 **활용**할 수 있을까?

정답은 간단하다. 메트릭을 활용하여 그래프를 작성하고 대시보드로 그룹화하고 알림을 생성할 수 있다. 알림 생성에 대한 내용은 '16.5절 메트릭 알림'에서 다룬다. 이번 절에서는 그래프와 대시보드를 만드는 몇 가지 도구와 기술을 살펴본다.

16.4.1 모든 서비스에 표준 레이아웃 사용하기

다수의 서비스를 운영한다면 동일한 방식으로 각 서비스의 대시보드를 배치하는 것이 좋다. 당직 호출에 응답하는 사람은 특정 서비스에 익숙하지 않더라도 대시보드를 보고 한눈에 해당 서비스의 영향도를 파악할 수 있어야 한다.

톰 윌키Tom Wilkie는 위브웍스Weaveworks 블로그 포스트[5]에서 다음과 같은 표준 대시보드 레이아웃을 제안한다(그림 16-6).

- 서비스당 한 줄

----

5 https://www.weave.works/blog/the-red-method-key-metrics-for-microservices-architecture

- 왼쪽에는 요청과 오류율(요청 중 오류의 백분율)

- 오른쪽에는 지연 시간

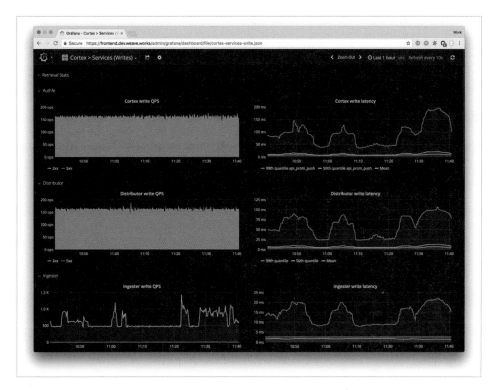

그림 16-6 위브웍스에서 제안한 서비스 대시보드 레이아웃

이러한 레이아웃을 반드시 따라야 할 필요는 없다. 중요한 것은 모든 대시보드에 동일한 레이아웃을 사용하여 모든 사람이 익숙해지도록 만들어야 한다는 것이다. 주요 대시보드는 정기적으로(일주일에 한 번 이상) 지난주의 데이터를 검토하여 모든 사람이 **정상적인 상태**를 알 수 있게 해야 한다.

요청, 오류, 소요 시간 대시보드는 서비스에 적합하다('16.2.1절 서비스: RED 패턴' 참조). 클러스터 노드, 디스크, 네트워크와 같은 자원의 경우 일반적으로 **사용률, 포화, 오류** 대시보드가 가장 유용하다('16.2.2절 리소스 : USE 패턴' 참조).

16.4.2 마스터 대시보드로 정보 방열판 구축하기

서비스를 백 개를 운영한다면 대시보드도 백 개가 있겠지만 이를 전부 자주 확인하지는 않을 것이다. 어떤 서비스에 문제가 있는지 파악하기 위한 정보를 받는 일은 여전히 중요하다. 또한 대규모 서비스를 관리하기 위해서는 좀 더 일반적이며 개괄적인 정보가 필요하다.

이를 위해 **모든** 서비스의 요청, 오류, 소요 시간을 종합적으로 표시하는 마스터 대시보드를 만들어야 한다. 누적 영역 차트와 같이 화려한 차트보다는 전체 요청, 전체 오류율, 전체 지연 시간을 간단한 선 그래프로 만드는 것이 좋다. 선 그래프는 복잡한 차트보다 더 쉽게 해석할 수 있으며 정확하게 시각화할 수 있다.

정보 방열판(월보드 또는 큰 시각화 차트^{big visible chart}라고도 한다)은 관련 팀이나 사무실에서 주요 관측가능성 데이터를 모두가 볼 수 있는 큰 화면으로 이상적인 시각화 도구다. 정보 방열판의 목적은 다음과 같다.

- 현재 시스템 상태를 한 눈에 표시한다.

- 팀이 중요하게 여기는 메트릭에 대한 명확한 메시지를 보낸다.

- 사람들을 메트릭의 **정상** 상태에 익숙하게 한다.

방열판 화면에는 활력^{vital} 정보만 추가해야 한다. **활력**이란 정말로 중요하다는 의미이며 시스템의 수명에 대한 정보를 알려주는 **활력 징후**에서 활력의 의미다.

병원에서 볼 수 있는 활력 징후 모니터는 심장 박동수, 혈압, 산소 포화도, 체온과 호흡 속도와 같은 사람의 신체에 대한 주요 메트릭을 보여준다. 환자에게서 추적할 수 있는 메트릭은 더 많지만 마스터 대시보드 수준에서는 앞서 나열한 정도가 중요한 항목이다. 심각한 의학적 문제는 하나 이상의 메트릭의 문제에서 나타난다. 그 밖에 모든 것은 진단의 문제다.

마찬가지로 정보 방열판은 비즈니스나 서비스의 활력 징후를 보여야 한다. 숫자는 4~5개를 넘지 않아야 하며 그래프는 4~5개 이하를 권장한다.

대시보드에 많은 정보를 넣으면 복잡하고 전문적인 것처럼 보일 수 있지만 대시보드의 진정한 목표는 몇 가지 핵심적인 것에 초점을 맞추고 방 전체에서 쉽게 확인할 수 있게 하는 것이다 (그림 16-7).

16.4.3 대시보드로 사전 감지하기

주요 정보 방열판과 개별 서비스 및 자원 리소스에 대한 대시보드 이외에도 시스템 아키텍처를 기반으로 시스템의 중요 메트릭에 대한 대시보드를 만들 수 있다. 하지만 또 다른 유용한 정보는 대시보드에서 얻을 수 있다.

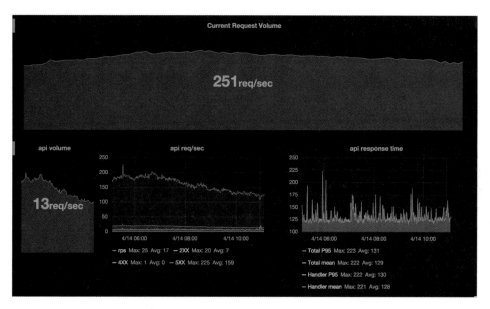

그림 16-7 그라파나 대시 젠(Grafana Dash Gen)으로 생성한 정보 방열판 예제

사고나 운영 중단이 발생할 때마다 문제를 사전에 감지하여 알림을 생성할 수 있었던 메트릭 (또는 메트릭의 조합)이 있었는지 살펴봐야 한다. 예를 들어 서버에 디스크 공간이 부족해 운영 중단이 발생했다면, 서버의 디스크 공간 그래프는 사용 가능한 공간이 줄어드는 추세를 보여주며 운영 중단 영역으로 향하고 있음을 미리 알릴 수 있었을 것이다.

이번 절에서 다루는 것은 몇 분 또는 몇 시간 사이에 발생하는 문제에 관한 것이 아니다. 짧은 시간 내에 발생하는 문제는 보통 자동화된 알림으로 감지할 수 있다('16.5절 메트릭 알림' 참조). 대시보드로 살필 수 있는 문제는 며칠 또는 몇 주에 걸쳐 천천히 다가오는 거대한 빙산 같은 문제다. 이를 발견하지 못하고 조치하지 않는다면 최악의 경우 빙산과 충돌한 시스템은 가라앉고 말 것이다.

문제가 발생한 후에는 항상 '이 문제에 대해 우리가 미리 알아야 했다면 어떤 메트릭이 알림을 줘야 했을까?'를 물어야 한다. 정답에 대한 데이터를 이미 갖고 있지만 관심을 기울이지 않았다면 해당 데이터를 잘 살필 수 있도록 강조해야 한다. 대시보드를 잘 활용하고 살피면서 놓쳐서는 안 되는 데이터를 파악한다.

알림은 어떤 수치가 미리 설정한 임곗값을 초과했음을 알릴 수는 있지만 위험 수준에 어느 정도 다다랐는지 항상 미리 알려주는 것은 아니다. 그래프를 사용하면 해당 값이 오랫 동안 이렇게 작동했는지 시각화할 수 있으므로 문제가 될 추세가 실제로 시스템에 영향을 미치기 전에 감지할 수 있다.

16.5 메트릭 알림

이 장에서 지금까지 알림에 대한 언급 없이 관측가능성과 모니터링에 대해서만 이야기 한 것에 놀랐을 수도 있다. 어떤 사람에게는 알림이 모니터링의 전부일 수 있다. 하지만 필자는 여러 가지 이유로 이러한 철학이 바뀌어야 한다고 생각한다.

16.5.1 알림의 문제

알림은 안정적인 작동 상태에서 발생하는 예상치 못한 편차를 나타낸다. 그러나 사실 분산 시스템에는 안정적인 작동 상태란 존재하지 않는다.

앞서 설명했듯이 대규모 분산 시스템은 절대 **업** 상태가 되지 않는다. 거의 항상 일부가 저하된 상태로 존재한다('15.1.3절 업/다운 테스트의 진정한 의미' 참조). 분산 시스템에는 메트릭이 너무 많으므로 정상적인 상한을 벗어날 때마다 메트릭의 알림을 생성하면 하루에 수 백 페이지의 알림을 받게 될 것이다.

> 사람들은 관측가능성이 떨어지므로 페이징을 하며 문제를 안정적으로 디버깅하고 진단할 수 있는 도구를 신뢰하지 않는다. 그러곤 근본 원인을 찾기 위한 수 십 또는 수백 개의 알림을 받는다. 이는 눈을 가린 채로 걷는 것과 같다. 앞으로 다가올 혼란스러운 미래에 대비하여 우리는 요청률, 지연 시간, 오류율, 포화와 같은 알림을 줄이는 훈련이 필요하다.
>
> — 체리티[6]

당직 중에 알림을 받은 불행한 누군가에게 잦은 알림은 피곤한 삶의 일부일 수 있다. 이는 단지 인간적인 이유에서만 나쁜 것이 아니다. 알림 피로^{alert fatigue}는 의학계에서도 잘 알려진 문제다. 지속해서 발행하는 알림은 의사들도 둔감하게 하며 정작 심각한 문제가 발생했을 때에는 이를 간과할 가능성을 높인다.

유용한 모니터링 시스템은 신호 대 잡음비가 매우 높아야 한다. 거짓 알림은 사람을 짜증나게 할 뿐만 아니라 위험하기도 하다. 시스템에 대한 신뢰를 떨어뜨리고 운영자가 알림을 무시하도록 길들일 수 있다. 과도한, 끊임없는, 상관없는 알림은 스리마일 섬 참사[7]의 주요 요인이었다. 개별 알림기가 잘 설계되어 있더라도 너무 많은 알림이 동시에 울리면 운영자는 압도될 수 있다.

알림의 의미는 매우 간단하다. **알림이 발생하면 운영자는 바로 조치해야 한다.**[8]

아무런 조치가 필요하지 않은데도 알림이 발생한다면, 필요 없는 알림이 발생하지 않게 하자. 조치가 **때때로** 필요하지만 지금 당장 필요한 것은 아니라면 알림의 등급을 낮춰 이메일이나 채팅 메시지로 받을 수 있다. 가능하다면 시스템에서 조치를 취할 수 있도록 자동화할 것을 권한다.

16.5.2 당직은 지옥이 되어서는 안 된다

서비스를 위한 당직은 데브옵스의 핵심 철학이지만 당직 시간에는 가능한 고통이 없어야 한다. 알림은 드물고 예외적으로 발생해야 한다. 알림이 발생하면 이를 조치하기 위해 잘 확립된 효율적인 절차를 따라야 하며, 이런 절차는 당직자의 부담을 덜어준다.

어느 누구도 '당직 담당'이 되어서는 안 된다. 잦은 주기로 당직을 맡게 되는 상황이라면 당직 인원을 더 투입해야 한다. 당직을 위한 전문가가 될 필요는 없다. 당직자의 주요 업무는 문제를 분류하고 조치가 필요한지 판단하여 적절한 담당자에게 이관하는 것이다. 당직의 부담은 공평하게 분배해야 하지만 사람들이 처한 상황은 저마다 다르다. 가족과 약속이 있거나 개인 일정이 있다면 당직 근무를 맡는 게 쉽지 않을 것이다. 당직 근무는 모든 사람에게 공평하게 배정되

---

6 *https://www.infoq.com/articles/charity-majors-observability-failure*

7 미국 펜실베니아주 스리마일 섬 원자력 발전소에서 발생한 폭발 사고다. 이 사고가 모니터링에 시사하는 점은 다음 링크를 참조하길 바란다. *https://humanisticsystems.com/2015/10/16/fit-for-purpose-questions-about-alarm-system-design-from-theory-and-practice/*

8 *https://www.infoworld.com/article/3268126/devops/beware-the-danger-of-alarm-fatigue-in-it-monitoring.html*

도록 신중하고 관리해야 한다.

당직과 관련 있는 직무에서 채용을 한다면, 지원자에게 반드시 당직 여부를 분명하게 알려야 한다. 당직 근무의 빈도 및 상황에 대한 예상을 계약서에 기록해야 한다. 주간 근무로 채용한 인력이 야간이나 주말에 당직을 서는 것은 부당한 일이다. 당직 근무는 급여, 휴식 시간이나 기타 의미 있는 혜택으로 적절하게 보상되어야 한다. 보상은 당직 중 실제로 알림을 받은 시점과 업무를 어느 정도 했는지 따라 다르게 한다.

또한 당직 근무는 상한 시간을 정해야 한다. 여가 시간이 많거나 체력이 강한 사람이 동료들의 스트레스를 줄이기 위해 당직 근무에 자원할 수도 있다. 물론 훌륭한 생각이지만 그 누구도 당직을 너무 많이 맡아서는 안 되며, 당직 시간은 가능한 고르게 분배되어야 한다. 당직 근무자를 배정할 때는 인적 자본을 소비하고 있다는 것에 명심하자. 당직은 현명하게 활용해야 하는 업무다.

16.5.3 긴급하고, 중요하고, 조치 가능한 알림

알림이 그렇게 끔찍하다면 왜 알림에 대해서 이야기하는 걸까? 알림이 좋든 싫든, 알림은 여전히 필요하다. 불행히도 시스템은 일반적으로 가장 불편한 시간에 문제를 일으키며 장애가 발생하고 멈춘다.

관측가능성은 훌륭하지만 관심을 갖지 않으면 문제를 발견하기 어렵다. 대시보드는 유용하지만 운영자가 대시보드를 항상 지켜볼 수는 없다. 운영 중단이나 문제 발생을 감지하고 운영자에게 알리기 위해서는 임계치 기반의 알림 자동화가 필요하다.

예를 들어 특정 서비스의 오류율이 5분 동안 10%를 초과하거나, 서비스에 대한 P99 지연 시간이 1000ms와 같이 고정된 값을 초과할 때 시스템에서 자동으로 알림을 생성하게 할 수 있다.

일반적으로는 어떤 문제가 실제로(또는 잠재적으로) 비즈니스에 영향을 주며, 운영자의 조치가 필요하다면 알림이 생성이 필요할 것이다.

모든 메트릭에 알림을 설정하지는 말자. 수백 또는 수천 개의 메트릭 중 알림을 생성하는 메트릭은 많지 않아야 한다. 또한 알림이 생성된다고 해서 반드시 누군가를 호출해야만 하는 상황인 것은 아니다.

호출은 반드시 **긴급하고, 중요하고, 조치 가능한** 알림일 경우에만 한정되어야 한다.

- 중요하지만 긴급하지 않은 알림은 주간 근무 시간에 처리할 수 있다. 아침까지 기다릴 수 없는 문제일 때만 호출해야 한다.
- 긴급하지만 중요하지 않은 정보로 누군가를 잠에서 깨우는 일을 정당화해서는 안 된다. 예를 들어 고객에게 영향을 미치지 않으며 거의 사용되지 않는 내부 서비스의 장애 같은 것 말이다.
- 문제를 해결하기 위한 즉각적인 조치 방법이 없다면 호출할 필요가 없다.

이외에도 이메일, 슬랙 메시지, 지원 티켓, 프로젝트 이슈 등과 같은 비동기 알림을 보낼 수 있다. 만약 시스템이 적절하게 작동한다면 적시에 확인하여 처리할 수 있다. 한밤중에 누군가를 깨워 스트레스를 줄 필요는 없다.

16.5.4 알림, 퇴근 후 호출, 야간 호출 횟수 추적하기

직원은 클라우드 서버와 쿠버네티스 클러스터 만큼이나 중요한 인프라이다. 아마 더 비싸고 교체하기 어려운 자원일 것이다. 그러므로 서비스에서 발생하는 상황을 모니터링하는 것과 비슷한 방식으로 직원들에게 발생하는 상황을 모니터링하는 것이 좋다.

일주일 단위 알림 발생 건수는 시스템의 전반적인 상태와 안정성을 나타내는 좋은 지표다. 특히 퇴근 후, 주말, 야간에 발생한 긴급 호출 수는 팀원 전체의 건강과 사기를 보여줄 수 있는 좋은 지표다.

긴급 호출, 특히 퇴근 후 호출에 대한 예산을 설정해야 하며 이는 매우 낮아야 한다. 일주일에 당직 엔지니어당 호출 건수가 두 건 이상이라면 상한이 필요하다. 정기적으로 이러한 값을 초과한다면 알림이나 시스템을 수정하거나 더 많은 엔지니어를 채용해야 한다.

최소 일주일 간격으로 모든 긴급 호출을 검토하고 오알림이나 필요하지 않은 알림은 수정하거나 제거해야 한다. 이를 중요하게 생각하지 않는다면 사람들은 알림을 중요하게 생각하지 않게 될 것이다. 직원의 사생활과 수면 시간을 불필요한 알림으로 방해한다면 그들은 더 나은 직장을 찾아 떠날 것이다.

16.6 메트릭 도구와 서비스

메트릭을 수집, 분석, 전달하기 위한 도구나 서비스는 어떤 것이 있을까? 15.3.1절 내 '모니터 링 인프라를 직접 구축하지 말자'에서는 일상용품화^{commodity} 문제에 직면했을 때 외부 솔루션을 사용하는 것이 낫다고 설명했다. 그렇다면 데이터도그나 뉴렐릭 같은 서드 파티의 호스팅 메트 릭 서비스를 반드시 사용해야 할까?

이에 대한 명확한 답은 없다. 이러한 서비스는 강력한 기능을 제공하지만 사용 규모가 커지면 비용이 증가할 수 있다. 훌륭한 무료 오픈 소스 제품도 많으므로 자체 메트릭 서버를 직접 운영 하지 않을 이유는 사실 없다.

16.6.1 프로메테우스

클라우드 네이티브 세계에서 사실상의 표준 메트릭 솔루션은 프로메테우스다. 프로메테우스는 특히 쿠버네티스에서 매우 널리 사용되며 쿠버네티스의 거의 모든 것과 상호 작용하므로 메트 릭 모니터링 도구로 가장 먼저 고려해야 할 도구다.

프로메테우스는 시계열 메트릭 데이터를 기반으로 하는 시스템 모니터링과 알림을 위한 오픈 소스 도구다. 프로메테우스의 핵심은 메트릭을 수집하고 저장하는 서버다. 또한 알림 매니저 ^{Alertmanager} 같은 다양한 구성 요소와 Go와 같이 애플리케이션 개발에 사용할 수 있는 프로그래 밍 언어용 클라이언트 라이브러리를 제공한다.

프로메테우스는 다소 복잡하게 보일 수 있지만 실제로는 매우 간단하다. 표준 헬름 차트를 이 용하면 명령어 한 줄로 쿠버네티스 클러스터에 프로메테우스를 설치할 수 있다('4.7절 헬름: 쿠버네티스 패키지 매니저' 참조). 그런 다음 **스크래핑**이라는 프로세스를 실행하여 사용자가 지 정한 애플리케이션과 클러스터에서 메트릭을 자동으로 수집한다.

프로메테우스는 미리 설정한 포트로 애플리케이션에 HTTP 연결을 생성하고 사용 가능한 메 트릭 데이터를 수집하여 데이터베이스에 저장한다. 저장한 데이터는 조회할 수 있고 그래프를 그릴 수 있으며 알림을 생성할 수 있다.

> **TIP** 메트릭을 수집하는 프로메테우스의 접근 방식을 풀 모니터링이라 한다. 이 체계에서 모니터링 서버는 애플리 케이션에 연결하고 메트릭 데이터를 요청한다. 반대는 푸시 방식이라 하며 StatsD와 같은 모니터링 도구에

서 사용한다. 푸시 방식은 애플리케이션이 모니터링 서버에 연결하여 메트릭 데이터를 전달한다.

프로메테우스는 쿠버네티스와 마찬가지로 구글 자체의 인프라에서 영감을 받았다. 프로메테우스는 사운드클라우드^{SoundCloud}에서 개발했지만 보그몬^{Borgmon}이라는 도구에서도 영향을 받았다. 보그몬은 이름에서 알 수 있듯이 구글의 보그 컨테이너 오케스트레이션 시스템을 모니터링하기 위해 설계되었다('1.5.1절 보그에서 쿠버네티스까지' 참조).

> 쿠버네티스는 10년 동안 구글의 클러스터 스케줄링 시스템인 보그와 함께 직접적으로 경험을 쌓았다. 프로메테우스와 구글의 유대 관계는 조금 더 느슨하지만 구글이 보그와 거의 동시에 출시한 내부 모니터링 시스템은 보그몬에서 많은 영향을 받았다. 간단하게 비교하자면 쿠버네티스는 일반인들을 위한 보그이며 프로메테우스는 일반인을 위한 보그몬이라 할 수 있다. 둘 다 이전 세대의 실수를 피하면서 장점만을 수용한 '새로운 시스템'이다.
>
> — 비외른 라벤슈타인^{Björn Rabenstein}[9]

프로메테우스를 설치하고 구성하는 방법에 대한 자세한 내용은 공식 사이트(*https://prometheus.io*)를 참고하기 바란다.

프로메테우스 자체는 메트릭을 수집하고 저장하는 데 초점을 맞추지만 그라파나는 그래프, 대시보드, 알림을 위한 고품질 오픈 소스다. 그라파나(*https://grafana.com*)는 시계열 데이터를 위한 강력하고 유능한 그래픽 엔진이다(그림 16-8).

프로메테우스 프로젝트는 알림매니저[10]를 제공하는데 이는 프로메테우스와 독립적으로 작동한다. 알림매니저는 프로메테우스 서버를 포함한 다양한 소스에서 알림을 수신하여 처리할 수 있다('16.5절 메트릭 알림' 참조).

알림을 처리하는 첫 번째 단계는 중복을 제거하는 것이다. 알림매니저는 관련된 것으로 탐지된 알림을 그룹화할 수 있다. 예를 들어 대규모 네트워크 운영 중단은 수백 개의 개별 알림을 생성하지만 알림매니저는 이러한 개별 메시지 전체를 하나의 단일 메시지로 그룹화하여 운영자들이 혼란스럽지 않게 한다.

마지막으로 알림매니저는 생성한 알림을 페이저듀티, 슬랙, 이메일과 같은 적절한 서비스로 보

---

9 *https://www.oreilly.com/ideas/google-infrastructure-for-everyone-else*
10 *https://prometheus.io/docs/alerting/alertmanager*

낸다.

프로메테우스 메트릭 형식은 광범위한 도구와 서비스에서 지원하며 메트릭에 대한 표준을 제정하는 클라우드 네이티브 컴퓨팅 재단의 오픈메트릭(*https://openmetrics.io*) 프로젝트의 기초가 되었다. 하지만 오픈메트릭이 현실이 되기를 기다릴 필요는 없다. 프로메테우스 데이터는 스택드라이버, 클라우드워치, 데이터도그, 뉴렐릭을 포함한 거의 모든 메트릭 서비스에서 가져오고 이해할 수 있다.

그림 16-8 프로메테우스 데이터를 보여주는 그라파나 대시보드

16.6.2 구글 스택드라이버

스택드라이버는 구글에서 제공하지만 구글 클라우드에 국한되지 않고 AWS에서도 작동한다. 스택드라이버는 다양한 소스의 메트릭과 로그 데이터를 수집하고 그래프와 알림을 생성할 수 있다. 스택드라이버는 VM, 데이터베이스, 쿠버네티스 클러스터를 포함한 클라우드 리소스를 자동으로 검색하고 모니터링한다. 스택드라이버는 이 모든 데이터를 중앙 웹 콘솔로 가져와 사용자 지정 대시보드와 알림을 만들 수 있다.

스택드라이버는 아파치, Nginx, 카산드라, 일래스틱서치와 같이 널리 사용되는 도구에서 운영 메트릭을 얻을 수 있다. 애플리케이션의 사용자 정의 메트릭을 추가하려면 스택드라이버의 클라이언트 라이브러리를 사용하여 원하는 데이터를 내보낼 수 있다.

구글 클라우드 사용자의 경우, 스택드라이버는 모든 GCP 관련 메트릭을 무료로 제공한다. 사용자 정의 메트릭이나 다른 클라우드 플랫폼 메트릭에 대해서는 매월 메가바이트(MB) 단위로 모니터링 데이터 비용을 지불해야 한다.

스택드라이버(*https://cloud.google.com/monitoring*)는 프로메테우스 만큼 유연하지는 않으며 데이터도그와 같이 더 비싼 도구만큼 정교하지는 않지만 설치나 구성 작업 없이 메트릭을 사용할 수 있는 훌륭한 방법이다.

16.6.3 AWS 클라우드워치

아마존의 자체 클라우드 모니터링 제품인 클라우드워치는 스택드라이버와 비슷한 기능을 제공한다. 클라우드워치는 모든 AWS 서비스와 통합되며 클라우드워치 SDK나 명령줄 도구를 사용하여 사용자 정의 메트릭을 내보낼 수 있다.

클라우드워치는 5분 간격으로 **기본** 메트릭을(VM의 CPU 사용률과 같은) 수집하는 프리 티어를 제공하며 일정 수의 대시보드와 알림 등을 생성할 수 있다. 또한 메트릭당, 대시보드당, 알림당 비용을 지불하는 것 외에도 인스턴스별로 고해상도 메트릭(1분 간격)에도 비용을 지불할 수 있다.

스택드라이버와 마찬가지로 클라우드워치는 기본적이지만 효과적이다. 주요 클라우드 인프라가 AWS라면 클라우드워치는 메트릭 작업을 시작하기에 좋은 도구이며 소규모 배포에 적합하다.

16.6.4 애저 모니터

애저 모니터[11]는 구글의 스택드라이버나 AWS의 클라우드워치와 동일한 애저의 모니터링 제

---

11 *https://docs.microsoft.com/ko-kr/azure/azure-monitor/overview*

품이다. 쿠버네티스 클러스터를 포함한 모든 애저 리소스에서 메트릭과 로그를 수집하며 이를 활용하여 시각화하고 알림을 생성할 수 있다.

16.6.5 데이터도그

스택드라이버나 클라우드워치와 같은 클라우드 서비스 업체의 기본 제공 도구와 비교하여 데이터도그(*https://www.datadoghq.com*)는 매우 정교하고 강력한 모니터링 및 분석 플랫폼이다. 데이터도그는 주요 클라우드 업체의 모든 서비스와 젠킨스, 바니시Varnish, 퍼핏, 컨설Consul, MySQL과 같은 유명한 소프트웨어를 포함하여 250개가 넘는 플랫폼과 서비스와의 통합을 제공한다.

또한 데이터도그는 애플리케이션의 성능을 모니터링하고 분석할 수 있도록 설계된 애플리케이션 성능 모니터링(APM) 컴포넌트를 제공한다. Go, 자바, 루비나 기타 소프트웨어 플랫폼을 사용하더라도 데이터도그는 소프트웨어의 메트릭, 로그, 추적을 수집하고 다음과 같은 질문에 답할 수 있다.

- 서비스의 특정 개별 사용자에 대한 사용자 경험은 어떠한가?

- 특정 엔드포인트에서 가장 느린 응답을 경험하는 열 명의 사용자는 누구인가?

- 다양한 분산 서비스 중 전체 지연 시간에 가장 큰 영향을 미치는 것은 무엇인가?

일반적인 대시보드(그림 16-9)와 알림 기능(데이터도그 API와 테라폼을 포함한 클라이언트 라이브러리로 자동화 가능한)과 함께 데이터도그는 머신러닝을 활용한 이상 감지 기능을 제공한다.

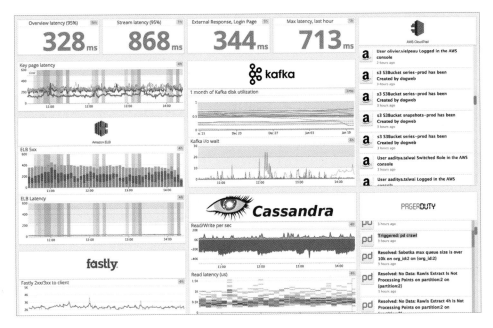

그림 16-9 데이터도그 대시보드

예상대로 데이터도그는 가장 비싼 모니터링 서비스 중 하나지만, 관측가능성과 성능이 중요한 애플리케이션이 있는 복잡한 인프라를 운영한다면 비싼 비용을 지불할 가치가 있는 도구다. 데이터도그에 관한 자세한 내용은 웹사이트(*https://www.datadoghq.com*)를 참고하기 바란다.

16.6.6 뉴렐릭

뉴렐릭은 애플리케이션 성능 모니터링(APM)에 중점을 둔 매우 유명하고 널리 사용되는 메트릭 플랫폼이다. 뉴렐릭의 가장 큰 장점은 애플리케이션과 분산 시스템 내부의 성능 문제와 병목 현상을 진단하는 기능이다(그림 16–10). 또한 뉴렐릭은 인프라 메트릭, 모니터링, 알림, 소프트웨어 분석 등 기타 모든 기능을 제공한다.

모든 엔터프라이즈급 서비스와 마찬가지로 규모가 클수록 뉴렐릭도 모니터링에 많은 비용을 지불해야 한다. 프리미엄 메트릭 플랫폼을 검토한다면 뉴렐릭(애플리케이션 중심)이나 데이터도그(인프라 중심)를 고려하게 될 것이다. 두 제품 모두 코드형 인프라를 지원한다. 예를 들

어 공식 테라폼 프로바이더를 사용하여 뉴렐릭과 데이터도그의 모니터링 대시보드와 알림을
생성할 수 있다.

그림 16-10 뉴렐릭 APM 대시보드

16.7 마치며

'두 번 재고 한 번에 거절하라'(Measure twice, cut once)는 많은 엔지니어가 즐겨 사용하는 말이다. 클라우
드 네이티브 세계에서 적절한 메트릭과 관측가능성 데이터가 없으면 무슨 일이 일어나고 있는
지 알기가 매우 어렵다. 반면에 메트릭의 수문을 너무 많이 열면 정보가 홍수가 발생한다. 너무

많은 정보는 너무 적은 정보만큼이나 쓸모가 없다.

가장 좋은 방법은 처음부터 올바른 방식으로 데이터를 수집하고, 처리하고, 질문에 답하고, 시각화하고, 적절한 시간에 적절한 사람에게 알림을 전달하는 것이다.

이 장에서 놓치지 말아야 할 내용을 정리해보자.

- 서비스의 주요 메트릭인 RED(요청, 오류, 소요 시간)와 리소스의 주요 메트릭인 USE(사용률, 포화, 오류)에 집중하자.

- 내부 관측가능성과 비즈니스 KPI에 대한 사용자 지정 메트릭을 노출하도록 앱을 계측하자.

- 클러스터 수준에서 유용한 쿠버네티스 메트릭은 노드 수, 노드당 파드 수, 노드의 자원 사용량이다.

- 디플로이먼트 수준에서 디플로이먼트와 레플리카를 추적하자. 특히 사용 불가능한 레플리카를 추적하면 용량 문제를 발견할 수 있다.

- 컨테이너 수준에서 컨테이너당 리소스 사용량, 활성/준비 상태, 재시작 컨테이너 수, 네트워크 트래픽, 네트워크 오류를 추적하자.

- 표준 레이아웃을 사용한 서비스별 대시보드와 전체 시스템의 활력 징후를 보고하는 마스터 정보 방열판을 만들자.

- 메트릭에서 알림이 발생한다면 알림은 긴급, 중요, 조치 가능해야 한다. 거짓 알림은 피로를 발생시키며 사기를 저하시킨다.

- 야간과 주말 동안 팀이 받는 긴급 호출 수를 추적하고 검토하자.

- 프로메테우스는 클라우드 네이티브 세계에서 사실상 표준 메트릭으로 거의 모든 것이 프로메테우스 데이터 형식을 따른다.

- 서드 파티 관리형 메트릭 서비스는 구글 스택드라이버, 아마존 클라우드워치, 데이터도그, 뉴렐릭이 있다.

마지막으로

새로운 것을 소개하는 일에 앞장서는 것만큼 떠안기 어렵고, 실행하기 위험하고, 성공 여부가 불확
실한 것은 없다.

– 니콜로 마키아벨리(이탈리아 철학자)

보람찬 여정이었다. 많은 내용을 다뤘지만 모두 상용 환경에서 쿠버네티스를 제대로 활용하기
위해 필요한 내용이니 잘 이해했기를 바란다.

전문가는 매뉴얼에서 한 페이지 앞선 사람일 뿐이라는 이야기가 있다. 이 책을 다 읽었다면 적
어도 조직 내에서는 쿠버네티스 전문가가 되어 있을 것이다. 이 책의 내용을 유용하게 활용해
쿠버네티스를 시작하는 첫걸음으로 삼길 바란다.

참고할 만한 웹사이트

다음 웹사이트를 참고하면 쿠버네티스 및 클라우드 네이티브에 관한 많은 정보와 최신 뉴스,
개발 소식을 확인할 수 있다.

- **공식 쿠버네티스 슬랙 채널** *http://slack.k8s.io*
  쿠버네티스와 관련된 질문을 하고 다른 사용자와 의견을 나누기 좋은 장소다.

- **쿠버네티스 공개 포럼** *https://discuss.kubernetes.io*
  쿠버네티스와 관련된 모든 것을 토론하는 공개 포럼이다.

- **쿠버네티스 팟캐스트** *https://kubernetespodcast.com*
  구글이 운영하는 주간 팟캐스트 채널이다. 팟캐스트 회차당 보통 약 20분 정도 진행하며
  주간 뉴스를 다루며 쿠버네티스와 관련된 인터뷰를 진행한다.

- **TGI Kubernetes** *https://github.com/heptio/tgik*
  헵티오의 조 베다가 시작한 주간 라이브 방송이다 쿠버네티스 생태계에 관한 내용으로 약
  한 시간 동안 라이브 데모를 진행한다. 공식 유튜브 채널의 재생 목록(*http://bit.ly/
  TGIk8s_youtube*)에 모든 강연이 저장되어 있으므로 언제 어디서든 시청할 수 있다.

또한 이 책의 공식 블로그(*https://cloudnativedevopsblog.com*)를 방문해 클라우드 네이티브 데브옵스에 관한 최신 뉴스, 업데이트, 블로그 게시물을 확인해보자.

소프트웨어 개발, 보안, 데브옵스, 쿠버네티스와 같은 주제를 다루는 이메일 뉴스레터도 있다.

- **KubeWeekly** *https://twitter.com/kubeweekly*

- **SRE Weekly** *https://sreweekly.com*

- **DevOps Weekly** *https://www.devopsweekly.com*

- **DevOps'ish** *https://devopsish.com*

- **Security Newsletter** *https://securitynewsletter.co*

새로운 여정을 시작한 것을 환영한다

> 정답에서 배울 수 있는 것은 없다.
>
> — 엘리자베스 비베스코Elizabeth Bibesco (영국 작가)

여러분이 내딛는 쿠버네티스 여정의 첫 번째 임무는 가능한 널리 여러분의 지식을 전파하고 다른 이에게서 최대한 많이 배우는 것이다. 모든 것을 아는 사람은 없지만 모두가 조금씩은 아는 게 있다. 함께 고민하면 어떤 문제든 해결할 수 있을 것이다.

실험을 두려워하지 말자. 데모 앱을 만들거나 빌려서 상용 환경에 필요한 것을 시도해보자. 모든 것이 완벽하게 작동한다면 실험이 충분하지 않은 것이다. 실패 상황에서 무엇이 잘못되었는지 알아내고 고치는 과정에서 실제 학습이 이루어진다. 많이 실패해야 더 많이 배울 수 있다.

필자도 많은 실패를 하며 쿠버네티스에 대한 지식을 쌓았다. 이 책을 읽은 여러분 모두 실패를 두려워하지 않고 즐기기를 바란다.

INDEX

INDEX

INDEX

INDEX

INDEX